MONSTER CHETWYND

THE TROMPE L'OEIL CLEAVAGE

Kunsthaus Zürich   Snoeck

ICH SEHE MEINE PERFORMANCES ALS EXPLODIERTE GEMÄLDE

EIN GESPRÄCH ZWISCHEN MONSTER CHETWYND

UND RAPHAEL GYGAX

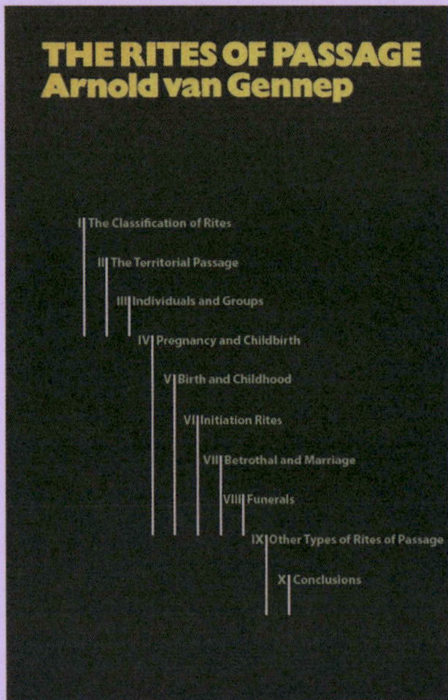

1

Monster Chetwynds künstlerische Praxis verbindet Elemente von Performance, Skulptur und Installation in einem einzigartigen Collage-Stil, der sich gleichermassen von der Kunstgeschichte, Folklore und Popkultur nährt. Ihre Arbeiten eröffnen einen Dialog über Performance als Ritual und das immersive Potenzial von Kunsträumen und zeichnen sich durch eine «rohe», handgemachte Qualität aus.

Chetwynds Ausstellungen laden die Betrachter:innen dazu ein, in eine alternative Welt einzutauchen und die Kunst aktiv zu erleben, statt sie lediglich passiv zu betrachten. Die Künstlerin betrachtet Skulptur sowohl als verrückte «folly» – eine englische Bezeichnung in der Gartenkunst für einen ungewöhnlichen Zierbau im Sinne eines Kuriosums – als auch als funktionales Objekt. Dieser Ansatz spiegelt eine tiefsitzende Faszination für menschliche «follies» und soziale Strukturen wider und ermutigt Betrachter:innen, Normen infrage zu stellen, während sie an ihren eklektischen, transformativen Welten teilhaben. Durch diese mehrschichtigen Erfahrungen hinterfragt Chetwynds Werk kontinuierlich die Grenzen zwischen Spektakel und Teilnahme, Darsteller:in und Zuschauer:in, Inszenierung und Spontaneität. Im Kontext der Ausstellung von Monster Chetwynd im Kunsthaus Zürich führten der Kurator Raphael Gygax und Monster Chetwynd im November 2024 ein Gespräch, welches hier wiedergegeben wird.

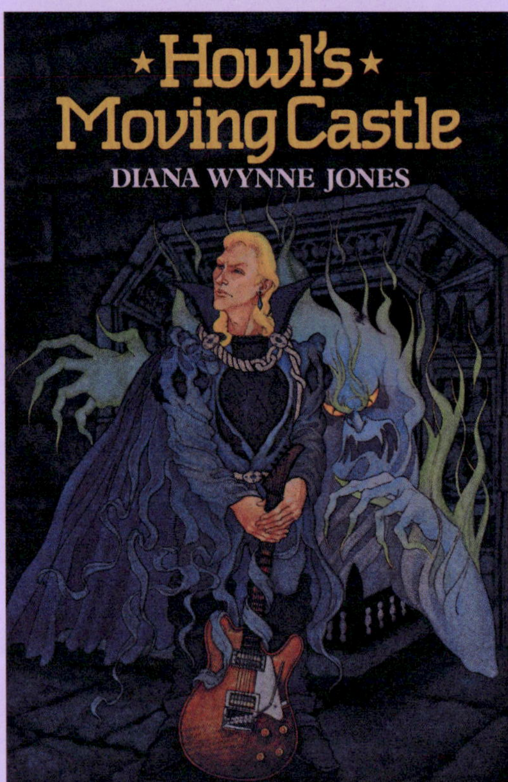

2

PERFORMANCE ALS RITUAL UND IDEE DER BRICOLAGE

Raphael Gygax Der Ethnologe Arnold van Gennep (1873–1957) beschreibt sein Konzept der *Rites de passage* [1] als «Übergänge von einer sozialen oder kosmischen Welt in eine andere». Entfalten sich diese transformativen Phasen in deinen Ausstellungen als immersive Erfahrungen für das Publikum, sodass dieses die Schwellen zu neuen Bereichen innerhalb des von dir geschaffenen Raums überschreiten kann?

Monster Chetwynd Kennst Du *Howl's Moving Castle* (Das wandelnde Schloss) [2], den Roman von Diana Wynne Jones (1934–2011), der 1986 veröffentlicht wurde? Während der Lektüre dieses Romans wird es möglich, zwischen den Welten zu reisen. Im Verlauf der Geschichte entkommt die Hauptfigur einem Fluch, und auch die Leser:innen gewinnen an Stärke. Während du liest, gewinnst du eine subtile, undefinierbare Kraft – ein Selbstvertrauen, neugierig zu sein und deiner eigenen Wahrnehmung zu vertrauen.

Ich bin mir nicht sicher, ob ich es einem Publikum ermöglichen kann, sich während einer Veranstaltung in eine andere Welt versetzen zu lassen, aber ich kann anbieten, eine Geschichte zu erzählen und zum kritischen Denken anzuregen. Mit der investierten Zeit erfährt das Publikum eine Art «Moralschub». Wenn ich ein Publikum bitten würde, wirklich «die Welten zu wechseln», wäre das faszinierend. Aber ich glaube nicht, dass ich das tue. Um ehrlich zu sein, fühlt es sich weit weniger subtil an – eher so, als würde ich eine Gruppe von Menschen bitten, mit mir in einen Lastwagen zu steigen, während ich erkläre: «Ich werde gleich aus den Fenstern eines Wolkenkratzers fahren.» Zumindest fühlt es sich so an. Ich füge viele Zutaten zusammen und schaue, ob das Soufflé aufgeht.

3

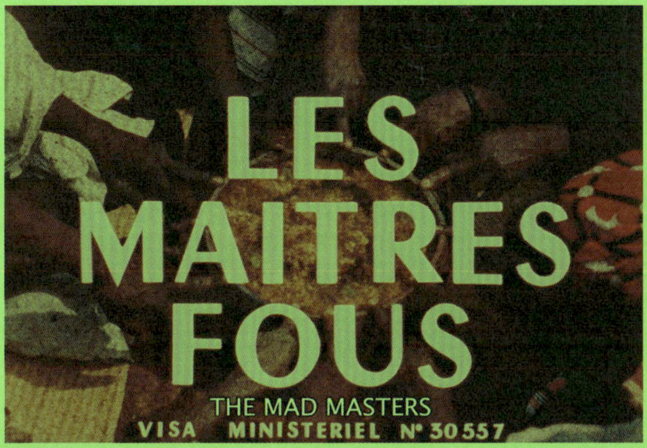

Ich bin mir sicher, dass ich eine Brechtianerin und mir der Realität bewusst geblieben bin. Ich bin mir des Konzepts der Übergangsriten bewusst und weiss, dass wir uns dafür entscheiden können, unsere eigenen Rituale zu erschaffen. Der ethnografische Film *Les maîtres fous* (1955) [3,4] von Jean Rouch, den ich im Alter von 19 Jahren sah, hat mich sehr beeindruckt. Mir wurde klar, dass ich mir meine eigene Korrekturformel schaffen konnte, um der Unterdrückung, die ich empfand, entgegenzuwirken; dass ich sie mit alltäglichen Dingen um mich herum herstellen könnte und mit allen, die bereit wären, sich mir anzuschliessen. Sie könnte für einen bestimmten Zeitraum gelten und frei von «Bedingungen» sein.

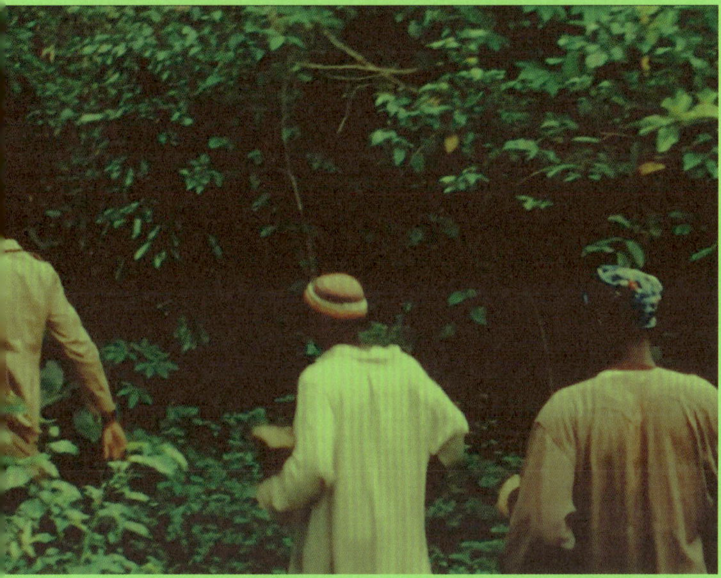

4

RG In deiner Arbeit kombinierst du gefundene Materialien, Kostüme und Bilder aus verschiedenen Quellen. Da du Anthropologie studiert hast, würde mich interessieren, inwiefern Claude Lévi-Strauss' (1908–2009) Idee der Bricolage zu deiner Arbeit in Bezug steht.

MC Auf Claude Lévi-Strauss' *La pensée sauvage* (Das wilde Denken, 1962) [5] stiess ich 1996, als ich Anthropologie studierte. Das Konzept des Bricoleurs hat mich tief beeindruckt. Lévi-Strauss beschreibt Bricolage als das Schaffen mit dem, «was gerade zur Hand ist», die Wiederverwendung von Elementen, um etwas Neues und Sinnvolles zu schaffen. Diese Idee hat mich damals begeistert – ich hatte das Gefühl, mich in diesem Text wiederzuerkennen.

Ich bin ungeduldig, wenn es ums Machen geht, und greife immer nach allem, was mich umgibt, auch wenn es mir nicht gehört – ich benutze es. Ich gehe nicht in ein Geschäft, um geeignete Materialien zu kaufen, sondern fange sofort an, das, was ich mir vorstelle, mit dem zu modellieren, was gerade zur Hand ist. In diesem Text begegnete ich erstmals einer intellektuellen Verteidigung dieser Art des Arbeitens, und seitdem benutze ich diesen Ansatz, um die «Leute von mir fernzuhalten».

5

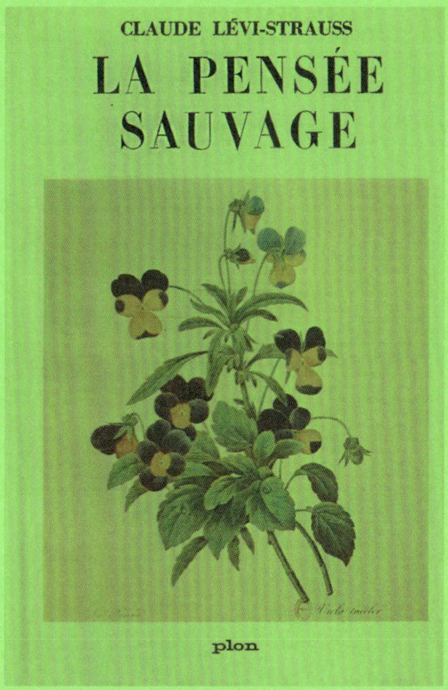

Ich verwende Lévi-Strauss' Bricolage als Abkürzung – um das Thema zu wechseln oder um einer Person, die dem Experimentieren gegenüber verschlossen ist oder informelle, inoffizielle Arbeitsweisen ablehnt, metaphorisch gesagt, «etwas in den Mund oder in den Kopf zu stopfen».

RG Bei deinen Performances arbeitest du immer mit vielen Mitwirkenden zusammen, darunter Künstler:innen, Tänzer:innen und Menschen aus dem Kulturbereich, die du oft als Mitglieder deiner «Truppe» bezeichnest. Dadurch entsteht eine kollaborative und dynamische Energie. Kannst du uns mehr darüber erzählen, wie diese soziale Struktur aufgebaut ist, wie du die Besetzung und die Zusammenarbeit mit deinen Performer:innen angehst und wie ihre Beiträge die Arbeiten mitgestalten?

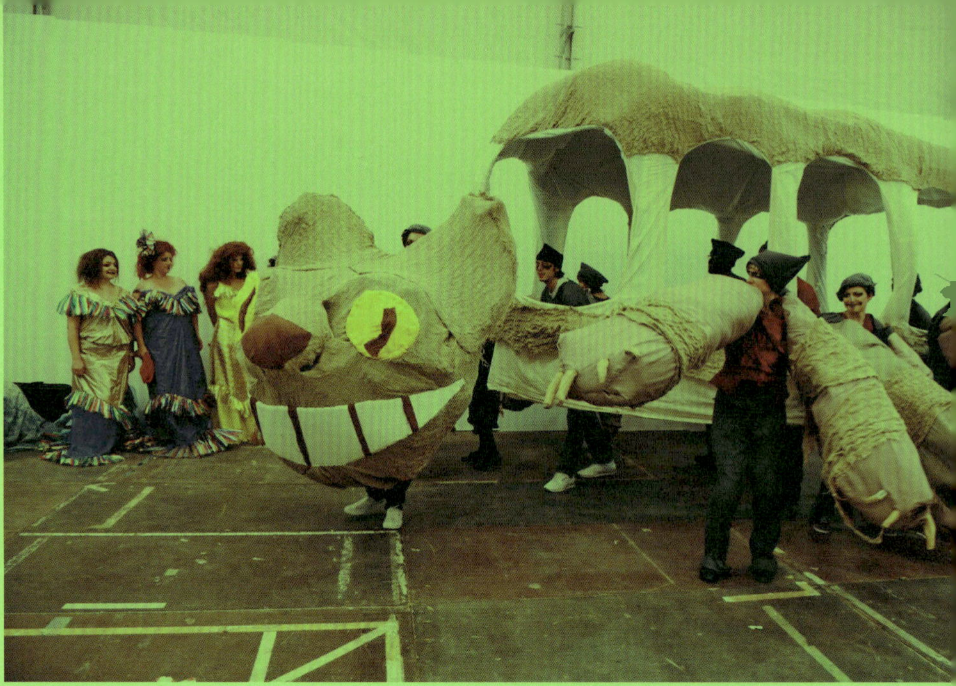

MC Dies ist ein weitläufiges Thema, das ausführlich diskutiert werden könnte, und es gibt viele Aspekte zu berücksichtigen. Zum Beispiel: autodidaktischer Ansatz versus professionelle Ausbildung; die «Freundschaftsmaschine»; die Tatsache, dass Individuen im Kapitalismus gegeneinander ausgespielt werden; der Umgang mit den Strategien eines Regisseurs. Es umfasst weiter auch das Experiment einer utopischen Gesellschaft ohne Oberhaupt über volle drei Stunden, die Problemlösung in der Gruppe und die damit verbundene politische Motivation der «Rehabilitation» und nicht zuletzt die Ökonomie begrenzter finanzieller Ressourcen.

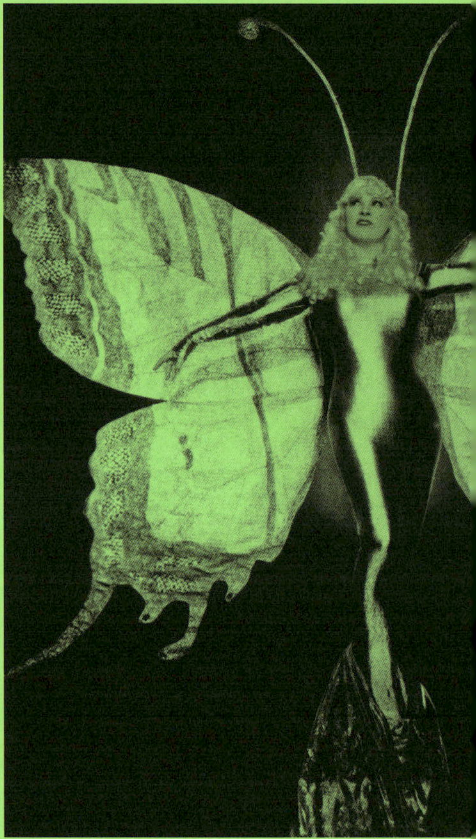

RG In deiner Performance *A Tax Haven Run by Women* (2010–2011) [6] mischst du Elemente wie von Mae West [7] inspirierte Charaktere, ein Gameshow-Format und den «catbus» (Katzenbus) aus dem legendären Animationsfilm *Mein Nachbar Totoro* (1988) [8]. Wie wählst und kombinierst du so unterschiedliche Materialien und Referenzen? Gibt es einen leitenden Prozess oder eine Intuition, die dir dabei hilft, diese unterschiedlichen Elemente miteinander zu verweben?

MC Die Recherche ist rational, ruhig und gründlich. Oft verbringe ich Jahre mit Recherchen, ohne zu wissen, wann das Material nützlich sein wird. Die Entscheidung, was kombiniert werden kann, ist jedoch nicht rational – es ist ein stark instinktiver Prozess. Die Verknüpfung der Themen wird in der Regel erst im Laufe der Entstehung der Arbeit deutlich.

Ich übernehme einen Grossteil der Vorarbeit eigenständig und gestalte häufig die Kostüme, Requisiten und das Bühnenbild selbst. In der Regel übersetze ich das Thema in eine

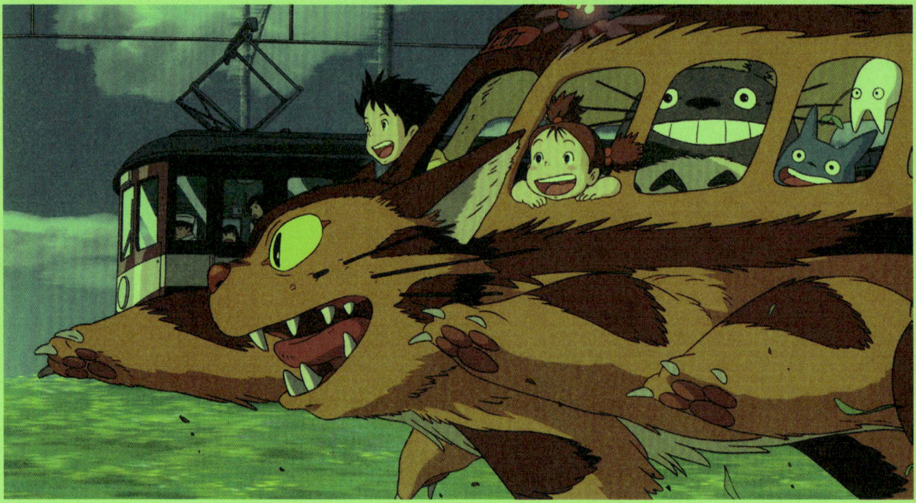

8

Pantomime, ein Puppenspiel oder einen Tanz und zerlege diese in etwas, das innerhalb weniger Stunden erlernt oder geübt und in etwa fünf Minuten aufgeführt werden kann.

Ich verwende häufig ein strukturiertes Format: A, B, C, D – jeder Abschnitt stellt fünf Minuten Handlung dar und wird mit einer anderen Gruppe einstudiert. Diese Abschnitte werden dann zu 20 Minuten collagiert, und wenn sie wiederholt werden, entsteht eine 40-minütige Aufführung. Wenn die Performance diese Struktur hat, kündige ich dies dem Publikum zu Beginn oder nach 20 Minuten an, damit die Zuschauer:innen ihre Position wechseln können und damit sie verstehen, dass die gleiche Handlung wiederholt wird.

Bei der Lösung des Problems, wie man eine Pantomime oder eine physische Interpretation des Materials als Gruppe macht, offenbaren sich die Zusammenhänge durch das Nebeneinanderstellen oft als logisch und sinnvoll. Ich vermeide Selbstzensur und konzentriere mich darauf, Ideen mit Freund:innen auszuprobieren, bevor ich sie weiter verfeinere. Das Nebeneinanderstellen scheint von Anfang an wichtig zu sein, aber die Fähigkeit, dieses zu erklären, wird durch die Arbeit mit der Truppe klarer.

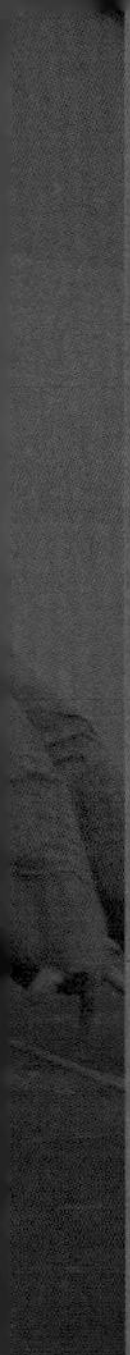

6

RG Das Medium der Collage, das eng mit dem Konzept der Bricolage verbunden ist, spiegelt einen Ansatz wider, bei dem verfügbare Ressourcen effizient und intuitiv genutzt werden. Die Collage erlaubt eine schnelle Zusammensetzung von Bildern und Ideen, wobei durch Unmittelbarkeit und Gegenüberstellung neue Kontexte entstehen. Könnten deine Performances als zeitbasierte Collagen verstanden werden?

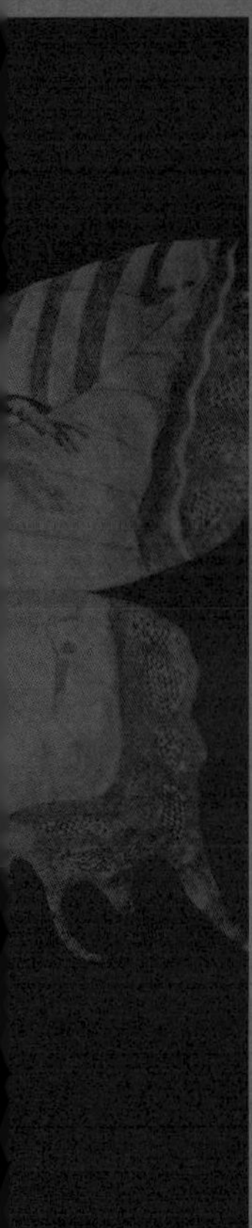

7

MC Ich sehe meine Performances eher als explodierte Gemälde denn als Collagen. Aber ich liebe Collagen wirklich – sie sind für mich eine Art Therapie. Sie fühlen sich unmittelbar an, wie eine Sprache, die ich fliessend beherrsche. Mir gefällt, wie du es beschreibst: Collagen fühlen sich an, als ob man selbst in sie einzutauchen vermag.

Ich fühle mich zu Surrealismus, «nonsense» und Ungehorsam hingezogen, als ob all dies meine Realität widerspiegeln würde. Ich bin sehr gelassen bei dem Gedanken, dass ich besessen sein könnte. Ich fühle mich nicht unwohl bei dem Gedanken, dass ich mein Bewusstsein mit etwas teilen könnte, das über mich hinausgeht. Wenn ich in der kulturellen Welt auf Dionysos treffe, habe ich keine Angst. Als ich *Der Meister und Margarita* [9] von Michail Bulgakow (1851–1940) las, fühlte ich nichts als Erleichterung. Ich liebe den antibürokratischen Ton und die Ungewissheit der Kreaturen, welche die Bürokraten stören – und natürlich die Fähigkeit, nach dem Auftragen von Gesichtscreme zu fliegen.

Warum sollte man eine riesige schwarze Katze, die eine Knarre hält – auch bekannt als absurde Verkehrung der Realität –, zu diesem Teil des Interviews einladen? Diese Frage, die so unschuldig nach Collagen fragt … Ich würde sagen, dass die Collage ein heftigeres, alles durchdringenderes Medium ist, als es das Wort vermuten lässt. Ihre visuelle Kohärenz kann sich wie unkontrollierbares Erbrechen anfühlen.

«Verfügbare Ressourcen effizient und intuitiv nutzen» – ja, das bin ich. Es ist das Bestreben, heimlich für die parteiischen Absurdisten zu arbeiten, die Arbeit für die riesige schwarze Katze, die eine Knarre hält, zu verrichten!

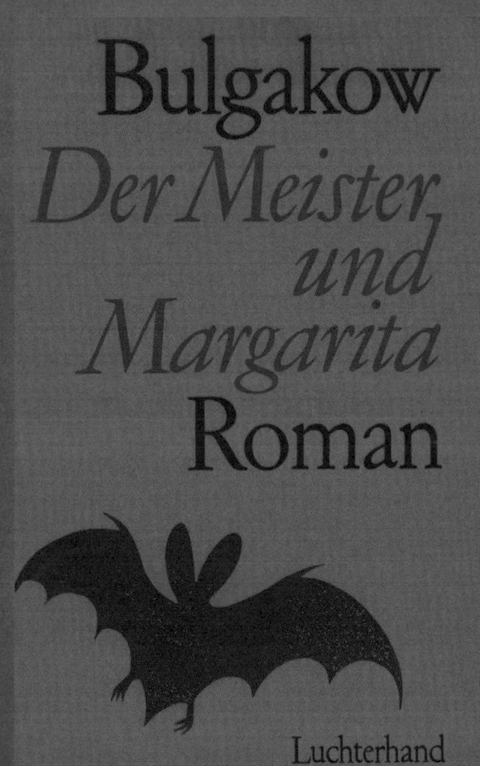

9

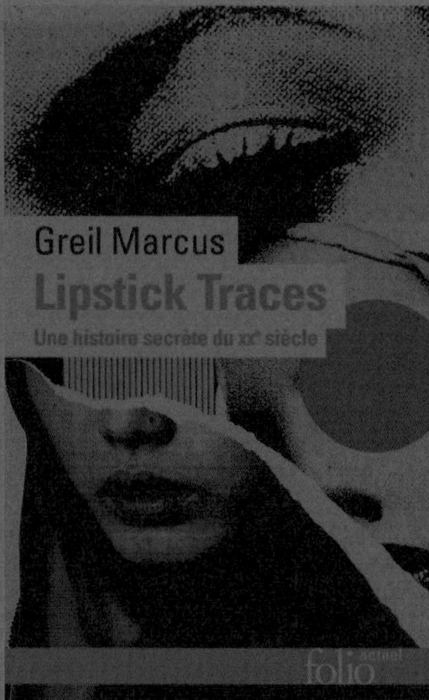

10

RG Punkkultur umfasst oft eine rohe Do-it-yourself-Ästhetik, die Vorstellungen von Perfektion und Politur infrage stellt, eine Sensibilität, die Greil Marcus (*1945) in Lipstick Traces (1989) [10] als «einen Weg sich zu verweigern […] mittels Kunst, die […] sowohl als Tatsache als auch als Verweigerung existierte» beschreibt.

MC *Lipstick Traces* ist ein Buch, das ich immer wieder gelesen habe, seit ich vor Jahren während meines Studiums zum ersten Mal auf es gestossen bin. Ich habe Arbeiten geschaffen, die von der Analyse der Adamiten in diesem Buch inspiriert sind. Die Idee einer Sekte, die zu einem Zustand der Unschuld zurückkehren möchte, wie er im Garten Eden beschrieben wird, berührt mich zutiefst.

Es ist mir egal, was die Leute von mir denken, – es scheint eine offenkundige Tatsache zu sein, dass ich keinen Respekt vor sozialer Konditionierung oder «Normalität» habe. Ich habe damit experimentiert, mein Gesicht mit Make-up zu überdecken, um zu sehen, wie und inwieweit die Leute mich als respektabel oder heteronormativ behandeln oder willkommen heissen. Ich habe mich nach einem Zustand der Unschuld gesehnt und nach einer Gemeinschaft, die nicht berechnend ist. Als ich die frühen Christen zur Zeit der ersten Jünger studierte, fand ich sie radikal und tief beeindruckend. Und doch ist mir auf erschreckende Weise bewusst, dass fast alle Versuche, so etwas wie unschuldige Gemeinschaften zu schaffen, in brutalen Regeln, strengen Bedingungen, Mord oder Chaos enden. Greil Marcus schreibt ausführlich über solche tragischen Enden.

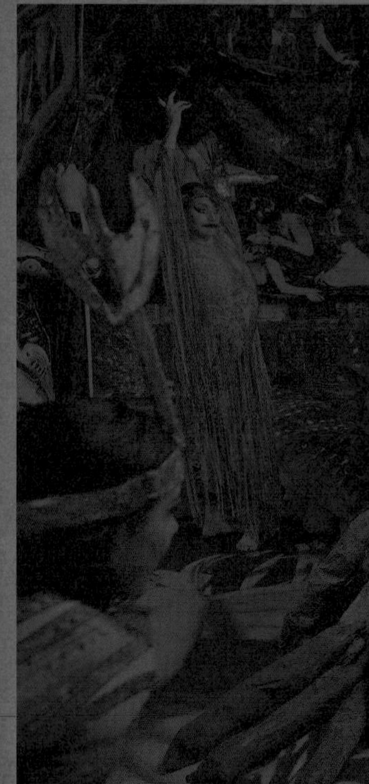

14

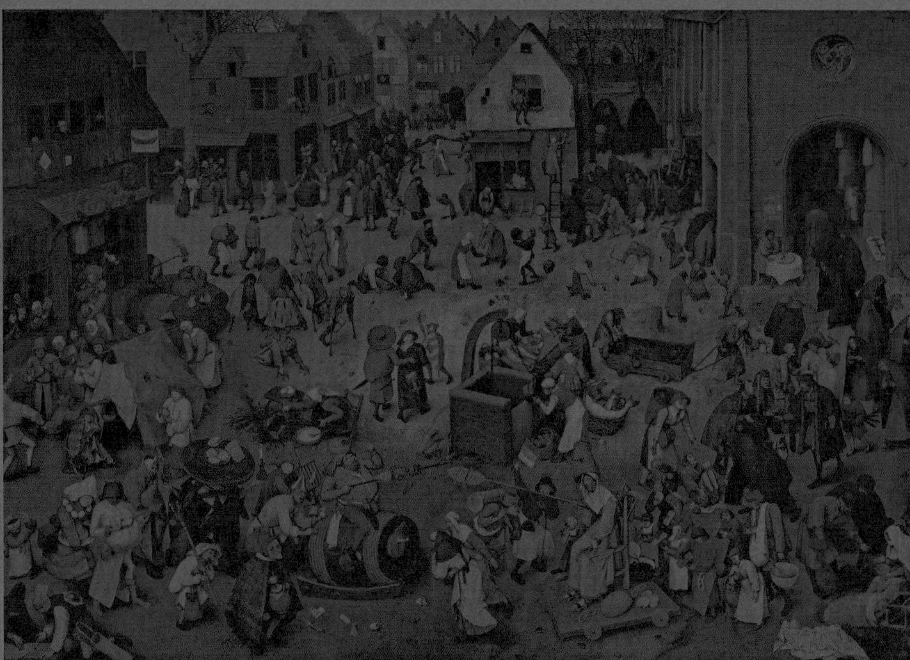

11

13

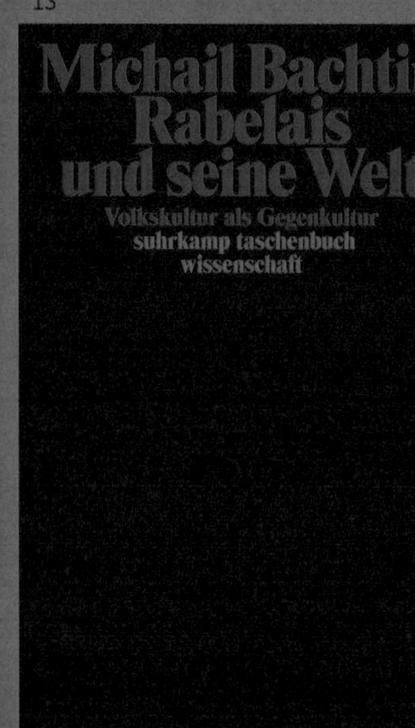

MICHAIL BACHTINS KARNEVALESKE UND HUMOR

RG Michail Bachtins (1895–1975) Konzept des Karnevalesken [11] hebt die Kraft der Subversion, des Humors und der vorübergehenden Umkehrung gesellschaftlicher Normen hervor und beschreibt es als einen Raum, in dem «die Welt neu gesehen wird, nicht weniger tiefgründig (und oft sogar mehr) als von ei-

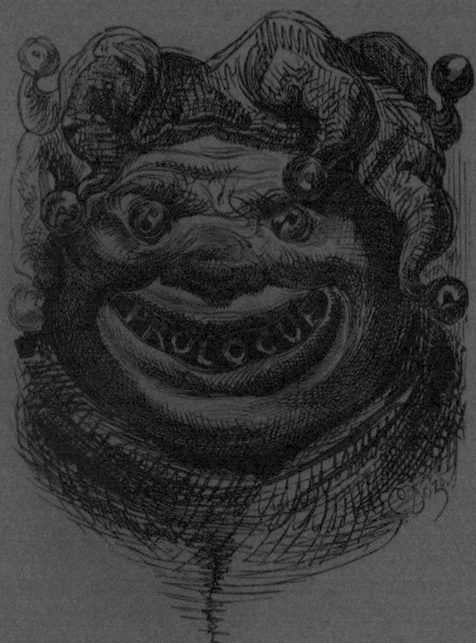

12

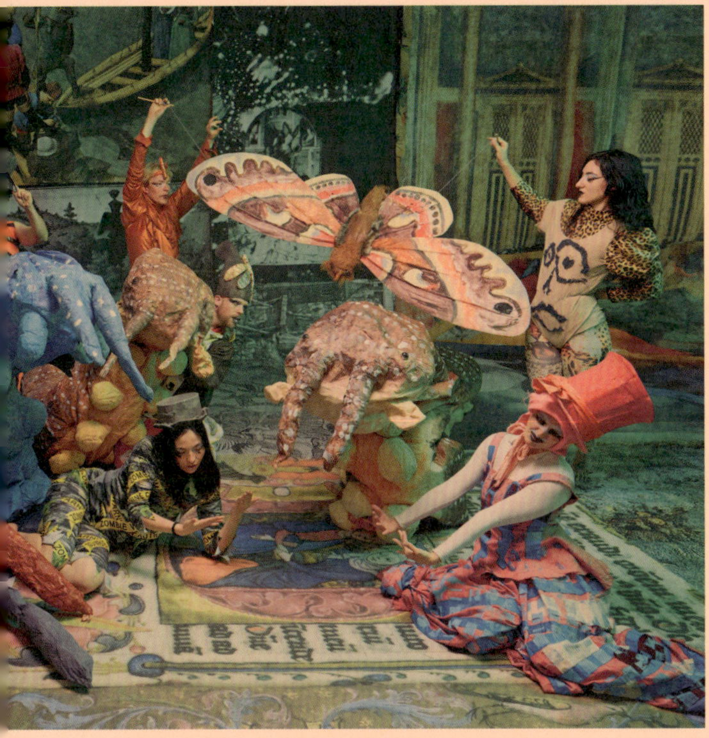

nem ernsten Standpunkt aus». Wie beeinflusst diese Vorstellung des Karnevalesken deine Performances, oder wie kommt sie darin zum Ausdruck? Siehst du deine Arbeit im Schaffen von Räumen, in welchen diese temporären Umkehrungen und Subversionen dem Publikum eine neue Perspektive auf soziale Strukturen ermöglichen?

MC Ich weiss noch, wie ich das erste Mal auf [Bachtins] *Rabelais und seine Welt* (1965) [12,13] stiess. Es war während meines MA-Studiums am Royal College of Art, in einem Einzeltutorium mit einem ultracoolen Kurator. Ich las die Einleitung, und es war ein intensiver Moment für mich. Ich fühlte mich, als würde ich explodieren und vor Energie strotzen.

Der unbändige Humor und die Ausdruckskraft, die dem Menschen angeboren sind, schienen in mir aufzusprudeln. Niemand und keine Situation konnte mich jemals davon abhalten, dieses Ventil zu finden – es floss durch meine Adern. Ich kenne diesen Text, und ich weiss, wie ich ihn einsetzen kann. Ich bin eine «Unruhestifterin», aber meine Rebellion ist harmlos und heilsam. Es ist Humor und Spass; es ist radikales Lachen.

RG Humor ist ein charakteristisches Element deiner Arbeit, das das Absurde mit dem Tiefsinnigen verbindet. Wie erzeugst du in deinen Performances und Installationen die Balance zwischen Humor und anderen Elementen wie Ritualen, Erzählungen oder kritischen Kommentaren? Und auf welche Weise verstärkt oder verkompliziert Humor das Erleben dieser Themen für dein Publikum?

MC Vielleicht kann ich ein aktuelles Beispiel ausführen: Für das Belvedere 21 [Wien] [14] wollte ich mit dem Kapitel «All the World Needs a Jolt» aus *Caliban and the Witch* (Caliban und die Hexe, 2004) [15,16] von Silvia Federici (*1942) arbeiten. Ein Teil des Textes ist eine historische Analyse der Häretiker:innenbewegungen. Ich wollte die gravierenden Verluste darstellen, die diese durch die kollektiven Kräfte der Kirche, des Bürgertums und des Landadels erlitten hatten, die sich für deren Beseitigung eingesetzt hatten – die Tatsache, dass die Häretiker:innen im Laufe von 300 Jahren alternative Gemeinschaften

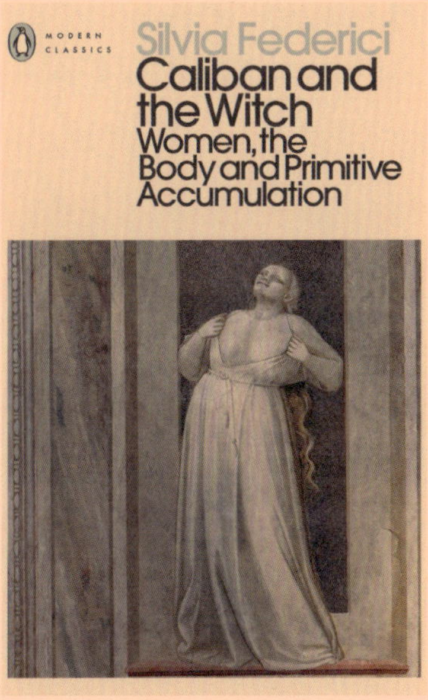

16

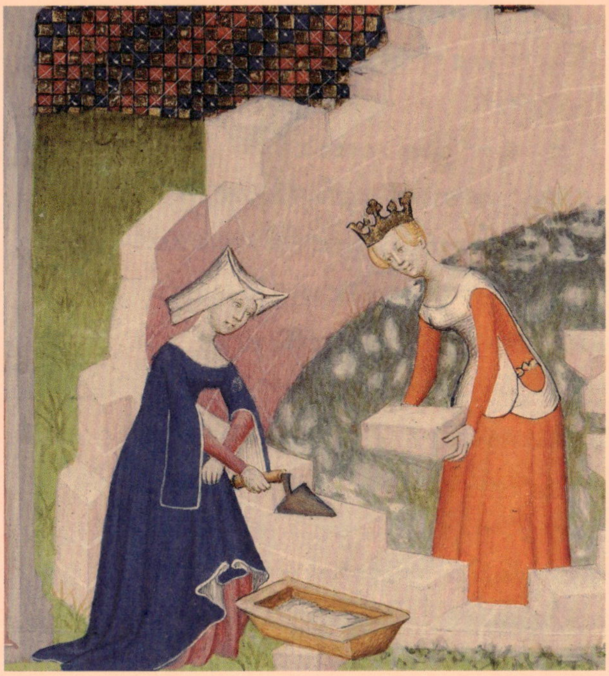

15

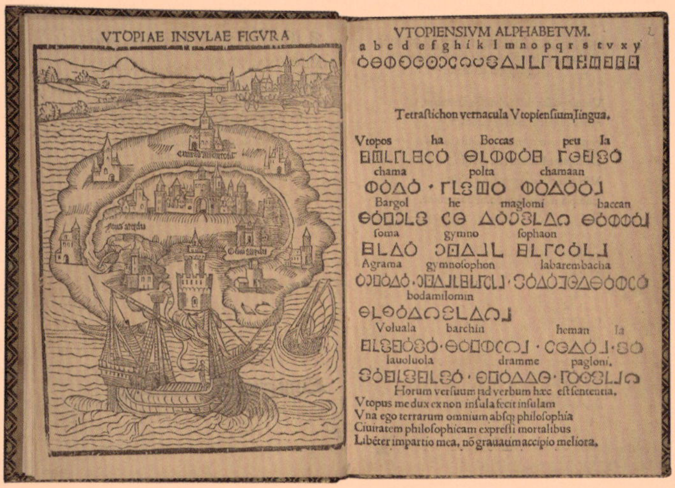
VTOPIAE INSVLAE FIGVRA

VTOPIENSIVM ALPHABETVM.
a b c d e f g h i k l m n o p q r s t v x y

Tetrastichon vernacula Vtopiensium lingua.

Vtopos ha Boccas peu la
chama polta chamaan
Bargol he maglomi baccan
foma gymno sophaon
Agrama gymnosophon labarembacha
bodamilomin
Voluala barchin heman la
lauoluola dramme pagloni.

Horum versuum ad verbum hæc est sententia.
Vtopus me dux ex non insula fecit insulam
Vna ego terrarum omnium absq; philosophia
Ciuitatem philosophicam expressi mortalibus
Libēter impartio mea, nō grauatim accipio meliora.

17

mit Unterstützungsnetzwerken über Ländergrenzen hinweg entwickelten, die es den Mitgliedern ermöglichten, zu reisen und in sicheren Häusern zu wohnen. Das Hauptproblem bestand für mich darin, die Gräueltaten so darzustellen, dass sie zwar theatralisch, aber nicht albern, sondern bedeutungsvoll wirken.

Ich hatte die Idee, eine «Hut-Show der Gräueltaten» zu machen. Der Hauptpunkt, den ich vermitteln wollte, war, dass es eine riesige Bewegung von Häretiker:innen gegeben hatte. Ich dachte, dass durch das Aufzeigen der Zahl der massakrierten Personen deutlich würde, dass es sie gab, sie aber ausgerottet wurden. Ich habe einen «Hut» für die Schlacht von 1297 gemacht, in der 20 000 Personen getötet wurden.

Man könnte fragen: Warum aus Gräueltaten Hüte machen? Ich fand, dass dies ein Weg war zu zeigen, wie die Geschichtsschreibung diese Informationen «verharmlost» hat. Ich habe auch ein wohlbekanntes literarisches Beispiel verwendet, nämlich *Utopia* (1516) [17] von Thomas Morus. Die Geschichte wird anhand der Figur Raphael erzählt. Er ist keine reale Person, aber wir lernen ihn kennen, als ob es ihn gegeben hätte, und die schockierenden Informationen werden aus seiner Sicht erzählt, womit sich der Autor des Buchs der Verantwortung entzieht. Der Autor schreibt einfach auf, was Raphael gesagt hat.

Auf diese Art und Weise habe ich zwei zeitgenössische Filmemacherinnen so in Szene gesetzt, als ob sie anwesend wären, aber in Wirklichkeit sind sie 30 Zentimeter grosse Handpuppen [18]. Ich habe Joanna Hogg (*1960) und Catherine Breillat (*1948) ausgewählt. Die Filmemacherinnen interpretierten das Werk von Silvia Federici, nicht ich. Es gelang mir, Humor und Absurdität zu einem Thema zu machen, das entweder vernachlässigt wird oder zu abscheulich ist, um es öffentlich zu zeigen und sich lange damit zu beschäftigen: das Massaker der Ketzer:innenbewegung und die Geschichte der Misogynie. Wie können wir es schaffen, dass der Mainstream diesen Themen Aufmerksamkeit schenkt?

18

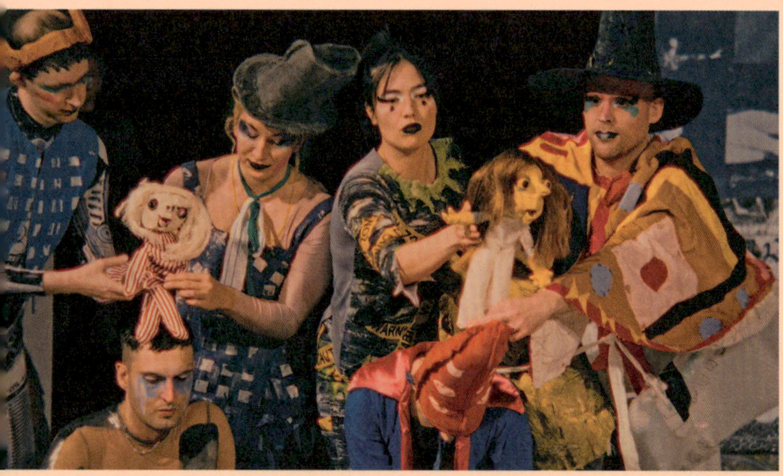

Ich sprach für die Puppen durch ein Mikrofon, das vor ihnen stand. So erklärten sie, wie sie die Auszüge aus *Caliban und die Hexe* als Theaterstück aufführen wollten. Catherine wollte die «Hut-Show der Grausamkeiten» und Joanna das Ballett und den Volkstanz, die an Gemeinschaften erinnern, die in Harmonie lebten, bevor häusliche Isolation und Kinderbetreuung einem bestimmten Geschlecht zugewiesen wurden.

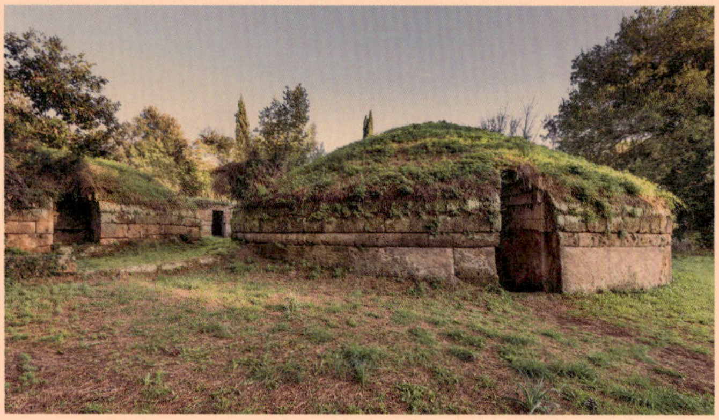

19

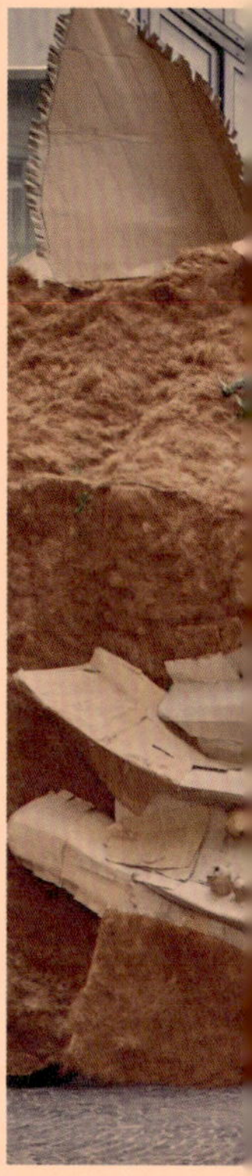

21

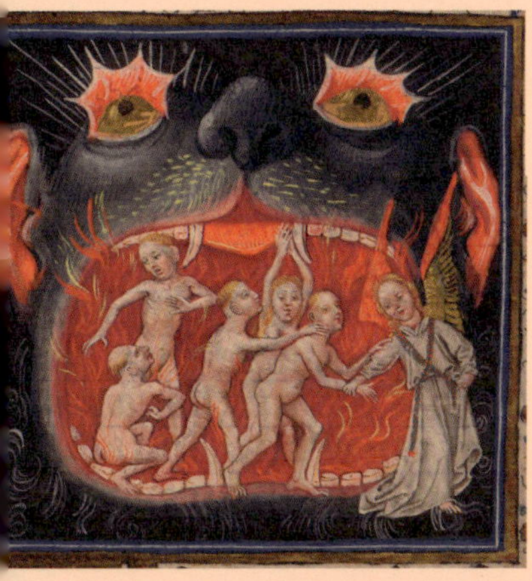

20

DIE AUSSTELLUNGEN ALS IMMERSIVES ERLEBNIS UND DIE REPRÄSENTATION VON PERFORMANCES IM AUSSTELLUNGSKONTEXT

RG Die Via Appia Antica [19] in Rom, eine der ältesten und strategisch wichtigsten Strassen des antiken Römischen Reichs, war gesäumt von Gräbern, Mausoleen und Denkmälern – Strukturen, die als «Häuser» für die Toten fungieren und an vergangene Leben erinnern, während sie einen Grenzraum zwischen der Stadt und ihrer Peripherie einnehmen. In deiner Ausstellung im Kunsthaus Zürich greift ein Teil der Ausstellungsinstallation diese Idee auf. Kannst du diese architektonische Wahl und ihre Symbolik im Kontext der Ausstellung näher erläutern?

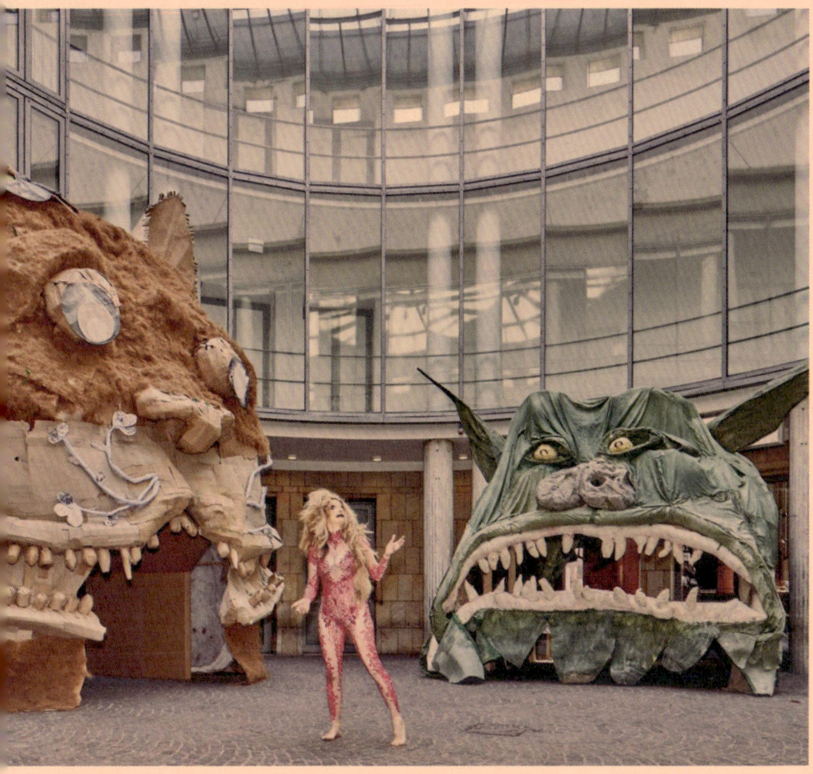

MC Die freistehenden «Köpfe», die ich angefertigt habe, sind von meinen Nachforschungen über mittelalterliche Festspiele und Theaterstücke inspiriert, insbesondere über die Verwendung eines einzigen Bühnenbildes: Höllenmäuler [20]. Diese Kulissen wurden von Christen verwendet, um die Feuer der Hölle für die Verdammten darzustellen. Ich habe viele Bilder von Höllenschlünden. Die Höllenschlünde sind als grosse dreidimensionale Köpfe dargestellt, und die Leute sind als Teufel verkleidete Schauspieler:innen.

Vor Kurzem habe ich drei dieser Köpfe in der Rotunde der Schirn Kunsthalle Frankfurt [21] zusammengeführt. Die Köpfe schienen es zu geniessen, zusammen zu sein. Ich denke, es wäre interessant, eine Strasse zu schaffen, an der sie auf beiden Seiten erscheinen. Ich habe mit dir darüber gesprochen, wie man das für die Ausstellung im Kunsthaus erreichen kann. Du hast den Begriff «Parcours» verwendet, und mir fielen die Geisterbahnen auf Jahrmärkten oder die Via Appia ein.

Mein Hauptmotiv stammt aus dem Film *Satyricon* (1969) [22, 23] von Federico Fellini (1920–1993). Obwohl ich dank Studium und Lektüre vieles über das Römische Reich weiss, stammt die visuelle Vorstellung, die ich habe, aus *Satyricon*.

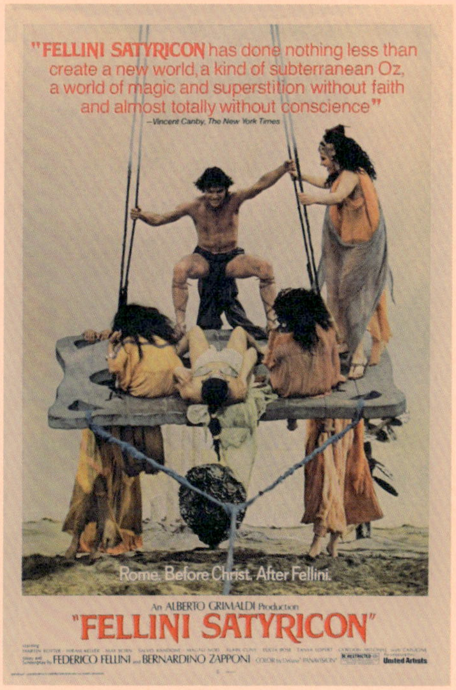

23

22

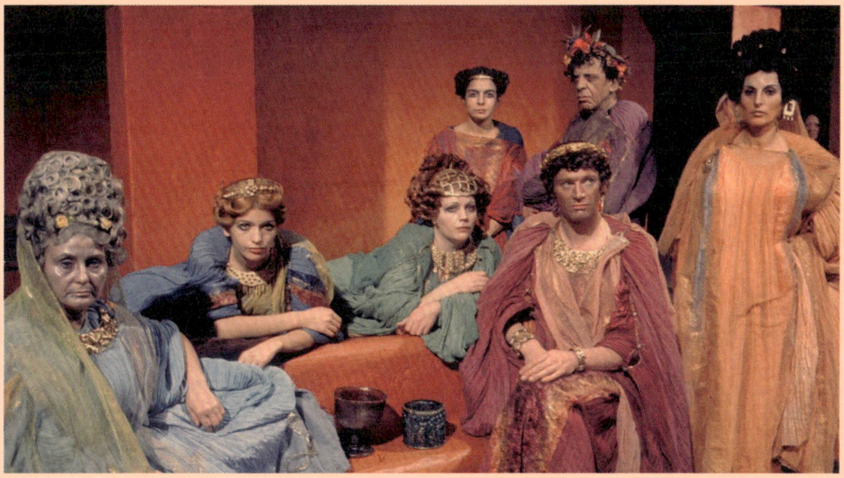

RG Dokumentation und Repräsentation von Performances im Ausstellungsraum – insbesondere nach dem Ende des «Live»-Acts – sind zu einem bedeutenden Diskursfeld in der zeitgenössischen Kunst geworden. Wie gehst du in deiner eigenen künstlerischen Praxis mit der Frage der Dokumentation um?

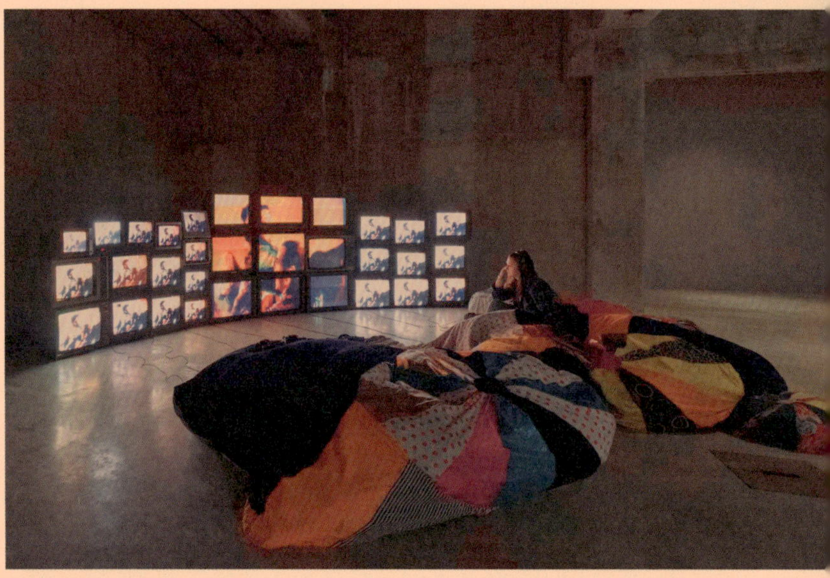

24

MC Um die Dokumentation der Performances zu bewerkstelligen, habe ich unzählige Gespräche geführt und sogar an Seminaren teilgenommen, um zu erklären, auf welche Art und Weise Museen meine Performance-Arbeiten in ihre Sammlungen aufgenommen haben. Es gibt viele Möglichkeiten, Performances so zu zeigen, dass Menschen, die nicht live dabei waren, einen

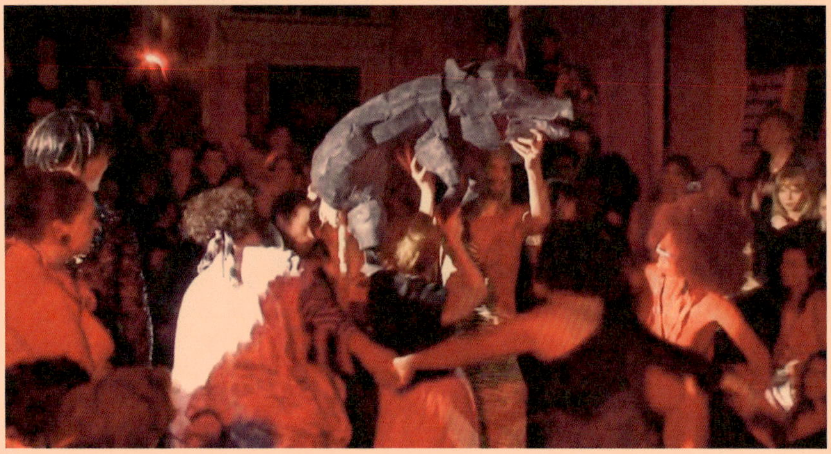

25

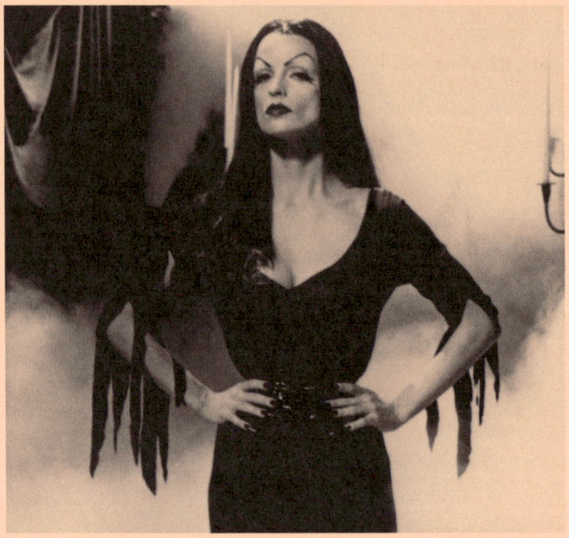

26

Einblick erhalten. Jetzt hat die Tate Modern in London die Performance *A Tax Haven Run by Women* ausgestellt. Es sieht grossartig aus als Teil einer Ausstellung über Performance. Die Ausstellung ist so umgesetzt, wie ich es mir gewünscht habe: Die Kostüme sind direkt an die Wand genagelt, das Programmheft ist ausgestellt, und die Puppen und Objekte sind so aufgehängt, wie sie von den Puppenspieler:innen hinter der Bühne verwendet worden sind.

Ich kann die Performances als Partitur aufschreiben, die Musik und das Skript und die Choreografie können in kurze Videos und Texte umgewandelt werden, und ich kann die Art und Weise archivieren, wie die Kostüme und Requisiten angefertigt und in Zukunft wieder angefertigt werden. Ein wichtiger Punkt, dessen ich mir bewusst bin, ist, dass die Spontaneität erhalten und gefördert werden muss. Das Vertrauen der Darstellenden, ihre eigene Energie in den Tanz oder die Pantomime einzubringen, ist wichtig, deshalb habe ich gemeinsames «Abhängen» und die Recherche über die Filme und einige der Texte, auf die sich die Performance bezieht, vorgesehen.

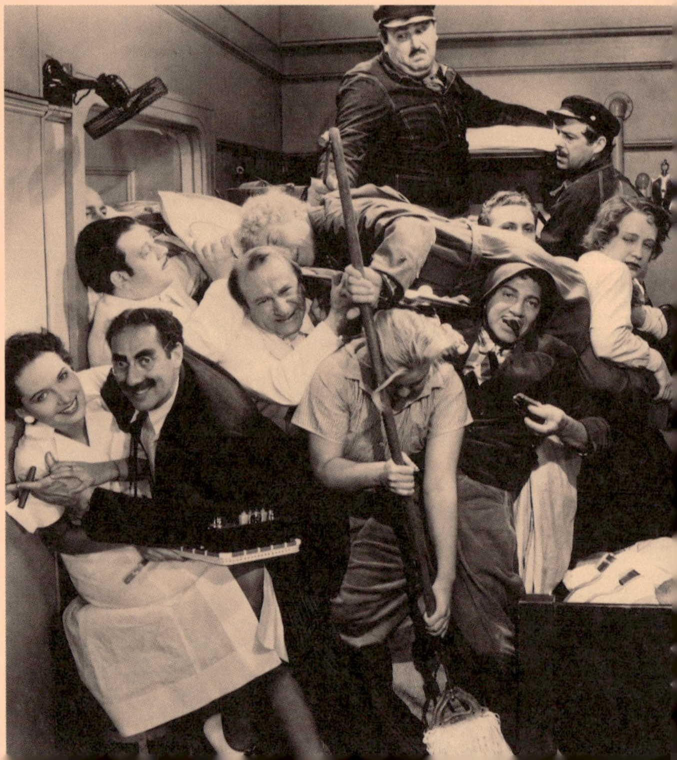

27

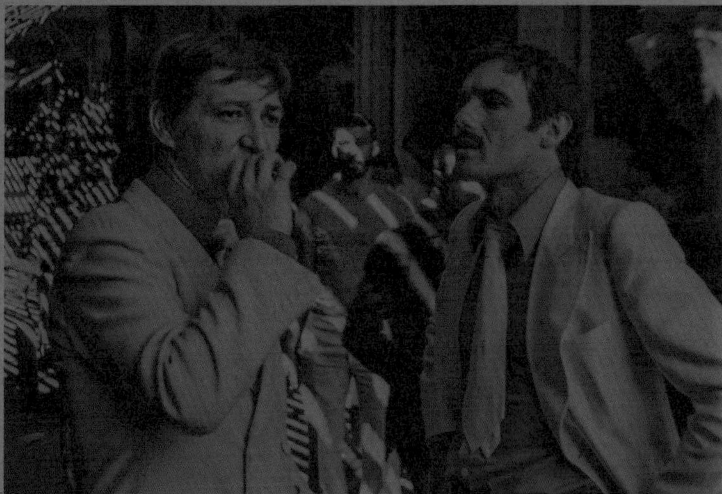

28

RG Für deine Ausstellung im Kunsthaus Zürich hast du den dritten Teil deiner Filmreihe *Hermitos Children* produziert. Dieses fortlaufende Projekt verbindet die Dokumentation von Performances mit einem experimentalen Filmnarrativ. Kannst du die konzeptionellen Grundlagen etwas näher erläutern?

MC Ich beschäftige mich seit fast 30 Jahren mit dem Dilemma, wie man eine Live-Performance dokumentiert, und ich bin zuversichtlich, was den Pfad angeht, den ich entwickelt habe. Ich weiss, dass ich von Natur aus den Live-Moment bevorzuge. Ich arbeite jedoch intensiv daran, die Dokumentation in eine eigenständige Arbeit zu verwandeln, indem ich dem Filmprozess eine zusätzliche Ebene hinzufüge. Ich baue eine geskriptete und gespielte Ebene ein, die von Laiendarstellenden gespielt wird. Diese Schauspieler:innen sprechen ihren Text direkt in die Kamera, sodass das Video absichtlich für ein Publikum erstellt wird, das bei den Performances nicht anwesend war.

Ich habe diese Serie, die ich in den letzten 20 Jahren geschaffen habe, *Hermitos Children* genannt. Ich glaube, es lohnt sich, in ein Publikum zu investieren, das das Gefühl hat, etwas «verpasst» zu haben. Im Jahr 2009 wurde ich ermutigt, eine umfassendere Arbeit zu realisieren, die ein grösseres Publikum erreichen würde, und so realisierte ich *Hermitos Children 1* [24, 25]. Die Pilotfolge, oder erste Episode, basierte auf der Kombination von Dokumentationen von Live-Performances mit dieser speziell für die Kamera konzipierten und gespielten Ebene.

Wie bereits erwähnt, steht für mich letztlich der Live-Moment im Vordergrund, sodass die Ebene des «Filmemachens» für die Live-Performance und ihr Publikum keine Rolle spielt. Das Filmen wird nicht priorisiert und ist in der Regel weder ausgefeilt noch perfekt. Ich erinnere mich, wie ich als Kunststudentin anfing, Videos zu machen, und wie sehr mich die Filme von Ed Wood (1924–1978) [26] ermutigten. Auch die Filme der Marx Brothers [27], die in der ersten Hälfte des 20. Jahrhunderts sehr erfolgreich waren, haben mich inspiriert. Später, während meines Masterstudiums, entwickelte ich ein besonderes Interesse für die Werke von Rainer Werner Fassbinder (1945–1982) [28] und Pier Paolo Pasolini (1922–1975) [29, 30].

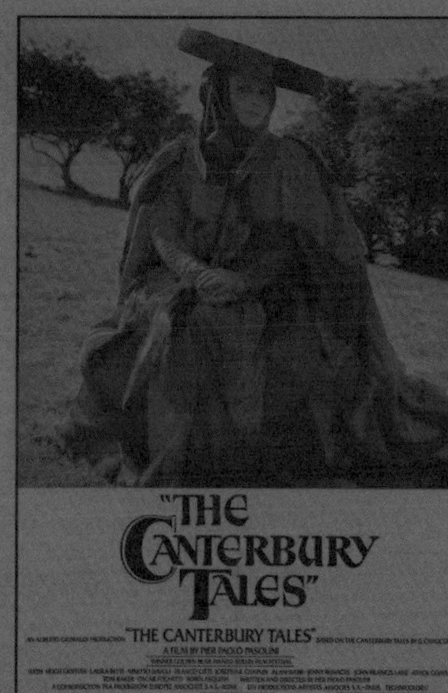

29

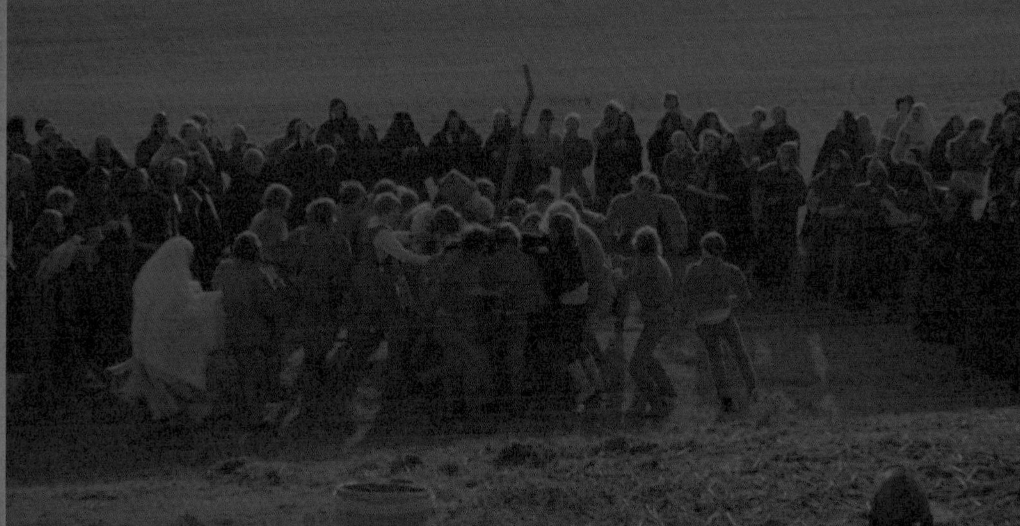

30

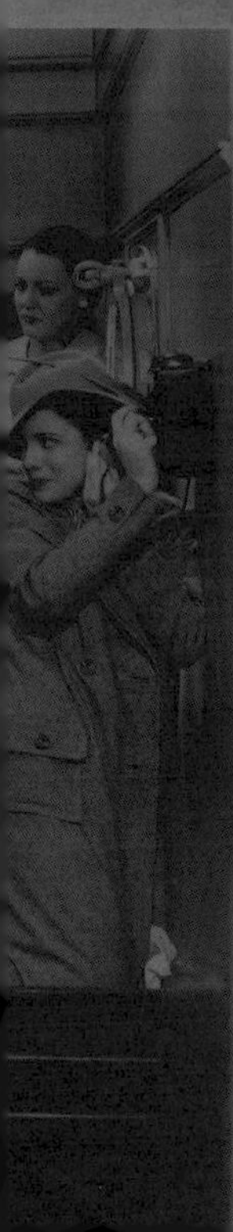

11

«Die Entstehung ärmlicher Bilder erinnert an das klassische Third-Cinema-Manifest *Por un cine imperfecto* von Juan García Espinosa, das Ende der 1960er-Jahre in Kuba geschrieben wurde. ‹Perfect cinema – technically and artistically masterful – is almost always reactionary cinema›, weshalb Espinosa für ein unvollkommenes Kino plädiert.[1] Das unvollkommene Kino versucht, die Arbeitsteilung innerhalb der Klassengesellschaft zu überwinden. Es verbindet Kunst mit Leben und Wissenschaft und verwischt den Unterschied zwischen Konsument und Produzent, Publikum und Autor. Es besteht auf seiner eigenen Unvollkommenheit, ist populär, aber nicht konsumorientiert, engagiert, ohne bürokratisch zu werden.»

Hyto Steyerl, «Zur Verteidigung des ärmlichen Bildes», aus dem Englischen von Aurel Sieber, in: *Cinemabuch*, Nr. 64 (2019), S. 30.

1 Julio García Espinosa, «For an Imperfect Cinema», aus dem Spanischen von Julianne Burton, in: *Jump Cut*, Nr. 20 (1979), S. 24–26.

31

Da ich mit der Filmindustrie aufgewachsen bin – meine Mutter ist Produktionsdesignerin – kenne ich mich in der Filmgeschichte bestens aus und bewundere die Mainstream-Filmproduktion sehr. Dennoch würde ich sagen, dass meine Herangehensweise bewusst an die Amateurfilmproduktion angelehnt ist. Ich erinnere mich an Hito Steyerls (*1966) Essay *In Defense of the Poor Image* (2009) [31], dank dem ich das Manifest der kubanischen Filmemacher entdeckte. Dieses hat mich tief beeindruckt. Der Ansatz der kubanischen Filmemacher ist stolz, mutig und selbstbewusst. Bei mir ist das weniger der Fall – ich bin empirisch, teste und experimentiere, bin mir oft unsicher, was das Endprodukt angeht, aber ich bin mir meines Prozesses sicher. Meine Zuversicht ist instinktiv, ich analysiere meine Arbeit im Nachhinein und gewinne durch Reflexion an Überzeugungskraft.

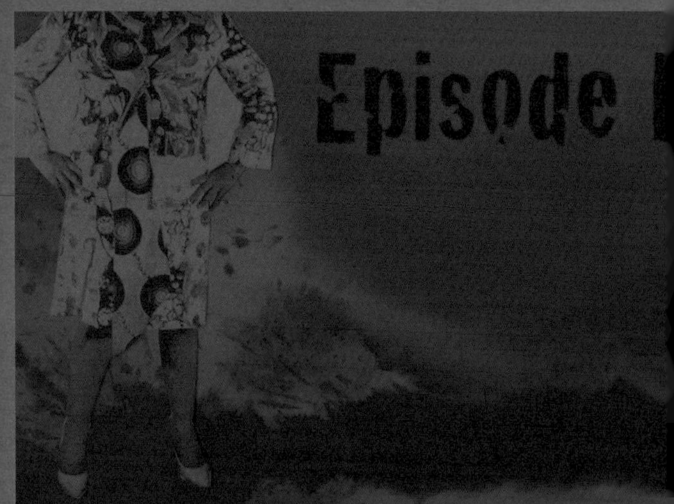

32

Die Hauptstruktur von *Hermitos Children* [32] besteht aus dem Wechselspiel zwischen Aufnahmen, die ausschliesslich für die Kamera gedreht, und solchen, die bei Live-Auftritten aufgenommen wurden. Diese Live-Aufnahmen enthalten auch eine gespielte Ebene, die speziell für ein nicht physisch anwesendes Publikum vorbereitet wurde. Die aufgezeichnete Performance ist ein Nebenprodukt, das im Hintergrund existiert, aber irgendwie mit der Handlung verbunden ist.

Hermitos Children 1 habe ich selbst finanziert. Die nachfolgenden Teile basieren auf einem hybriden Ansatz, bei dem die jeweilige Institution oder das Kollektiv, für das ich gearbeitet habe, das entsprechende Kapitel finanziert haben und am Ende des Films auch genannt werden.

Weitere erwähnenswerte Aspekte sind der DOP (Director of Photography) oder die Filmcrew. Ich habe mich schon immer zu Mainstream-Filmen hingezogen gefühlt, die von kleinen Filmcrews gedreht wurden. Ich würde sagen, dass *Dogma 95* [33] einen starken Eindruck auf mich gemacht hat. In einem Interview mit Krzysztof Kieślowski (1941–1996), das Teil meiner *Dekalog*-Box ist, sagt dieser mit sehr mürrischer Stimme, dass er bei jedem der zehn Filme mit einem anderen DOP gearbeitet habe, um zu zeigen, dass dieser nicht untrennbar mit dem

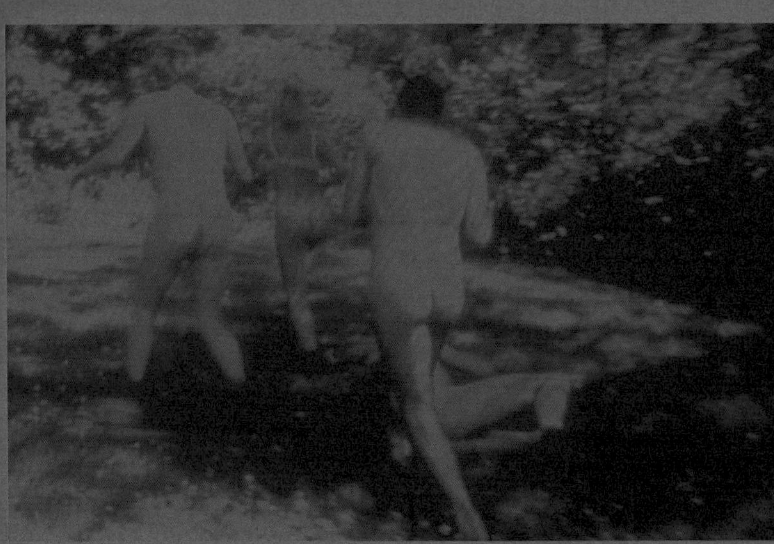

33

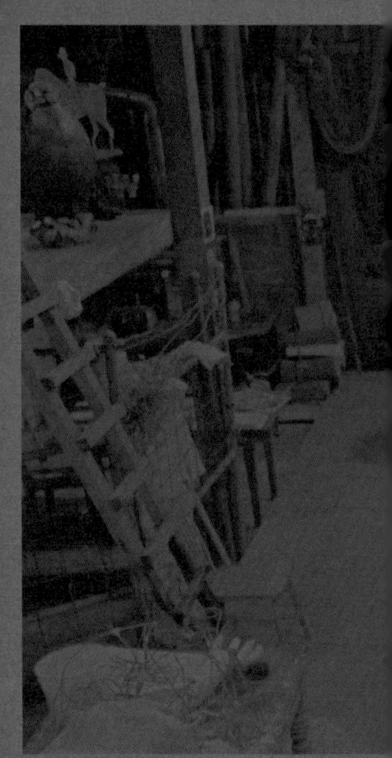

Filmregisseur verbunden ist, dass die Regie den Beitrag der Crew übersteigt. Die Tatsache, dass der Film nicht von den Beiträgen des Teams dominiert oder geleitet wird, ist für mich faszinierend. Ich habe grösstenteils mit einem zweiköpfigen Team an *Hermitos Children 3* gearbeitet, mit Oscar Oldershaw und Joe Campbell, mit zusätzlicher Unterstützung von Ruby Cedar und meinem Sohn. Ich bin seit 15 Jahren mit Oscar und Joe befreundet und sie waren bei meinen Performances dabei. Ich denke, dass sie wissen, was ich erreichen möchte, und so ist es fast so, als wäre ich an zwei Orten gleichzeitig. Ihre Energie und ihr Wunsch, mir bei der Verwirklichung meiner Ziele zu helfen, haben zur Produktion beigetragen, ohne meinen eigenen, verrückten Geschmack zu zerstören!

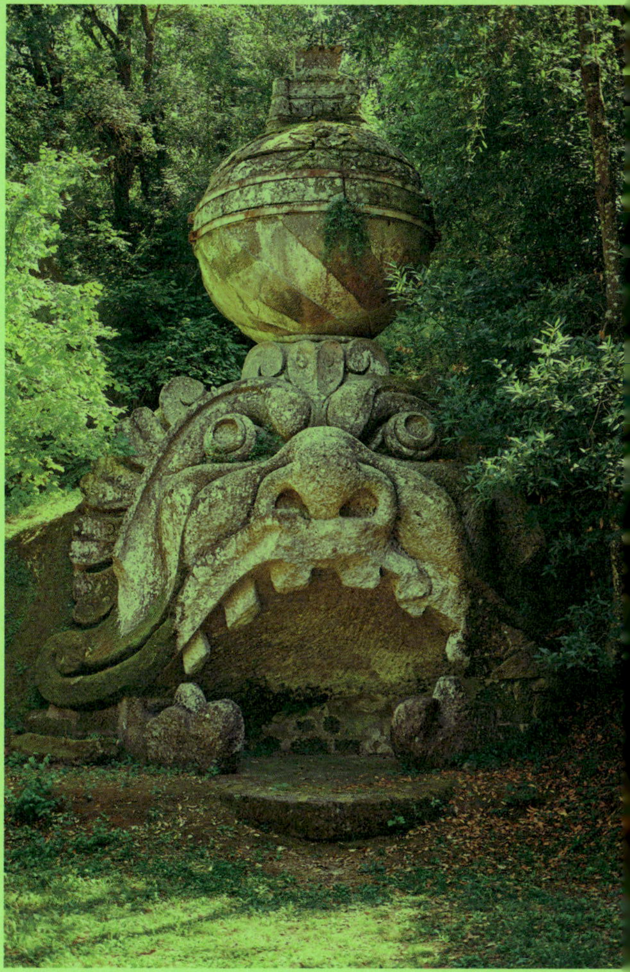

34

RG Neben deiner Ausstellung im Kunsthaus Zürich wirst du die erste Künstlerin sein, die eine Arbeit für den Chipperfield Garten realisiert – auch diese Arbeit wird die Form eines Kopfs haben. Sowohl die Skulpturen im Innenraum als vor allem auch die Skulptur im Aussenbereich werden die Idee der «folly» – eine englische Bezeichnung in der Gartenkunst für einen ungewöhnlichen Zierbau im Sinne eines Kuriosums – aufgreifen, die an den ikonischen Garten von Bomarzo [34] erinnert. Der im 16. Jahrhundert von Pier Francesco Orsini (1523–1583) errichtete Garten ist bekannt für seine fantastischen, überdimensionierten Skulpturen und monströsen Figuren, die den Besucher auf einer labyrinthischen Entdeckungsreise schockieren und fesseln sollen.

MC Ich habe Bomarzo schon viele Male besucht. Zur Zeit, als ich ein Teenager war, so erinnere ich mich, waren die Köpfe und Skulpturen nicht restauriert und für das Publikum noch nicht abgesperrt. Man konnte einfach zu ihnen hingehen, um sie herumgehen und sogar auf ihnen herumklettern. Es gab keine Aufsichten, und man hatte auch nicht das Gefühl, beobachtet zu werden – abgesehen von den Augen der kolossalen Köpfe, die einen beobachteten! Obwohl dies heute verboten ist, lohnt sich ein Besuch immer noch. Der Garten ist trotz der Restaurierung und der Besucherkontrollen immer noch magisch.

Ich wollte schon immer einen grossen Kopf machen und in ihm leben. Ich weiss nicht, warum. Als ich *Scanners* (1981) [35] von David Cronenberg (*1943) sah, war ich begeistert von der Szene mit dem Riesenkopf, den der Künstler gebaut hatte! Ich glaube, ich habe eine natürliche Vorliebe für grosse, kolossale Köpfe.

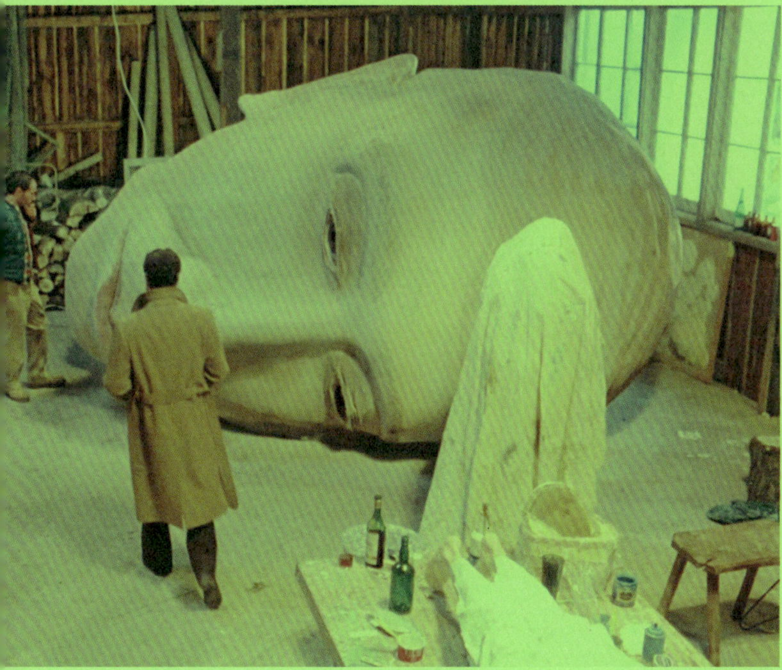

35

Auch in Rom war ich von den kolossalen Fragmenten auf dem Forum sehr beeindruckt. Ich möchte meine Recherchen fortsetzen und mein Verständnis der antiken Welt und der kolossalen Skulpturen, die es einst gab, vertiefen. Mich reizt vor allem die Idee, dass der Mund eines Kopfes der Eingang in sein Inneres ist.

RG Ich möchte gerne die Frage nach dem Massstab aufgreifen. Die Arbeit für den Garten hinter dem Chipperfield-Bau wird eine deiner bislang grössten sein, aber deine Arbeiten können auch sehr klein sein, wie deine *Bat Opera*-Gemälde. Wie gehst du mit diesen Variationen im Format um, nicht nur in Bezug auf die physische Präsenz, sondern auch in Bezug auf die Erschaffung eines «mentalen Raums» für die Betrachter:innen?

MC Die Planung von Grossskulpturen benötigt fast ein Jahr. Die technische Planung und die Konstruktion sind eine Teamleistung. Kleinere Ausstellungen, bei denen ich alles von Hand mache, können spontaner sein. Ich finde Produktionen, bei denen ich alles mit dem Zug transportieren muss, eine interessante Herausforderung.

Im Jahr 2003 wurde ich eingeladen, am Manchester International Festival zu performen. Ich habe ein zusammenklappbares Jabba-der-Hutte-Kostüm [36, 37] entworfen, das ich zusammen mit den Darsteller:innen im Zug mitnehmen konnte. Ich erinnere mich, dass ich die Zugfahrt bezahlt habe, alles war sehr billig und von mir finanziert.

Im Jahr 2023 wurde ich von einem meiner Galeristen, Massimo De Carlo, eingeladen, zu Halloween eine Performance in seinem Raum Pièce Unique in Paris zu machen. Auch hier habe ich, aus welchen Gründen auch immer, alles so entworfen, dass es mit dem Zug reisen und vor Ort zusammengebaut werden konnte. Diesmal war es ein Samtwurm!

Für die Puppentheater-Performance *The Fall of Man* (2006) [38] in der Tate Britain hatte ich mir ambitioniert vorgenommen, die Duveen Galleries zu füllen. Allerdings wurde mir kein Platz in der Ausstellung zugewiesen, sondern nur ein Raum, in dem ich während der Eröffnung performen konnte. Ich entwarf aus Rohrleitungselementen aus Plastik Strukturen, die leicht zerlegt und wieder zusammengesetzt und mit Sandsäcken beschwert werden konnten. Die auf Papier fotokopierten Kulissen wurden daran aufgehängt, und der Rest des Aufbaus war ebenso einfach zu bewerkstelligen.

36

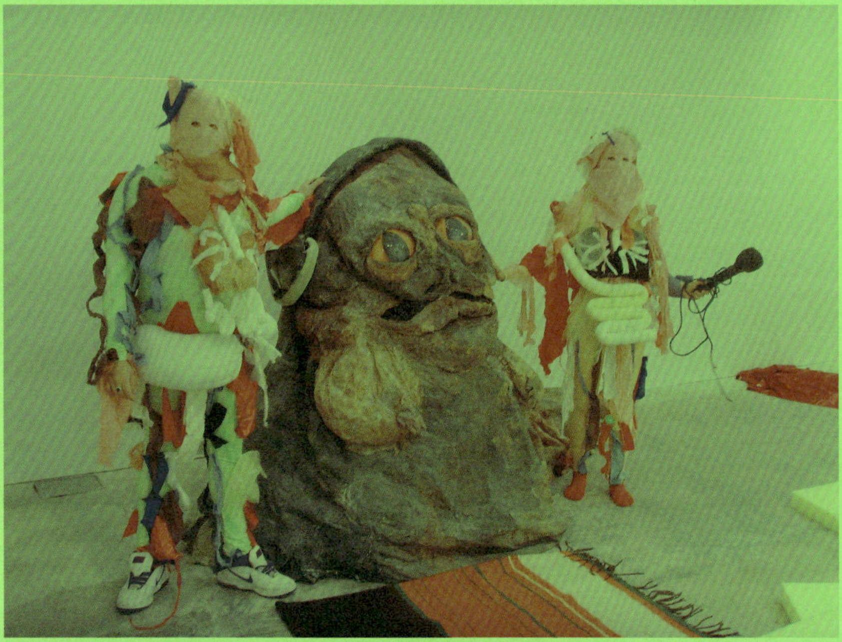

37

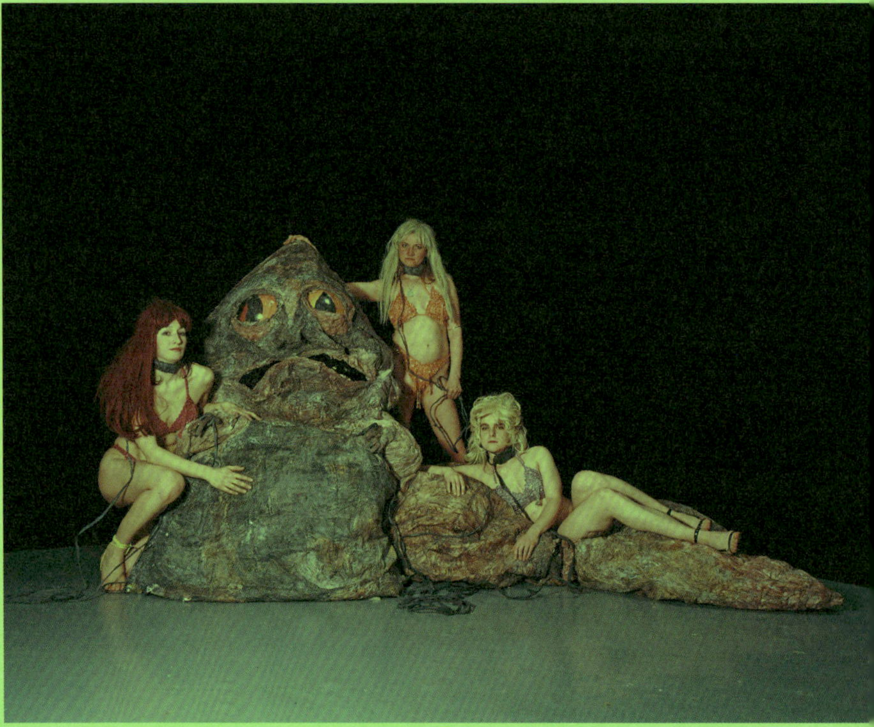

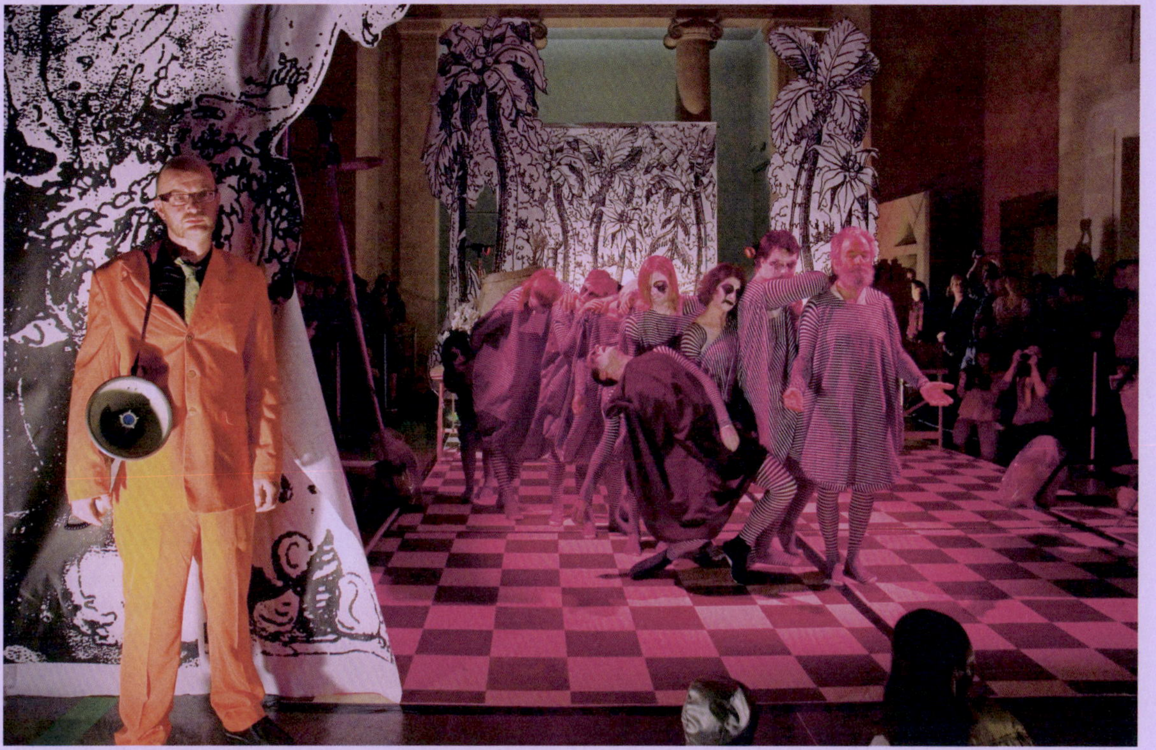

38

Ich liebe den Einfallsreichtum und den Eigensinn, den dieser Prozess erfordert. Ich mag es, Kunst auf einem Küchentisch zu schaffen und zu wissen, dass sie durch eine Wohnungstür passt, aber später in einem öffentlichen Raum oder Museum zu einem grossformatigen Werk wieder zusammengesetzt werden kann!

RG Letzte Frage: Dein Name hat sich im Laufe der Jahre mehrfach gewandelt, von Spartacus zu Marvin Gaye und jetzt Monster. Was war der Grund für diese Veränderungen, und wie passen sie zu deiner künstlerischen Praxis?

MC Meinen Namen zu ändern, erschien mir ursprünglich einfach – es war ein Markenname. Ich hatte die römische Taktik kennengelernt, bei der adlige Familien den Namen einer ihrer Arbeiter als Markennamen für ihre Branche verwendeten, sodass ihr Familienname durch Produktion oder Geschäft «unbefleckt» blieb. Ich kannte zudem die Geschichte von Spartakus und die Solidarität, die mit seinem Namen verbunden war, sowie seinen letztendlichen Untergang, nachdem er den unglaublichen Sklavenaufstand angeführt hatte.
Zu dieser Zeit war ich von Menschen umgeben, die mir sagten, dass ich nur kurz populär sein und dann fallen gelassen werden würde. Spartacus [39] schien ein passender Name neben Chetwynd zu sein.

Ich bin eine, die die Performances zum Leben erweckt, welche eine Idee hartnäckig verfolgt, bis sie Wirklichkeit wird, und die danach aufräumt und sich um die Verantwortlichkeiten kümmert. Solidarität und Zusammenarbeit sind zwar wichtige Elemente, aber auch die Notwendigkeit eines eigenen Namens erschien mir angemessen. Spartacus Chetwynd passte damals in diesen Kontext.

Eine weitere Entwicklung scheint darin zu bestehen, dass das Aussprechen eines Namens eine Form der Beschwörung ist, wie ein Zauber-

39

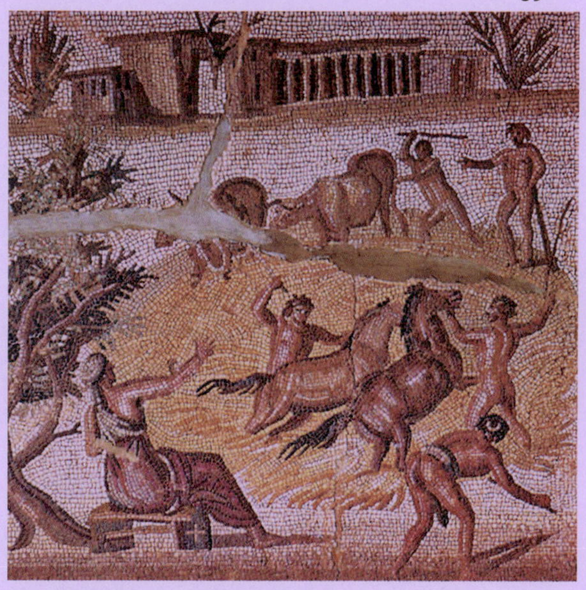

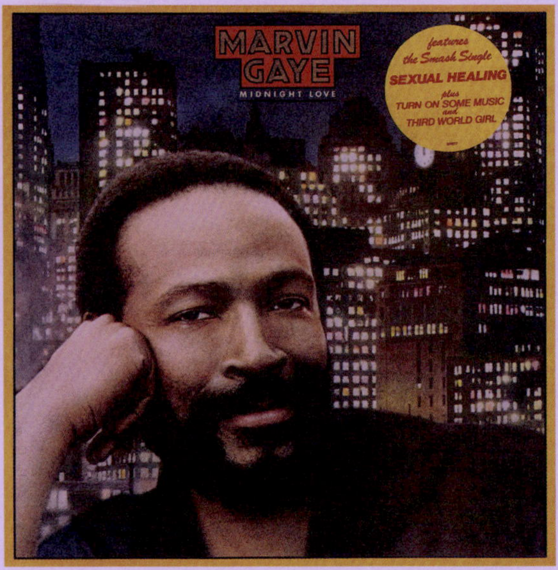

40

spruch. Die Worte sind mächtig. Wenn jemand deinen Namen kennt, du aber nichts über ihn weisst, dann hat diese Person eine Art Macht über dich. Die Notwendigkeit, mich zu schützen, war für mich offenkundig. Ein vorgegebener Name ermöglichte es mir also, mich wieder in die Lage zu versetzen, selbst Macht zu erlangen. Wenn jemand, den ich nicht kenne, mich mit dem von mir gewählten Markennamen anspricht, ist mein privater Vorname geschützt.

Vor kurzem habe ich über den japanischen Maler Hokusai (1760–1849) recherchiert und entdeckt, dass es für Künstler zu seinen Lebzeiten üblich war, unterschiedliche Namen anzunehmen, die mit den verschiedenen Phasen ihrer Karriere verbunden waren. Aufstrebende Künstler erhielten einen Namen, Künstler in der Mitte ihrer Karriere einen anderen, und erst am Ende ihres Lebens wurde ihr endgültiger Name, der Bestand haben sollte, festgelegt. Der Punkt ist, dass ich meinen Namen jedes Mal geändert habe, um mir auf eine ökonomische Art eine neue Richtung oder ein neues Gebiet zu erschliessen – und das funktioniert immer noch.

Die Zeit, in der ich mich entschied, mich mit Marvin Gaye (1939–1984) [40] zu assoziieren, hing mit meiner Lebenssituation zusammen: Ich war verheiratet und hatte einen Sohn. Ich wollte mein kleines Familienleben vor meiner Chetwynd-Family und der damit verbundenen Arbeitsmoral schützen. Ich entschied mich für Marvin Gaye nicht nur, weil er eine der inspirierendsten Persönlichkeiten und der Komponist von Liedern wie «What's Going On?» (1971) und «Sexual Healing» (1982) war, sondern auch, weil mich die Geschichte seines tragischen Todes durch die Hand seines Vaters berührt hat. Dies diente mir als Ermahnung, mein eigenes kleines Familienleben zu schützen und zu priorisieren.

Aktuell benutze ich den Namen Monster Chetwynd [41], und die Leute nennen mich Monster. Das ist nützlich, vor allem in den seltenen Fällen, in denen ich streng oder fordernd sein muss. Die Leute scheinen begeistert zu sein und denken sich: «Jetzt geht's los, jetzt lässt sie es krachen... ja, hier ist das Monster», und sie sind entzückt. Ich denke, der Name funktioniert gut, weil er geschlechtslos, verschlingend, umfassend und undefinierbar ist.

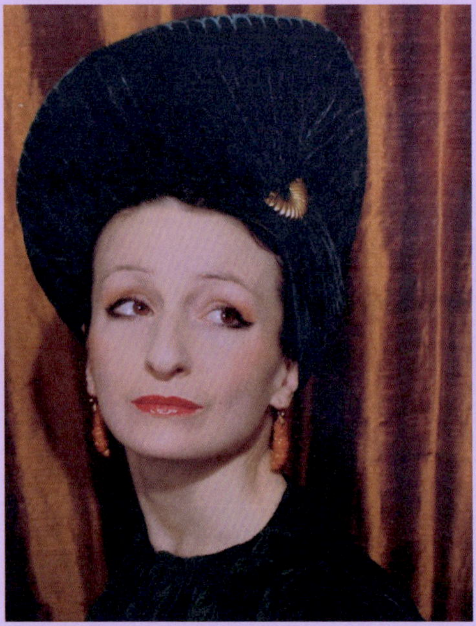

41

I THINK OF MY PERFORMANCES AS EXPLODED PAINTINGS

A CONVERSATION BETWEEN MONSTER CHETWYND

AND RAPHAEL GYGAX

Monster Chetwynd's artistic practice melds elements of performance, sculpture, and installation in a unique bricolage style, drawing on art history, folklore, and pop culture alike. Her works open a dialogue about performance as ritual and the immersive potential of art spaces and embrace a raw, handmade quality.

42

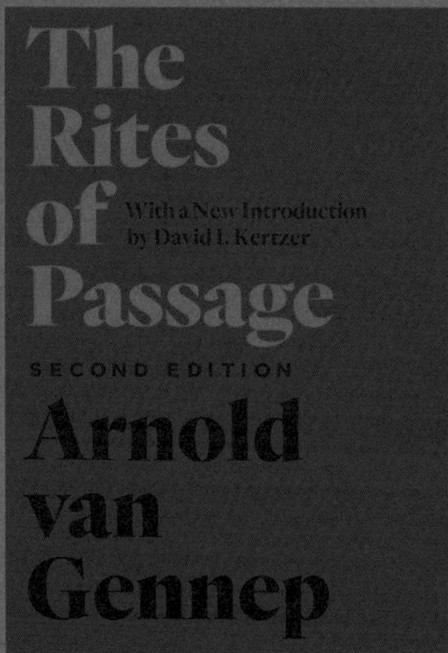

In Chetwynd's exhibitions, viewers step into an alternate world, engaging directly with art rather than simply observing. Chetwynd also treats sculpture as both whimsy and functional object. This approach reflects a deep-seated fascination with human folly and social structures, challenging viewers to question norms while participating in Chetwynd's eclectic, transformative worlds. Through these layered experiences, Chetwynd's work continuously interrogates the boundaries between spectacle and engagement, performer and viewer, the staged and the spontaneous. In the context of Monster Chetwynd's exhibition at the Kunsthaus Zürich, the curator, Raphael Gygax, engaged the artist in conversation in November 2024.

44

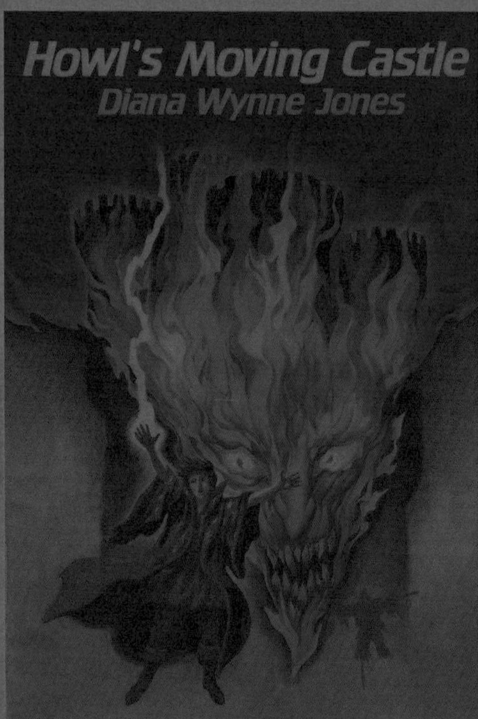

43

45

PERFORMANCE AS RITUAL & IDEA OF BRICOLAGE

Raphael Gygax The ethnologist Arnold van Gennep (1873–1957) describes his concept of the "rites of passage" [42] as marking "transitions from one social or cosmic world to another". In your exhibitions, do these transformative stages unfold as immersive experiences for the audience, allowing them to cross thresholds into new realms within the space you create?

Monster Chetwynd Do you know *Howl's Moving Castle* [43] – a novel by Diana Wynne Jones (1934–2011), first published in 1986? It's possible to travel between worlds as you read this novel. The protagonist escapes a curse as the story unfolds, and the reader grows in strength as well. As you read, you gain a subtle, undefined power – a confidence to be curious and trust in your own perception.

I am not sure I can enable an audience to be transported to another world during an event, but I can offer to tell a story and encourage critical thinking. Through the time invested, the audience experiences some level of a "morale boost". If I were to ask an audience to truly "change worlds", it would be fascinating. But I don't think I do this. To be honest, it feels far less subtle – more like asking a group of people to get in a truck with me as I declare, "I am about to drive straight out of the windows of a skyscraper". At least, that's how it feels. I put a lot of ingredients together and see if the soufflé rises.

I am pretty sure I am Brechtian and remain aware of reality. I am mindful of the concept of rites of passage and aware that we can choose to create our own rituals. The ethnographic film *Les maîtres fous* (1955) [44, 45] by Jean Rouch, which I saw when I was nineteen years old, left a huge impression on me.

I realised I could create my own corrective formula to counteract the oppression I felt. I could do it using everyday things around me and with anyone willing to join me. It could last for a specific period, and it could be free from "strings attached".

RG In your work, you combine found materials, costumes, and imagery from diverse sources. Since you studied anthropology, I'm curious how Claude Lévi-Strauss's (1908–2009) idea of bricolage resonates with your practice.

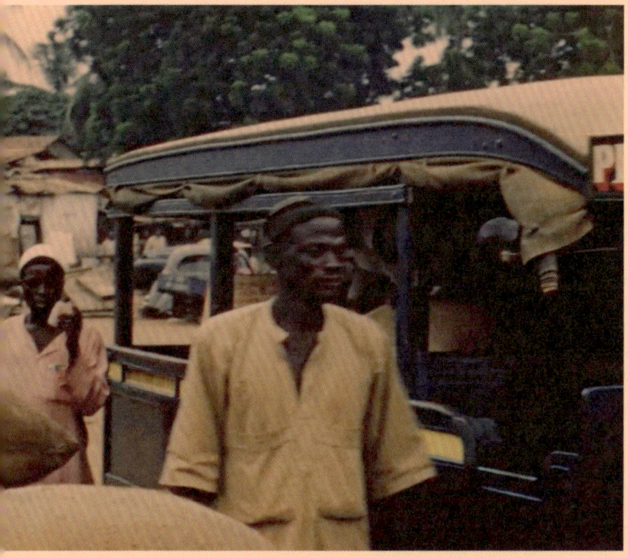

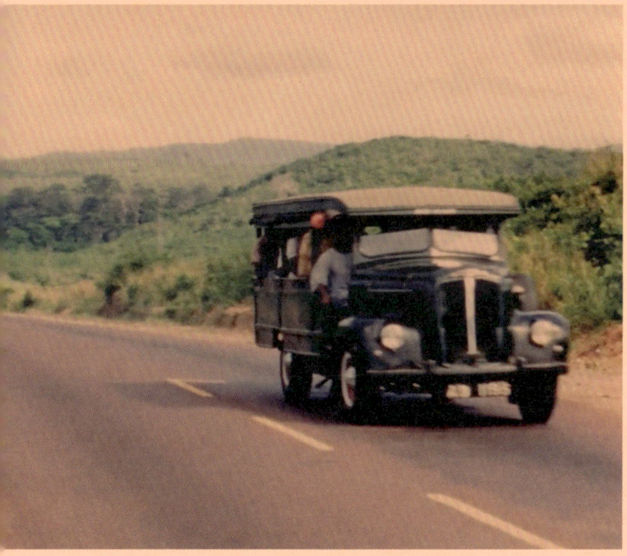

MC I came across Claude Lévi-Strauss's *Savage Mind* (1962) [46] in 1996 when I studied anthropology. The concept of the "bricoleur" deeply resonated with me. Lévi-Strauss describes bricolage as creating with "whatever is at hand", repurposing elements to construct something new and meaningful. This idea was thrilling to me at the time – it felt as though I recognised myself in the text.

I am impatient when it comes to making and always reach for anything around me, even if it doesn't belong to me – I use it. I don't go to a shop to buy materials that would be appropriate; instead, I immediately start modelling the thing I imagine with whatever is at hand. Before reading this text, I had never encountered any defence or definition of this way of working. I have used this approach ever since to "get people off me".

I use Lévi-Strauss's bricolage as a shortcut – to change the subject or to metaphorically "stuff something into the mouth" or mind of a person who is closed to experimenting or dismissive of informal, unofficial ways of working.

RG In your performances, you always work with many participants, including artists, dancers, and people working in the cultural sector, whom you often refer to as members of your "troupe". This creates a collaborative and dynamic energy. Can you tell us more about how this social structure is put together, how you approach casting and working with your performers, and how their contributions help shape the performances?

46

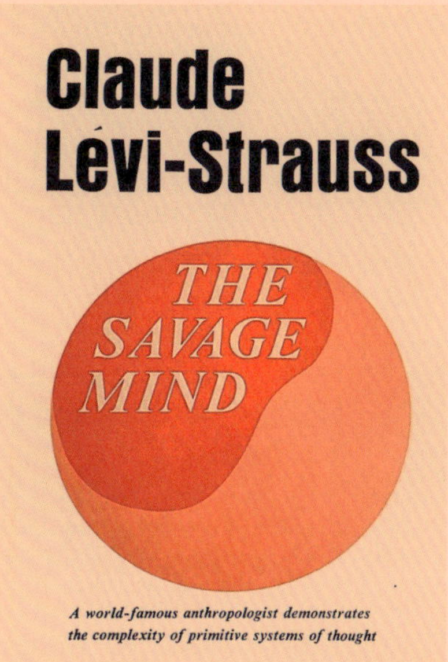

MC This is a long subject that could be discussed at length and there are many aspects to consider. For example: no formal training versus formal training; the "Friends Machine"; the fact that individuals under capitalism are pitted against each other; dealing with director's tricks. It includes the experiment of the utopian acephalous society for a full three hours, group problem solving, the associated political motivation of the "rehabilitation", and not insignificant, the economics of limited financial resources.

RG In your performance *A Tax Haven Run by Women* (2010–2011) [47], you blend elements like Mae West-inspired [48] characters, a game-show format, and the Catbus from the iconic animation film *My Neighbour Totoro* (1988) [49]. How do you select and combine such diverse materials and references? Is there a guiding process or intuition that helps you weave these disparate elements together?

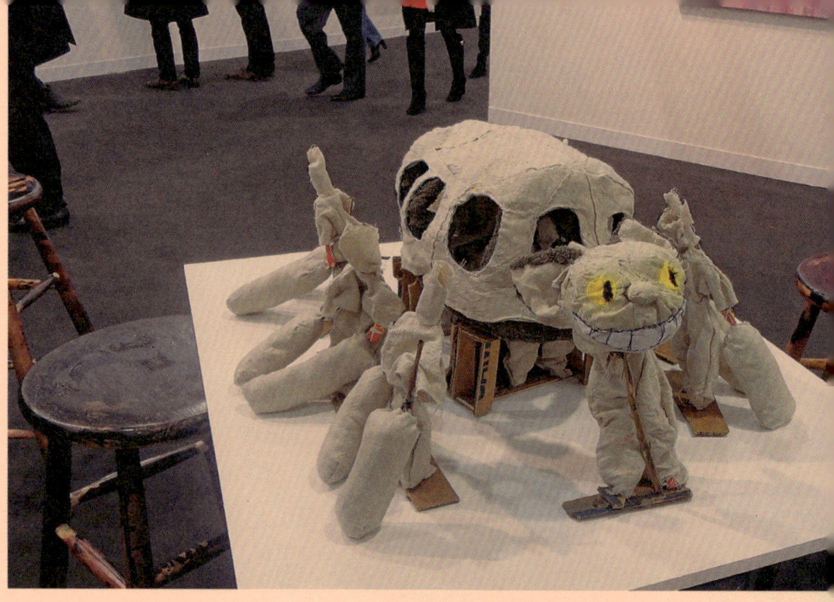

MC The research is rational, calm, and rigorous. I often spend years researching without knowing when the material will become useful. The decision of what to combine, however, is not rational – it is a strongly instinctive process. The realisation of the links between subjects usually emerges as I develop the work.

I do a lot of the initial work on my own, often making the costumes, props, and set by myself. I typically translate the subject matter into a mime, puppetry, or dance, breaking it down into something that can be learned or practised within a few hours and performed in about five minutes of action.

I frequently use a structured format: A, B, C, D, where each section represents five minutes of action rehearsed with a different group. These sections are then brought together to form twenty minutes, and if repeated, they create a forty-minute performance. If this is the formula, I announce it directly to the audience either at the start or at the twenty-minute mark, allowing viewers to adjust where they are standing or to understand that the same action will be repeated.

When solving the problem of how to make a mime or physical interpretation of the material as a group, the links between the juxtapositions often reveal themselves as logical and meaningful. I avoid self-censorship and focus on trying out ideas with friends before refining them further. The juxtapositions seem important from the start, but the ability to explain them clarifies after working with the troupe.

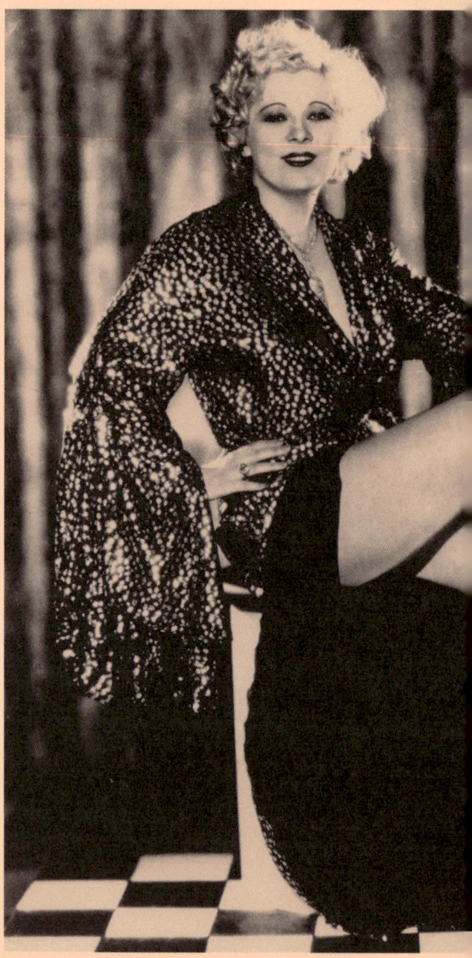

RG The medium of collage, closely aligned with the concept of bricolage, reflects an approach of utilizing available resources efficiently and intuitively. Collage allows for a rapid assemblage of images and ideas, producing new contexts through immediacy and juxtaposition. Could your performances be understood as time-based collages?

MC I think of my performances as exploded paintings, rather than collages. But I really love collage – it's a form of therapy for me. It feels

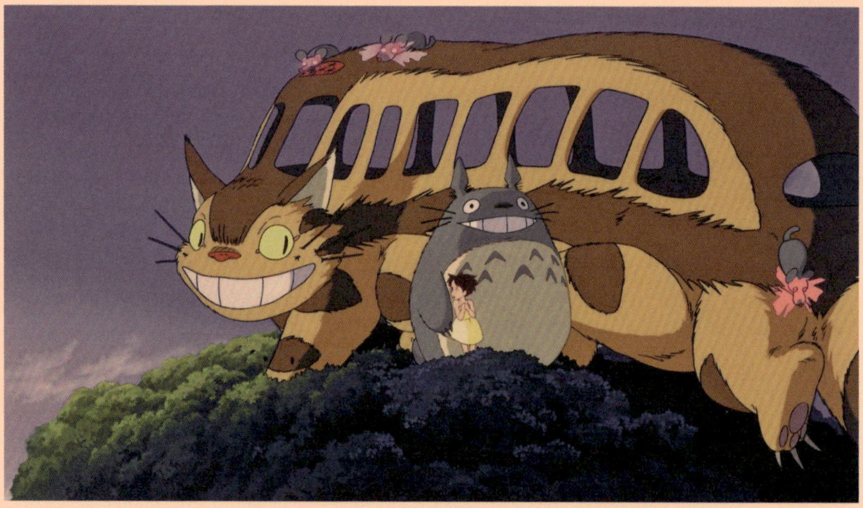

49

immediate, like a language I am fluent in. I like the way you describe; collage feels as though you are immersed in it too.

I feel drawn to surrealism, nonsense, and irreverence, as though they would reflect my reality. I feel very calm about the idea that I could be possessed. I don't feel uncomfortable with the logic that I could be sharing my consciousness with something beyond myself. When I encounter Dionysus in culture, I am not afraid. When I read _The Master and Margarita_ [50] by Mikhail Bulgakov (1851–1940), I felt nothing but release. I love the anti-bureaucratic tone and the fluidity of creatures disrupting administrators – and of course the ability to fly after applying face cream.

Why invite a giant black cat holding a gun – aka upside-down absurdity – into this part of the interview? This question, so innocently asking about collage… I would say that collage is a fiercer, more all-pervading medium than the word suggests. Its visual coherence can feel like uncontrollable vomit.

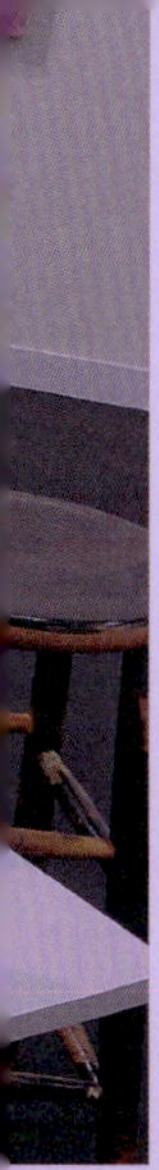

47

"Utilizing available resources efficiently and intuitively" – yes, that is me. It is the effort to covertly work for the partisan absurdists, to carry out the work of the giant black cat holding a gun!

RG Punk culture often embraces a raw, DIY aesthetic that challenges notions of perfection and polish, a sensibility that Greil Marcus (b. 1945) describes in _Lipstick Traces_ (1989) [51] as "a way to refuse […] by means of art that […] existed as both a fact and a refusal".

MC _Lipstick Traces_ is a book I have read and reread since I first encountered it while studying years ago. I have created work inspired by the analysis of the Adamites in this book. The idea of a cult wishing to return to a state of innocence, such as that described in the Garden of Eden, is deeply moving to me.

I don't care what people think of me – it seems a straightforward fact that I have no respect for social conditioning or "normality". I have experimented with dabbing my face with foundation makeup to see how, and to what extent, people treat or welcome me as respectable or heteronormative. I have longed for a state of innocence and for a community that is not calculating.

When I studied the early Christians who lived at the time of the disciples, I found them radical and deeply impressive. Yet I am horrifyingly aware that nearly all attempts to recreate states of innocent communities end in vicious rules, strict conditions, murder, or chaos. Greil Marcus writes in detail about such tragic endings.

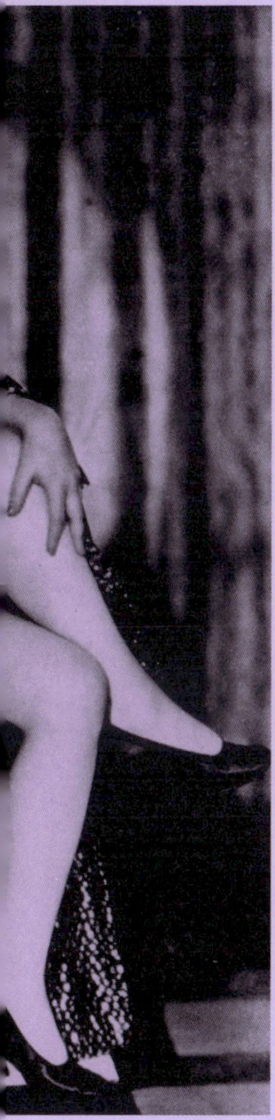

48

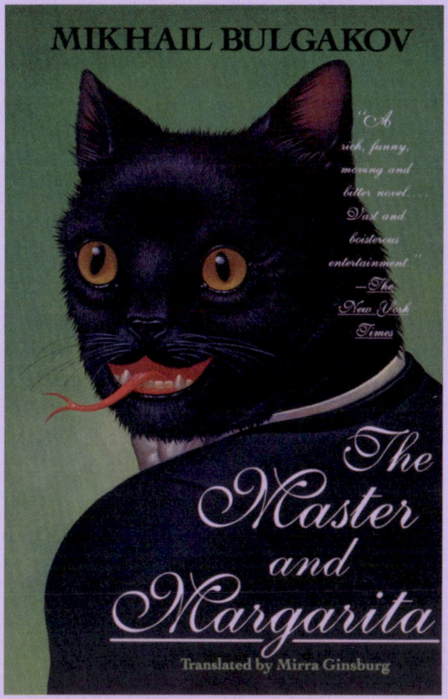

50

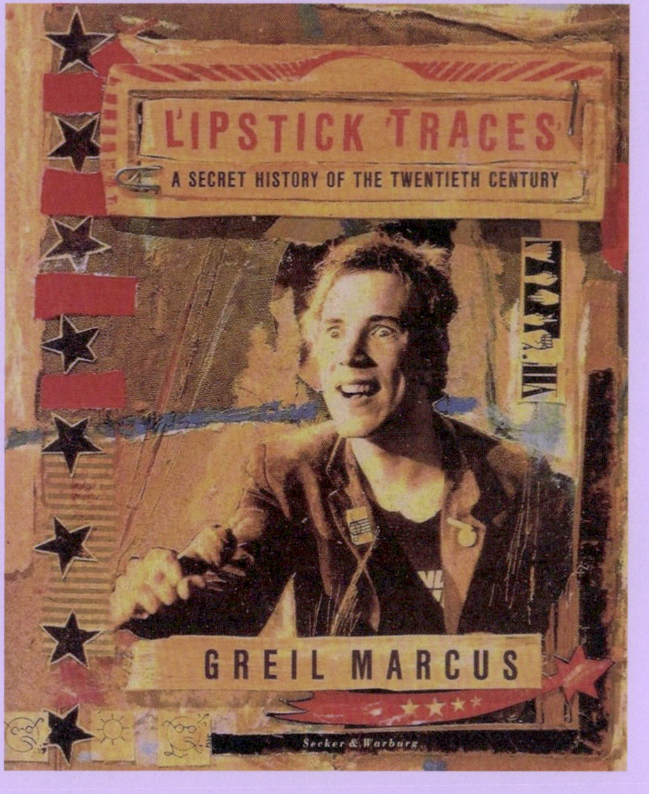

51

MIKHAIL BAKHTIN'S CARNIVALESQUE & HUMOUR

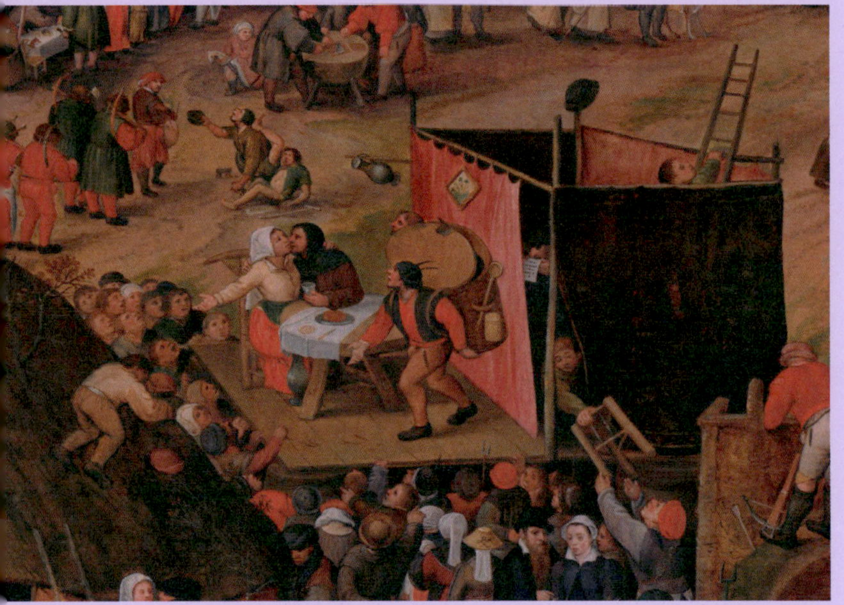

52

RG Mikhail Bakhtin's (1895–1975) concept of the carnivalesque [52] highlights the power of subversion, humour, and the temporary inversion of societal norms, describing it as a space where "the world is seen anew, no less (and often more) profoundly than when seen from the serious standpoint". How does this notion of the carnivalesque influence or emerge within your performances? Do you see your work in creating spaces where these temporary inversions and subversions allow audiences to experience a new perspective on social structures?

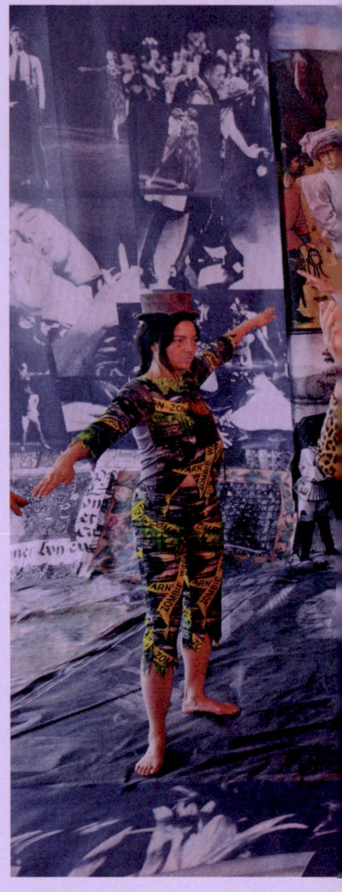

MC I remember when I first came across [Bakhtin's] *Rabelais and His World* (1965) [53, 54]. It was during my MA studies at the Royal College of Art, in a one-to-one tutorial with a cool cat curator. I read the introduction, and it was an intense moment for me. I felt as if I was fizzing, as though I might explode with energy.

The unstoppable humour and expression that are innately human seemed to bubble up through me. No one and

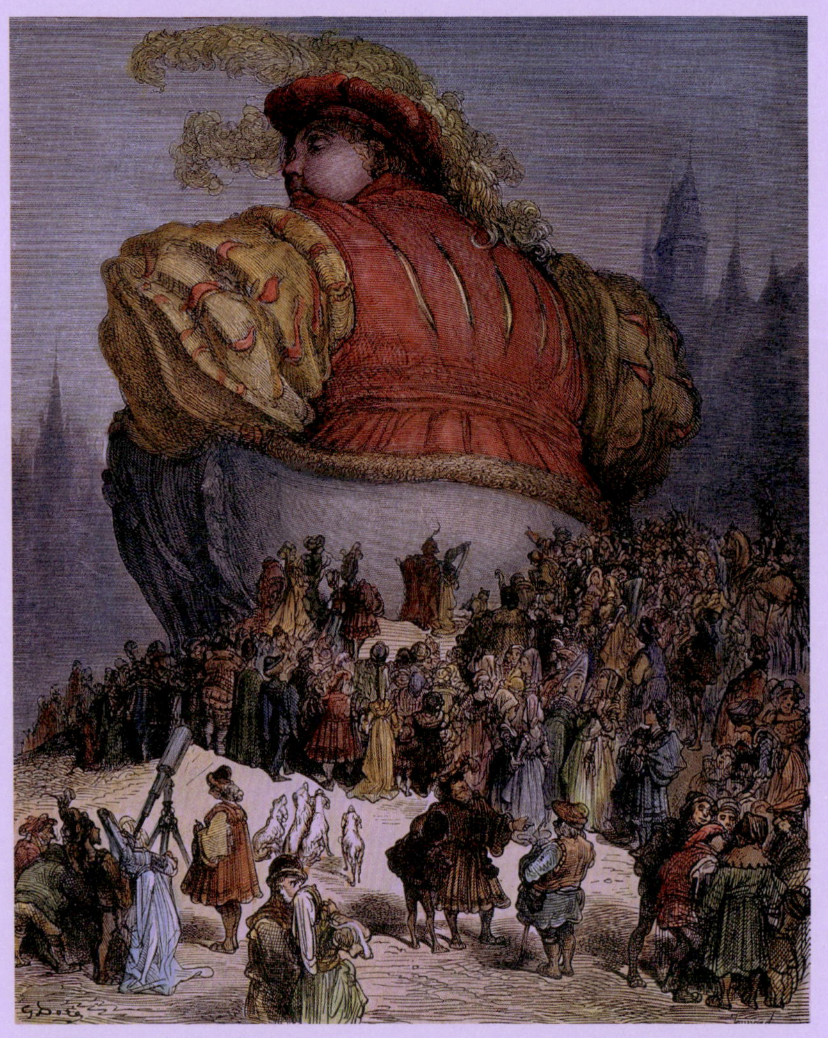

53

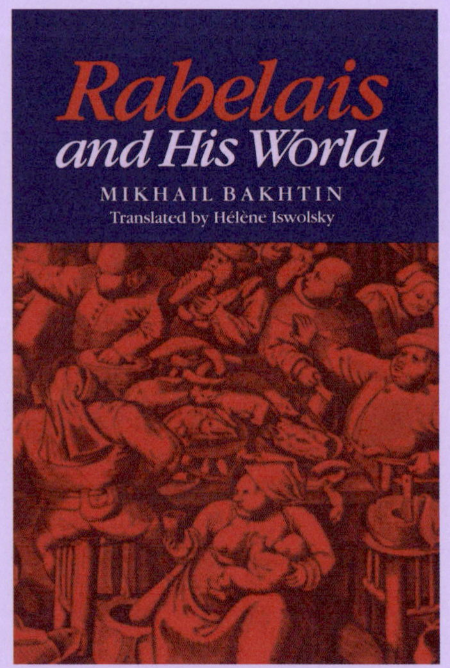

54

no situation could ever stop me from finding this outlet – it courses through my veins. I know this text, and I know how to use it. I am a "rabble rouser", and my rebellion is harmless and healing. It is humour and fun; it is radical laughter.

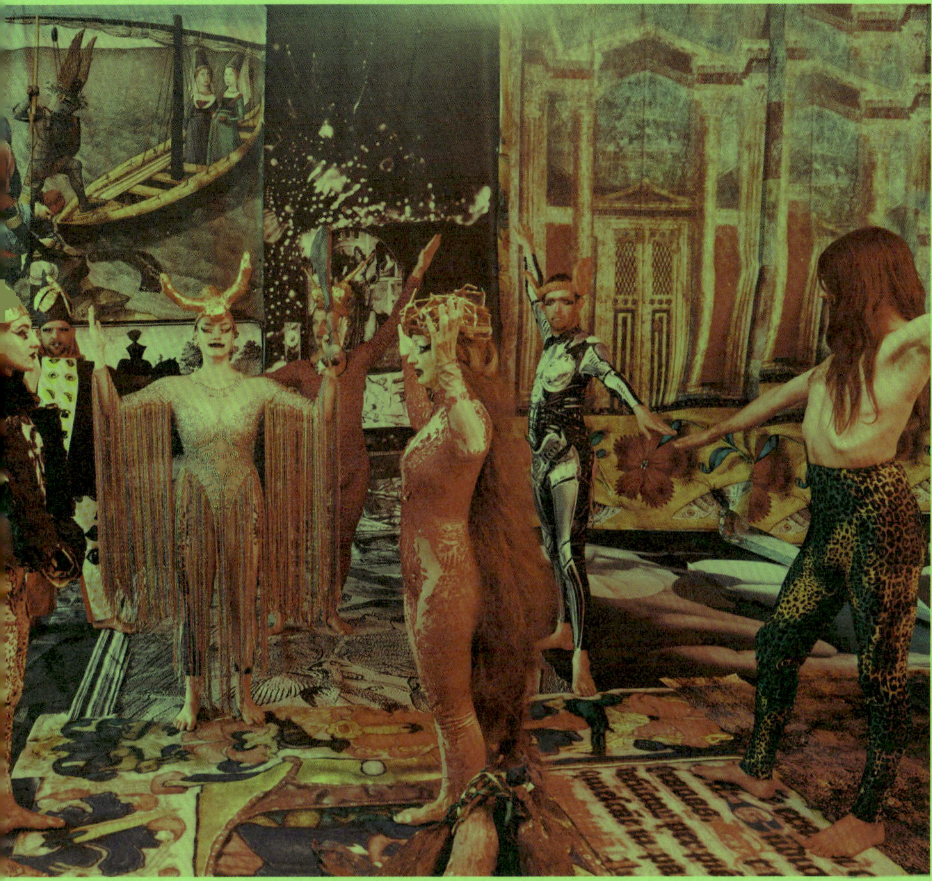

55

RG Humour is a distinctive element in your work, bridging the absurd with the profound. How do you navigate the balance between humour and other elements, such as ritual, narrative, or critical commentary, within your performances and installations? In what ways does humour enhance or complicate the experience of these themes for your audience?

MC Maybe I can use a recent example: For Belvedere 21 [Vienna] [55], I wanted to work with the chapter "All the World Needs a Jolt" from *Caliban and the Witch* (2004) [56] by Silvia Federici (b. 1942). Part of the writing is a historical analysis of the heretic movements. I wanted to portray the heavy losses the heretics suffered through the collective forces of the Church, burghers, and landed gentry who lobbied to stamp them out – the fact that the heretics developed alternative communities over 300 years with networks of support across nations that enabled members to travel and stay in safe houses. The main problem for me was how to depict atrocities in a way that was theatrical but that would not be silly but meaningful.

I had a brainwave to make a "hat show of atrocities". The main point I wanted to communicate was that there had a been a huge movement of heretics. I thought by showing the numbers that were massacred that this would be clear that the numbers existed but were wiped out. I made one "hat" represent the battle in 1297 in which 20,000 heretics were killed.

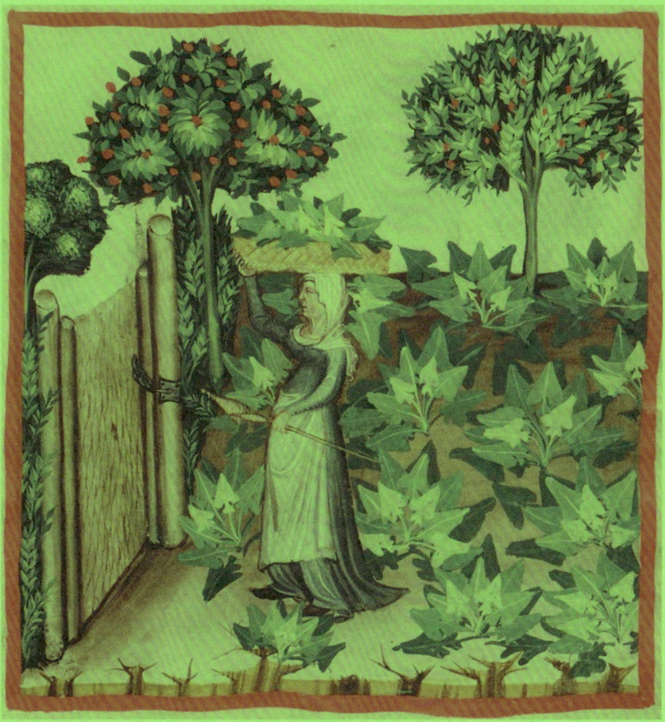

56

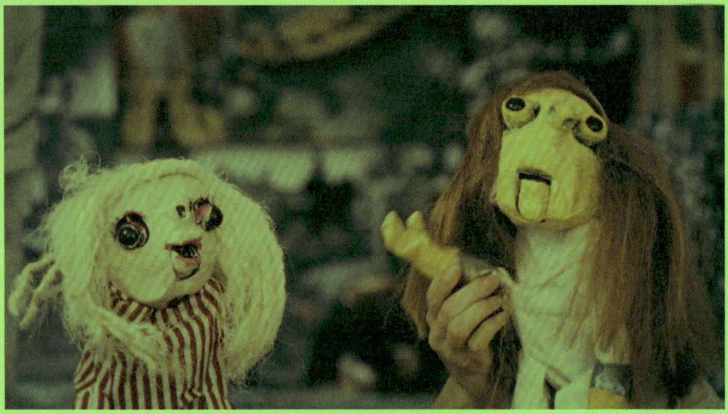

57

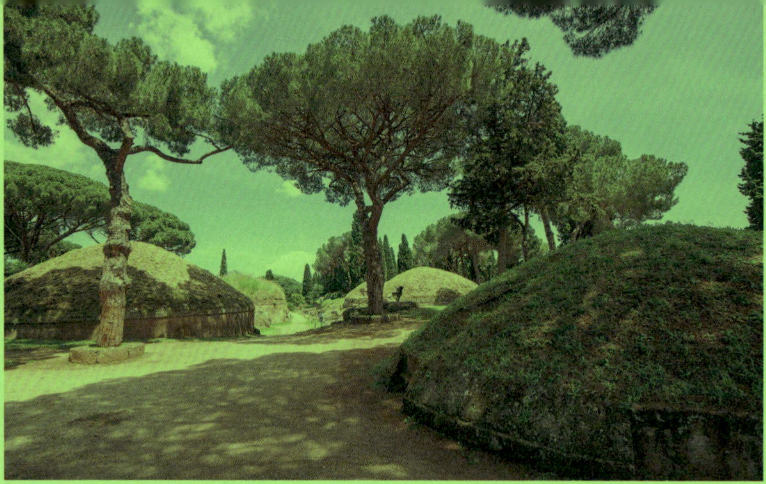

58

You might ask why make hats of atrocities? But I found this was a way to show how history has "made light" of this information. I also used a well-known literary tool – for example in Thomas More's *Utopia* (1516). The story is relayed through the character Raphael. He is not a real person; we are introduced to him as if he existed. The shocking information is told through his mouth and thereby the author of the book dodges the responsibility. The author is simply recording what Raphael has said.

In this way, I presented two contemporary filmmakers as if they were present but in fact, they are thirty-centimetre-tall glove puppets [57]. I chose Joanna Hogg (b. 1960) and Catherine Breillat (b. 1948): [it is] the filmmakers' interpretation of Silvia Federici's work, it is not my own. I manage to bring humour and the absurd back to a subject that is either neglected or too abhorrent to share in public and dwell on. The massacre of the heretics' movement and the history of misogyny. How do we enable mainstream inclusive attention to these subjects?

I spoke for the puppets through a microphone in front of them. They explained

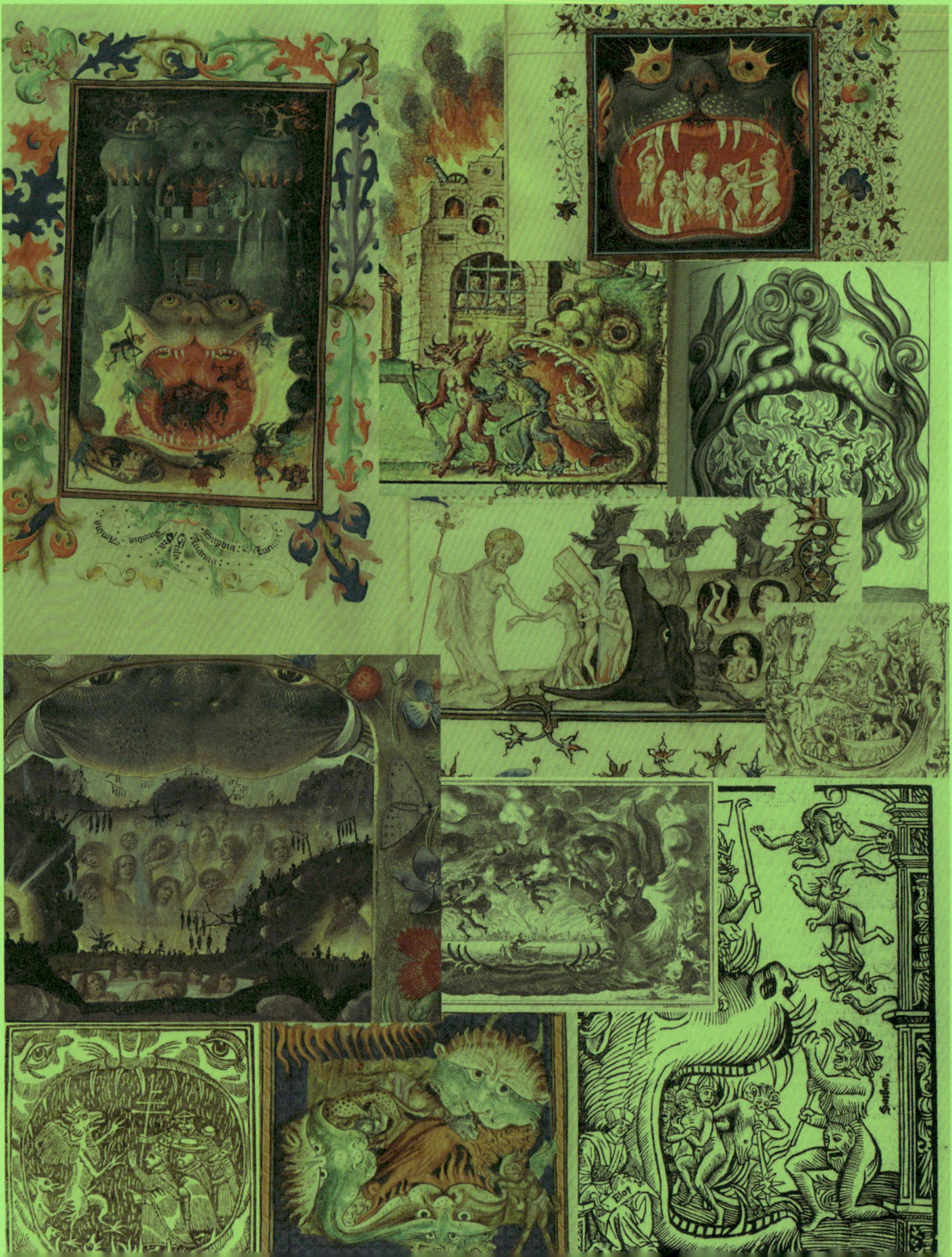

59

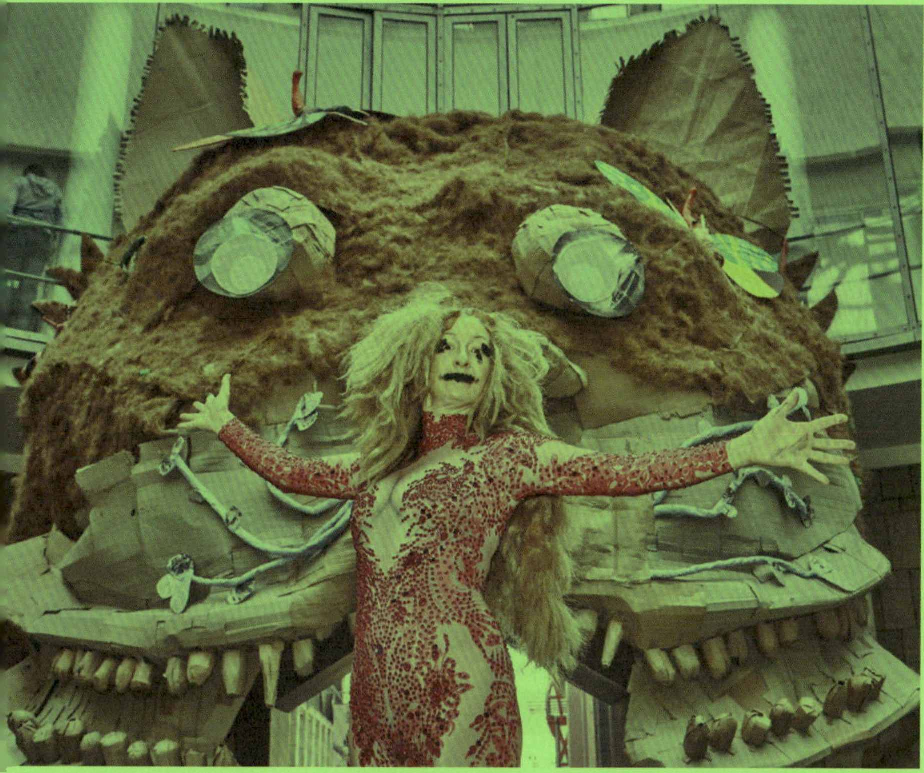

60

how they wanted to present/create the excerpts from *Caliban and the Witch* as a play. Catherine wanted the "Hat Show of Atrocities" and Joanna wanted the ballet and folk dance, reminiscent of communities that lived in harmony before domestic isolation and childcare were assigned to a particular gender.

EXHIBITIONS AS IMMERSIVE EXPERIENCES & REPRESENTATION OF PERFORMANCES

RG The Via Appia Antica [58] in Rome, one of the oldest and most strategically significant roads of the ancient Roman Empire, is lined with tombs, mausoleums, and monuments – structures that act as "houses" for the dead, commemorating lives passed while occupying a liminal space between the city and its outskirts. In your exhibition at Kunsthaus Zürich, one part of the installation takes up this idea. Could you elaborate on this architectural choice and its symbolism within the context of the show?

MC The free-standing "heads" I have been making are inspired by my research into medieval pageants and plays, particularly the use of a single theatrical set: Hell mouths. These sets were used by Christians to depict the fires of hell for the damned. I have many images of Hell mouths [59]. The Hell mouths are represented as big, three-dimensional heads, and the people are actors dressed as devils.

Recently, I assembled three of these heads in the rotunda at the Schirn Kunsthalle [60] in Frankfurt. The heads seemed to relish being together. I think it would be interesting to create a road where they appear on either side. I spoke with you about how to achieve this for the Kunsthaus show. You used the term "parcours", and I mentioned ghost trains at fun fairs or the Appian Way.

My main image comes from the film *Satyricon* (1969) [61] by Federico Fellini (1920–1993). While I know about the Roman Empire through studying and reading, the visual image I hold is from *Satyricon.*

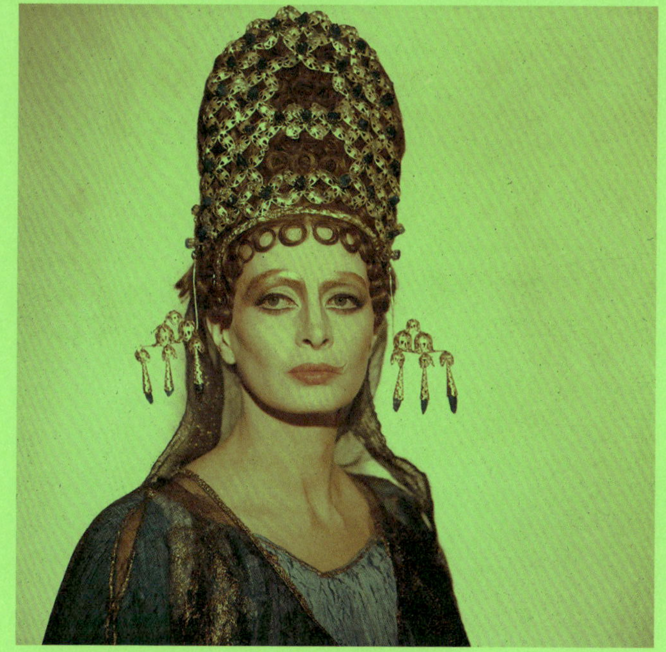

61

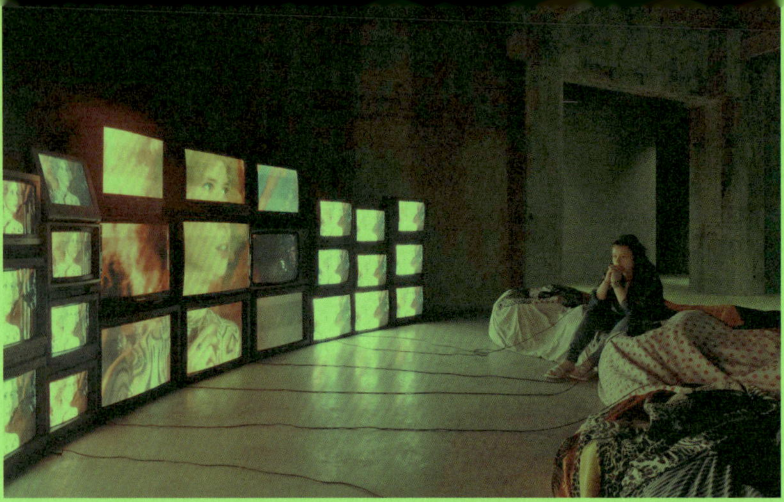

62

RG The documentation and representation of performance within the exhibition space – particularly after the "live" act has concluded – has become a significant area of discourse in contemporary art. How do you approach the question of documentation in your own practice?

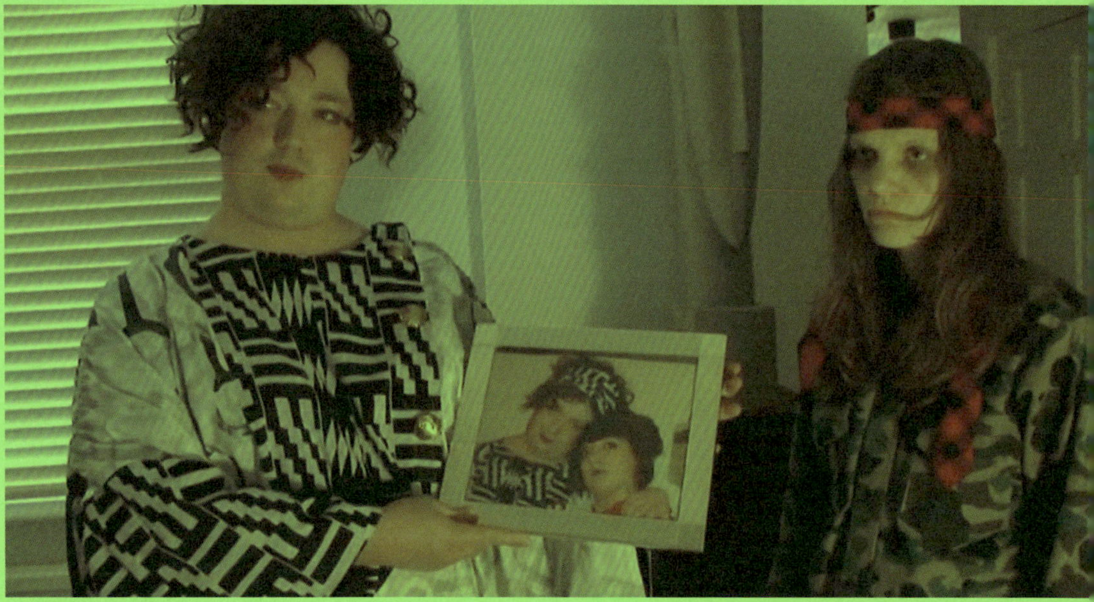

63

MC To manage to document the performances, I have had many conversations and been included in seminars even, to explain the ways museums have invested in collecting my performance work. There are many ways to show the performances that allow people who did not witness the live moment an insight. Now Tate Modern in London have the performance *A Tax Haven Run by Women* on display. It looks great as part of a show about performance. The display is as I asked it to be, with nails directly through the costumes into the wall, and the programme booklet is on display, and the puppet and objects are hung in the way they were used by the puppeteers backstage.

I can write up the performances as a score, the music and the script and choreography can be made into short videos and texts, and I can archive the ways to make and remake the costumes and props in the future. One main point I am aware of is that spontaneity needs to be nurtured. The confidence of the performers to contribute their own energy to the dance or the mime is important, so I have prescribed "hanging out time" and researching together the films the performance references and some of the texts.

RG For your exhibition at the Kunsthaus Zürich you've produced the third part of your film series <u>*Hermitos Children*</u> [62, 63]. This on-going project blends documentation of performances and filmic narrative experimentation. Could you elaborate on the conceptual underpinnings?

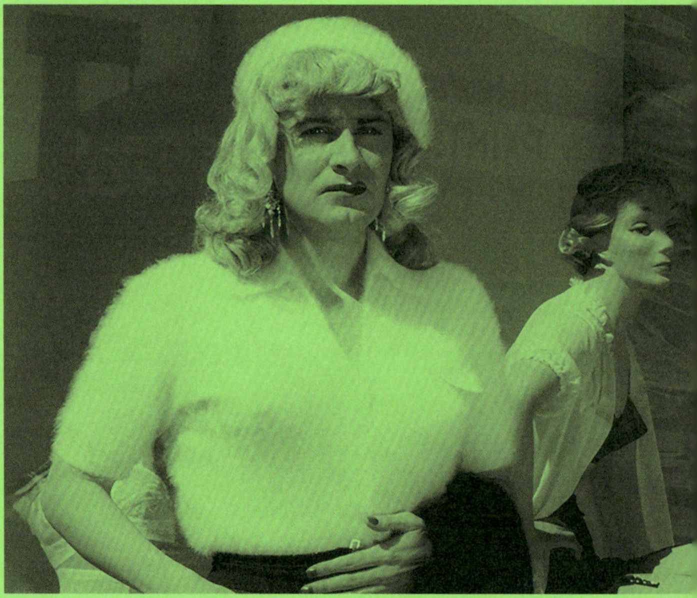

64

MC I have worked with the dilemma of how to document live performance for nearly thirty years, and I am confident in the path I have developed. I know that I naturally prioritize the live moment. However, I work hard to transform the documentation into a distinct work by adding a layer to the film process. I incorporate a scripted and acted layer, performed by amateur actors. These actors deliver their lines directly to the camera, so the video becomes intentionally crafted for an audience that was not present at the live moment.

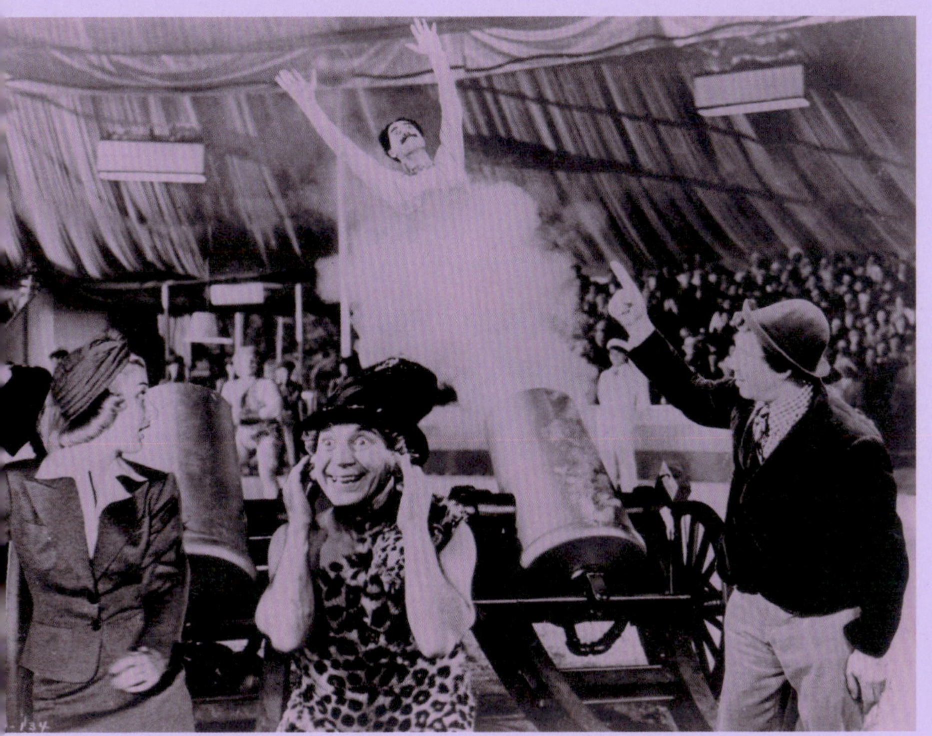

65

66

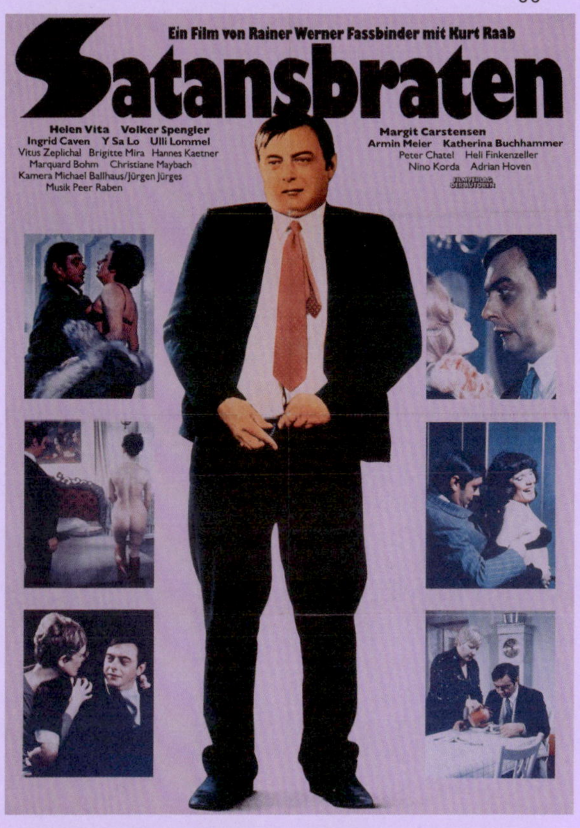

I have named this series *Hermitos Children*, which I have been creating over the past twenty years. I believe it is worth investing in an audience that feels they have "missed out". In 2009, I was encouraged to create more robust work that would reach larger audiences, so I made *Hermitos Children 1*. The pilot episode, or first episode, was premised on combining documentation of live performances with this scripted and acted layer specifically for the camera.

As I have stated, I ultimately prioritise the live moment, so the "making of a film" layer is ignored by the live performance and its main audience. The filming is not prioritised and, by default, is neither polished nor perfect. I remember starting to make video as an art student and being greatly encouraged by Ed Wood's (1924–1978) [64] films. I was also inspired by the Marx Brothers' [65] films which were very successful in the first half of the twentieth century. Later, during my MA, I developed an interest in Rainer Werner Fassbinder (1945–1982) [66] and Pier Paolo Pasolini (1922–1975) [67].

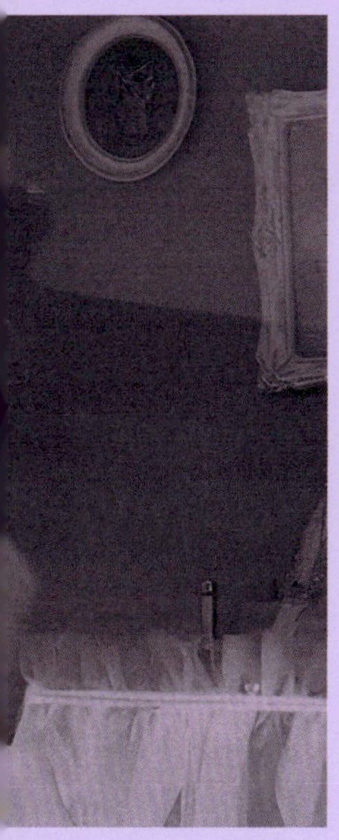

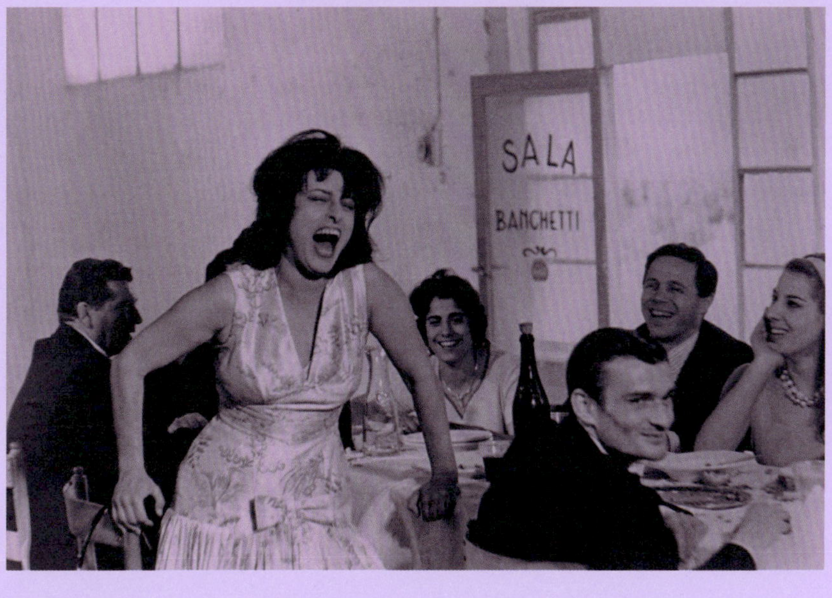

67

Having been brought up in the film industry – my mum is a production designer – I am fluent in film history and deeply admire mainstream film production. However, I would say my approach links to intentionally amateur film production. I remember encountering Hito Steyerl's (b. 1966) essay *In Defense of the Poor Image* (2009) [68], through which I discovered the manifesto of Cuban filmmakers. This resonated with me deeply. Their approach is proud, brave, and assured. I am less so – I am empirical, testing, and experimenting, often unsure of the product, but I am certain of my process. My confidence is instinctive, and I analyse my work afterward, gaining conviction through reflection.

The main structure of *Hermitos Children* [69] lies in the interplay between footage shot entirely for the camera and footage captured during live performances. This live footage also includes an acted layer, specifically prepared for an audience not physically present. The performance that is recorded is a by-product, existing in the background but somehow linked to the plot.

Hermitos Children 1 was self-funded. The following parts are a hybrid approach where the institution or collective I work for fund the specific chapter and they are credited at the end of the film. I assemble the footage from each "job", and they are listed as the funders.

Another aspect worth mentioning is the DOP (Director of Photography) or the film crew. I have always been attracted to mainstream films made by small crews: I would say *Dogma 95* [70] made a big impression on me. The interview with Krzysztof Kieślowski (1941–1996) that I have in my *Dekalog* box set states in a very grumpy voice that he chose to work with a different DOP on each of the ten films with the intention to show that the DOP is not integral to the film director, that the direction surpasses the contribution of the crew. This stand to prove that the film is not dominated or guided by the input of the team is fascinating to me. I have worked with a two-person team on *Hermitos Children 3,* Oscar Oldershaw and Joe Campbell, with the additional support of Ruby Cedar and my son. I have been friends with Oscar and Joe for fifteen years and they have been in my performances. The development, in my mind, is that they know what I am trying to achieve and so it is almost as if I am in two places at the same time. Their energy and desire to help me achieve what I want contributed to the production without smashing my edgy, nutty flavour!

"The emergence of poor images reminds one of a classic Third Cinema manifesto, For an Imperfect Cinema, by Juan García Espinosa, written in Cuba in the late 1960s.[1] Espinosa argues for an imperfect cinema because, in his words, 'perfect cinema – technically and artistically masterful – is almost always reactionary cinema'. The imperfect cinema is one that strives to overcome the divisions of labour within class society. It merges art with life and science, blurring the distinction between consumer and producer, audience and author. It insists upon its own imperfection, is popular but not consumerist, committed without becoming bureaucratic."

Hyto Steyerl, "In Defense of the Poor Image", in e-flux journal, no. 10 (November 2009), https://www.e-flux.com/journal/10/61362/in-defense-of-the-poor-image/ (accessed 26 Feb 2025).

1 Julio García Espinosa, "For an Imperfect Cinema", trans. Julianne Burton, in *Jump Cut,* no. 20 (1979), 24–26.

68

69

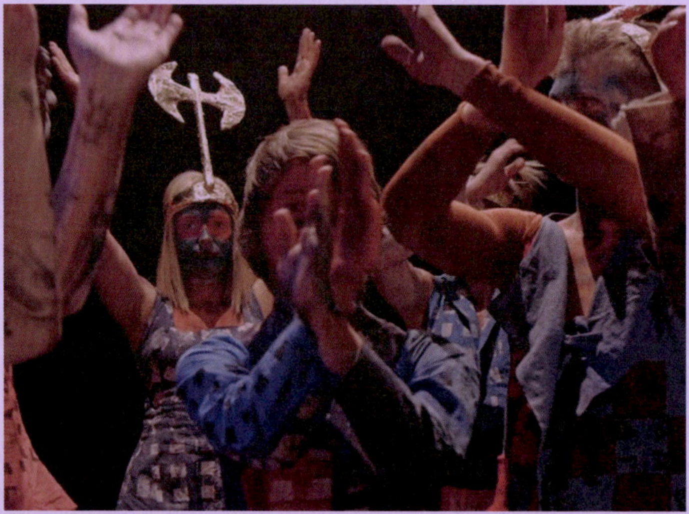

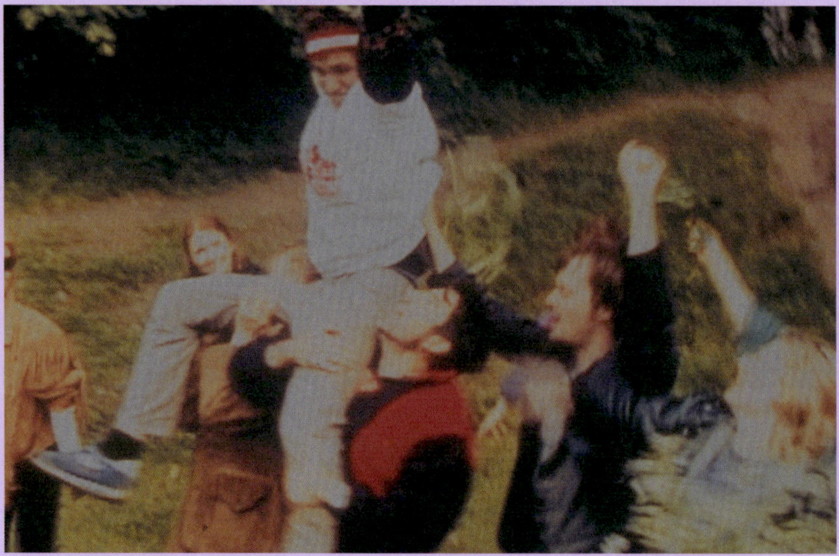

70

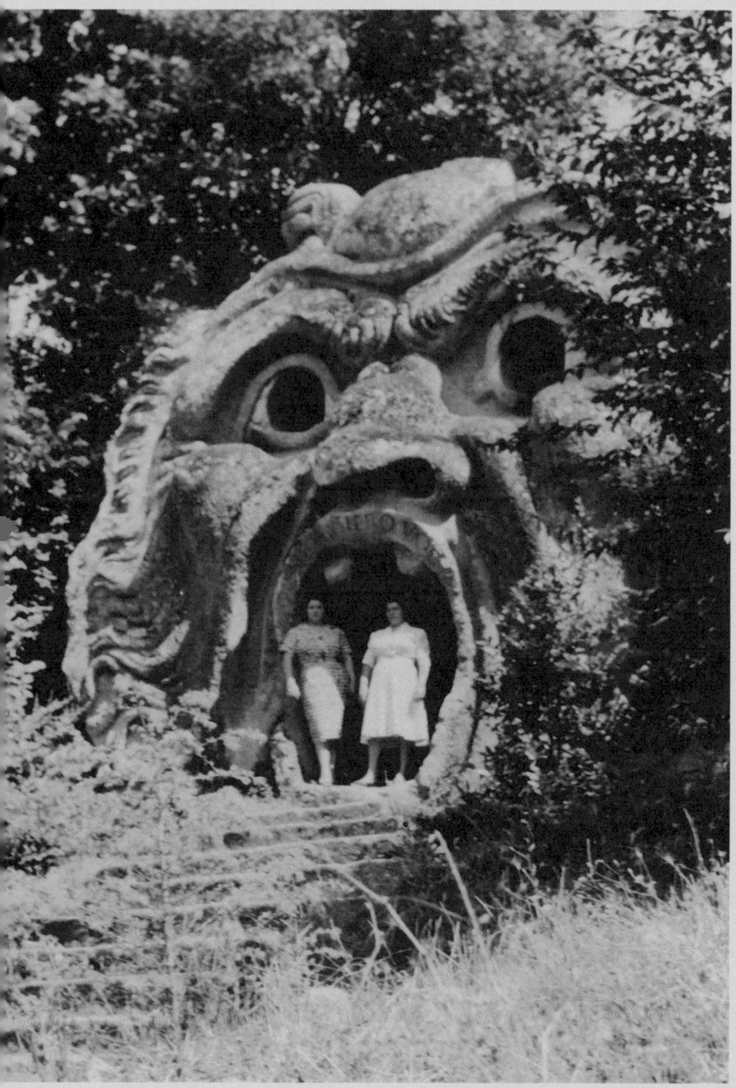

RG In addition to your exhibition at Kunsthaus Zürich, you will be the first artist to create a commission for the Chipperfield Garden – a piece that, like your other works, will take the form of a head. Both the interior sculptures and especially the one placed outdoors will evoke the idea of a "folly", reminiscent of the iconic Garden of Bomarzo [71]. Built in the sixteenth century by Pier Francesco Orsini (1523–1583), the Bomarzo garden is known for its fantastical, larger-than-life sculptures and monstrous figures, intended to shock and captivate visitors in a labyrinthine journey of discovery.

MC I have visited Bomarzo many times. When I was a teenager, I remember the heads and sculptures were not manicured or fenced off from the public. You could simply walk up to them, walk around, and even climb onto them. There were no guards or any sense of being watched – apart from the eyes of the colossal heads watching you! Although this is now prohibited, a visit is still worthwhile. The garden remains magical despite the sanitisation and crowd control.

71

I have always wanted to make a large head and live inside it. I don't know why. When I saw *Scanners* (1981) [72] by David Cronenberg (b. 1943), I was exhilarated by the scene featuring the large head the artist had built! I think I am naturally inclined toward large or colossal heads.

72

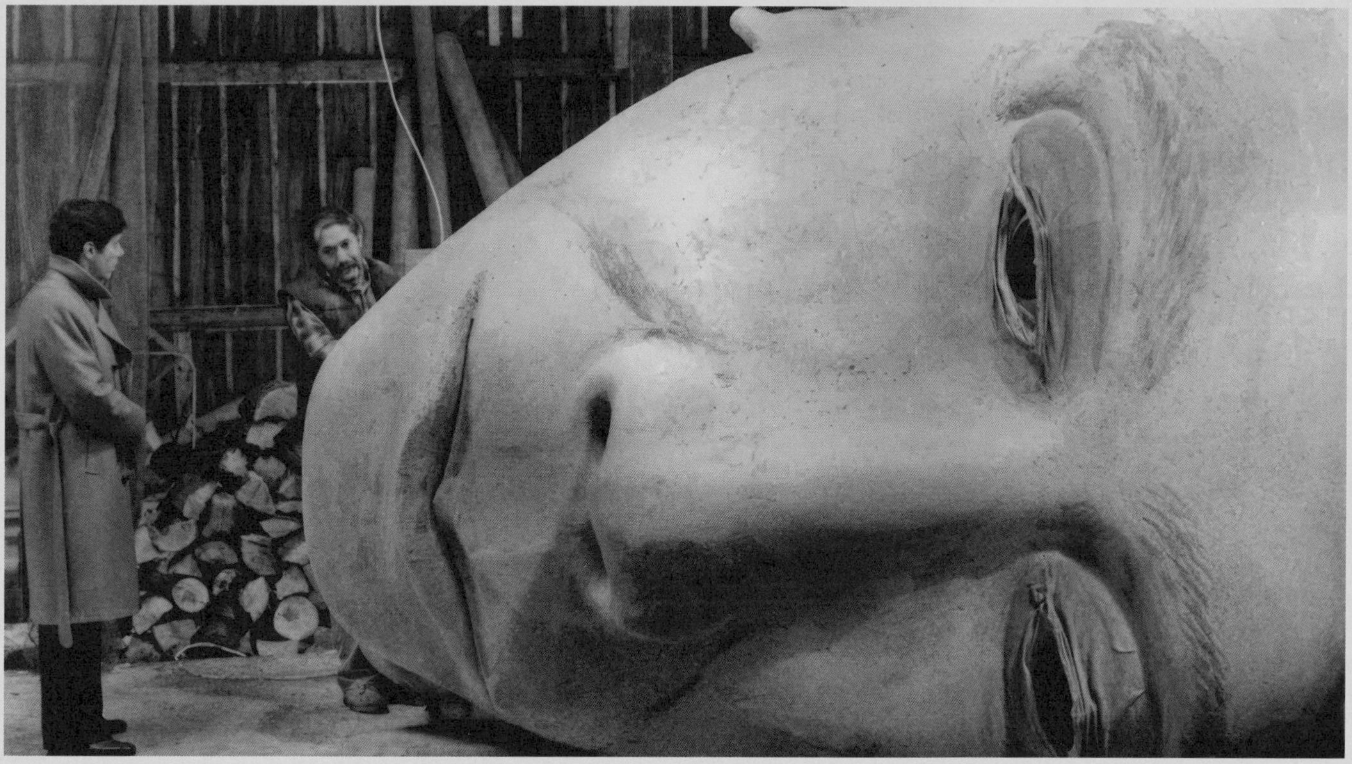

Also in Rome, I was very impressed by the colossal fragments at the forum. I would like to continue my research and deepen my understanding of the ancient world and the colossal sculptures that once existed. I am particularly drawn to the idea of the mouth of a head being an entrance.

RG I'd also like to discuss the question of scale – this work for the garden behind the Chipperfield building will be one of your largest pieces to date, yet your works can also be very small, like your *Bat Opera* paintings. How do you approach these variations in scale, not only in terms of physical presence but also in terms of creating a "mental space" for the viewer?

MC The big sculptures take almost a year to plan. The engineering and construction are a team effort. The smaller shows where I make everything by hand can be more spontaneous. I find productions where I must travel with everything by train an interesting challenge.

In 2003, I was invited to perform at the Manchester International Festival. I created a collapsible Jabba the Hutt costume [73, 74], allowing me to bring it on the train along with the performers. I remember paying for the train fares, with everything done cheaply and funded by me.

In 2023, I was invited by one of my gallerists, Massimo De Carlo, to create a performance at his space Pièce Unique in Paris for Halloween. Once again, for whatever reason, I designed everything to be shipped by train and assembled on-site. This time, it was a Velvet Worm!

73

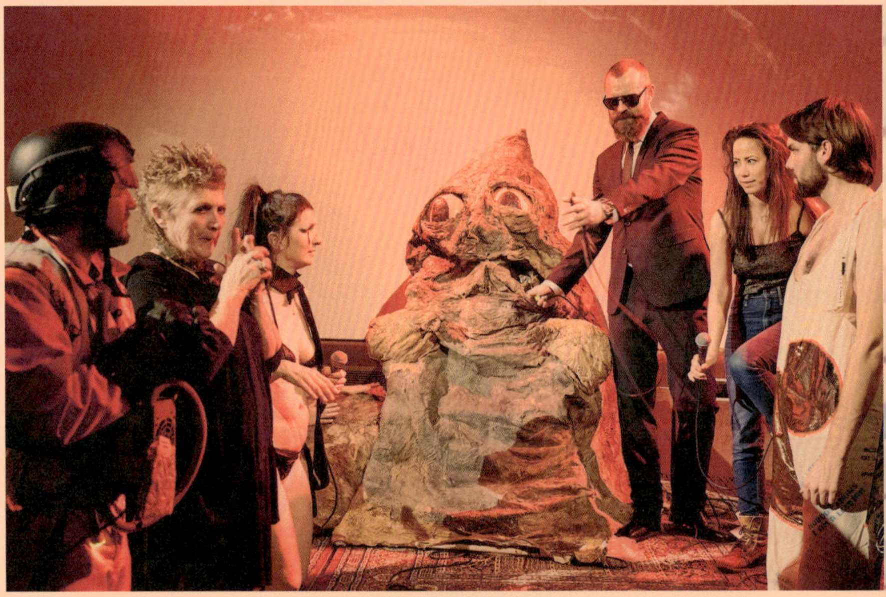

For the puppet theatre performance *The Fall of Man* (2006) [75] at Tate Britain, I ambitiously aimed to fill the Duveen Galleries. However, I wasn't allocated space in the show – only a room to perform in during the opening. I designed plumbing pipe structures that could be collapsed, easily assembled, and weighted down with sandbags. The photocopy paper backdrops hung from them, and the rest of the setup was equally straightforward to assemble.

I love the ingenuity and defiance this process requires. I enjoy creating art on a kitchen table, knowing it will fit through a domestic door but can later be reassembled into a large-scale work in a public space or museum!

RG Last question: Your name has undergone several transformations over the years, from Spartacus to Marvin Gaye, and now Monster. What motivated these changes, and how do they align with your evolving artistic practice?

MC Changing my name originally seemed simple to me – it was a trading name. I had come across Roman tactics where noble families used the name of one of their workers as a trading name for their industry,

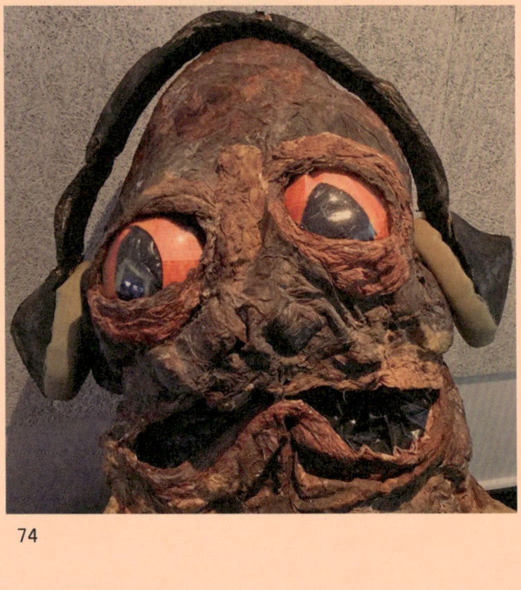

74

allowing their family name to remain "unsullied" by production or business. I was also aware of the story of Spartacus [76] and the solidarity embedded in his name, as well as his ultimate demise after leading the incredible slave rebellion. At the time, I was surrounded by people who told me I would be popular only briefly and then discarded. Spartacus felt like a fitting name next to Chetwynd.

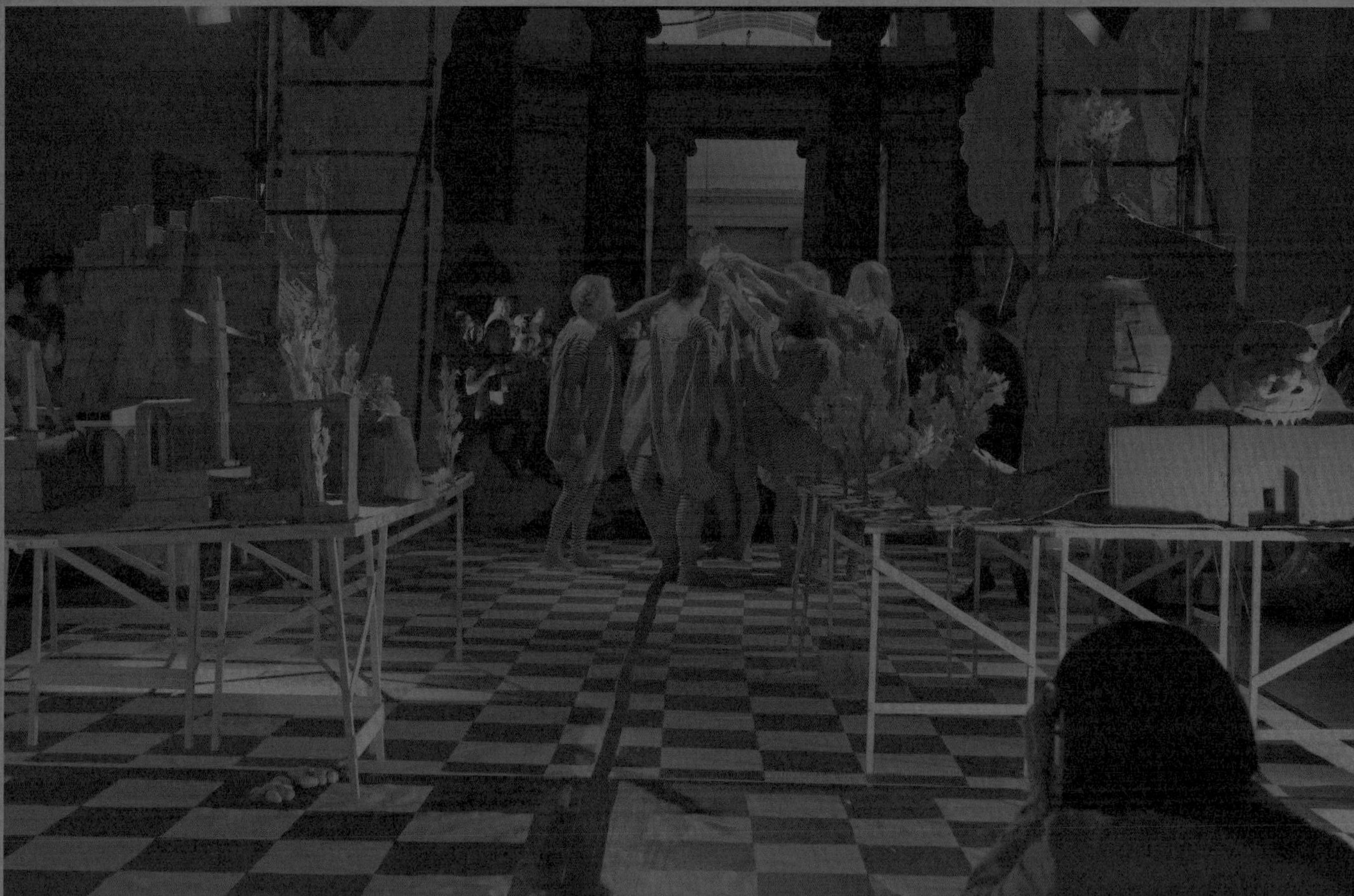

75

I am the person who brings the performances to life, who doggedly sees the idea through to becoming reality, and who clears up afterward and deals with the responsibilities. So, while solidarity and collaboration are important elements, the need for an individual name also felt appropriate. Spartacus Chetwynd suited this context at the time.

Another development seems to be in the utterance of a name, it is a form of incantation, like a spell. The words are powerful. When someone knows your name, but you know nothing about them, then this person has some sort of hold over you. The need to protect myself was obvious to me. So, an imposed name allowed the exchange to return to me being empowered. If someone I do not know calls me by the chosen trading name, my private first name is protected.

More recently, I researched the Japanese painter Hokusai (1760–1849) and discovered that, during the artist's life-

76

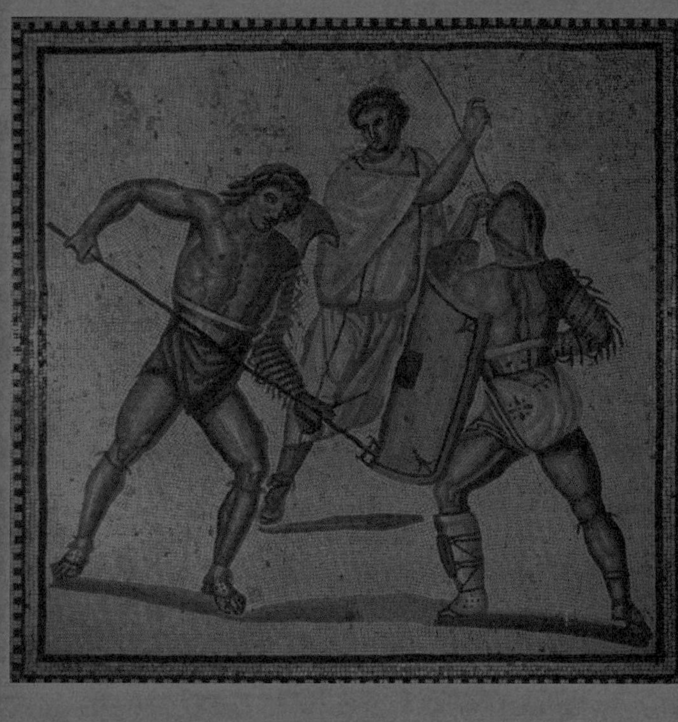

time, it was common for artists to adopt different names linked to the phases of their career. Emerging artists were given one name, mid-career artists another, and only at the end of their life would their final name – one that would endure – be established. The point is, I have changed my name each time as an economical way to gain new direction or territory, and it is still working.

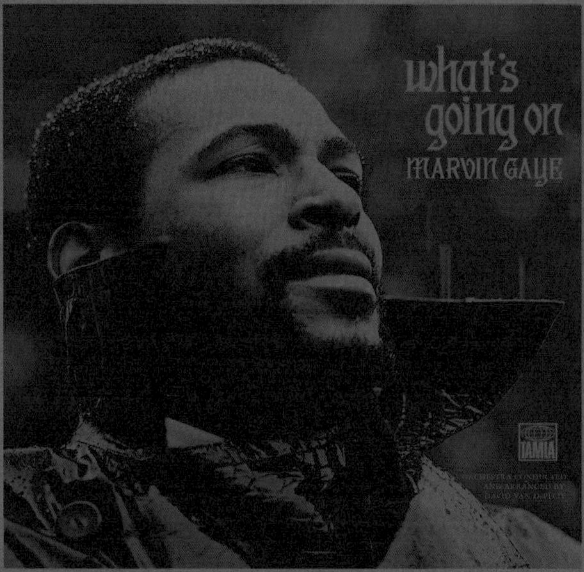

77

The period in which I chose to be linked to Marvin Gaye (1939–1984) [77] was tied to my life situation: I was married and had a son. I wanted to protect my small family life from my Chetwynd family and its associated work ethic. I chose Marvin Gaye not only because he is one of the most inspiring figures and the composer of songs such as "What's Going On?" (1971) and "Sexual Healing" (1982) but also because the story of his tragic death at the hands of his father resonated with me. It served as a reminder to prioritise and protect my own small family life.

78
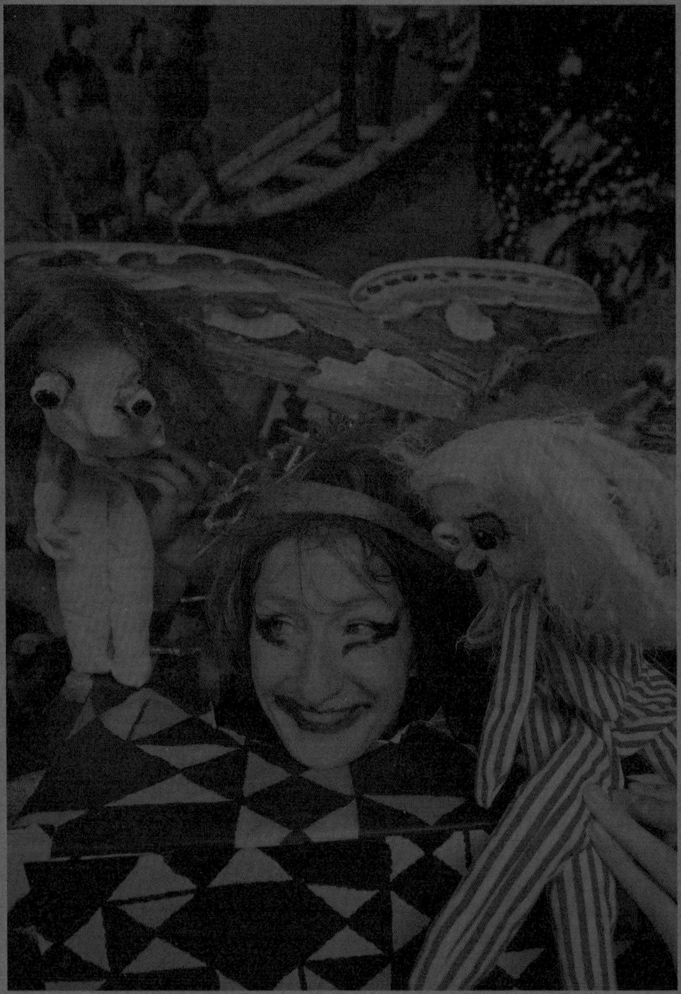

I am using the name Monster Chetwynd [78] now, and people call me Monster. It is useful, especially on the rare occasion when I need to be controlling or demanding. People seem to get excited and think to themselves, "Here we go, let her rip… yeah, here's the Monster", and they are thrilled. I think the name works well because it is genderless, engulfing, inclusive, and undefined.

Vorwort

Drunter und drüber, verkehrt herum. In einer zwinglianischen Stadt wie Zürich, die bekanntlich protestantisch ist, von Karneval zu sprechen, wirkt zunächst völlig deplatziert. Doch mit der Ankunft von Monster Chetwynd (*1973 in London) im Kunsthaus Zürich scheint es plötzlich treffend und angemessen, den Geist des uralten Festes, den Geist von Dada und all der Wunder der unbekannten Welten, in denen Monster auf Puppen treffen und Science-Fiction-Filme sich mit theoretischen Abhandlungen in einer wilden Mischung aus Reflexion und Unterhaltung paaren, heraufzubeschwören.

Traditionell gilt der Karneval als das öffentliche Fest des Wahnsinns und der ausgelassenen Fröhlichkeit, des Unsinns und der Irrationalität, des Exzesses und des abweichenden Verhaltens, das der Fastenzeit vorausgeht – einer Zeit der Meditation und Busse, der Nüchternheit, der Zurückhaltung und der Selbstbeobachtung. In der heutigen Wahrnehmung hat der Karneval nur mit unbegrenztem Trinken und Schlemmen, deftigen Schlägereien, Kostümpartys, Umzügen und Strassenfesten zu tun, aber die Experten sind sich einig, dass er im Wesentlichen ein Moment war (und ist), in dem sich die Menschen dem «sanktionierten Ungehorsam» hingeben können und dies auch tun. Die tägliche Routine wird für eine Weile aufgegeben, es herrscht ordnungslose Verrücktheit, und die bestehenden Regeln, Verhaltensregeln und Werte sind für eine begrenzte Zeit mit Duldung der Behörden auf den Kopf gestellt. Es entfaltet sich eine andere, parallele Realität – die Welt des Scheins –, in der mit Spott und unbändiger Freude Notizen am Rande unserer Alltagswirklichkeit angebracht werden. Ein Volksfest, das nach den Worten der niederländischen Kulturtheoretikerin Margriet van Boven «eine imaginierte Welt ist, in der sich die Fantasie durch ihren überschwänglichen und subversiven Charakter von den Fesseln der Konvention befreien kann». All dies beschreibt den Geist und die Wirkung von Monster Chetwynds Werk. «Ich fühle mich zu Surrealismus, ‹nonsense› und Ungehorsam hingezogen, als ob diese meine Realität widerspiegeln würden.» Dieses Zitat aus dem Interview, das der Curator-at-Large Raphael Gygax mit der Künstlerin im Rahmen des Ausstellungs- und Katalogprojekts führte, bringt es auf den Punkt.

Als Museum verstehen wir es als unsere Aufgabe, nicht nur bereits etablierte und arrivierte Positionen der Kunstgeschichte zu präsentieren, sondern auch das Schaffen zeitgenössischer Künstler:innen zu fördern, die mitten in ihrer Karriere stehen. Indem wir ihre Werke einem breiteren Publikum zugänglich machen, möchten wir deren Bedeutung für die Gegenwart unterstreichen und Diskussionen über aktuelle Entwicklungen in der Kunst anstossen. Chetwynd steht mit ihrer interdisziplinären und experimentellen Herangehensweise beispielhaft für eine solche dynamische Auseinandersetzung. Als erste Performance-Künstlerin 2012 für den renommierten Turner Prize nominiert, hat sie die internationale Kunstwelt mitgeprägt und macht mit der aktuellen Ausstellung das Kunsthaus Zürich zu ihrer Bühne. Neben einer umfassenden Rückschau, die zentrale Highlights aus 25 Jahren künstlerischer Praxis präsentiert, werden auch neue Arbeiten vorgestellt. Darunter der dritte Teil ihrer Filmreihe *Hermitos Children*, der vom Kunsthaus Zürich coproduziert wurde und in der Ausstellung seine Premiere feiert. Zum ersten Mal werden alle drei Teile dieses aussergewöhnlichen Projekts gemeinsam gezeigt. *Hermitos Children* verbindet Experimentalfilm und surrealen Humor mit tiefgründigen Reflexionen über Themen wie Kollaboration und Menschlichkeit und ist zugleich eine innovative Art und Weise, ihre Performances in einer neuen Form zu vermitteln.

Monster Chetwynds Schaffen zeichnet sich durch die Methode der Bricolage aus, zu der sie von Claude Lévi-Strauss inspiriert worden ist. Indem sie Elemente mit spezifischen kulturellen Bedeutungen neu kontextualisiert und kombiniert, schafft sie komplexe Verweissysteme. Sie verwebt dabei Einflüsse aus der Hoch- und Popkultur, von den Fresken Giottos bis zu Heavy-Metal-Musik und Michael Jacksons *Thriller*, und entwickelt so eine ästhetische Sprache, die gleichermassen facettenreich wie zugänglich ist. Ihre Performances leben von bewusster Improvisation, die den Rahmen für spontane und authentische Momente schafft. Statt starrer Abläufe entstehen dabei offene Strukturen, die an die Tradition der Wanderbühnen und grotesken Spektakel anknüpfen. Klassische Theaterkonventionen ignorierend, erweitert Chetwynd die Rolle der Performer und entwickelt ein selbstreflexives und zugleich humorvolles Spiel mit Identitäten und kulturellen Codes.

Ein weiteres Highlight der Ausstellung ist die von Chetwynd selbst entworfene Architektur, die Besucher:innen in eine immersive Erlebniswelt eintauchen lässt. Inspiriert von der historischen Via Appia bei Rom und ihren monumentalen Grabkammern, schafft die Künstlerin einen einzigartigen Raum, um ihr vielfältiges Werk zu strukturieren. Unterschiedliche Werkgruppen – darunter Gemälde aus der Serie *Bat Opera*, frühe Videodokumentationen ikonischer Performances sowie Modelle und Skulpturen – werden in einer dynamischen Szenografie zusammengeführt.

Monster Chetwynd hat die Kunstszene nicht nur durch die Radikalität und Kreativität ihrer Arbeiten geprägt, sondern auch durch ihre einzigartige Persönlichkeit. Ihre Entscheidung, 2018 den Künstlernamen «Monster» anzunehmen, ist Ausdruck einer Haltung, die Konventionen spielerisch hinterfragt und sich bewusst gegen traditionelle Vorstellungen von Identität und Erfolg stellt. Seit ihrem Umzug nach Zürich im Jahr 2020 hat sie nicht nur die lokale Kunstszene bereichert, sondern auch neue Impulse in ihrem Schaffen gesetzt. Diese Verbundenheit mit ihrer Wahlheimat macht die Ausstellung im Kunsthaus Zürich zu einer besonders persönlichen und bedeutsamen Unternehmung.

Monster Chetwynd bespielt jedoch nicht nur die Innenräume des Kunsthaus Zürich mit ihrer Ausstellung, sondern mit einer Auftragsarbeit auch als erste Künstlerin den Garten der Kunst. Die Skulptur knüpft an die Tradition der «folly» an – einem besonderen Typus der Gartenarchitektur, der durch ästhetische Verspieltheit und scheinbare Nutzlosigkeit besticht. Sie erinnert zugleich an eine versetzte Skulptur aus dem legendären Garten des Prinzen Orsini in Bomarzo aus dem 16. Jahrhundert, auch bekannt als «Sacro Bosco» (Heiliger Wald) oder «Park der Monster», oder an ein überdimensioniertes Requisit, das direkt aus der Welt des Films stammen könnte. Doch ist die Skulptur weit mehr als nur ein Blickfang: Sie wird für Besucherinnen und Besucher aller Altersgruppen zugänglich und nutzbar sein und so zu einem interaktiven Ort der Begegnung.

Die begleitende Publikation versteht sich als wichtige Ergänzung zu diesem sehr besonderen Ausstellungsprojekt. Es ist uns eine grosse Freude, dass die renommierte Kultur- und Literaturwissenschaftlerin Elisabeth Bronfen sowie Emily Pethick, Direktorin der Rijksakademie, wertvolle Beiträge zu dieser Publikation beigesteuert haben. Ergänzt wird dies durch ein ausführliches Gespräch zwischen Monster Chetwynd und Raphael Gygax, der als Curator-at-Large das gesamte Ausstellungsprojekt betreut hat.

Die Ausstellung wäre ohne die wertvolle finanzielle Unterstützung der Swiss Re, Partner für zeitgenössische Kunst, nicht denkbar gewesen, der wir an dieser Stelle herzlich danken. Die Gartenskulptur wurde ermöglicht dank der grosszügigen Unterstützung der Hans Imholz-Stiftung, der Tarbaca Indigo Stiftung sowie den Gönner:innen des Gateway Fund, eines Fonds zur Unterstützung öffentlicher Kunstinstallationen im Kunsthaus.

Unser Dank gilt auch Gregor Staiger und Marie Lusa von der Galerie Gregor Staiger, Zürich / Mailand, Sadie Coles, Laura Lord und Pauline Daly von Sadie Coles HQ, London, sowie Massimo de Carlo und Gaia Mauri von der Galerie Massimo de Carlo, Mailand / Paris / Hongkong / Seoul.

Ein besonderer Dank geht an Monster Chetwynd selbst, deren unermüdlicher Enthusiasmus, Offenheit, Humor und tiefgründige Vision uns alle inspiriert und dieses Ausstellungsprojekt zu einem aussergewöhnlichen Erlebnis gemacht haben. Ihr Einsatz und ihre Kreativität haben uns nachhaltig begeistert. Danke, Monster!

Ann Demeester
Direktorin Kunsthaus Zürich

Foreword

Topsy-turvy, upside down. In a Zwinglian city like Zurich, known for its Protestantism, talking about carnival might seem utterly displaced. However, with the arrival of Monster Chetwynd (b. 1973, London) in the Kunsthaus Zürich, it makes sense to summon not just the spirit of that age-old celebration, but also the ghost of Dada and all the wonders of the unknown world where monsters meet puppets and science-fiction films mate with theoretical treatises in a wild mix of reflection and entertainment.

Traditionally, carnival is seen as a public celebration of madness and gay abandon, nonsense and irrationality, excess and deviant behaviour, preceding the start of Lent – a period of meditation and penance, sobriety, restraint, and introspection. In current-day perception, carnival seems to refer only to unlimited drinking and feasting, boisterous brawling, fancy dress parties, processions and street celebrations, but experts all agree that it was (and is) essentially a moment at which people can and do surrender to "sanctioned disobedience". Daily routine is abandoned for a while, disorderly madness reigns, and the existing rules, codes of conduct, and values are for a limited period turned upside down with the consent of the authorities. A different, parallel reality unfolds – the world of appearances – in which notes are made in the margin of our everyday reality with mockery and unbridled joy. What arises is a popular celebration which, according to Dutch cultural theorist Margriet van Boven, is "an imagined world in which the imagination could liberate itself from the restraints of convention" through its exuberant and subversive character. All of that describes the spirit and effect of Monster Chetwynd's work. "I feel drawn to surrealism, nonsense, and irreverence, as though they would reflect my reality." This quote, from an interview curator-at-large Raphael Gygax conducted with the artist in the framework of the exhibition project and catalogue, sums it all up.

As a museum, it is our task not only to present established positions in art history, but also to promote the work of contemporary artists who are in the middle of their career. By making these works accessible to a wider audience, we want to highlight their significance in the present and initiate discussions about current developments in art. Monster Chetwynd, who, in 2012, was the first performance artist to be nominated for the prestigious Turner Prize, is exemplary of such a dynamic, and her interdisciplinary and experimental approach has already more than left its mark on the international art world. With the current exhibition the Kunsthaus Zürich becomes her stage. In addition to a comprehensive retrospective, which presents central highlights from twenty-five years of artistic practice, new works are shown. These include the third part of her film series *Hermitos Children* – co-produced by Kunsthaus Zürich – which premieres at the Kunsthaus Zürich. For the first time, all three parts of this extraordinary project are presented together. *Hermitos Children* combines experimental film and surreal humour with profound reflections on themes such as collaboration and humanity. At the same time, it serves as an innovative method to convey her performances in a new form.

Monster Chewynd's work is characterised by the method of bricolage, inspired by Claude Lévi-Strauss. By re-contextualising and combining elements with specific cultural meanings, she creates complex systems of references. She interweaves influences from high and pop culture, from Giotto's frescoes to heavy metal music and Michael Jackson's "Thriller", developing an aesthetic language that is as multifaceted as it is accessible. Her performances thrive on deliberate improvisation, setting the stage for spontaneous and authentic moments. Instead of rigid processes, she creates loose structures that are reminiscent of the tradition of travelling theatre troupes and grotesque spectacles. Ignoring classical theatre conventions, Chetwynd expands the role of the performers and develops a self-reflexive and at the same time humorous approach to identities and cultural codes.

Another highlight of the exhibition is the architecture designed by Chetwynd herself, which allows visitors to immerse themselves in a world of experience. Inspired by the historic Via Appia near Rome and its monumental burial chambers, the artist has created a unique space in which to structure her diverse oeuvre. Different groups of works – including paintings from the *Bat Opera* series, early video documentations of iconic performances, as well as models and sculptures – are brought together in a dynamic scenography.

Monster Chetwynd has left her mark on the art scene not only through the radicalism and creativity of her work, but also through her unique personality. Her decision to adopt the artist name "Monster" in 2018 is an expression of an attitude that playfully challenges conventions and consciously goes against traditional notions of identity and success. Since moving to Zurich in 2020, she has not only enriched the local art scene, but also given new impetus to her work. This connection to her adopted home makes the exhibition at Kunsthaus Zürich particularly personal and meaningful.

However, Monster Chetwynd is not only presenting her exhibition inside the Kunsthaus Zürich, but is also the first artist to create a commissioned work for the Garten der Kunst (garden of art). The sculpture ties in with the tradition of the folly – a special type of garden architecture that impresses with its aesthetic playfulness and apparent uselessness. It is also reminiscent of a displaced sculpture from the legendary sixteenth-century garden of Prince Orsini in Bomarzo, also known as "Sacro Bosco" (Sacred Grove) or "Park of the Monsters", as well as an oversized prop that could have come straight from the world of film. But the sculpture is more than an eye-catcher: it will be accessible and usable for visitors of all ages, making it an interactive meeting place.

The accompanying book is an important addition to this very special exhibition project. We are delighted that the renowned cultural and literary scholar Elisabeth Bronfen, and Emily Pethick, director of the Rijksakademie, have made valuable contributions to this publication. This is complemented by an in-depth discussion between Monster Chetwynd and Raphael Gygax, who oversaw the entire exhibition project as curator-at-large.

The exhibition would not have been possible without the valuable financial support of Swiss Re, partner for contemporary art, whom we would like to take this opportunity to thank. The garden sculpture was made possible thanks to the generous support of the Hans Imholz Foundation, the Tarbaca Indigo Foundation and the patrons of the Gateway Fund, a fund to support public art installations at the Kunsthaus.

We would also like to thank Gregor Staiger and Marie Lusa of Galerie Gregor Staiger, Zurich / Milan, Sadie Coles, Laura Lord, and Pauline Daly of Sadie Coles HQ, London, and Massimo de Carlo and Gaia Mauri of the gallery Massimo de Carlo, Milan / Paris / London / Hong Kong / Seoul.

Special thanks go to Monster Chetwynd herself, whose tireless enthusiasm, openness, humour and profound vision inspired us all and made this exhibition project an extraordinary experience. Her dedication and creativity have left a lasting impression on us. Thank you, Monster!

Ann Demeester
Director Kunsthaus Zürich

Grusswort des Sponsors

Was ist Kunst? Die Antwort auf die Frage ist nicht leicht. Die Zeiten sind vorbei, da Deutungsinstanzen *ex cathedra* allgemeingültige und verbindliche Antworten produzierten. Gemäss dem heute meistkonsultierten Lexikon, der Internet-Plattform Wikipedia, sieht der österreichische Kulturwissenschaftler Tasos Zembyla im Kunstbegriff etwas, das einem ständigen Wandel unterliegt, geprägt von dynamischen Diskursen, Praktiken und institutionellen Instanzen.
Er umreisst also den Begriff, indem er ihm keine feste inhaltliche Bedeutung oder Aufgabe zuschreibt, sondern indem er das Prozessuale hervorhebt. Kunst muss in einem Prozess erarbeitet werden. Sie lässt sich auf den ersten Blick oft nicht als solche erkennen.

Das Geschäft von Swiss Re als Rückversicherer ist die Übernahme von Risiken. Sie sind oft auf den ersten Blick nicht als solche erkennbar; sie rumoren im Hintergrund und im Verborgenen, bauen sich langsam auf, treten dann unmittelbar auf und verursachen einen Schaden und einen Verlust. Risikofrüherkennung ist darum für uns zentral. Um das aber zu tun, müssen wir auch unorthodoxe Perspektiven einnehmen – «thinking outside the box». Solche Perspektiven zu finden, ist ein Prozess. Es verlangt analytische Fähigkeiten, handwerkliches Geschick und grosse Erfahrung – wie die Erschaffung eines Kunstwerks. Dies macht es naheliegend, dass Swiss Re die zeitgenössische Kunst im Kunsthaus Zürich unterstützt.

Auch die Kunst von Monster Chetwynd verortet sich in einer unorthodoxen Perspektive. Sie oszilliert zwischen Hoch- und Popkultur, ist geprägt von einer «Do-it-yourself-Ästhetik». Performance, Malerei, Collagen, Skulpturen, Video und Installationen überlagern sich im Werk der in Zürich lebenden Künstlerin.

Die Ausstellung in Zürich zeigt das breite Engagement und die vielseitigen Ausdrucksformen von Monster Chetwynd. Der Besuch erfordert Entdeckergeist und Erkenntnis, da vieles auf den ersten Blick unklar erscheint. Ungewöhnliche Perspektiven und Verknüpfungen sind gefragt – also «thinking outside the box».

Swiss Re freut sich, diese Ausstellung von Monster Chetwynd als Partner für zeitgenössische Kunst des Kunsthaus Zürich zu unterstützen.

Greeting from the sponsor

What is art? The answer to this question is not an easy one. Gone are the days when authoritative bodies could issue universally valid and binding answers *ex cathedra*. According to today's most-consulted encyclopedia, the internet platform Wikipedia, Austrian cultural scholar Tasos Zembyla views the concept of art as something subject to constant change, shaped by dynamic discourses, practices, and institutional frameworks. He outlines the concept by emphasizing its processual nature rather than assigning it a fixed meaning. Art must be developed through a process. It is often not immediately recognisable as such at first glance.

Swiss Re's business as a reinsurer involves taking on risks. These risks are often not immediately apparent; they lurk in the background, build up gradually, and eventually manifest abruptly, causing damage and loss. For this reason, early risk detection is central to our work. To achieve this, we must also adopt unorthodox perspectives – "thinking outside the box". Finding such perspectives is a process. It requires analytical skills, craftsmanship, and extensive experience – much like creating a work of art. This makes it only natural for Swiss Re to support contemporary art at the Kunsthaus Zürich.

Monster Chetwynd's art also finds its place in an unorthodox perspective. It oscillates between high and popular culture and is characterised by a "do-it-yourself aesthetic". Performance, painting, collage, sculpture, video, and installations overlap in the work of this Zurich-based artist.

The exhibition in Zurich showcases the broad engagement and diverse forms of expression by Monster Chetwynd. Visiting it requires a spirit of exploration and discovery, as much may seem unclear at first glance. Unusual perspectives and connections are needed – in other words, "thinking outside the box".

As the Kunsthaus Zürich's partner for contemporary art, Swiss Re is proud to support Monster Chetwynd's exhibition.

Supported by

Swiss Re

Partner for contemporary art

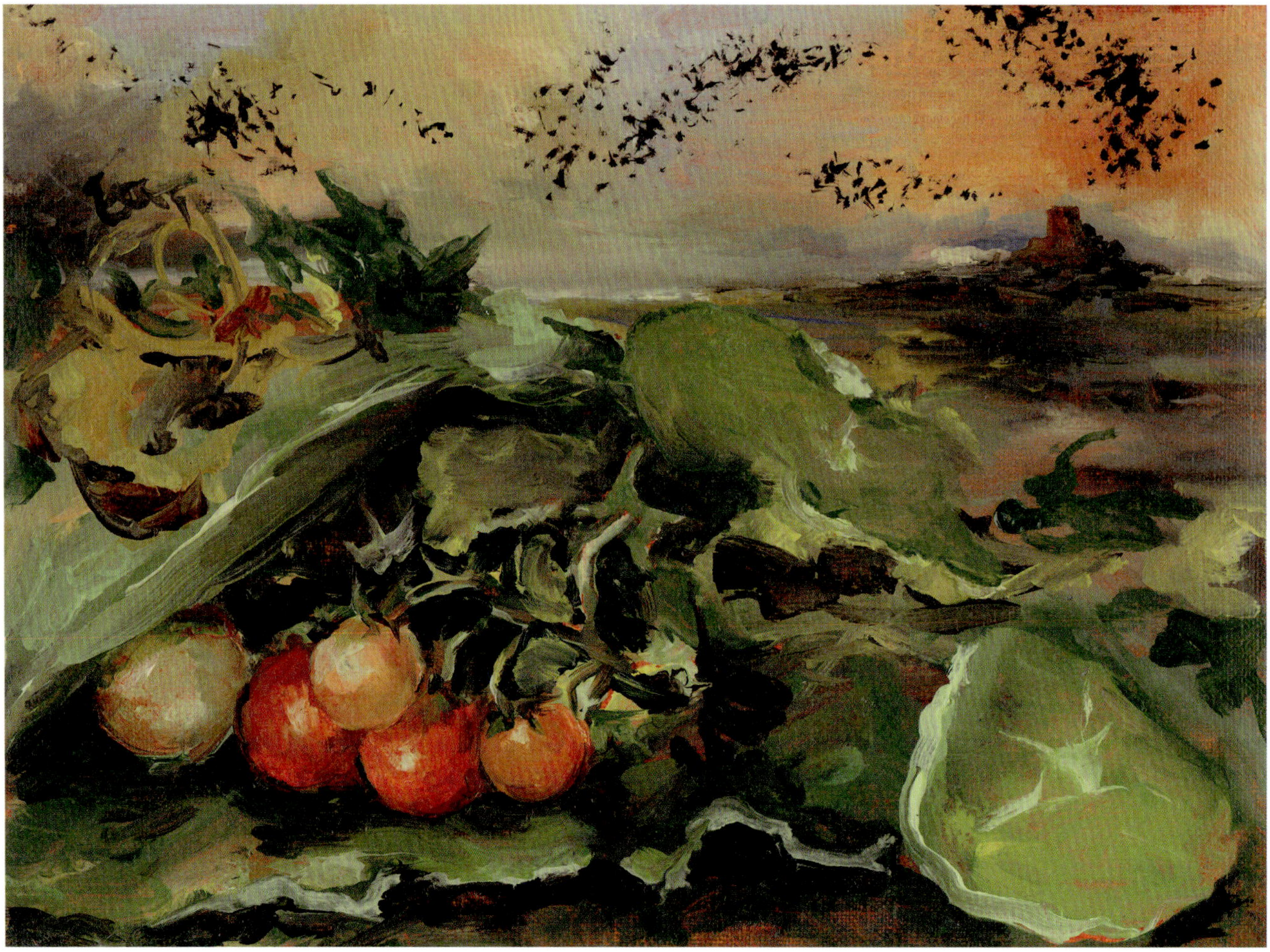

A

KARNEVAL DER FLEDERMÄUSE UND LEUCHTZIRPEN:

MONSTER CHETWYNDS BILDERSERIEN

Elisabeth Bronfen

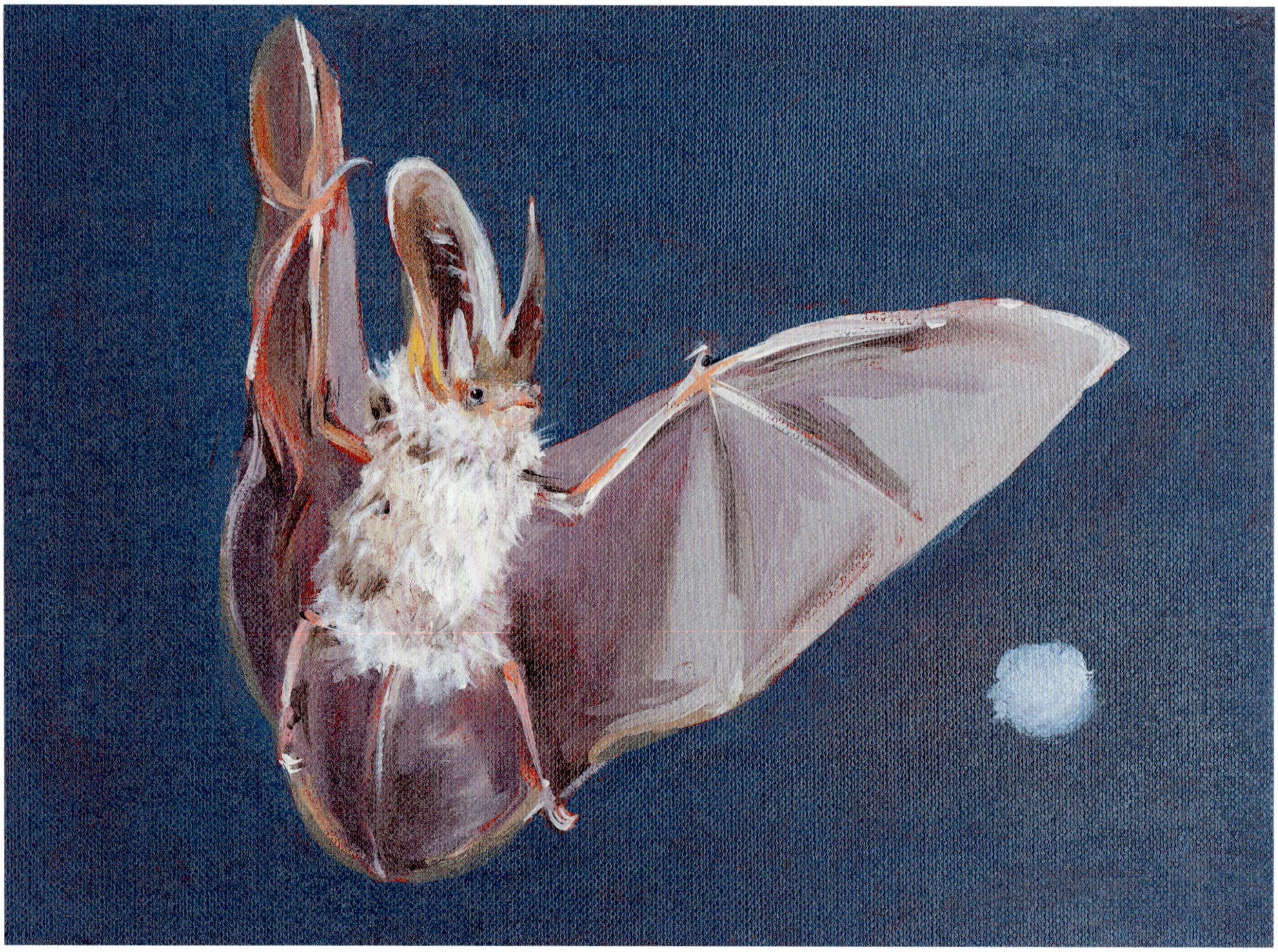

B

Eine Oper in Serie

Fledermäuse nehmen in unserer kulturellen Vorstellungskraft eine besondere Stellung ein, weil sie Kreaturen mit einzigartiger Beweglichkeit sind. Sie gehören zur taxonomischen Ordnung der Chiroptera, einer Verbindung der griechischen Wortstämme *chiro* (Hand) und *pterón* (Flügel). Dank ihrer membranartigen Flügel, die sich zwischen ihren Fingern erstrecken und die vorderen Glieder mit dem Körper und die hinteren mit dem Schwanz verbinden, können sie fliegen, und das schneller und agiler als viele Vögel. Sie sind die einzigen flugtüchtigen Säugetiere, und trotzdem, wie der deutsche Begriff «Fledermaus» suggeriert, erinnern sie mit ihren Flatterflügeln, ihrer spitzen Schnauze und den langen Ohren an auf dem Boden wuselnde Nager. Dieser Name ist irreführend. Fledermäuse mögen wie Nagetiere aussehen, sind aber mit ihren Handflügeln näher verwandt mit dem Orka, auch als Killerwal bekannt. Während Mäuse eine Vielzahl von Jungen zur Welt bringen, aber nur wenige Jahre leben, werden Fledermäuse bis zu sieben Jahre alt. Hingegen haben sie nur drei Nachkommen, sorgen für diese aber ein Leben lang. Sie sind nicht nur aussergewöhnlich beweglich, sondern auch auffällig sozial. Trotz einiger Einzelgänger leben die meisten in grossen Kolonien zusammen mit ihren Jungen, und wenn sie ausschwärmen, tun sie dies als kompakte Schar. Wenn sie kopfüber an ihren Füssen baumelnd Rast halten, geschieht auch dies in der Gruppe.

Obwohl es mehr als 1300 Spezies von Fledertieren gibt, werden sie gewöhnlich in zwei Klassen eingeteilt: die Microchiroptera (oder Fledermäuse) sind

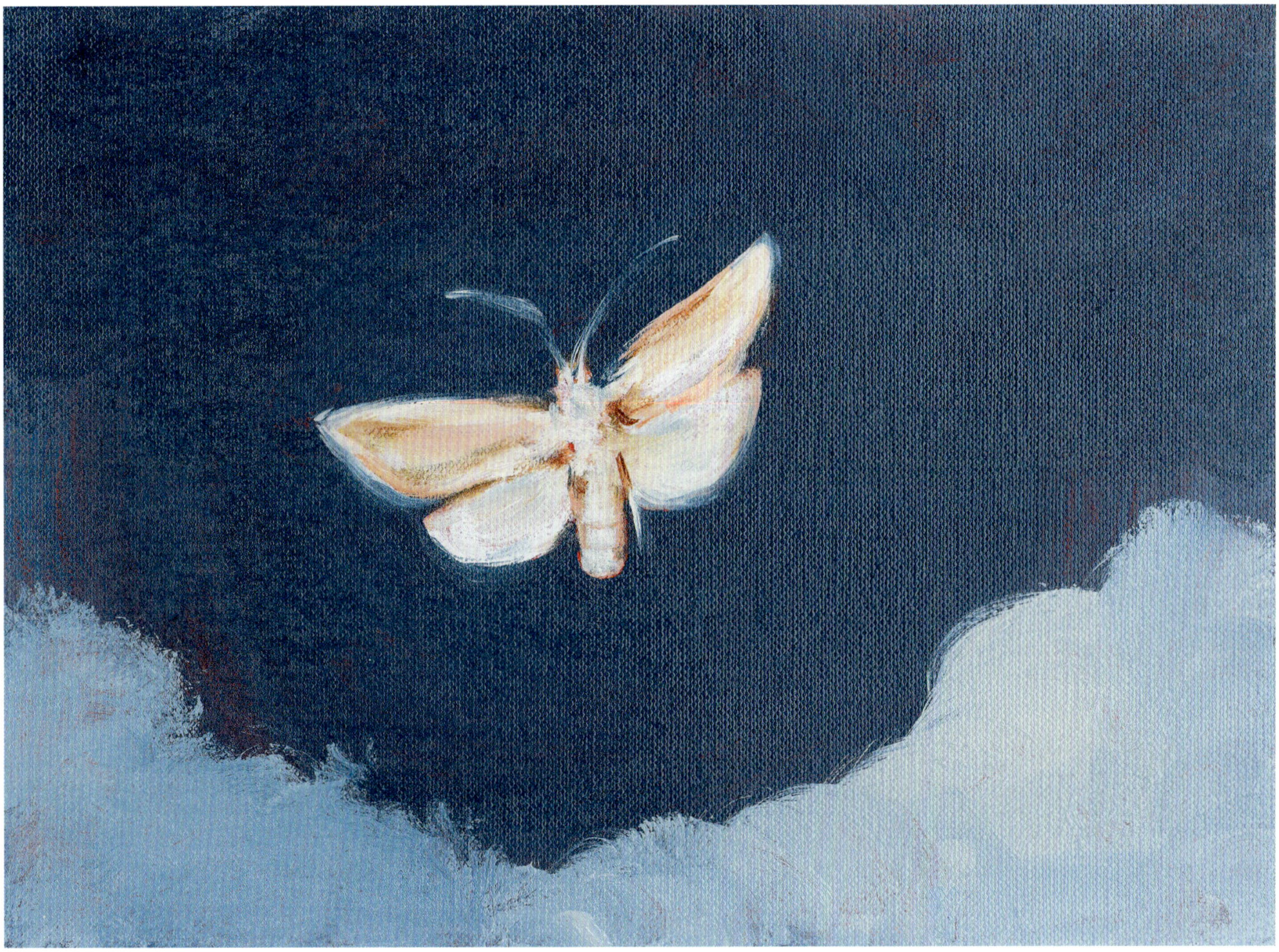

C

meist kleine, sich von Insekten ernährende Säugetiere, die sich mit Echoortung, dem Radar der Tiere, orientieren, obschon einige Arten auch gute Augen haben. Die Megachiroptera (oder Flughunde) haben ausserordentlich gute Nachtsicht und Nasen. Sie können recht gross werden, essen Pflanzen und Früchte, und ihre Gesichter gleichen denen von Füchsen. All diesen Unterschieden zum Trotz sind die meisten Fledertiere sehr laut. Sie schreien, um Geschlechts- und Ruhepartner anzulocken, ihr Gebiet zu verteidigen oder um im Fluge Kollisionen zu vermeiden. Weil ihre Laute typischerweise von tiefer Frequenz sind, reichen sie über grosse Distanzen hinweg. Einige Fledertiere singen sogar. Obwohl all ihre Lieder das gleiche Muster haben, variieren Singende individuell die Abfolge und Repetition von Phrasen sowie die Anzahl von Silben, die sie intonieren.

Bewegung, Stimme und das Zusammenspiel zwischen Einzelfigur und Gruppe sind die Grundpfeiler von Monster Chetwynds *Bat Opera* – einer Serie gerahmter Gemälde, alle gleich gross, die die Künstlerin während zwanzig Jahren erschuf. Auf Theaterbühnen platziert, führen ihre Fledermäuse dramatische Szenen in stetig wechselnden Konfigurationen auf. Die Ölbilder erzeugen eine fortlaufende Erzählung mit ihrer eigenwilligen Mischung aus dem ernsthaften Drama der Opera buffa und der absurden Komödie der Opera seria. Diese beiden Gattungen vermischend und die Unterscheidung zwischen expressiver Tragödie und dem Karnevalesken verwischend, singen die Bilder der Serie den typischen Gesang der Fledermäuse. Sie spielen eine Reihe von Variationen von dem durch, das wir visuelle Formeln von Flederposen nennen könnten,

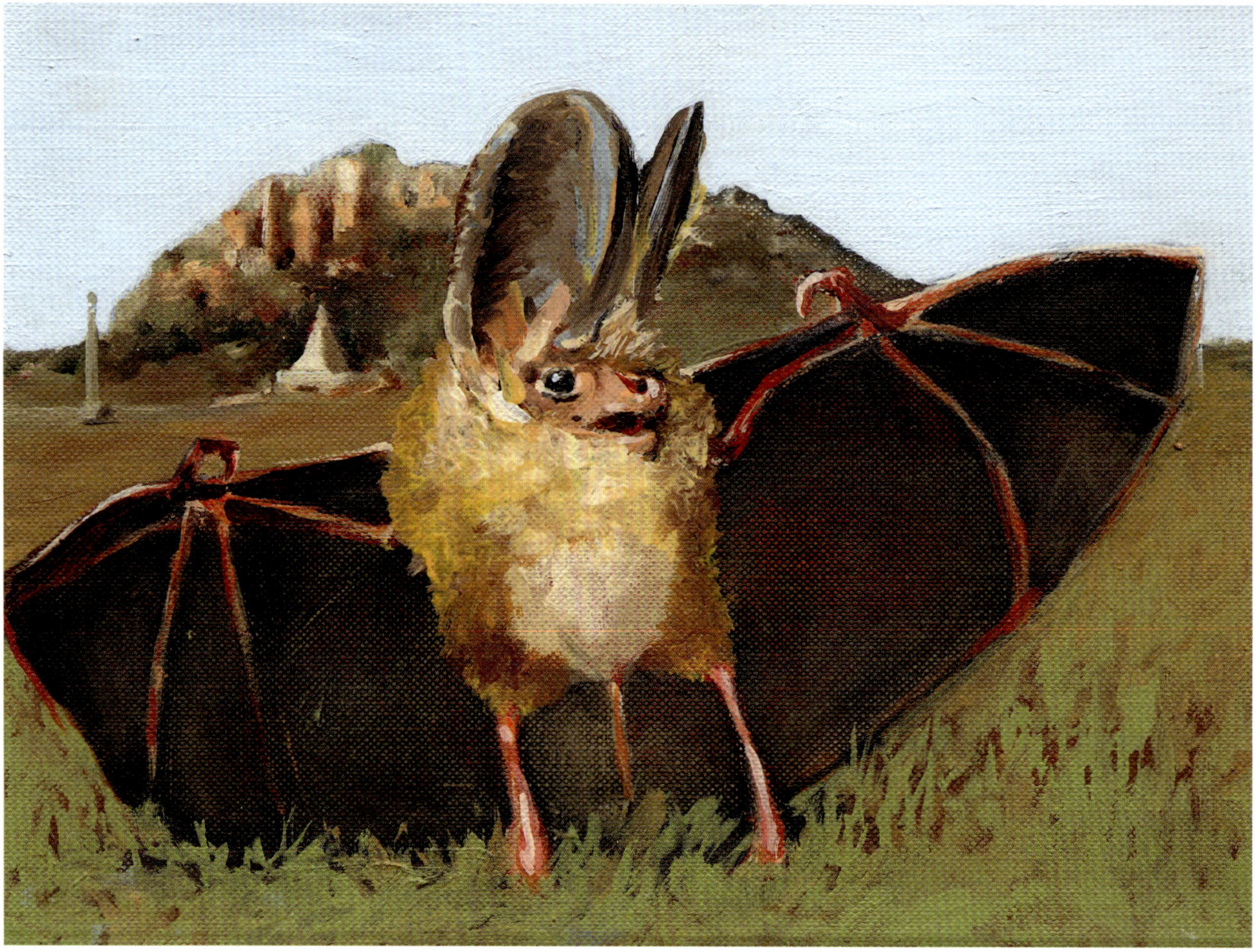

D

und eröffnen so ein imaginäres Universum, reichhaltig und seltsam zugleich. Zuweilen werden Fledermäuse als individuelle Protagonistinnen dargestellt, die entweder nur am Rande an einem um sie herum entstehenden Spektakel beteiligt sind oder sich in einsamem Flug befinden. In anderen Bildern produziert eine Gruppe das visuelle Drama auf der Leinwand, so etwa, wenn ein dichter Schwarm von Fledermäusen sich über den offenen Himmel ausbreitet oder über ländliches Idyll. Ob einzeln oder in der Gruppe, die Präsenz der Fledermäuse entrückt die Welt dem uns Vertrauten. Die rhythmisch auf die Leinwand aufgetragenen Pinselstriche scheinen den gewandten Flug der Fledertiere nachzuahmen, und die dramatischen Gesten in jeder Vignette erinnern an deren typischen Gesang. Der Mangel an Sehschärfe hingegen erhält in einigen Bildern sein Gegenstück in der Vorstellungskraft, die diese Gemälde anregen. *Bat Opera* zwingt uns, die gezeigten Szenen durch einen nächtlichen Blick zu betrachten. Scharfe Konturen werden trüb, sich in Bewegung befindliche Figuren zu verschwommenen Flecken, die Struktur der Leinwand gerät in den Fokus, eine realistische Sichtweise wird unmöglich gemacht.

Monster Chetwynd greift in ihren opernhaften Bildern ein weiteres Element der Fledermaus-Folklore auf. Sie nennt ihre Fledertiere «eco warriors», Umweltschützer, weil sie in der Tat überlebenswichtig für unser Ökosystem sind. Sie kümmern sich um den Planeten, indem sie nicht nur Blumen befruchten und Samen verteilen, sondern auch schädliche Insekten verzehren, sich von Mücken ernähren, so den Gebrauch von Pestiziden reduzieren und die Verbreitung von Krankheiten regulieren. Fledermäuse sind jedoch auch Wirte für

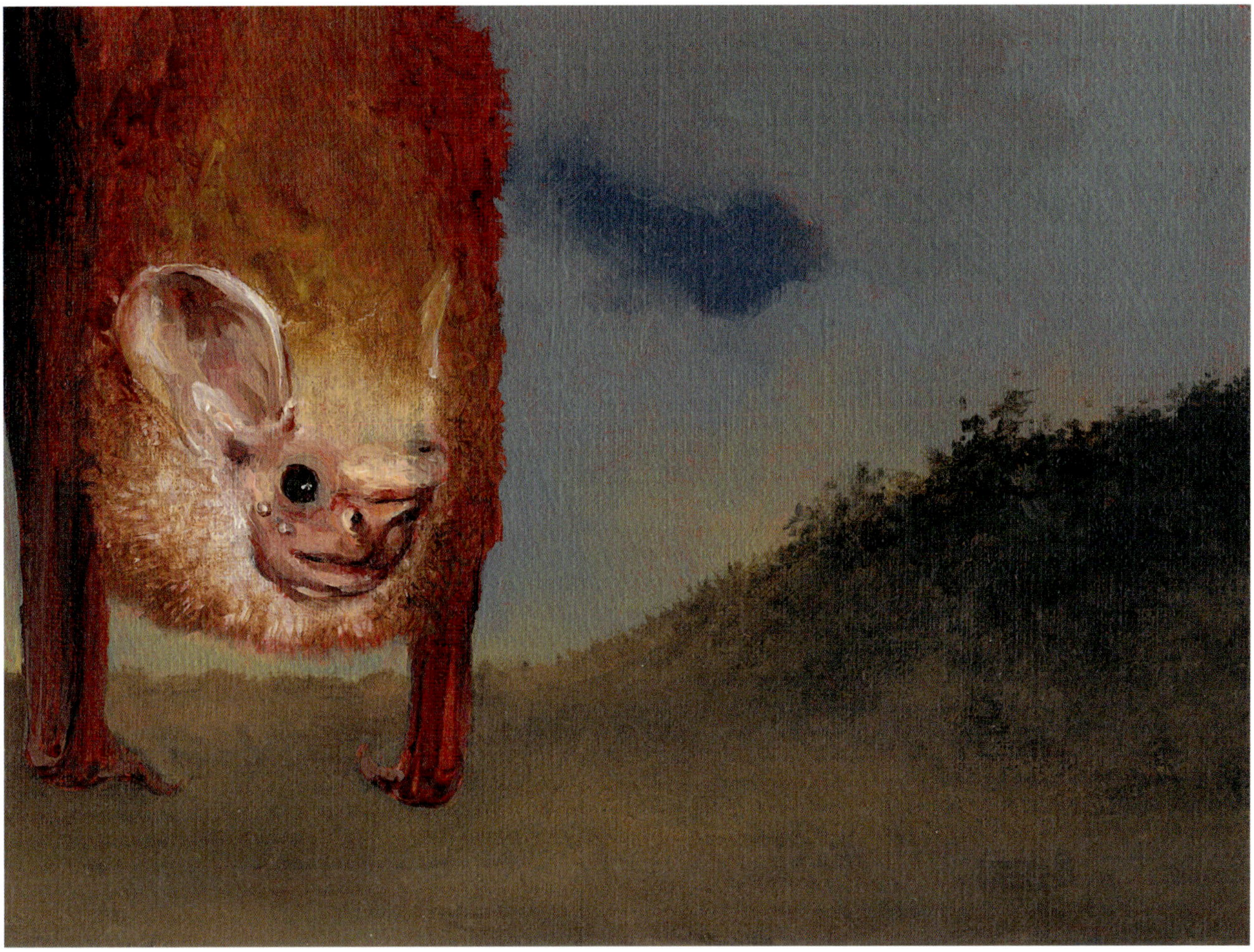

E

Krankheitserreger, sodass sie auch selbst Seuchen verbreiten. So nehmen Fledermäuse in unserer kulturellen Vorstellungskraft einen Schwellenplatz ein, sowohl als einzige flugtüchtige Säugetiere als auch, weil ihre Wirkung in unserer Wahrnehmung zwischen gut- und bösartig schwankt. Daher stehen sie in manchen Mythen und Erzählungen für Wiedergeburt, ein langes Leben und einen friedlichen Tod, während sie in anderen als Kreaturen der Dunkelheit auftreten, die mit mit Zauberei, Hexerei, Halluzinationen und Zerfall assoziert sind. Besonders der Schauerliteratur ist es zu verdanken, dass wir Fledertiere als Träger böser Omen betrachten, die die Unterscheidung zwischen Gut und Böse erschweren. In William Shakespeares *Macbeth* werfen die drei Hexen das Fell von Fledermäusen in ihren Kessel. Es tauchen doppeldeutige Wahnbilder auf, mit denen der Titelheld seine zweischneidige Zukunft vorauszusehen vermag. Bram Stokers Graf Dracula verwandelt sich in eine Fledermaus, wenn er nach Sonnenuntergang seinen Sarg verlässt, um sich an Menschen zu laben, die, einmal gebissen, für immer nach seinen Zähnen dürsten. Eine Fusion von Gut und Böse ist auch der Superheld in Bob Kanes *Detective Comics*. Batman will Gotham City vor dem in der Bevölkerung wütenden Verbrechen schützen, ist jedoch selbst auch Verbreiter von Gewalt und Tod. Ein interessantes Detail ist, dass seine Eltern vor einem Theater umgebracht wurden, in dem sie, zumindest in einigen Fassungen der Geschichte, die berühmte Operette *Die Fledermaus* von Johann Strauss gesehen hatten, die auch *Rache der Fledermaus* genannt wird.

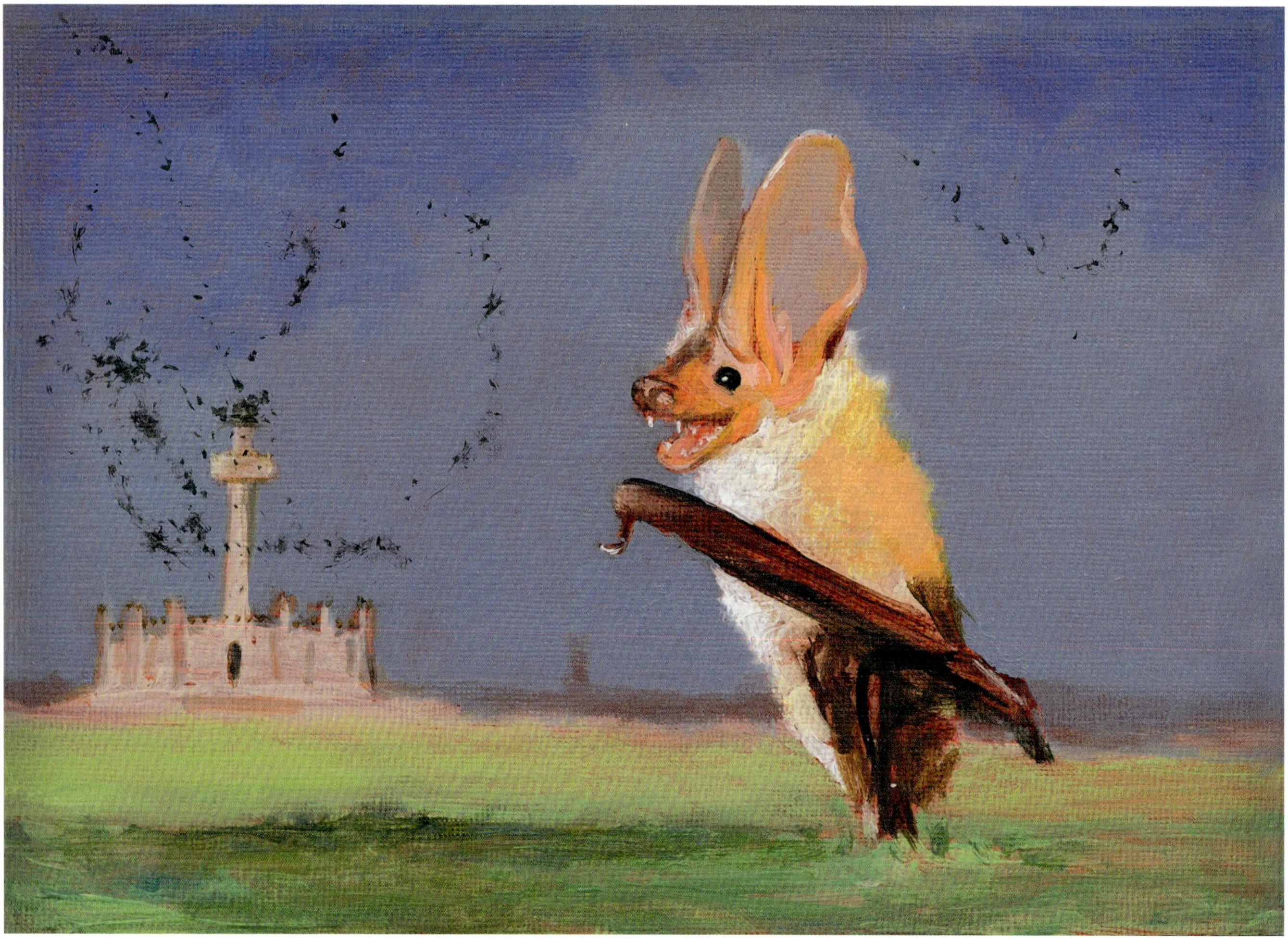

F

Bat Opera inszeniert dieses Zusammenspiel zwischen Nutzen und Gefahr, indem jedes der Gemälde jeweils eine bestimmte Prägung der Fledermaus-Bilderformel aufgreift. Wenn wir uns nochmals die Wichtigkeit der Stimme für die Kommunikation unter Fledermäusen ins Bewusstsein rufen, werden diese formelhaften Szenen zu visuellen Beispielen für das Zirpen, Tirilieren und Surren nach einem sich in Variationen immerzu wiederholenden Muster. Fast immer sind die Fledermäuse die Hauptdarstellerinnen. Wir sehen sie in voller Bewegung, achtsam auf der Hut oder ruhig schlafend. Einzelgängerische Fledermäuse schauen mit ausgebreiteten Flügeln in den Himmel, betrachten den Boden, setzen zum Flattern an oder haben im Flug den Blick nach unten gewandt. Manche nehmen die Rolle der Beschützerin derjenigen ein, über deren Häuser sie fliegen; andere schweben als bedrohende Gestalten durch die Lüfte. Schwärme ruhen auf einer Brücke oder auf Ästen. Einige Fledermäuse, kopfüber hängend, umrahmen mit ihren Flügeln wie mit einem Vorhang die Gebäude, über denen sie baumeln. Wieder andere landen als Gruppe auf einem Streifen Land, schwärmen um die Häuser oder versammeln sich in eindrucksvoller Formation im Himmel. In manchen Bildern ist die Leinwand fast komplett von dichter, schwarzer Farbe bedeckt, und es ist, als ob wir als Betrachtende selbst mitten hinein in einen Schwarm gesogen werden. In anderen Gemälden kommen weitere Darsteller als privilegierte Beobachter des sich entfaltenden Schauspiels hinzu, Frösche zum Beispiel. In einer nochmals anderen Variation der Formel liegt ein Haufen Tomaten im Vordergrund (→ Abb. A), während ein Schwarm Fledermäuse im glühenden Abendrot den Hintergrund für diese Pastorale bildet.

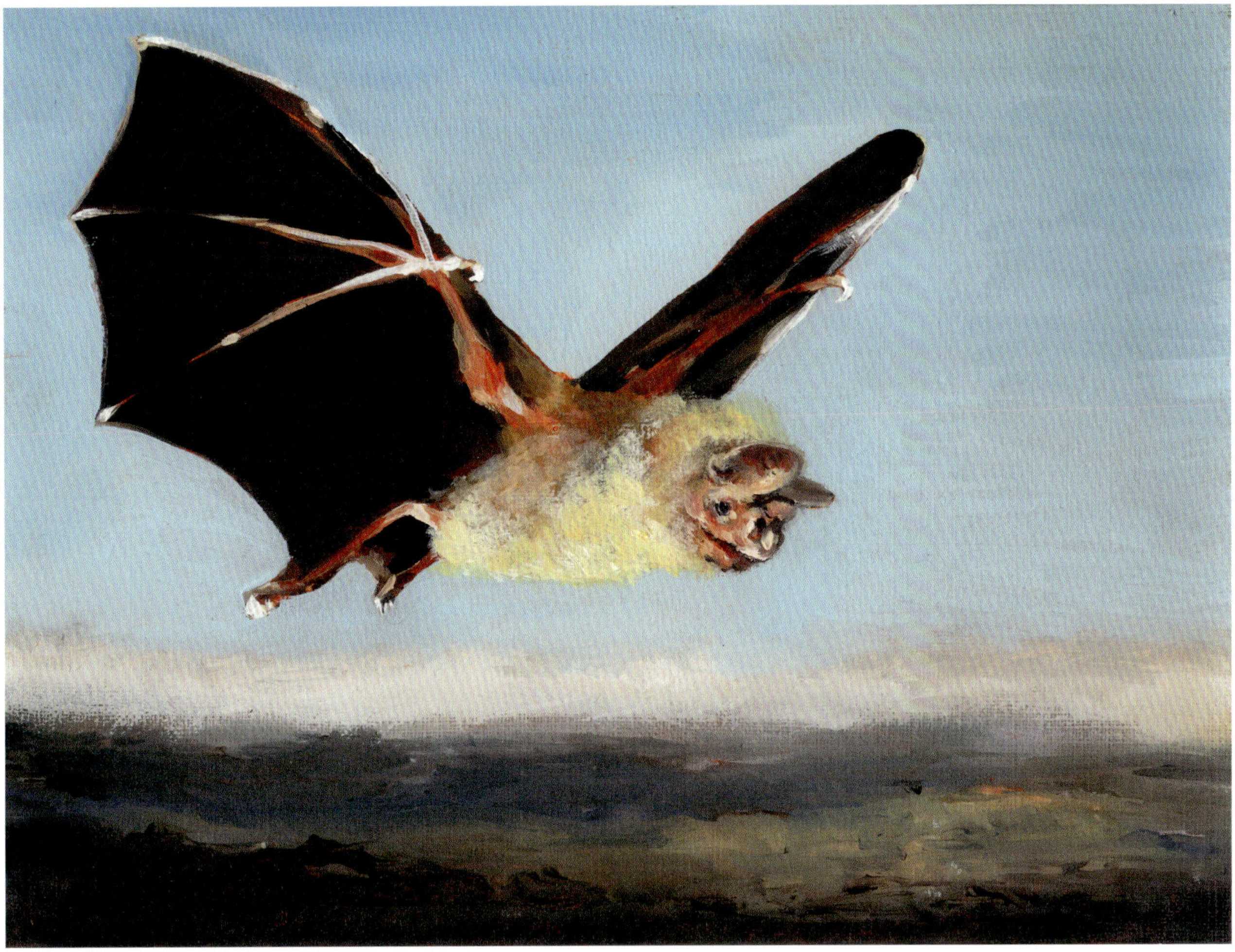

G

Kreaturen von unendlicher Vielfalt

Monster Chetwynds *Bat Opera* bedient das Zweideutige, das die Tradition der Schauerliteratur mit der Fledermaus verbindet – in ihrem Werk wird dem Finsteren immer die Freude und die Anmut gegenübergestellt. Aufgrund der Selbstreflexivität dieser Bilder kann das Zusammenspiel von epischem Drama und absurder Komödie in der Tat als eine Refiguration der zwei Seiten des romantischen Stils verstanden werden. Als Ganzes gesehen weist die Bilderserie sowohl auf die idyllischen Nachtlandschaften von J. M. W. Turner und Caspar David Friedrich hin als auch auf die dramatisierten Albträume von Francisco de Goya und Johann Heinrich Füssli. Obwohl die Fledermäuse als Darstellende in einer opernhaften Sequenz malerischer Vignetten formelhafte Posen einnehmen, tragen viele von ihnen individualistische Gesichtszüge. In → Abb. B und → C erzeugt der blaue Himmel eine idyllische Stimmung. Eine bezaubernde Fledermaus mit ausgebreiteten Flügeln baumelt spielerisch in der Luft, als ob sie in einen Dialog mit der ebenfalls im Flug balancierenden Motte vertieft wäre. Um zu zeigen, dass die beiden den blauen Himmel, den sie sich als Bühne teilen, aufgrund ihrer unterschiedlichen Grössen jeweils anders wahrnehmen, schwebt rechts unter der Fledermaus ein flauschiger Punkt. Die Motte ihrerseits segelt über einer Wolkenformation, die die gesamte untere Bildbreite einnimmt.
Eine ganz andere Stimmung finden wir in → Abb. D. Die Fledermaus steht aufmerksam und mit hängenden Flügeln auf dem Boden, als ob sie auf einen Ruf von ausserhalb des Bildrahmens reagieren würde. Bedrohlicher ist die Fledermaus,

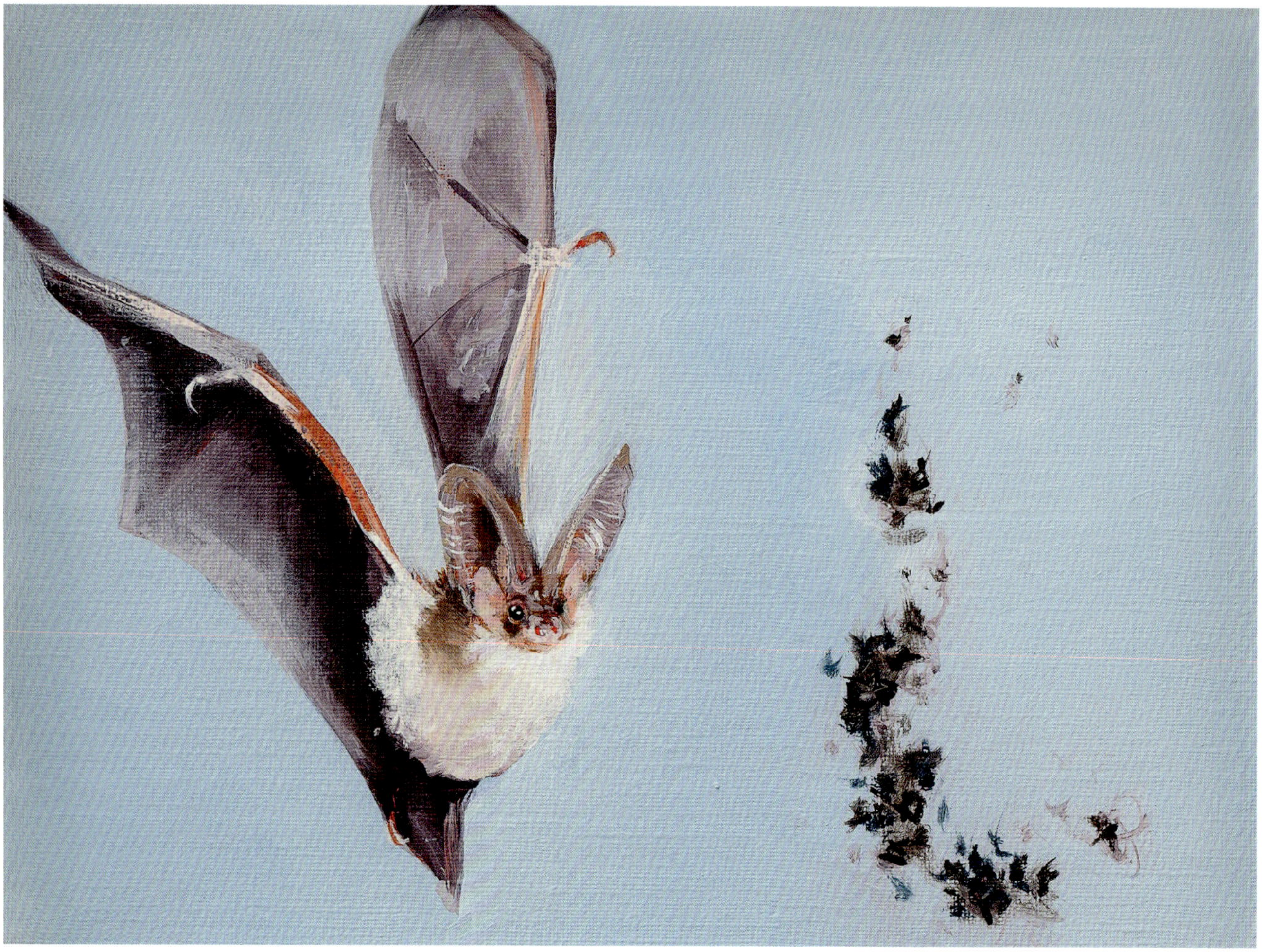

H

die in → Abb. E an ihren Füssen hängt. Aus einem dunklen Knopfauge blickt sie uns schelmisch an. In einem anderen Gemälde bleckt eine einzelne Fledermaus, das Gesicht vom Schwarm im Hintergrund abgewandt, bedrohlich die Zähne, zum Angriff bereit (→ Abb. F). Ebenso vielfältig kommen die fliegenden Fledermäuse daher. Die flauschige Einzelfigur in → Abb. G scheint tief konzentriert, wie auf einem Erkundungsflug. In → Abb. H nimmt eine fliegende Fledermaus eine Tänzerpose ein, während der Schwarm rechts von ihr die Revue bildet, als Gruppe die elegante Linie der nach oben weisenden Flügel der Solistin visuell nachahmend. Das Diptychon (→ Abb. I) bietet zwei Ansichten einer Szene. In stolzem Flug hat sich eine Fledermaus, die Nase würdevoll gespitzt, vom dünnen Schwarm entfernt, der ihr links im Bild folgt. Sie fliegt auf einen viel dichteren Schwarm zu, der prachtvoll aus einer grauen Wolkenformation aufsteigt. In → Abb. J wird die nächtliche Fliegerin nur undeutlich porträtiert. Der Fokus ist auf die majestätische Bewegung der Fledermaus gerichtet, wie sie, aus Nachtwolken auftauchend, weisse Funken sprüht. Wir kommen nicht umhin, diesen Umweltkriegerinnen menschliche Charakterzüge zu geben, was zur Folge hat, dass wir uns in unserer Fantasie selbst in ihrer Haut bewegen.

Diese Gemälde sind auch deshalb extravagant und dramatisch, weil ihre Farbpalette unsere Emotionen schürt. Die Farbtöne der Wolken, die sich mit den Fledermäusen die Bühne teilen, reichen von Hellgelb über verschiedene markante Rottöne bis hin zu schwerem Braun. In → Abb. K fliegt ein dunkler Schwarm um eine undeutliche Gruppe von Gebilden herum, mit grosszügigen

Pinselstrichen als vibrierende farbige Spritzer gemalt. Als seien sie auf einem Hexensabbat, wirbeln die schwarzen Figuren bombastisch vor einem Strudel aus rosa gefärbtem Rauch. Es ist, als ob die vielfarbigen Formen am unteren Bildrand von der stürmischen Energie derer, die oben fliegen, entfacht werden. Wenn *Bat Opera* von einer theatralischen Stimmung bestimmt wird, so ist dies auch wegen ihres Rhythmus, wie er auch Bühnenszenen eigen ist. Sowohl die visuelle Spannung zwischen den einzelnen Figuren – den einsam Fliegenden, den in den Himmel Schauenden und den sich als Einheit bewegenden Schwärmen – als auch der Kontrast zwischen diesen Protagonistinnen und dem Hintergrund in Form von Wolken, offenem Himmel oder architektonischen Gebäuden auf der Erde, sind minutiös orchestriert. Gleichzeitig wird der optische Rhythmus in jedem der Bilder durch die serielle Anordnung wiederholt, die sie zu einem opernhaften Ganzen zusammenfügt.

Monster Chetwynd macht zwar von der traditionellen Bildeinteilung in Vorder-, Mittel- und Hintergrund Gebrauch, mit ihrem Umgang mit der Perspektive jedoch stört sie konsistent unsere optischen Erwartungen. Auch wenn es sich unvermeidlich um Anthropomorphismus handelt, nehmen wir an den dramatischen Szenen aus der Sicht der Fledermäuse teil – eine Art schamanistische Verwandlung in einen anderen Zustand. Die Fledermäuse werden nicht als dem Menschen untergeordnete Kreaturen behandelt, ob nützlich oder schädlich, sondern sie sind der Fokus der Szenen. Das Diptychon (→ Abb. L) stellt die Sicht auf eine spektakuläre Wolkenformation in Orange und Gelb neben einen Anblick, in welchem die Wolken als Hintergrund für eine Fledermaus dienen, die mit ausgebreiteten Flügeln auf uns zufliegt. Die Farbe ihres Körpers ist die gleiche wie jene des Himmels. Unsere Vorstellungskraft erlaubt uns, ihre Immersion in der Luft zu erleben, als ob wir zusammen mit ihr dort oben wären. In einem weiteren Diptychon (→ Abb. M) schaut eine Fledermaus erwartungsvoll in den Himmel, von einer Wolke mit zwei dunklen Löchern verdeckt, die ihrerseits an Augen gemahnen. Das dazugehörige Bild lenkt die Sicht auf den Himmel, auf die dunklen Punkte, die durch die Wolke in unseren Blick fallen. Wir werden aufgefordert, diese nächtliche Szene durch einen Blick zu betrachten, der, gerade weil er unscharf ist, umso empfänglicher für die kühne atmosphärische Stimmung wird.

Eben deshalb, weil die Perspektive in diesen Bildern keine menschliche ist, rufen sie einen bestimmten Aspekt des Karnevalesken hervor. Gemäss Michail Bachtin (1895–1975) bricht der Karneval mit seiner nur kurzzeitigen Dauer Hierarchien auf.[1] Dabei befreit er uns von den Fesseln des ordentlichen Benehmens. Der Karneval bringt eine Stimmung der Erlösung vom Alltäglichen und feiert eine verkehrte Welt. Wenn wir uns vergegenwärtigen, dass Fledermäuse die Welt um sich herum genauso wahrnehmen, wenn sie sich ausruhen, könnte

1 Michail Bachtin, *Rabelais und seine Welt: Volkskultur als Gegenkultur*, aus dem Russischen von Gabriele Leupold, hg. mit einem Vorwort von Renate Lachmann, Frankfurt am Main 1995.

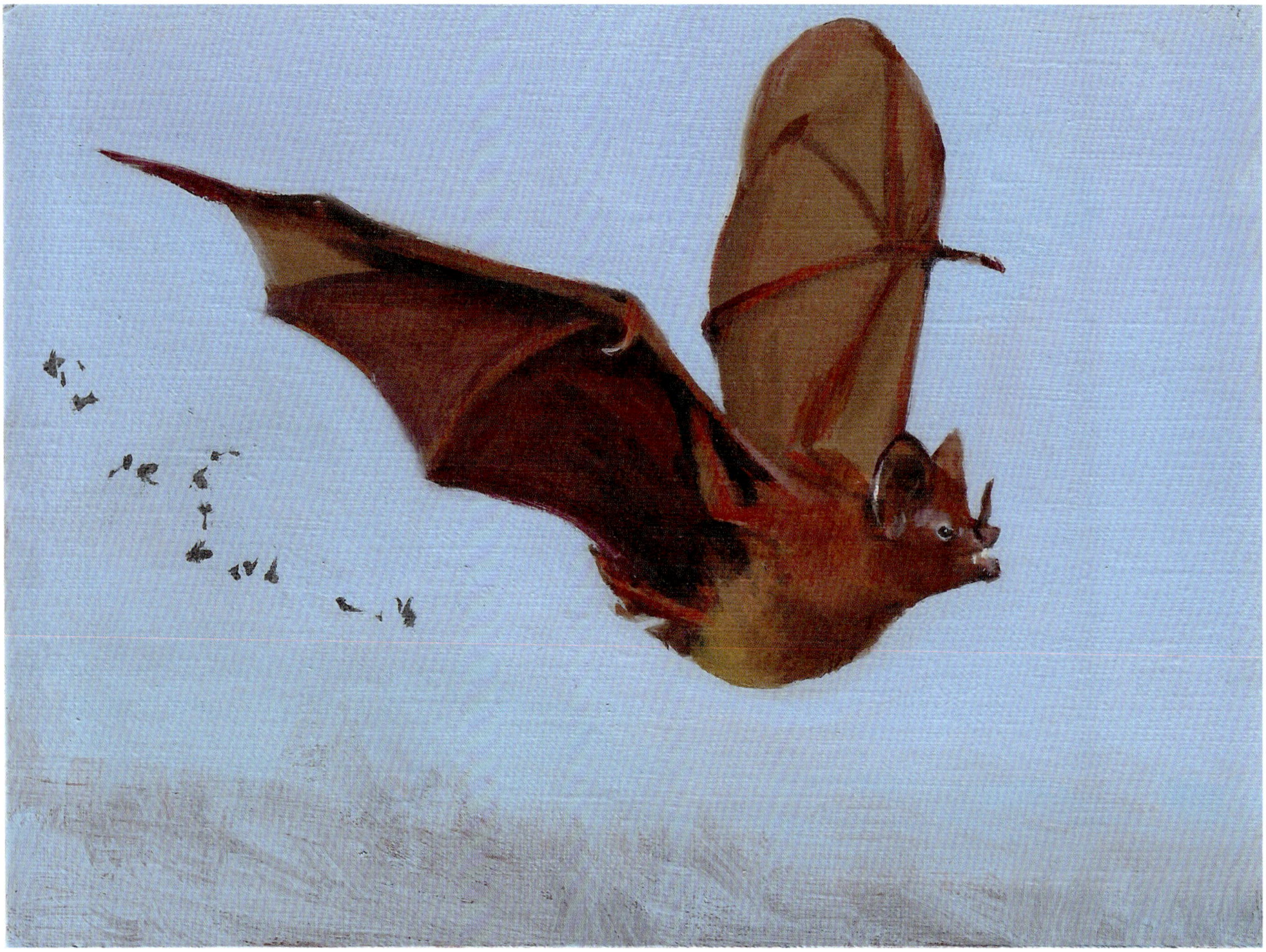

I-1

man mutmassen, dass, auch wenn die Szenen in *Bat Opera* nicht buchstäblich auf dem Kopf gemalt sind, sich durch sie doch unsere Sichtweise umkehrt. Witz und Humor schwingen mit, wenn Monster Chetwynd die gewöhnliche Fledermaus in eine spielerisch-dramatische Umweltkämpferin verwandelt. Mit ihrer Betonung ironischer Distanz fängt jede dieser opernhaften Szenen eine Vielzahl von Stimmungen ein. Ob die Fledermäuse komisch sind, sonderbar, liebenswert, finster, verheissungsvoll oder erhaben, sie werden auf seltsame Weise verwandelt und präsentieren so eine gestörte Darstellung eines ländlichen Idylls. Wenn sie ausserdem, als *dramatis personae* in einer Opernserie, auf der Schwelle zwischen dem Menschlichen und dem Nicht-Menschlichen positioniert werden, repräsentieren sie sowohl das realistische Bild, nach dem sie geformt sind, als auch die Verwandlung in Fantasiefiguren, die sie durchlaufen haben.

Bat Opera gibt nicht nur konsistent Szenen wieder, die die Dominanz des menschlichen Auges untergraben, viele Bilder der Serie rücken auch durch die schiere, ungezügelte Energie von Monster Chetwynds kräftiger Farbpalette auf der Leinwand eine verkehrte Welt in das Blickfeld. Zusammen mit dem eindringlichen Perspektivenwechsel, den ihr Fledermauskarneval vollführt, verwirrt die Ölfarbe unseren Orientierungssinn zusätzlich: Wir werden aufgefordert, die dramatischen Szenen aus der Perspektive von fliegenden Säugetieren zu betrachten. Wenn wir diesen Faden noch weiterspinnen, oszillieren die Schwärme von Fledermäusen in den gelungensten Gemälden zwischen figürlicher Malerei und abstraktem Expressionismus. In → Abb. N ahmen hastige schwarze

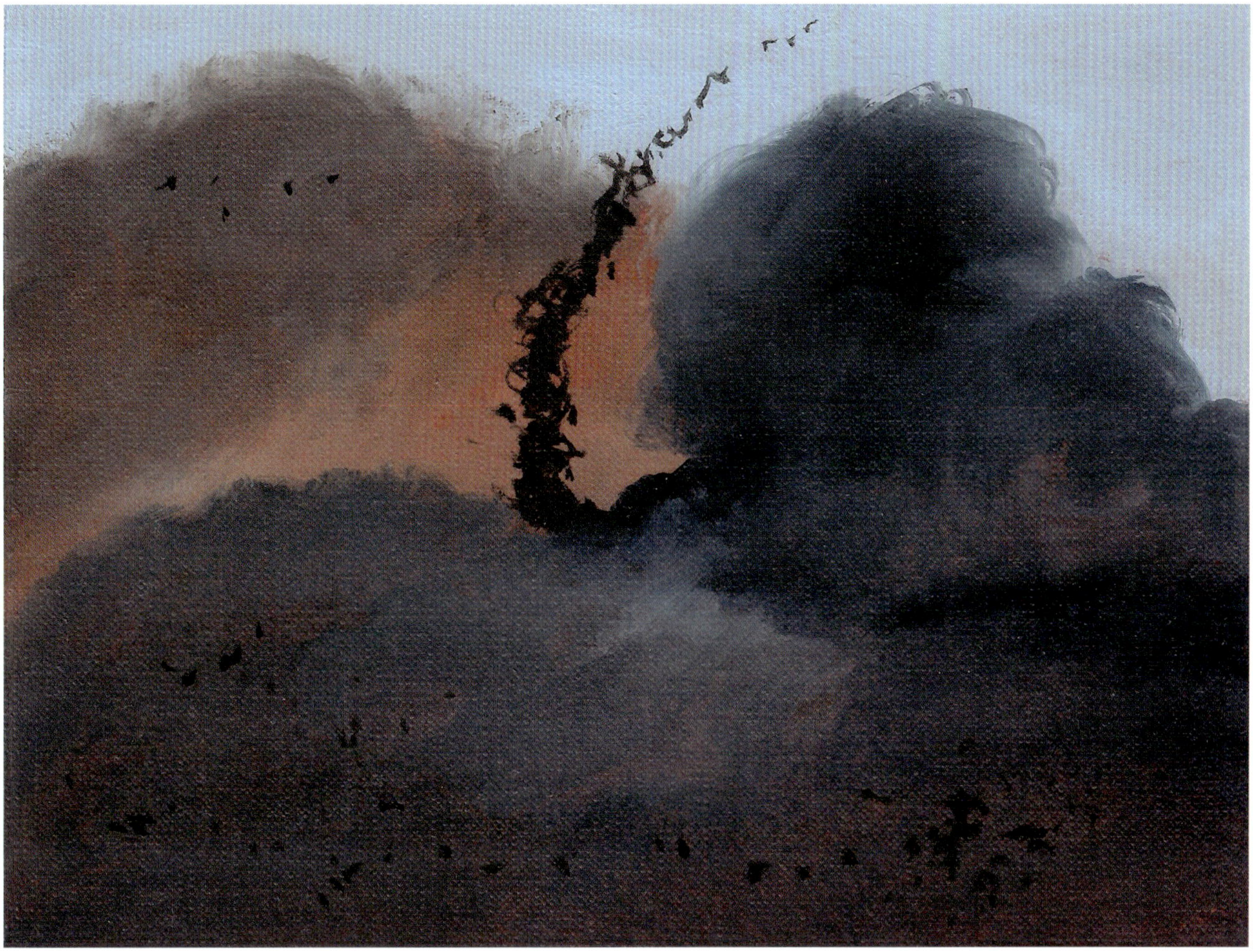

I-2

oder rote Pinselstriche den schnellen Flug der Fledermäuse nach, während sich gleichzeitig ihre Formen als die reine Materialität von Öl auf Leinwand entpuppen. In → Abb. O verwandelt die distinktive schwarze Farbe des über einer Wolkenformation platzierten Schwarms diesen in eine Himmelsschrift. In einer Folge von Bildern (→ Abb. P–R) vermischen sich die Konturen der fliegenden Gruppe mit dem gemalten Hintergrund und führen so in Richtung Abstraktion. In jedem dieser Beispiele ist der längliche Schwarm vor einen hellen Himmel gesetzt, der mit Wolken in Rosa und Orange dekoriert ist. Die Textur der Leinwand drückt durch die dunkle Linie des Horizonts. Die Fledermäuse verstricken sich in den Himmel, der sie in sich aufzunehmen scheint und der gleichzeitig ihre Bühne ist. Vor unseren Augen verwandeln sie sich in Punkte von reinem Schwarz. Die luftigen Pinselstriche, die den Hintergrund bilden, zeichnen die Wirbelbewegung des Schwarms und zelebrieren zugleich die intensive Energie reiner Malerei.

Ein fünfter Akt

In der Serie *Lantern Flies* (Leuchtzirpen) untersucht Monster Chetwynd die in all ihren Arbeiten präsente ironische Distanz zur gewöhnlichen Sichtweise auf eine weitere Art (→ Abb. S und T). Die Künstlerin erklärt: «Die Leuchtzirpe ist ein bizarrer Fehler der Naturwissenschaft, der Name legt nahe (zumindest im englischen Ausdruck «lantern fly»; Anm. d. Übers.), dass sie fliegen kann und Licht erzeugt – sie tut es nicht: sie ist ein Käfer, eine Zikade. Das Glühwürmchen kann fliegen und Licht erzeugen.»[2] So fertigt sie Leuchtzirpen aus Pappmaché und Stoff anstatt sie fälschlicherweise im Fluge zu malen, sie können ja nicht fliegen. Stattdessen werden die überlebensgrossen, vielfarbigen Leuchtzirpen auf die bukolischen Gemälde von François Boucher (1703–1770) geklebt. Mit ihren Beinen penetrieren die Insekten die weiblichen Figuren, die ohne sie der Fokus dieser Bilder wären. Intuitiv würde ich diese spielerische Intervention in die Bildsprache der klassischen figürlichen Malerei als Kommentar zu dem auf ein Ansichtsobjekt reduzierten weiblichen Körper interpretieren, eine in unserem kulturellen Bilderrepertoire allgegenwärtige Formel. Da aber die monströsen Leuchtzirpen unsere Sicht auf das Bild begrenzen, inszenieren sie vielmehr eine konkurrierende Ökonomie der Sichtbarkeit. Wir werden mit einer doppelten Ansicht konfrontiert, sind aufgefordert, mit geteilten Augen zu schauen. Unser Blick pendelt zwischen der Kopie eines Boucher-Gemäldes und den karnevalesken Kreaturen, die respektlos darauf befestigt sind. Die hervortretenden Augen der Leuchtzirpen, nicht die entblössten Frauenkörper, ziehen unsere Aufmerksamkeit auf sich. Die Gemälde werden von einem anderen Medium überschrieben, dem der dreidimensionalen Skulptur, und die von der klassischen Malerei bejubelte anthropozentrische Sichtweise wird zerstört. Wie in *Bat Opera* sind die bukolischen Szenen in diesen Bildern Teil einer Refiguration durch eine karnevaleske Performance. Die Assemblagen funktionieren deshalb, weil die Leuchtzirpen zu den Bildern passen, die sie zugleich abschirmen. Dabei wird nichts dem Zufall überlassen. Vielmehr wird das Ganze von einer visuellen Notwendigkeit kontrolliert, die auf einem wichtigen Widerspruch fusst. Die zu einer Reproduktion eines herkömmlichen Bildes hinzugefügten Leuchtzirpen gehören einem multimedialen Setting an, welches sie immer auch ausschliesst. Sie brechen dadurch die Unterscheidung zwischen Zugehörigkeit und visueller Verlagerung. Sie sitzen unbehaglich und doch beharrlich auf einer Oberfläche, die ihr normaler Lebensraum ist und gleichzeitig auch nicht.

Der Störfaktor, dem wir in diesem Prozess der ästhetischen Assemblage begegnen, kann mit der Vernetzung menschlicher und nicht-menschlicher Perspektiven in Zusammenhang gebracht werden, wie sie Donna Haraway jüngst vorgeschlagen hat. In *Unruhig bleiben* argumentiert sie, dass wir in Anbetracht des zerstörten Planeten, auf dem wir leben, dringend die Geschichten, die wir uns erzählen, neu denken müssen, sodass wir weder die Augen vor der imminenten Gefahr des Klimawandels verschliessen, noch ihn auf ein abstraktes Narrativ unvermeidbarer Zerstörung reduzieren.[3] Vielmehr sollten wir anerkennen, dass innerhalb der gegenwärtigen Umweltzerstörung die Koexistenz aller Kreaturen auf Erden als solche von vornherein prekär ist. Diese Erkenntnis wiederum verlangt nach einer anderen Art des Zusammenlebens, einer des

2 Die Künstlerin per E-Mail an die Autorin, 24. Dezember 2024. (Dt. Übers. Catherine Berger).
3 Donna J. Haraway, *Unruhig bleiben: Die Verwandtschaft der Arten im Chthuluzän*, aus dem Englischen von Karin Harrasser, Frankfurt am Main / New York 2018.

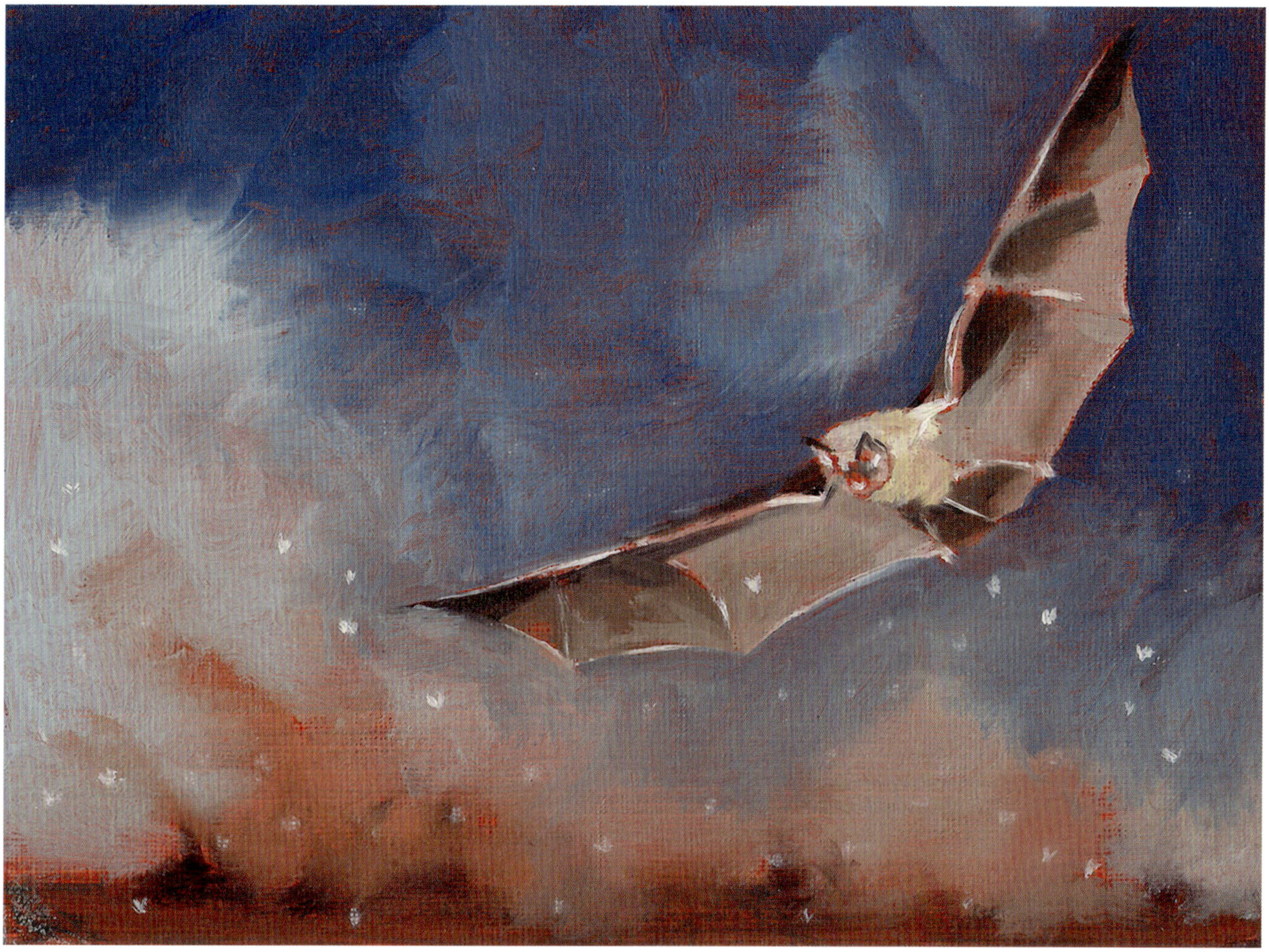

J

kollaborativen Überlebens. Für Haraway bedeutet verantwortungsbewusstes Leben, sich eine Reaktionsfähigkeit anzueignen, die spielerisch auf das abzielt, was sie «natürlich-kulturelle Assemblagen» nennt, nämlich unsere menschliche Verwicklung mit anderen Erdkreaturen zu zelebrieren, anstatt sie zu verleugnen.

Wie Monster Chetwynd, welche die klassische Malerei und ihre karnevalesken Leuchtzirpen nebeneinanderstellt, überschreiben Haraways spekulative Hypothesen über das irdische Zusammenleben alle anthropozentrischen Narrative, welche die menschliche Sichtweise zur einzig gültigen erklären. Beide rücken mit ihrem Denken in Assemblagen verschiedene Perspektiven zugleich in den Fokus. Haraway verlangt, dass alles, was sich ausserhalb der auf dem Menschen basierenden Narrative befindet, miteinbezogen werden sollte, sodass nachhaltigere Geschichten in einer Welt, in der wir mit nicht-menschlichen Wesen aller Art verbunden sind, erzählt werden können. Währenddessen bietet Monster Chetwynd ihre eigene spekulative Poesie der Verwicklung ihrer Kreaturen mit dem traditionellen Bildrepertoire, dessen sie sich bedient, das sie aber auch neu formt. Ihre *Lantern Fly*-Serie sinniert auf kunsthistorische Weise über das Zusammenleben. Die von ihr gestalteten Kreaturen ruhen auf dem Bild, das sie sich angeeignet hat, aber sie reichen auch über dessen limitiertes Blickfeld hinaus. Wie in *Bat Opera* sind der Humor und Witz, mit dem sie sich einerseits auf Bouchers Kunstwerke beruft und sie andererseits entstellt, der Schlüssel zu diesen Mixed-Media-Werken. Auch ihre Leuchtzirpen werden vermenschlicht, aber diese anthropomorphe Geste hat die Verfrem-

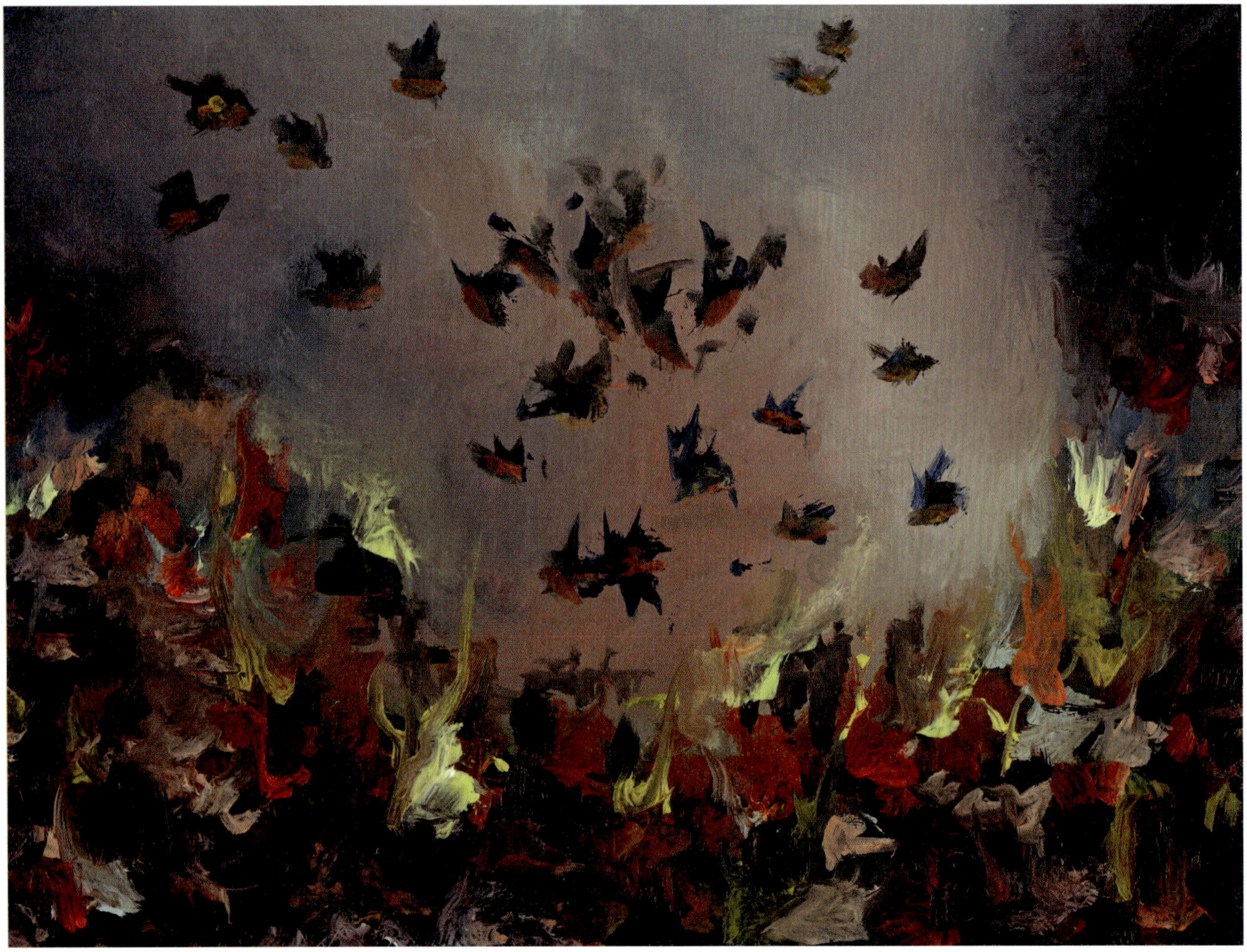

K

dung der menschlichen Figuren, die ihnen als Hintergrund dienen, zur Folge. Ihre ironische Geste rückt das ursprüngliche Werk in die Ferne und die karnevaleske Ergänzung, die es neu konfiguriert, in die Nähe. Wir sehen gleichzeitig das Gemälde und ihre eigenwillige Umarbeitung davon. In diesen Assemblagen ist ironische Performativität im doppelten Sinne des Begriffs am Werk. Die Assemblage ist zum einen mit einem Sprechakt vergleichbar, bei dem die Äusserung als Handlung verstanden wird. Die Gemälde erschaffen das Zusammenleben der Leuchtzirpen und des vorher vorhandenen Bildes, welches sie als ihren Besitz deklarieren. Zum anderen performen sie die gemalte Szene noch einmal, indem sie förmlich über den Rahmen hinaus- und exzessiv in den Ausstellungsraum hineinragen. Dabei ziehen sie uns mit hinein in den Strudel der Karnevalsstimmung, die sie, gleich wie die unendliche Vielfalt der Kreaturen in *Bat Opera*, verkörpern.

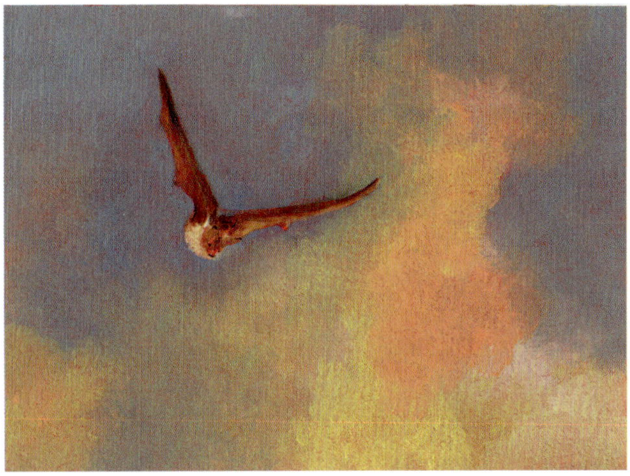

L

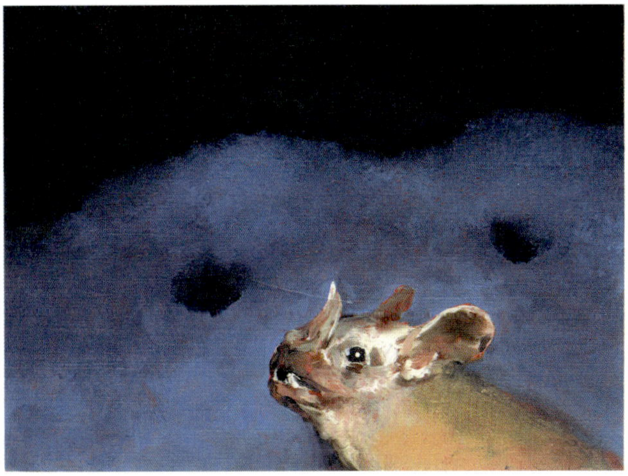

M

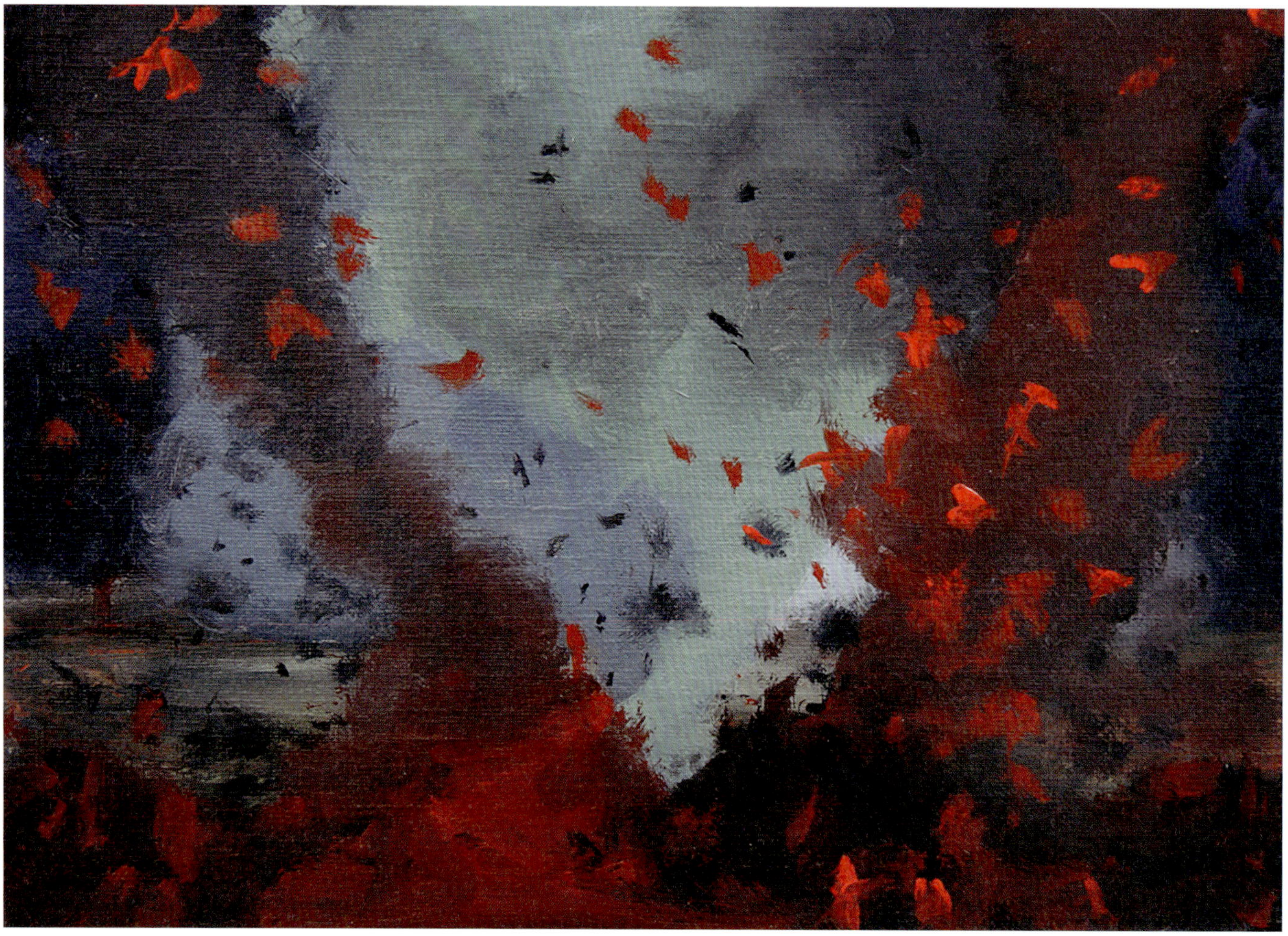

N

A CARNIVAL OF BATS AND LANTERN FLIES:

MONSTER CHETWYND'S SERIAL PAINTINGS

Elisabeth Bronfen

An opera in series

Bats have assumed such a unique position in our cultural image repertoire because they are creatures of marvellous movement. They belong to the taxonomic order Chiroptera, a combination of two Greek words *chiro* (hand) and *pteron* (wing). Owing to their membranous wings that extend between their fingers, connecting the forelimbs to the body and the hind limbs to the tail, they are capable of sustained flight, which is, to boot, faster and more agile than that of most birds. They are the only mammals that can fly, and yet, as the old-fashioned term "flittermouse" suggests, in connection with the fluttering of their wings, their pointed snout and long ears also recall rodents that scurry across the ground. The term is, however, misleading. Bats may look like rodents, but, due to their hand wings, they are, in fact, more closely linked to the orca (also called killer whale). While mice have a multitude of babies but live only a few years, bats can live up to seven years. They, in turn, usually have only three offsprings, but nurture them throughout their lifespan. They are, thus, not only astonishingly mobile but also conspicuously social. Though some lead solitary lives, most live in large colonies with their offsprings and when they swarm, they do so as a dense flock. If, when not flying, they hang upside down from their feet, this roosting also occurs in groups.

Although there are more than 1,300 species, they are traditionally divided into two classes. The Microchiroptera (or microbats) are mainly small, insect-eating mammals who use echolocation, or animal radar, even though some have fair vision. The Megachiroptera (or megabats) have excellent night vision and sense of smell. They can be quite big and are fruit and plant eaters, with faces resembling those of foxes. Regardless of this distinction, most bats are extremely vocal. They call out to attract mates, to find roosting partners, to defend their territory, or to avoid collisions while flying, and because the sounds they utter are typically at a low frequency, these travel long distances. Some bats even sing. Although their songs invariably follow a similar format, individual singers perform variations regarding the order and repetition of phrases as well as the number of syllables they intone.

Movement, vocality, and the interplay between the solitary figure and the group lie at the heart of Monster Chetwynd's *Bat Opera* – a series of framed paintings, all one size, which she has created over two decades. Placed within theatrical sets, her bats perform dramatic scenes in a myriad of configurations. The on-going narrative sustained by these oil paintings offers an idiosyncratic mix between the serious epic drama of opera buffa and the absurd comedy of opera seria. Fusing both tonalities and thus blurring the distinction between expressive tragedy and the carnivalesque, these serial paintings can be seen as playing off the typified song format associated with

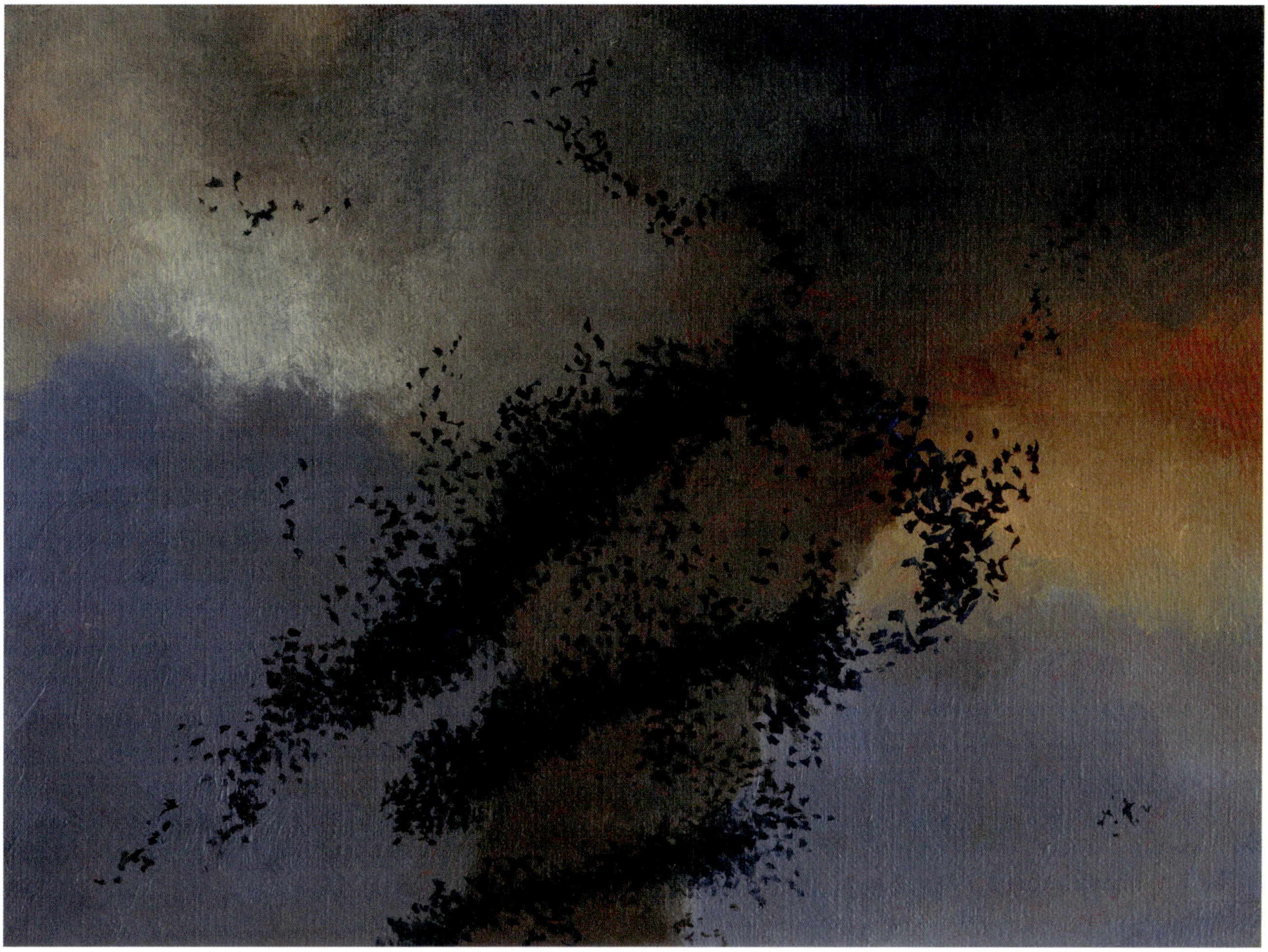

O

bats. They conjugate a wide range of variations on what I propose calling visual formulas of bat poses, and, in so doing, open an imaginary universe that is both rich and strange. Sometimes bats are depicted as individual protagonists, who partake in a spectacle that is unfolding around them or who are caught in solitary flight. At other times they are the ones who produce the visual drama which is captured on canvas by appearing as a consolidated multitude that expands across the open sky or covers a pastoral scene. In both cases, the presence of these players renders the world unfamiliar. While the rhythmic brush strokes applied to the canvas seem to imitate their agile flight, and while the dramatic gestures they assume in each vignette recall their typified song, the visual acuity some lack receives a counterpart in the vision these paintings inspire. *Bat Opera* compels us to look at the scenes it puts on display as though through a nocturnal gaze. Sharp contours are blurred, figures in motion are rendered as indistinct blots, and the structure of the canvas is drawn into focus, all of which undermines a realistic view.

There is, however, a further element of bat lore which Monster Chetwynd appropriates in her operatic paintings. She calls her bats "eco warriors" because these animals are, in fact, vital to their ecosystems. They not only look after the planet by pollinating flowers and dispersing seeds, they also consume insect pests and feed on mosquitos, thus reducing the need for pesticides and regulating the spread of diseases. Bats are, however, also the host for pathogens, so that, while, on the one hand, they are seen as protecting their environment, on the other hand, they can also become agents of the dis-

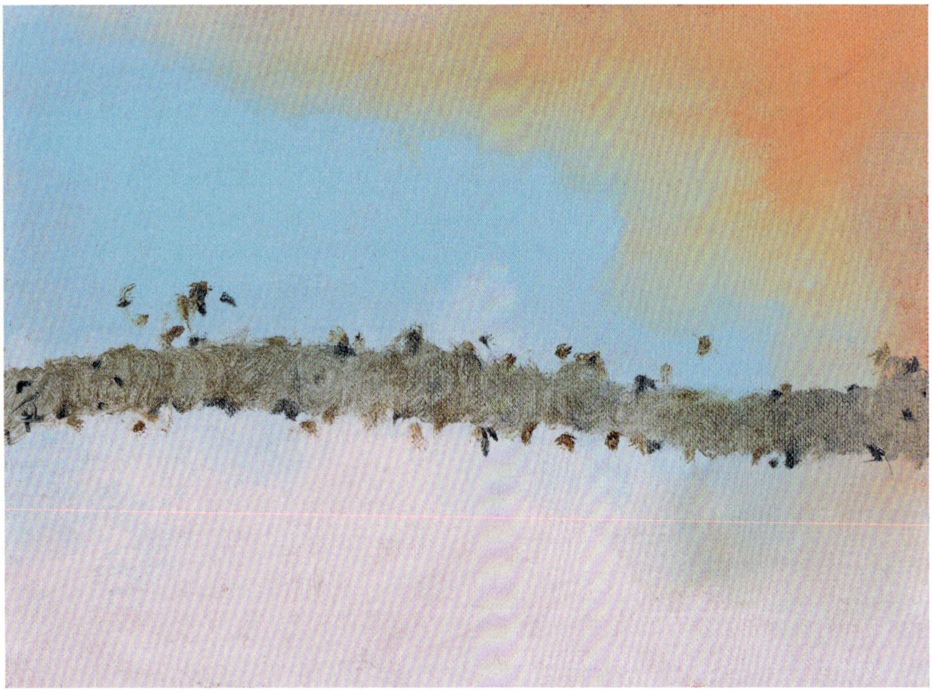

P

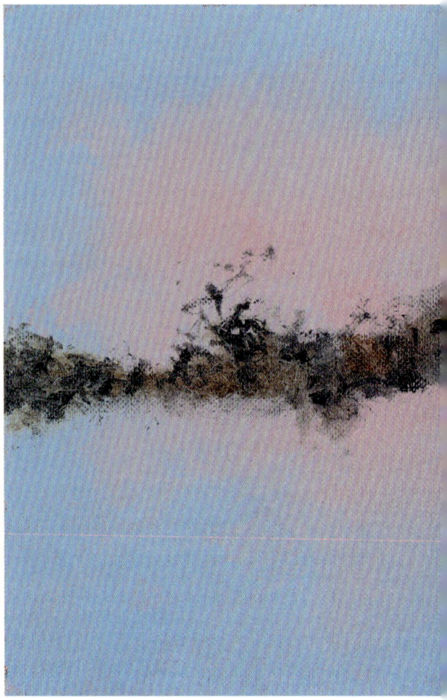

Q

semination of contagion. In our cultural imagination, bats are thus conceived as liminal creatures both because they are the only mammals that can fly, but also because they oscillate between being considered to have benign and malign effects. For this reason, while in some mythopoetic narratives they represent rebirth, long life, and peaceful death, in others they are treated as creatures of darkness, connected with magic, hallucinations, witchcraft, and decay. Gothic culture has been particularly interested in casting bats as the carriers of omens that blur the distinction between foul and fair. In William Shakespeare's *Macbeth*, the Weird Sisters toss the fur of bats into their cauldron. As a result, duplicitous hallucinations emerge, allowing the eponymous hero to envision the two-sided future in store for him. Bram Stoker's Count Dracula takes on the shape of a bat when, after sunset, he leaves his coffin to prey on humans who, once bitten, thirst after his bite. A fusion of foul and fair is also at play in the celebrated superhero of Bob Kane's *Detective Comics*. Batman seeks to protect Gotham City from the crime that has spread among the populace, yet he is himself a disseminator of violence and death. It is worth recalling that his parents were murdered outside a theatre, and in some versions of the story they had gone to see the famous operetta *Die Fledermaus* by Johann Strauss, also called *The Revenge of the Bat*.

Bat Opera stages this interplay between benefit and danger, with each of the paintings offering a particular articulation of the bat pose image formula. Returning to the importance of vocality for bat communication, I find it fruitful to conceive of these formulaic scenes as visual instances of chirping,

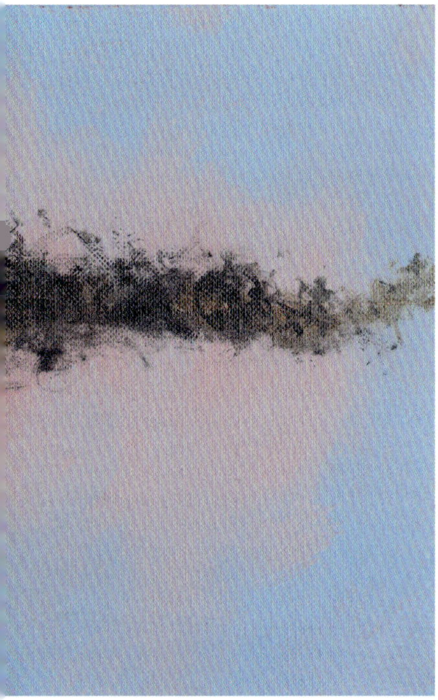

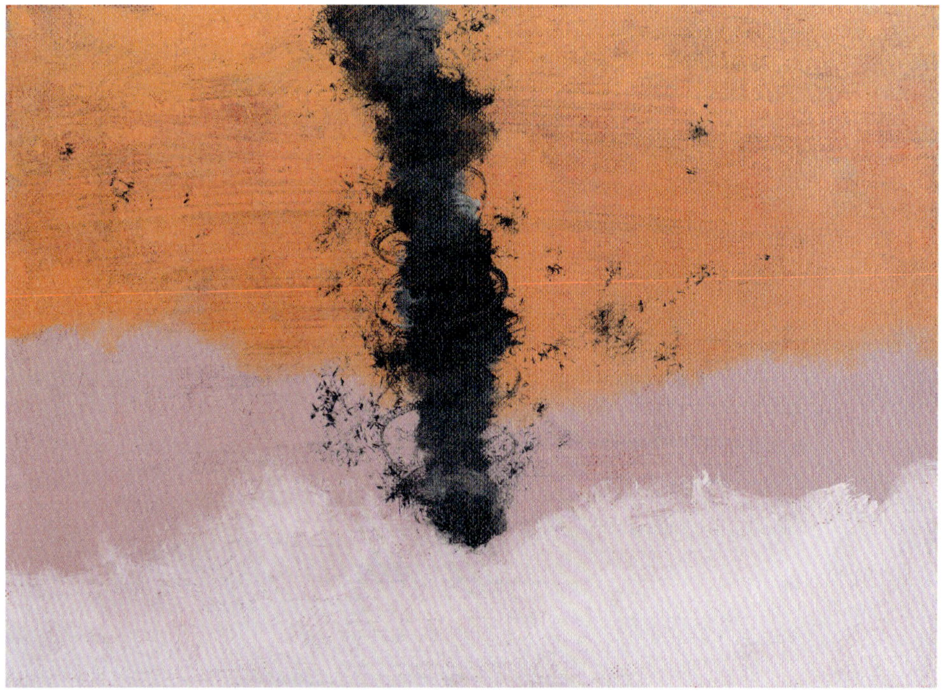

R

trilling, and buzzing in a pattern that is repeated over and again in variations. Almost always, the bats take centre stage. We see them in agile movement, in guarded anticipation, or quietly sleeping. Solitary bats, wings extended, gaze up at the sky, survey the ground, are poised to flutter or cast their gaze downward while in flight. Some assume the posture of protecting those who inhabit the houses they fly over; others adopt a more menacing attitude as they swoop through the air. Swarms roost on a bridge or on branches. Some bats, hanging upside down, spread their wings, as though these were a curtain, framing the buildings above which they are suspended. Others descend as a group on a strip of land or hover around a building. Or they come together in a striking formation in the sky. In a few paintings, the canvas is almost completely covered by dense, black paint, as though we were drawn into the heart of a swarm. In other paintings, additional players, such as frogs, are included, serving as the privileged observers of the unfolding drama. In yet another variation on the formula, an assemblage of tomatoes lies in the foreground (→ fig. A), while a swarm of bats, dispersed across a glowing sky at sunset, serves as the backdrop for this pastoral.

Creatures of infinite variety

While Monster Chetwynd's *Bat Opera* taps into the ambivalent quality gothic imagination attributes to these flying mammals, it consistently confronts the sinister with joyfulness and grace. Given the self-reflexivity of these paintings,

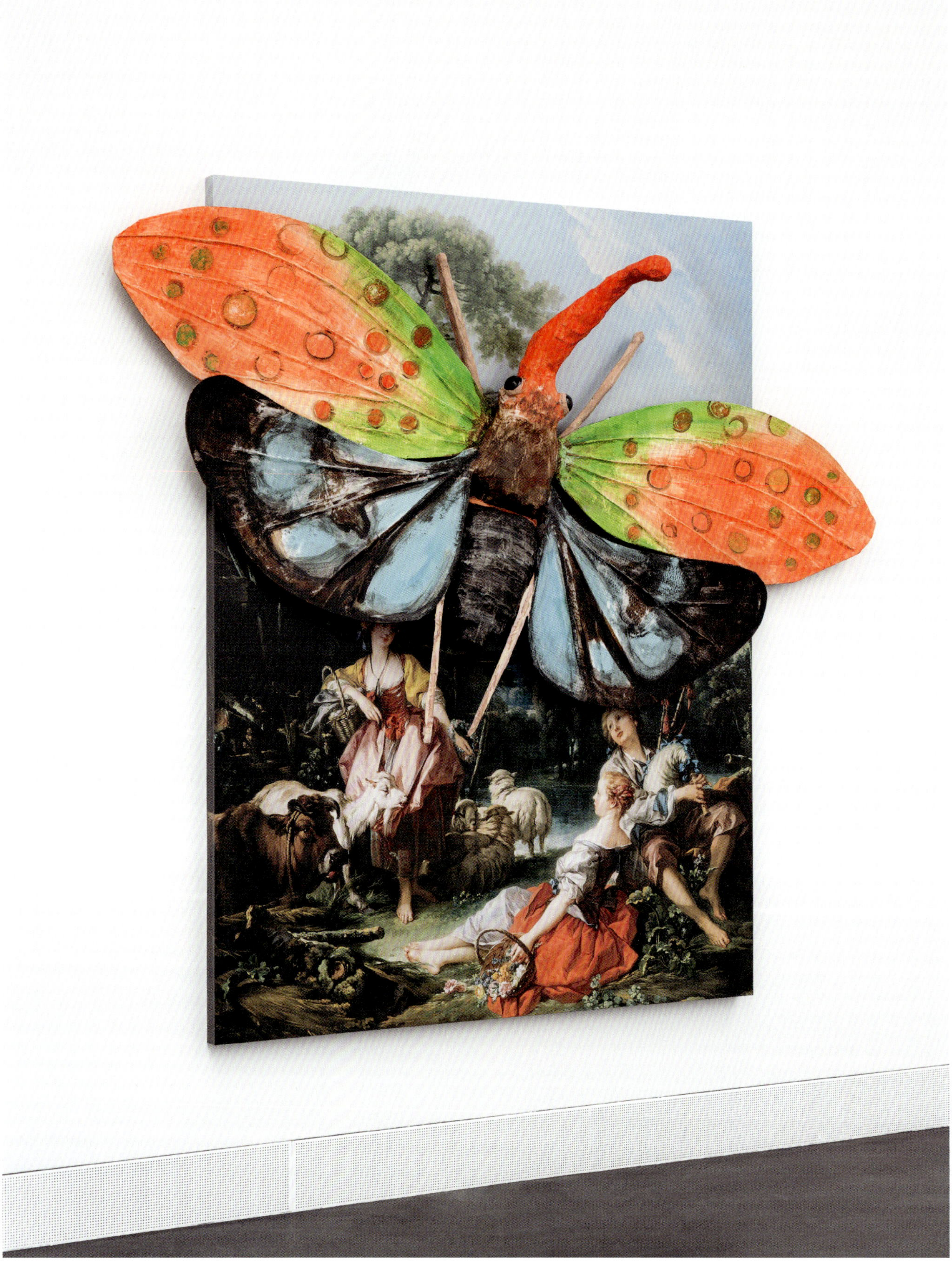

S

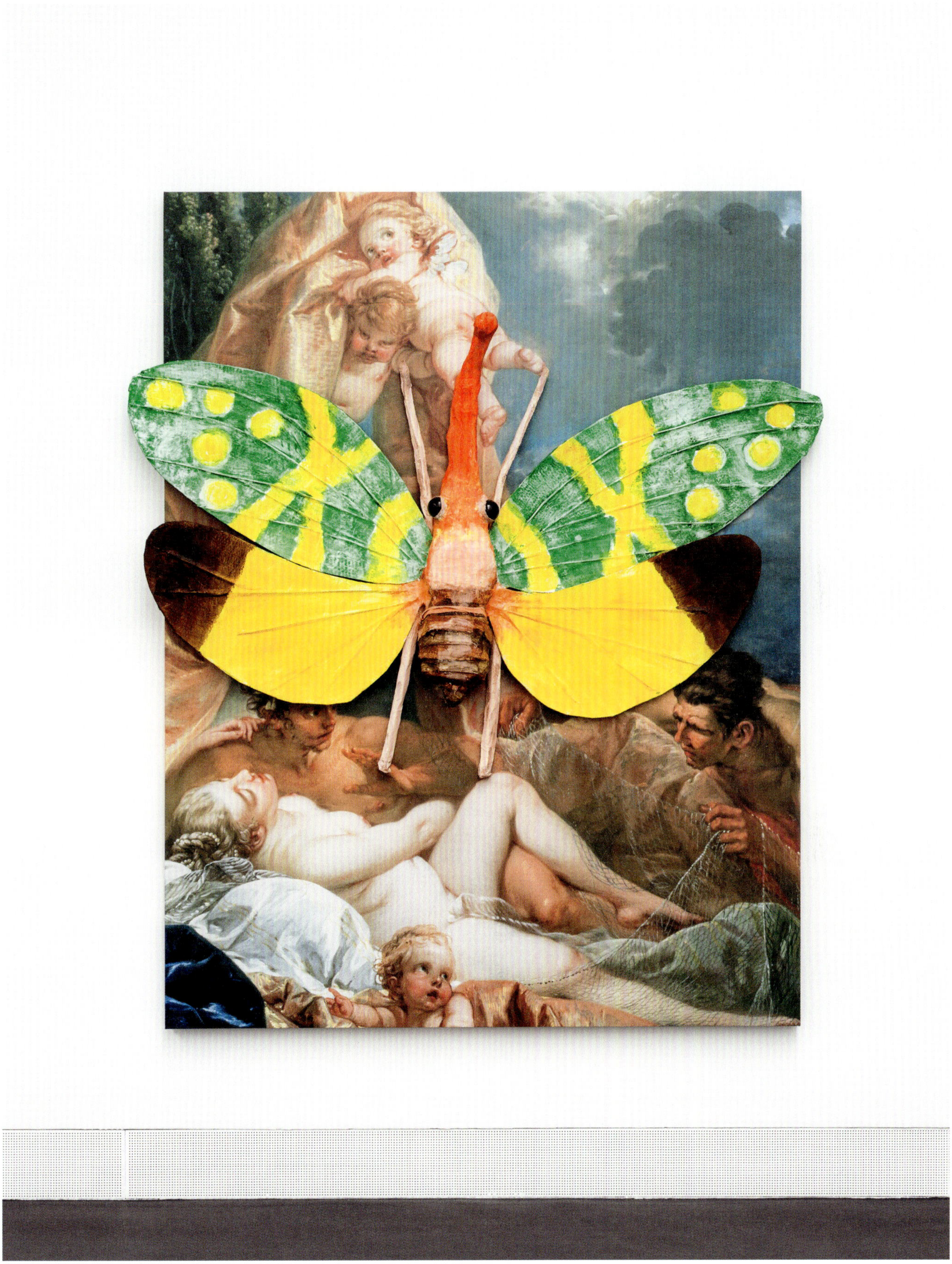

T

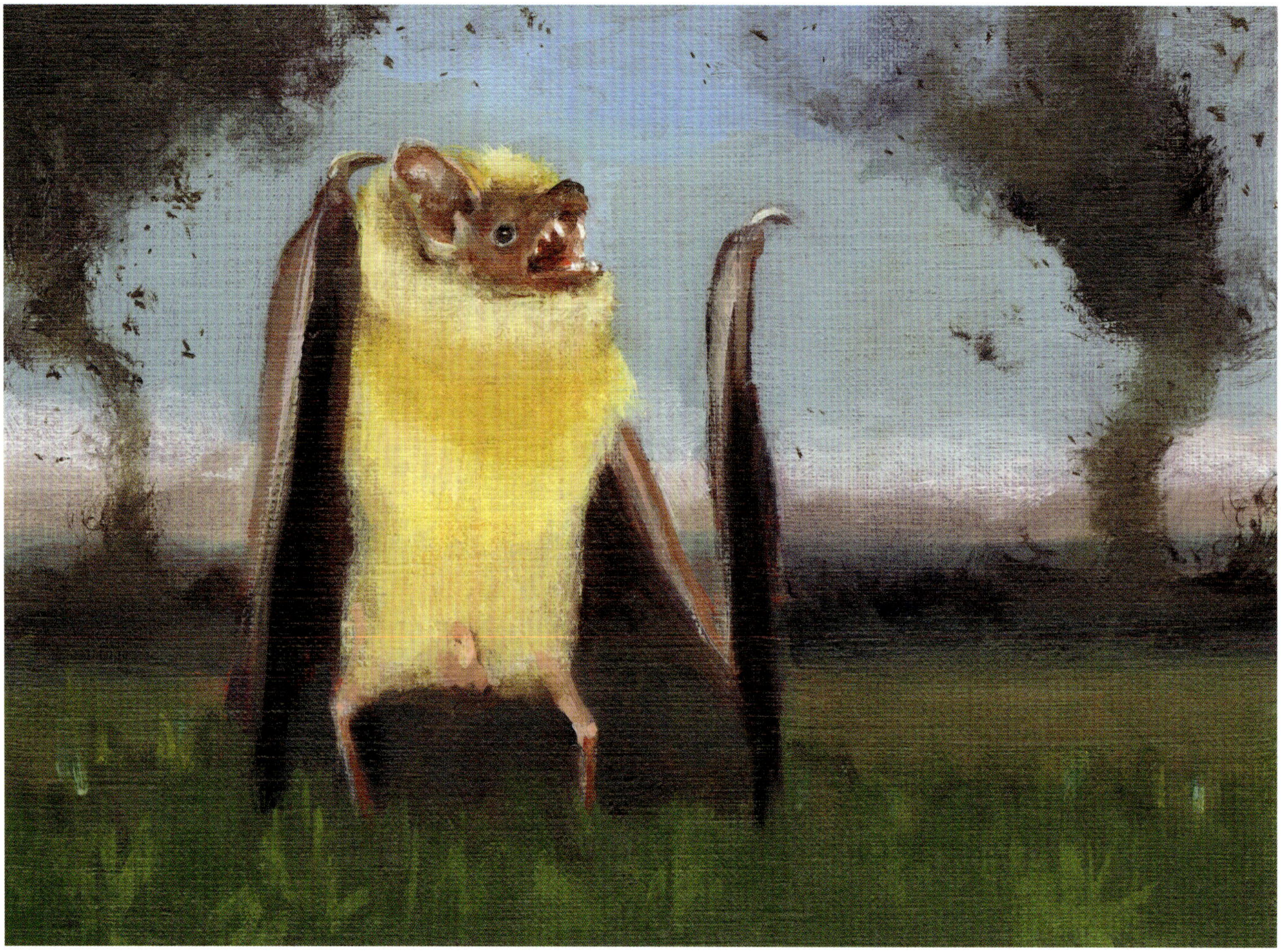

the mélange of epic drama and absurd comedy can, in fact, be seen as refiguring two sides of the Romantic visual style. Taken as a whole, the series of paintings gestures towards both the idyllic nocturnal landscapes of J. M. W. Turner and Caspar David Friedrich as well as the dramatised nightmares of Francisco Goya and Henry Fuseli. Furthermore, although the bats are protagonists in an operatic sequence of scenic vignettes in which they perform formulaic poses, many of them assume quite individualistic features. In → figs. B and → C, the blue sky evokes an idyllic scene. An adorable bat with extended wings is playfully suspended in the air, as though in dialogue with the moth that is equally poised in its flight. To illustrate that the blue sky they share as their stage is experienced differently owing to their respective size, a fluffy dot floats to the bottom right of the bat. The moth, in turn, soars above a cloud formation that covers the entire bottom of the painting. A different mood reigns in → fig. D. The bat, standing on the ground, its wings suspended, seems to be on the alert, as though responding to a call outside the frame. More menacing is the one hanging from its feet in → fig. E. The one dark beady eye that looks out at us suggests mischief. In another painting, the solitary bat, whose face is turned away from a swarm in the background, is positively threatening, its teeth bared, as though it were going to attack (→ fig. F). Captured in flight, the bats are equally varied. The fluffy solitary creature in → fig. G is intently focused, as though it were on a reconnaissance mission. In → fig. H, the flying bat seems to perform a dance pose, while the swarm to the right serves as the chorus line, visually echoing the elegant line of the solo-

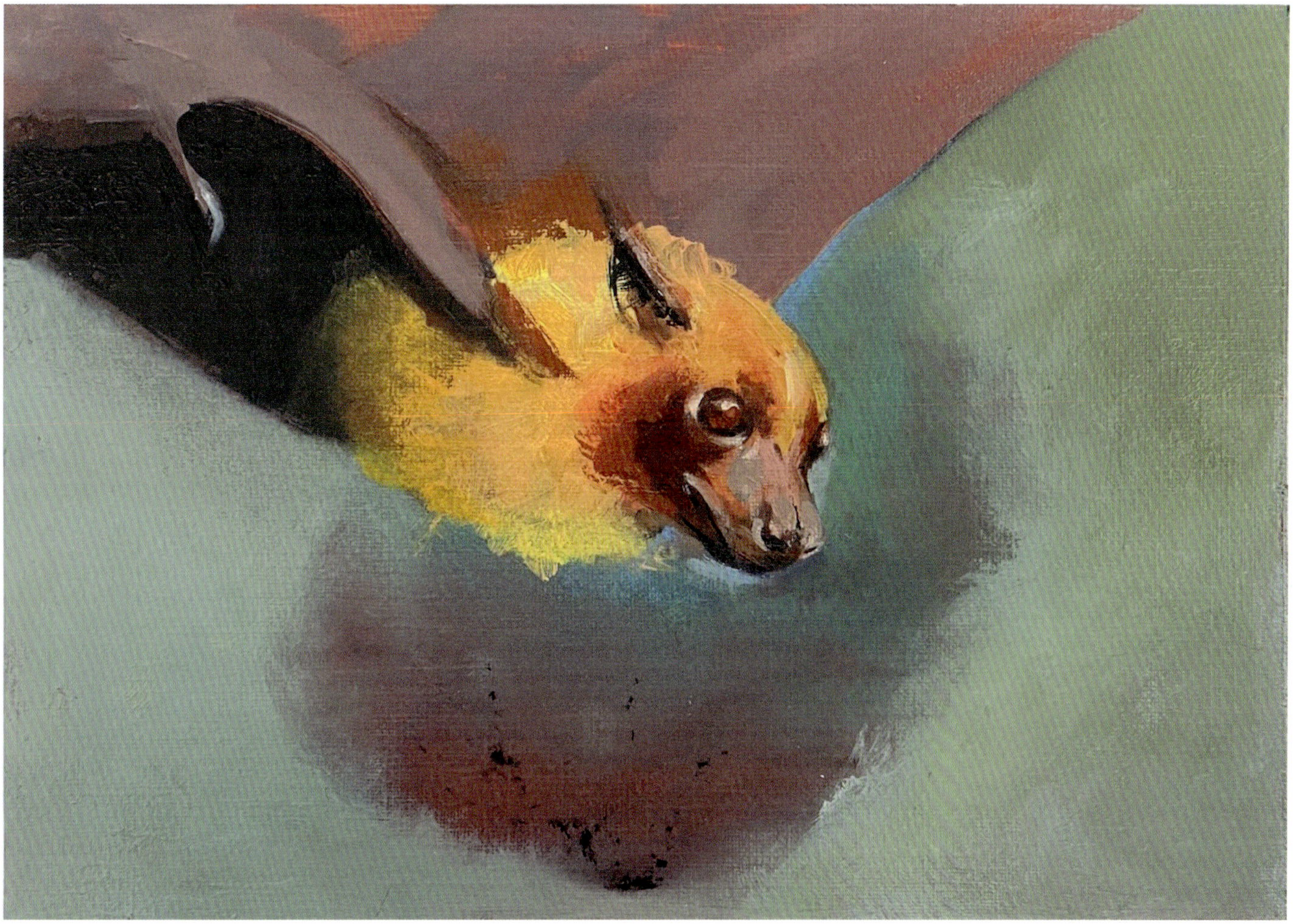

ist's upwardly pointed wings. The diptych (→ figs. I), in turn, offers two sides of a scene. In its proud flight, the bat, whose pointed nose signifies dignity, has detached itself from the thin swarm trailing behind it on the left side of the painting. It is flying towards a much denser swarm, grandly rising from a dark grey cloud formation. In → fig. J, the nocturnal flyer is less distinctly portrayed. Drawn into focus instead is the bat's majestic movement, as, emerging in front of the nocturnal cloud formation, it casts white sparks. We can't help but attribute human characteristics to these eco warriors, yet this also means that, with the help of our imagination, we seem to move around in their skin.

These paintings are extravagantly dramatic not least of all because the colours evoke intense emotions. The hue of the cloud formations which share the dramatic stage with the bats ranges from light yellow through various shades of vibrant red to dense brown tones. In → fig. K, a dark swarm is shown flying about an indistinct group of shapes, painted in broad splashes of vibrantly coloured brushstrokes. As though this were a witches' sabbath, the black figures swirl grandiosely in front of a whirling vortex of pink-tinged smoke. It is as though the multi-coloured shapes at the bottom of the painting were ignited by the vehement energy of those flying above them. Yet, if a histrionic tone is key throughout *Bat Opera*, so, too, is the rhythmic quality of the theatrical scenes. The visual tension between the individual figures – the solitary flyers, the figures looking up at the sky, and the swarms moving as a crowd – is as meticulously orchestrated as the contrast between these

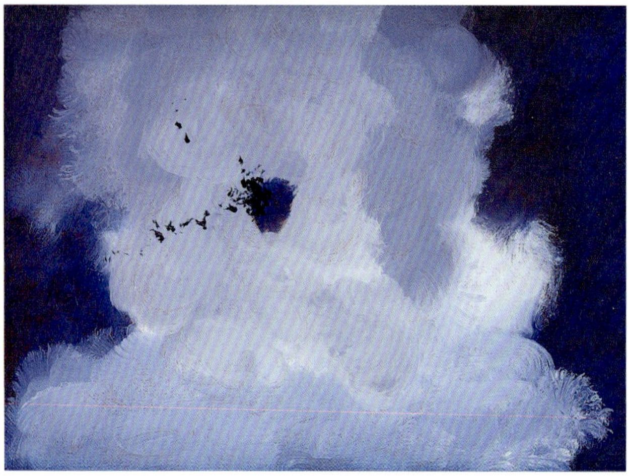

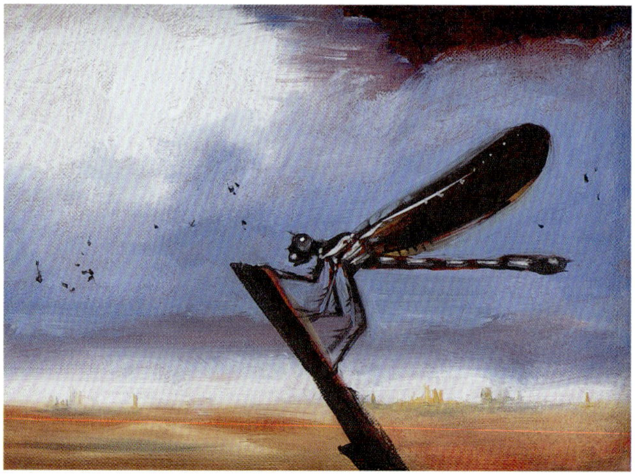

protagonists and the background, be it clouds, open sky, or architectural structures on the ground. At the same time, the visual rhythm within each of the paintings is reiterated in the serial arrangement that assembles them into one operatic piece.

While Monster Chetwynd makes use of the traditional division between foreground, middle, and background, the perspective she persistently brings into play troubles our visual expectations. Even if anthropomorphism is invariably at work, we partake in these dramatic scenes from the perspective of the bats, in what one might see as a shamanic move into an altered state. Rather than being treated as subsidiary creatures, who are either beneficial or harmful to humans, they are the focalisers of the scenes. The diptych (→ fig. L) places the view of a spectacular cloud formation in orange and yellow next to a view in which the clouds serve as the background for a bat, its wings extended, who is flying towards us. The colour of its body matches that of the sky. Our imaginative capacity allows us to experience its immersion in the air as though we were up there with it. In another diptych (→ fig. M), an apprehensive bat looks up at a nocturnal sky, covered by a cloud that has two dark holes, themselves resembling eyes. The corresponding painting zooms into the sky, drawing the dark spots that seep through the clouds into focus. We are inspired to experience this nocturnal scene through a gaze which, because it lacks visual acuity, is instead enhanced by a keen atmospheric perception.

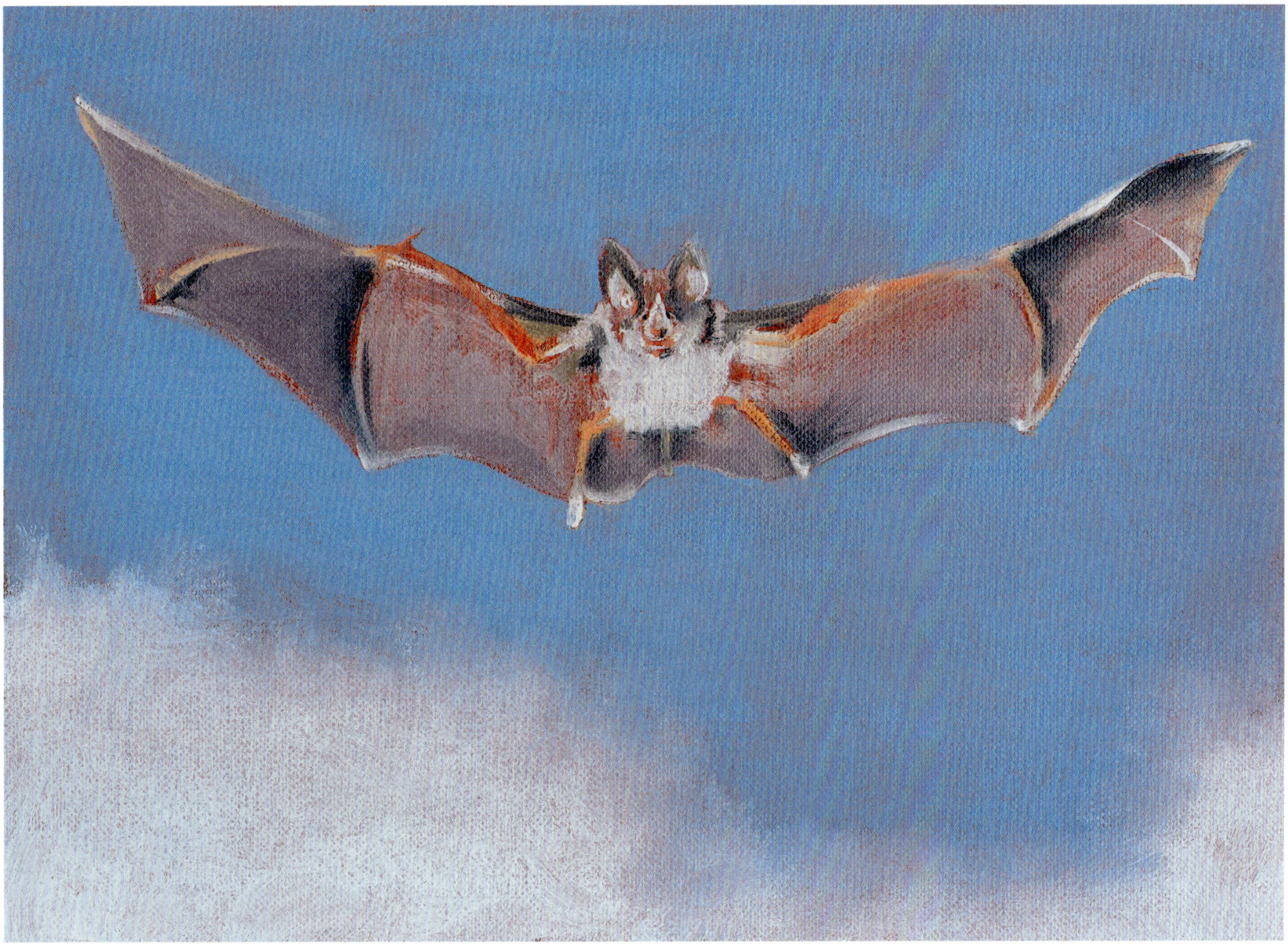

Precisely because the perspective captured in these paintings isn't human, they engage a particular aspect of the carnivalesque. As Mikhail Bakhtin (1895–1975) has argued, because these festivities only last for a limited period, they are allowed to break up hierarchies.[1] In so doing, they release us from the constraints of ordinary behaviour. They bring with them a sense of liberation from the everyday and celebrate a topsy-turvy world. If we recall that this is what their surroundings look like to bats while they rest, one might surmise that even if the scenes in *Bat Opera* are not literally painted upside down, the altered vision they encapsulate resonates with wit and humour, as Monster Chetwynd transforms the ordinary bat into a playfully dramatic eco warrior. With its emphasis on ironic distance, the operatic quality of each of the scenes captures a plethora of moods. Whether the bats are funny, weird, endearing, sinister, auspicious, or sublime, they are strangely transformed, and, as such, present a disruptive reflection on the pastoral. Furthermore, if, as *dramatis personae* in a serial opera, they are positioned in a liminal zone between the human and the non-human, they also straddle the realistic images on which they are modelled and the transformation into figures of fantasy which they have undergone.

Bat Opera, however, not only consistently depicts scenes from a perspective that undermines the dominance of the human eye, many of the paintings in the series also draw a topsy-turvy world into view through the sheer unbridled energy of Monster Chetwynd's bold colour palette on the canvas. Along with the powerful shift in perspective that her carnival of bats puts on

1 Mikhail Bakhtin, *Rabelais and His World*, trans. Hélène Iswolsky (Bloomington: Indiana University Press, 1984).

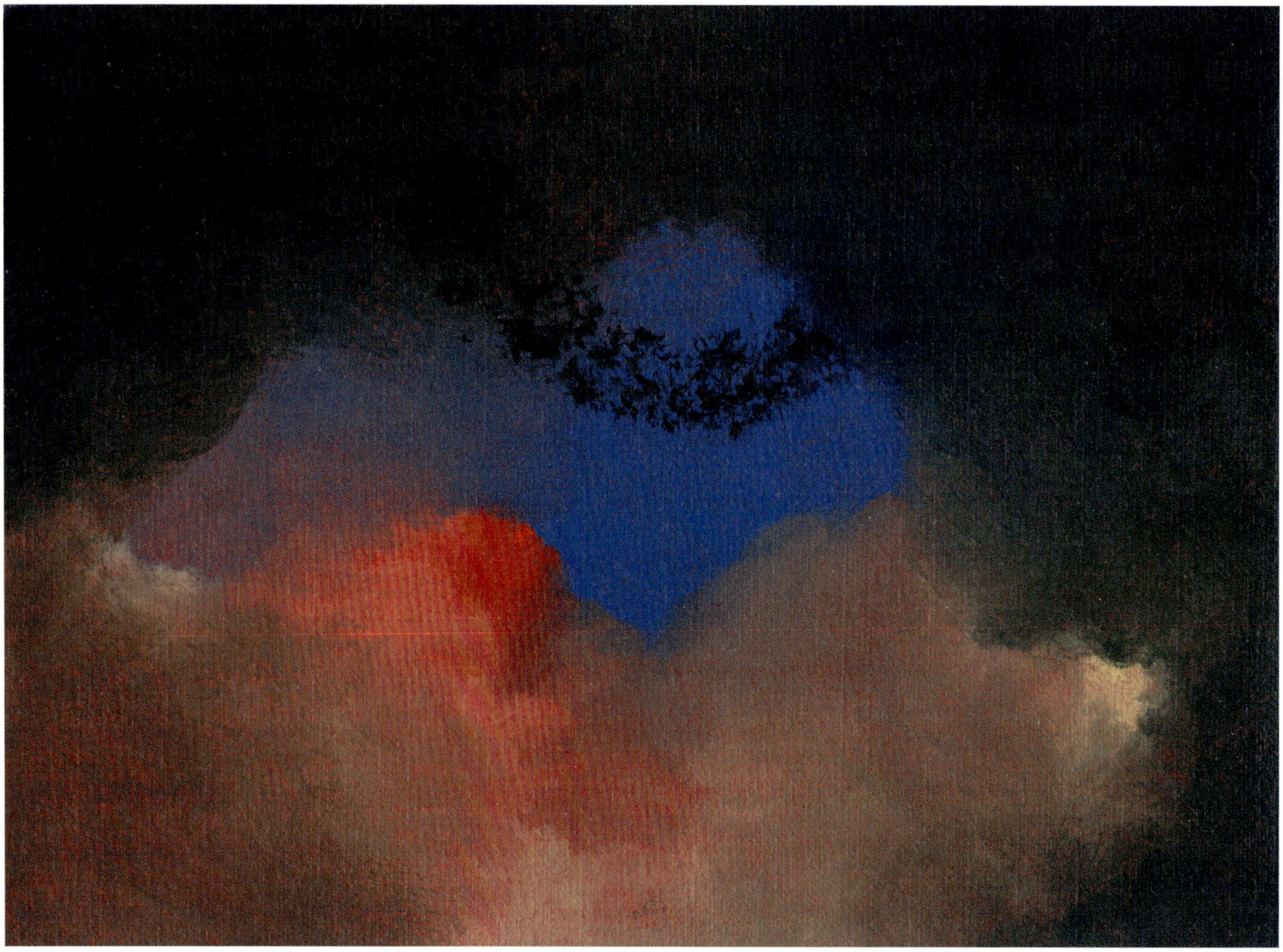

display, the paint performs a further decentring of our ordinary sense of orientation: we are meant to engage with the dramatic scenes from the perspective of flying mammals. Taking it even further, in some of the most powerful paintings, the bat swarms oscillate between figurative painting and abstract expressionism. In → fig. N, a flurry of black or red brushstrokes emulates the rapid flight of bats even while their shapes transform into the pure materiality of paint on canvas. In → fig. O, placed on top of a cloud formation, the distinct black colouring of the swarm transforms the crowd into skywriting. In a series of paintings (→ figs. P–R), the contours of the flying multitude blur with the painted background, enriching the move into abstraction. In each, the elongated swarm is placed in front of a bright sky, decorated with clouds in shades of pink and orange. The texture of the canvas pushes through the dark horizontal line. The bats are enmeshed with the sky that seems to absorb them while also serving as their stage set. Before our eyes they transform into pure dots of black. The airy brushstrokes that make up the backdrop draw out the swirling movement of the swarm, even while they celebrate the intense energy of pure painting.

A fifth act

The *Lantern Fly* series offers another spin on the ironic distance to ordinary vision which Monster Chetwynd consistently explores in her paintings (→ figs. S and T). As the artist explains, "the lantern fly is a bizarre mistake by science,

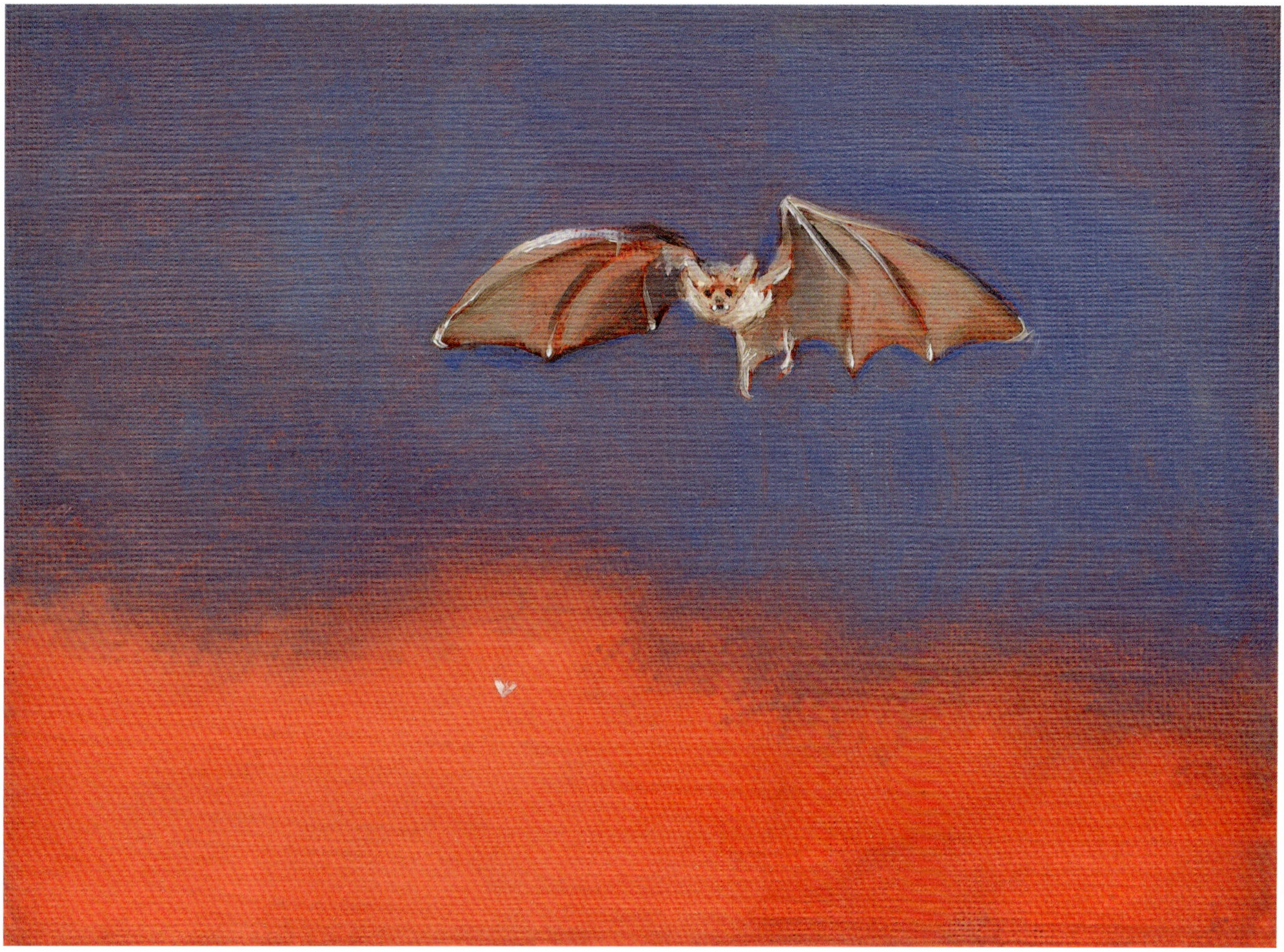

as the name implies it can fly and gives out light – it doesn't – it is a bug, a leafhopper. The firefly can fly and give out light."[2] The reason that she makes lantern flies out of papier-mâché and fabric rather than paint one in flight, is because that would be inaccurate, since they can't fly. Instead, her over-sized multi-coloured lantern flies are superimposed on bucolic scenes, painted by François Boucher (1703–1770). The legs of the insects penetrate the female figures, who would otherwise be the focal point of these images. My intuition is to read this playful intervention in the visual language of classic figurative painting as a comment on the reduction of the feminine body to an object of sight so prevalent in our cultural image repertoire. However, given that the monstrous lantern flies limit our view of the paintings, they also stage a competing visual economy. We are confronted with a double vision, compelled to look with parted eyes. Our gaze oscillates between the copy of a Boucher painting and the carnivalesque creatures irreverently mounted on top of it. The protruding eyes of the lantern flies, not the exposed feminine body, draw our attention. The paintings are thus overwritten by a different medium, namely that of three-dimensional sculpture, while the human-centred vision celebrated by classical painting is troubled. As in *Bat Opera*, the bucolic scenes that these paintings refigure are part of a carnivalesque performance gesture. Key to the effectiveness of the assemblage is that the lantern fly has to match the painting it also screens. There is nothing random about the assemblage. Instead, controlling it is a visual necessity, predicated on a vital contradiction. The lantern flies, which have been added to the reproduc-

2 The artist in an email exchange with the author, 24 December 2024.

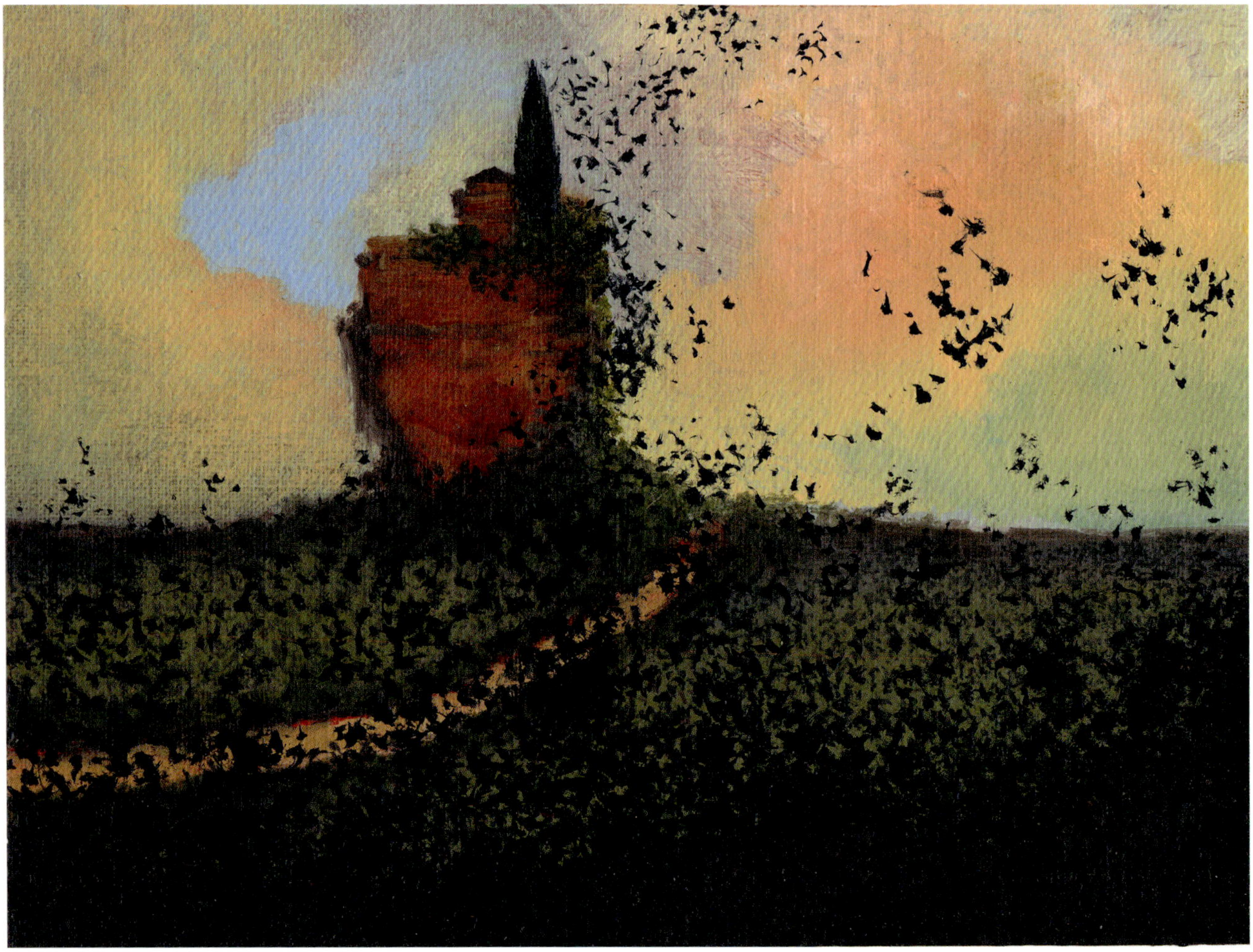

tion of a conventional painting, are included in a setting that, because it involves a mélange of media, also excludes them. They break the distinction between belonging and visual dislocation. They sit uncomfortably and yet persistently on a surface that both is and isn't their normal habitat.

The disturbance at work in this process of aesthetic assemblage can be brought into conversation with the interconnectedness between human and non-human perspectives, which Donna Haraway has recently proposed. In *Staying with the Trouble*, she argues that, given the damaged planet we are inhabiting, there is an urgency to rethink the stories we tell ourselves so as neither to look away from the imminent danger caused by climate change nor to reduce it to an abstract narrative of inevitable destruction.[3] Instead, we should acknowledge that precarity characterises the coexistence of all earthly creatures within our current environmental disturbance. This recognition, in turn, calls for a different notion of cohabitation, namely one of collaborative survival. For Haraway, living responsibly means cultivating the ability to respond. It entails cultivating a "response-ability" that playfully draws into focus what she calls "natural-cultural assemblages" to celebrate, rather than deny, our human entanglement with other earthbound creatures.

Much as Monster Chetwynd juxtaposes classical paintings with her carnivalesque lantern flies, the speculative fictions Haraway proposes about our cohabitation on Earth overwrite anthropocentric narratives, which declare the human perspective to be the sole valid one. By thinking in terms of assemblages, both simultaneously draw different perspectives into focus. While

3 Donna J. Haraway, *Staying with the Trouble: Making Kin in the Chthulucene* (Durham / London: Duke University Press, 2016).

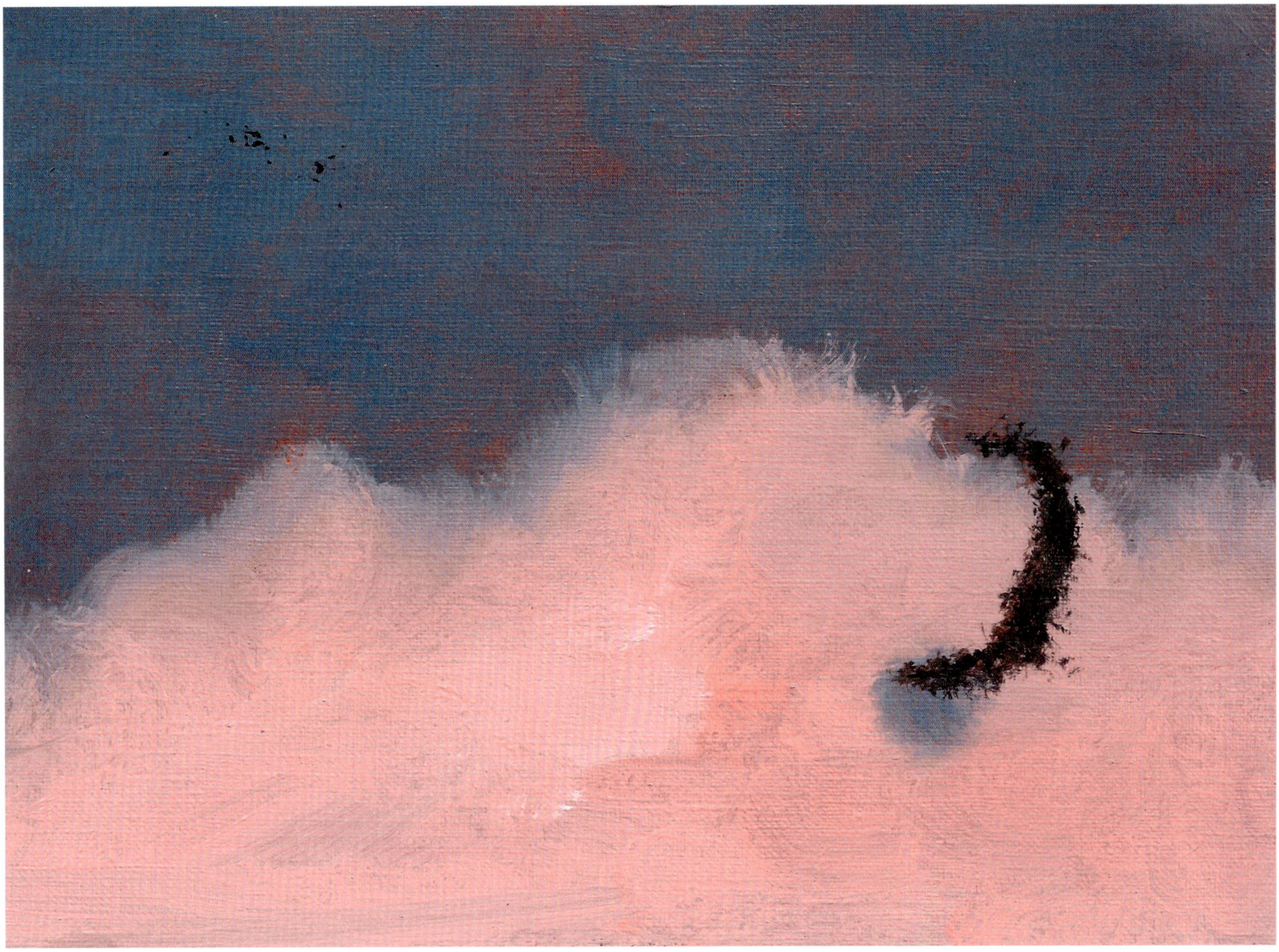

Haraway calls for the inclusion of all that is outside and beyond human-based narratives, so as to tell stories that are more sustainable in a world in which we are entwined with non-human creatures of all kinds, Monster Chetwynd offers up her own speculative story of entanglement between her creatures and the traditional image repertoire from which she borrows, but which she also reshapes. Her *Lantern Fly* series imagines cohabitation in art-historical terms. The creatures she has sculpted rest on the image she has appropriated but also exceed its limited field of vision. As in *Bat Opera*, key to these mixed-media paintings is the humour and wit at work when she both invokes and distorts Boucher's artworks. Her lantern flies, too, are humanised, but the effect of this anthropomorphic gesture is to render the human shapes that serve as their backdrop strange. Her ironic gesture produces distance to the original work and proximity to the carnivalesque addition that refigures it. We see both the painting and her idiosyncratic reworking of it. In these assemblages, ironic performance is at issue in both senses of the word. The assemblage is comparable to a performative speech act, where the utterance is taken to be an action. The paintings produce the cohabitation of the lantern fly and the pre-existing image, which they declare to have taken possession of. At the same time, they perform the painted scene again by literally moving beyond the frame, by protruding excessively into the exhibition space. In so doing, they draw us into the vortex of the carnival spirit which, like the infinite variety of creatures in the *Bat Opera*, they also embody.

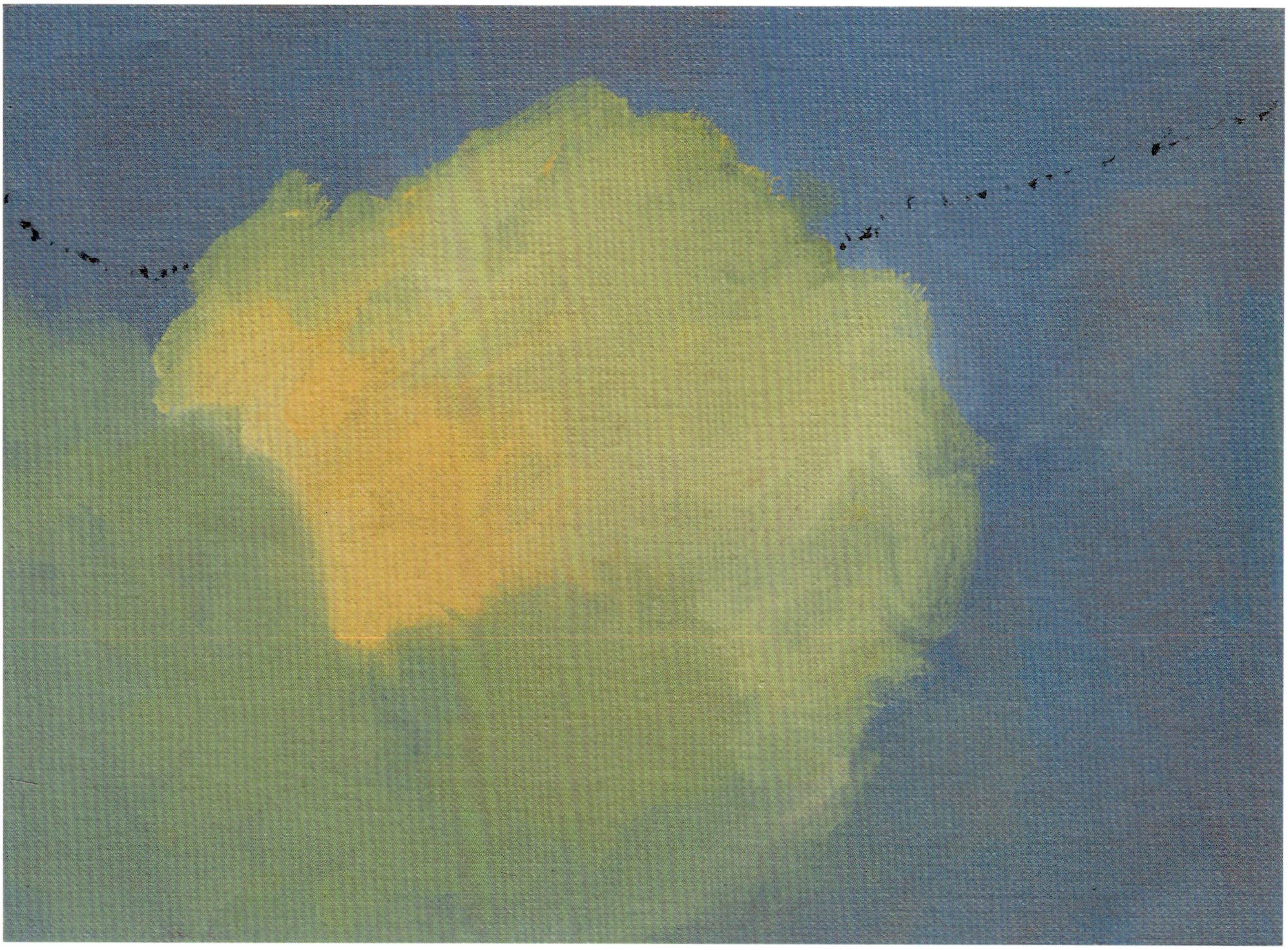

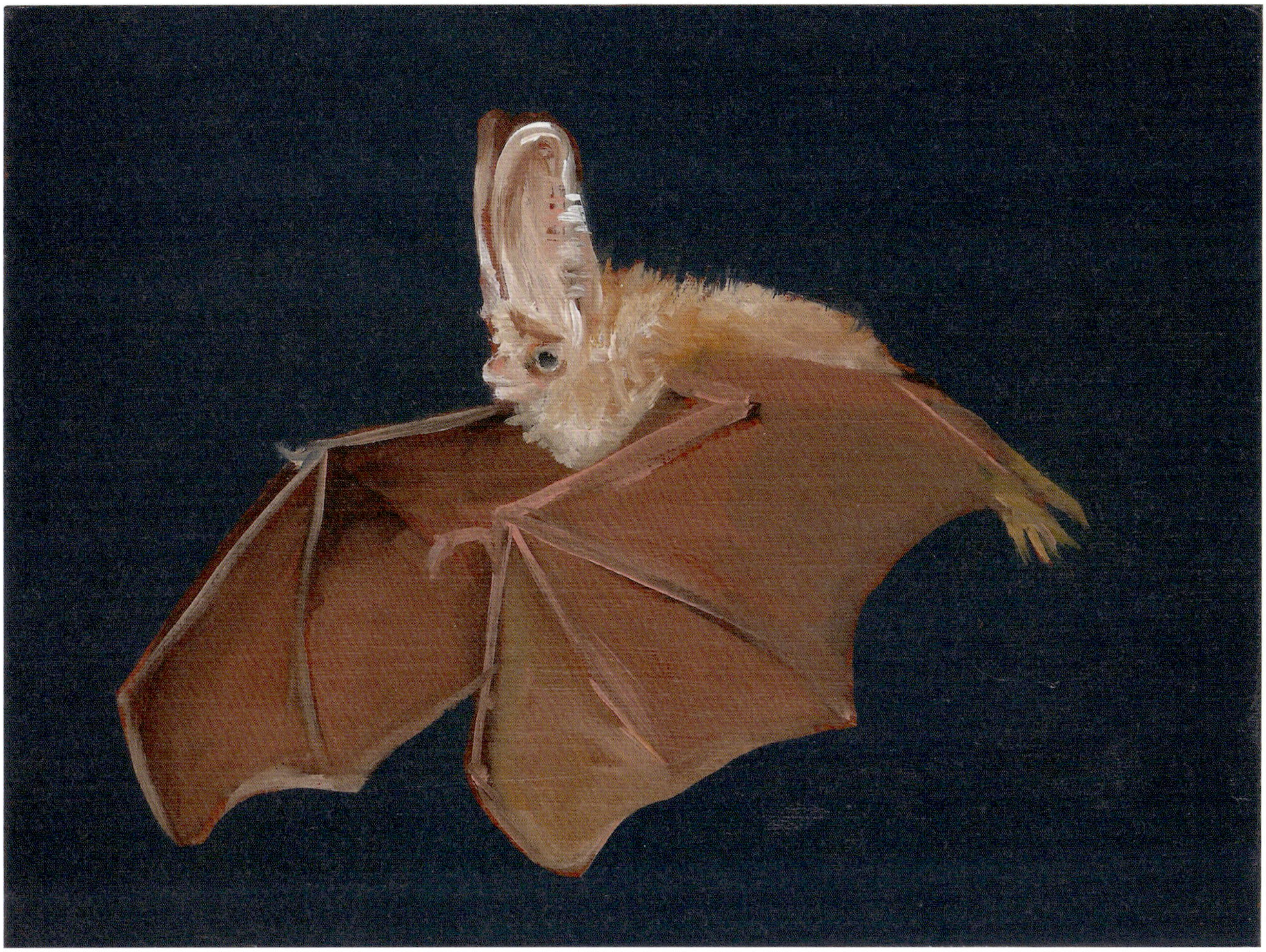

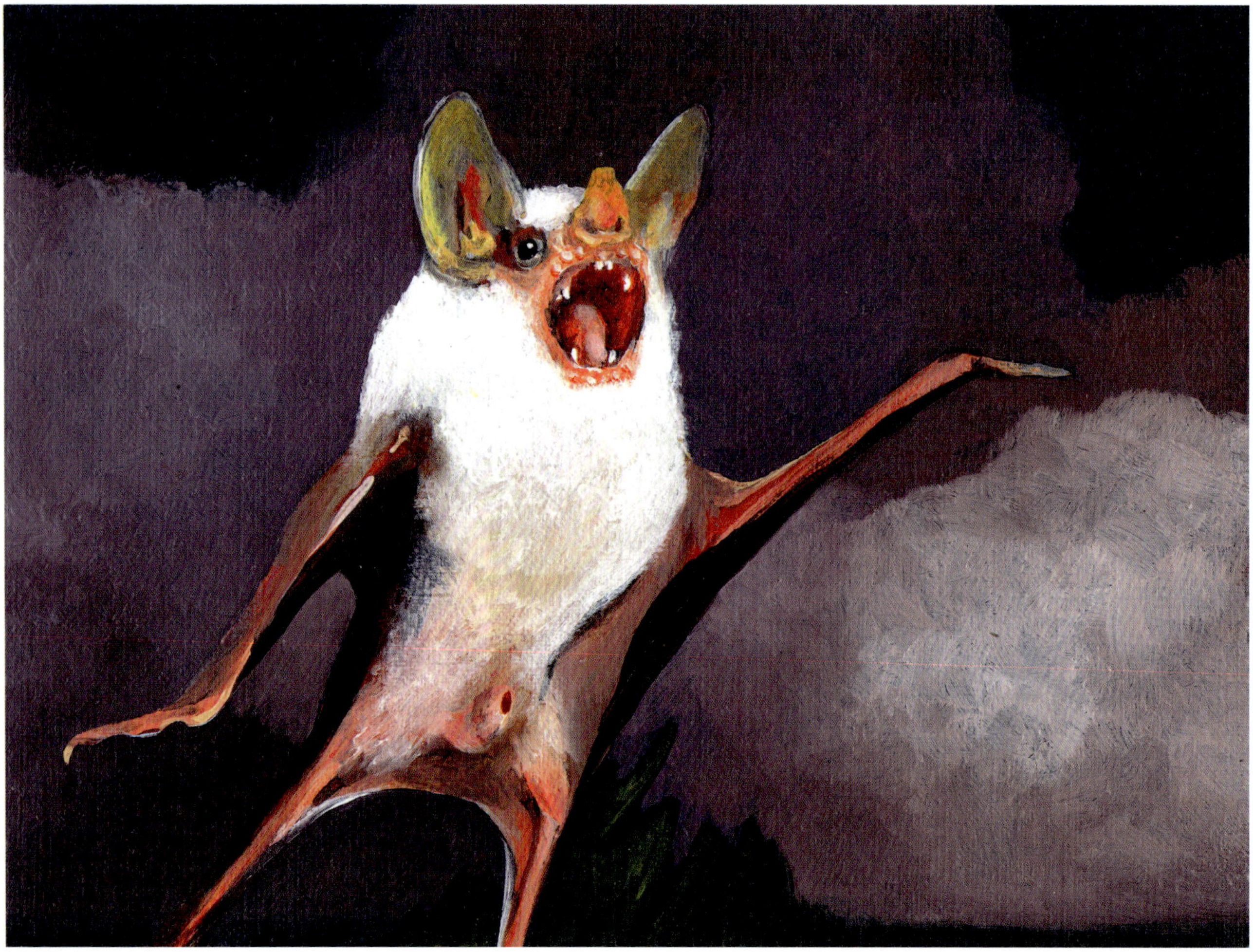

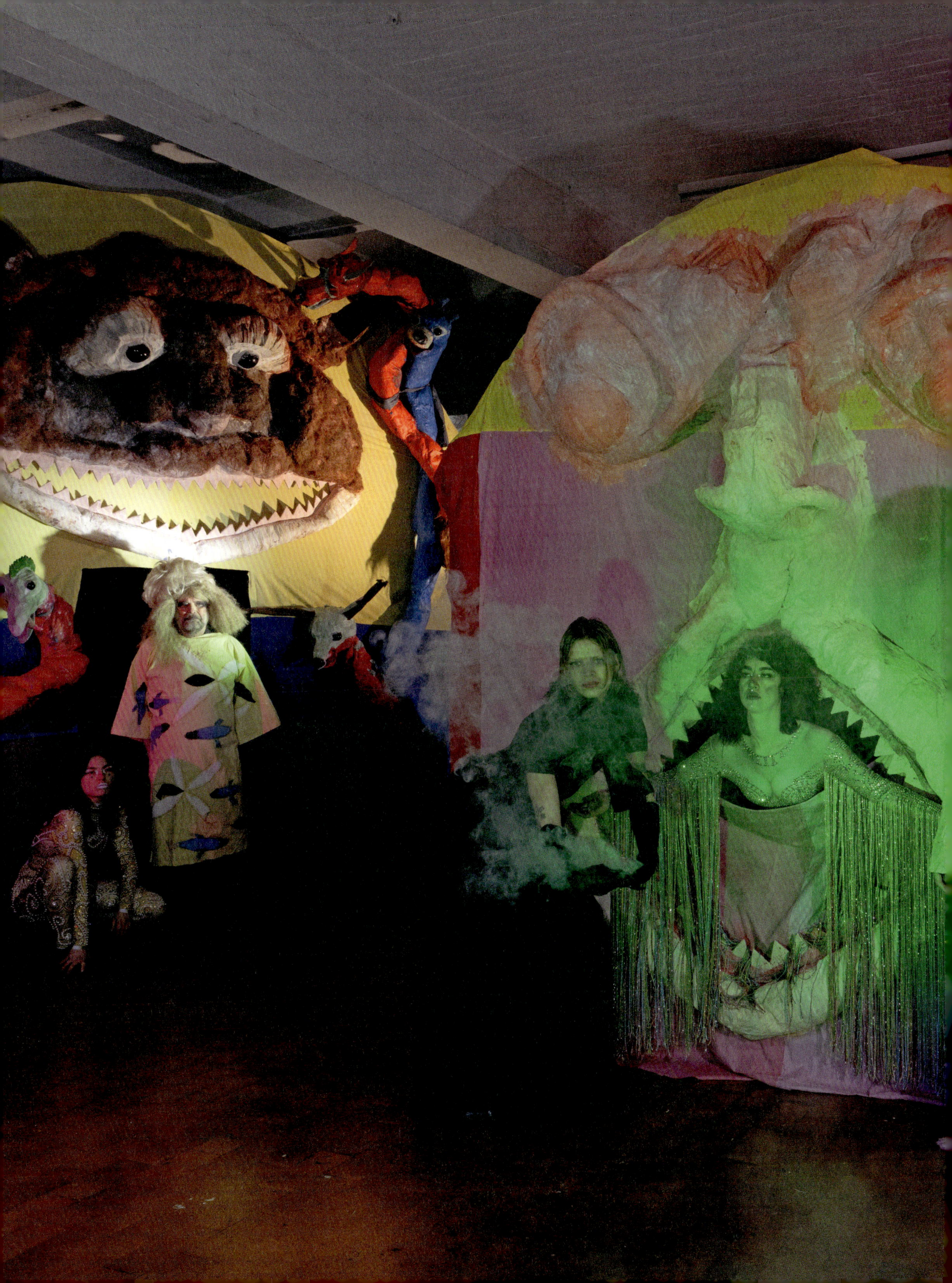

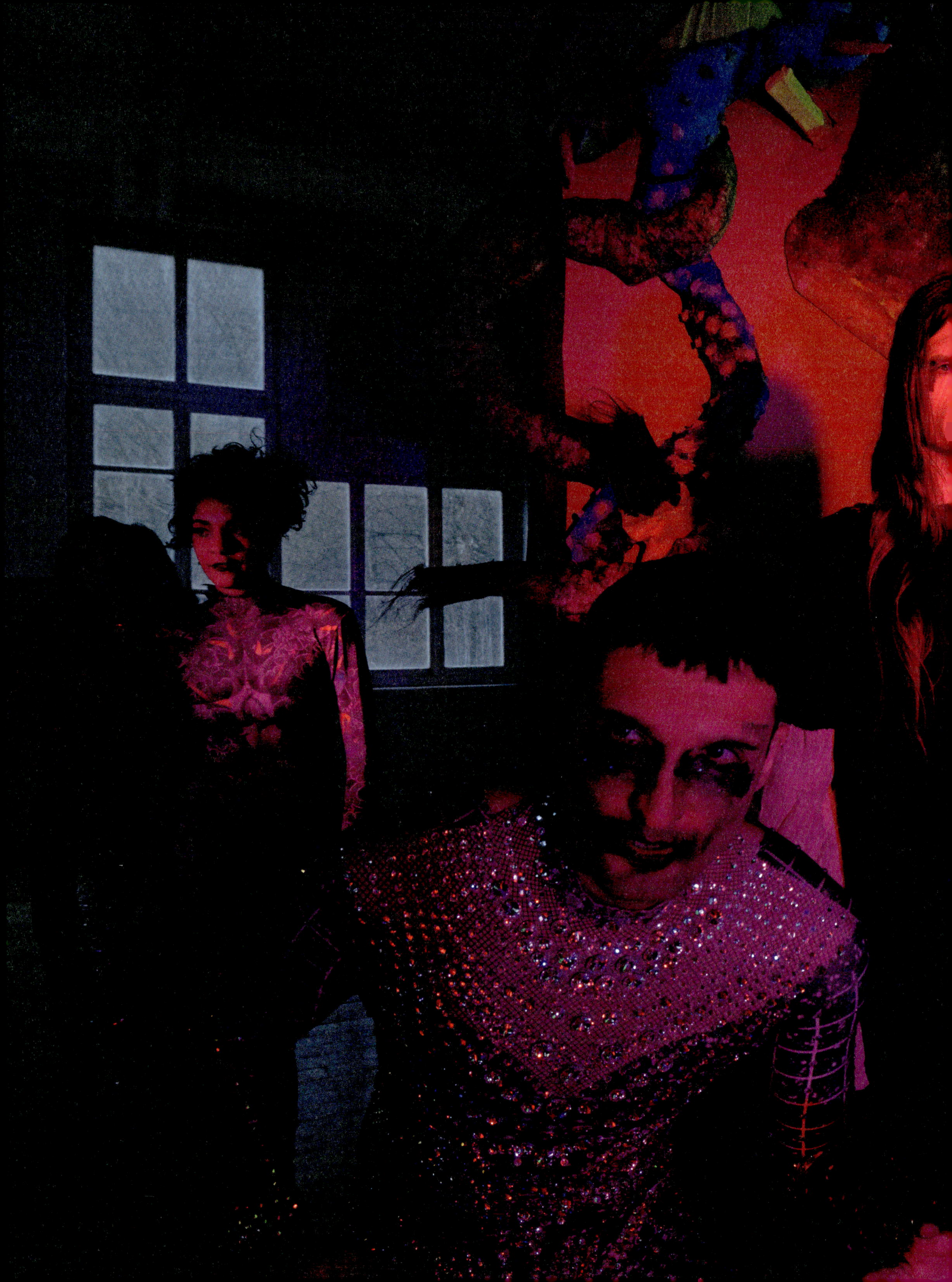

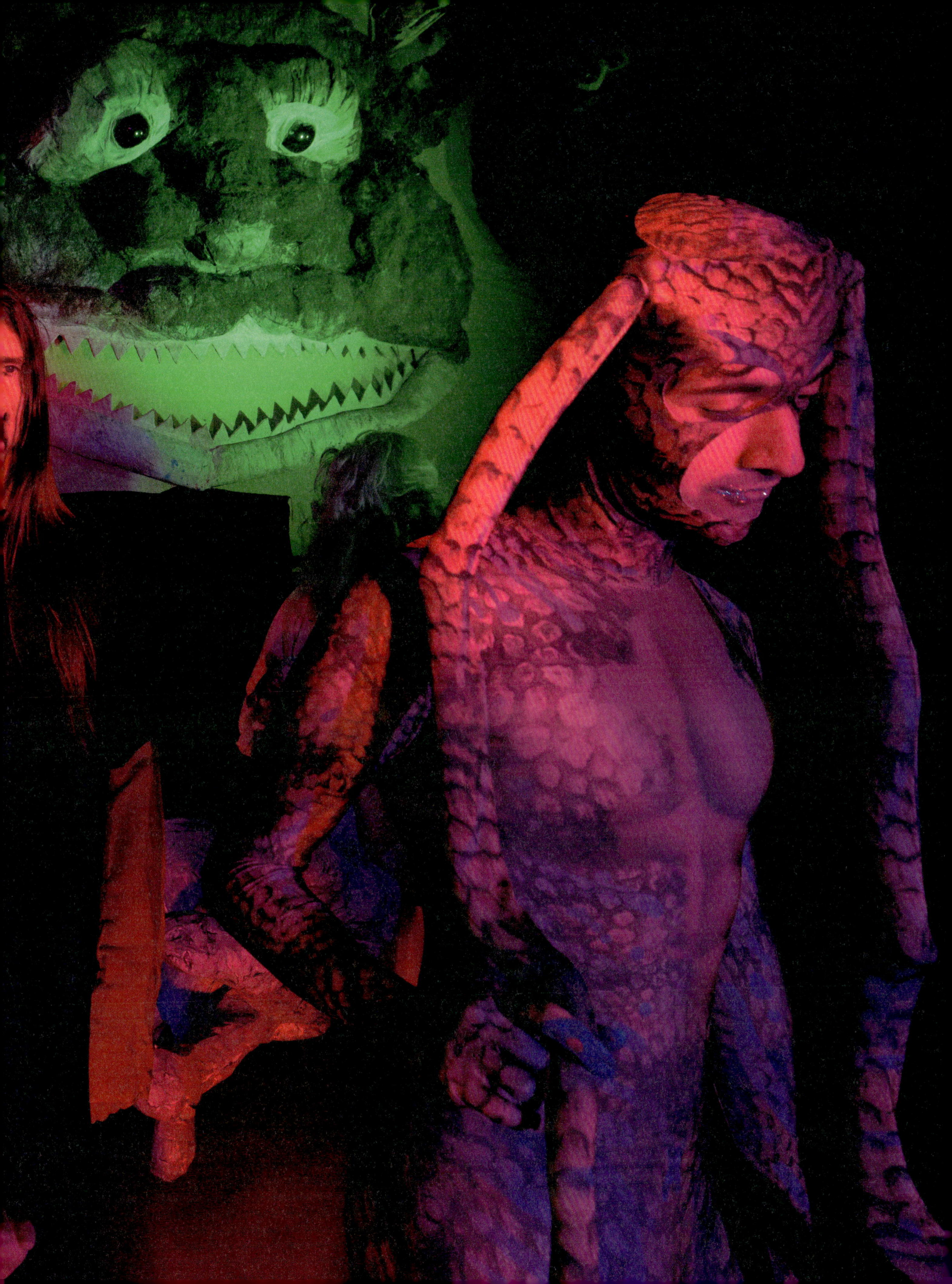

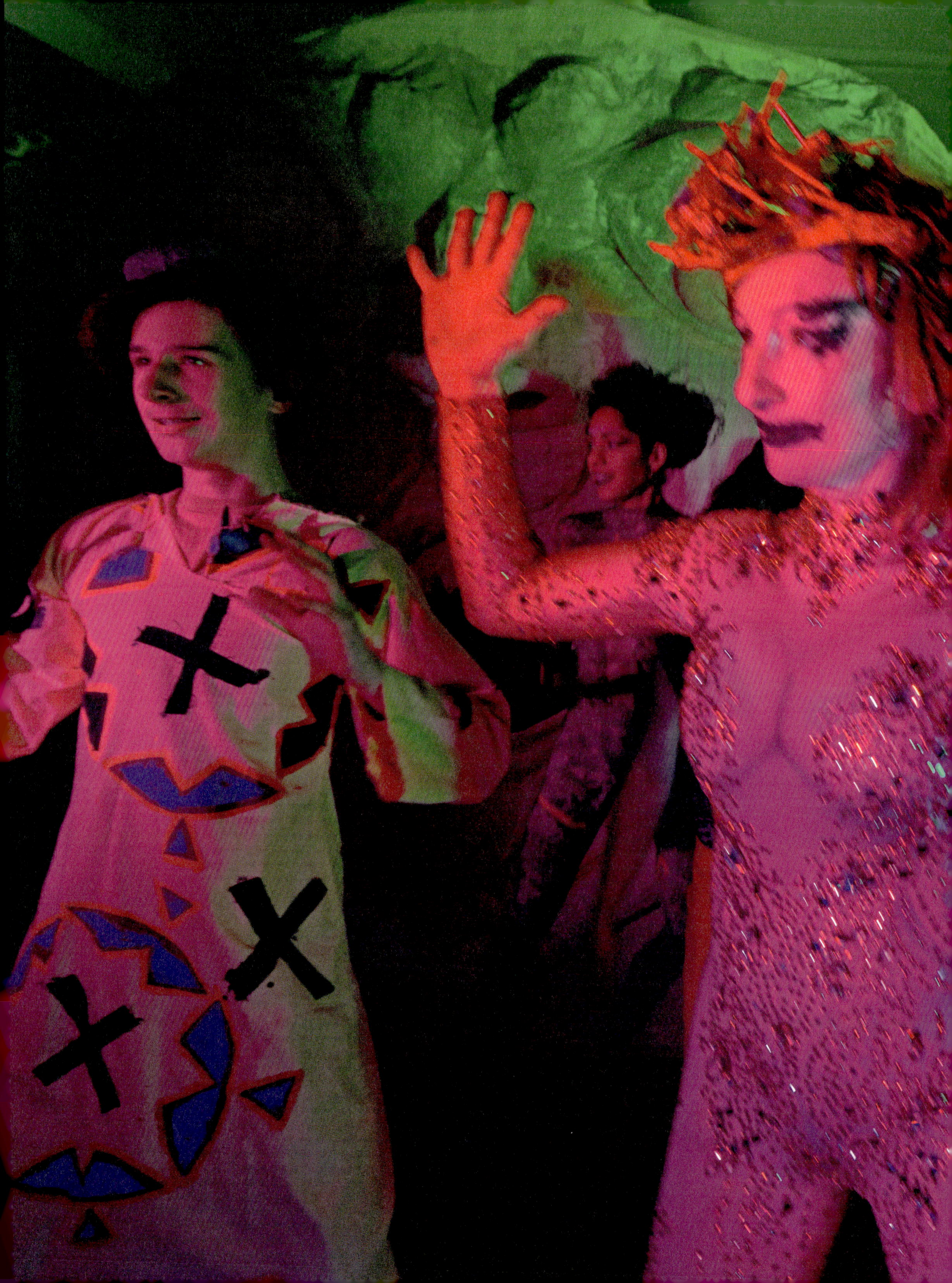

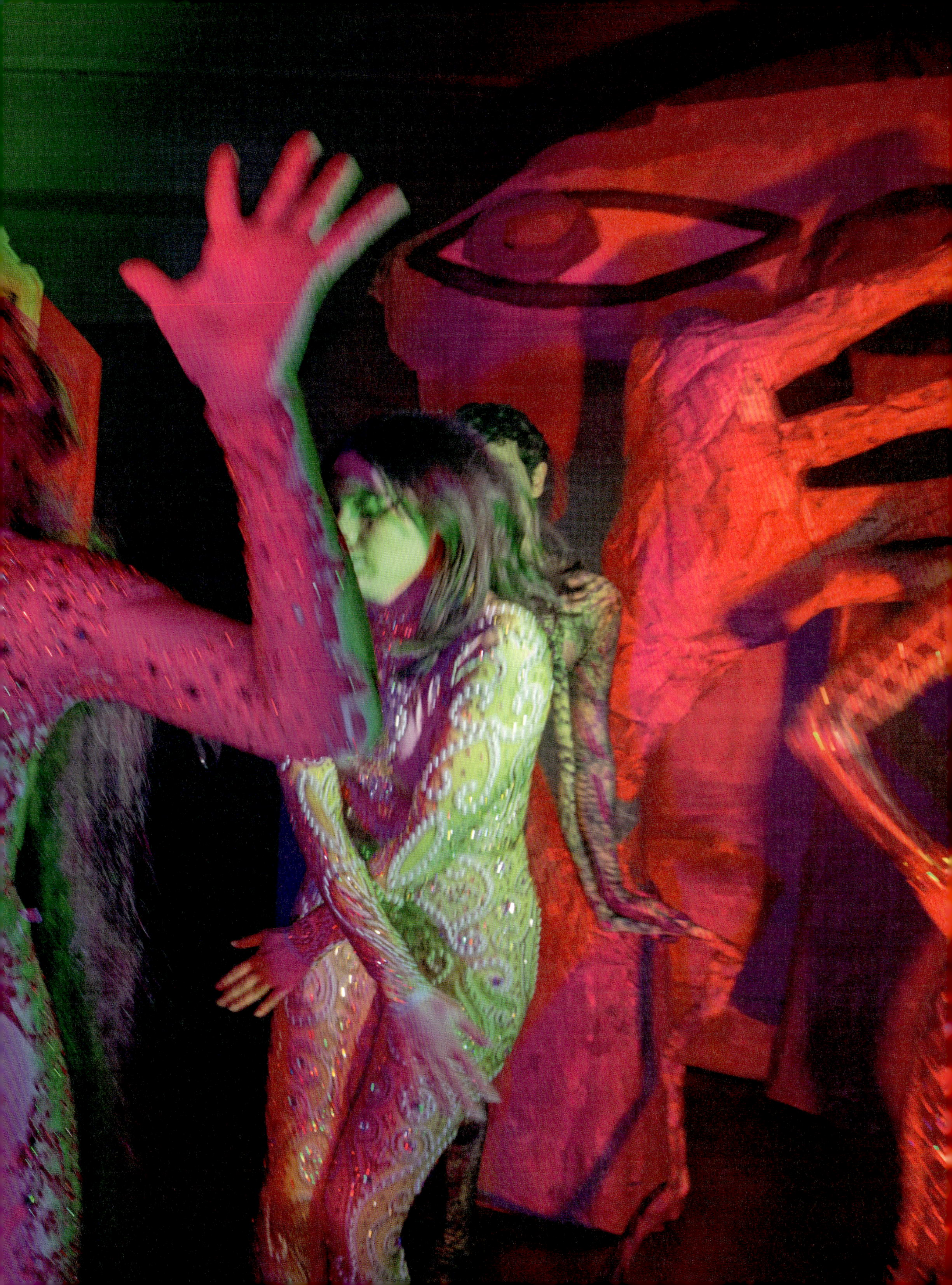

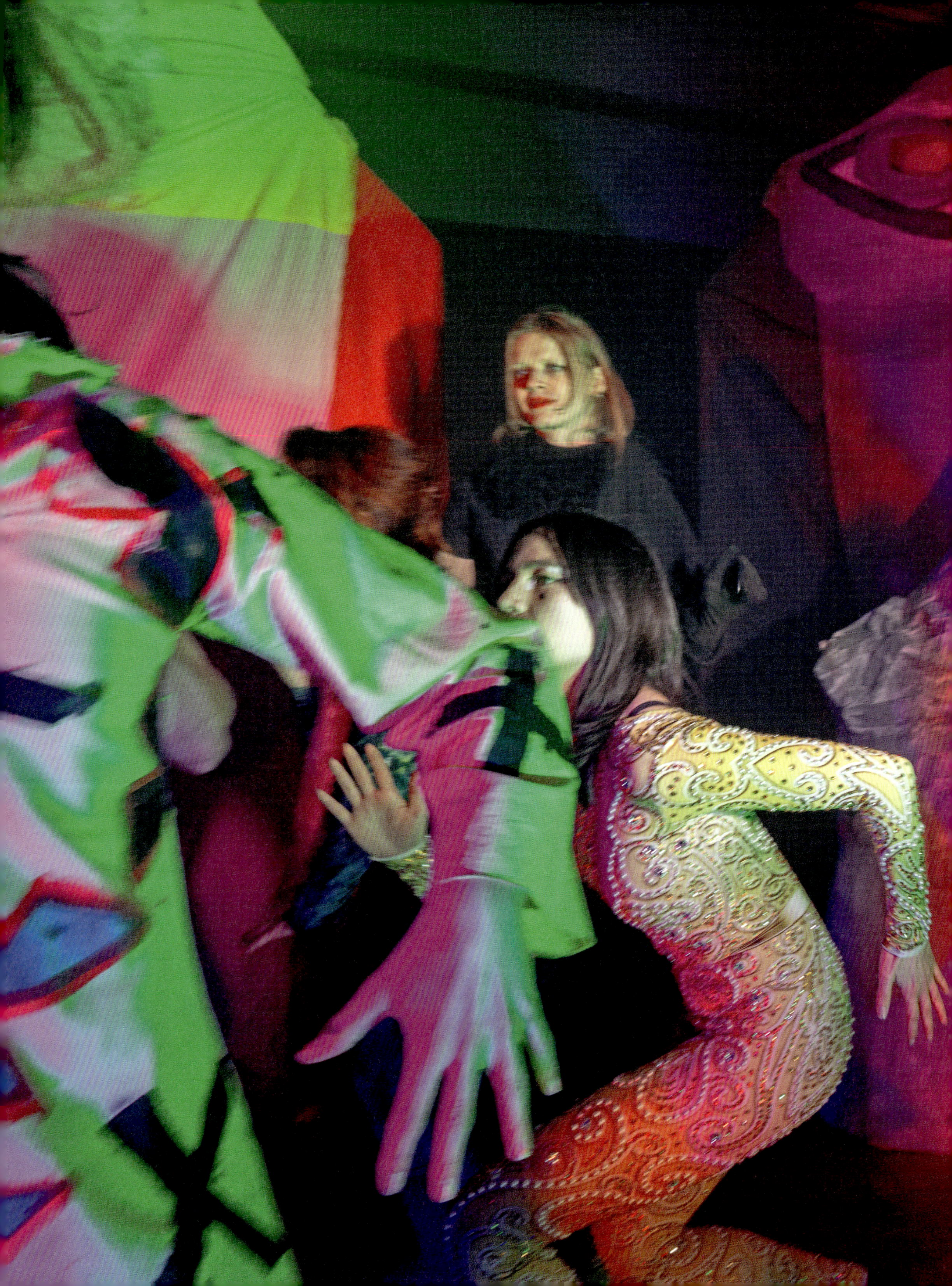

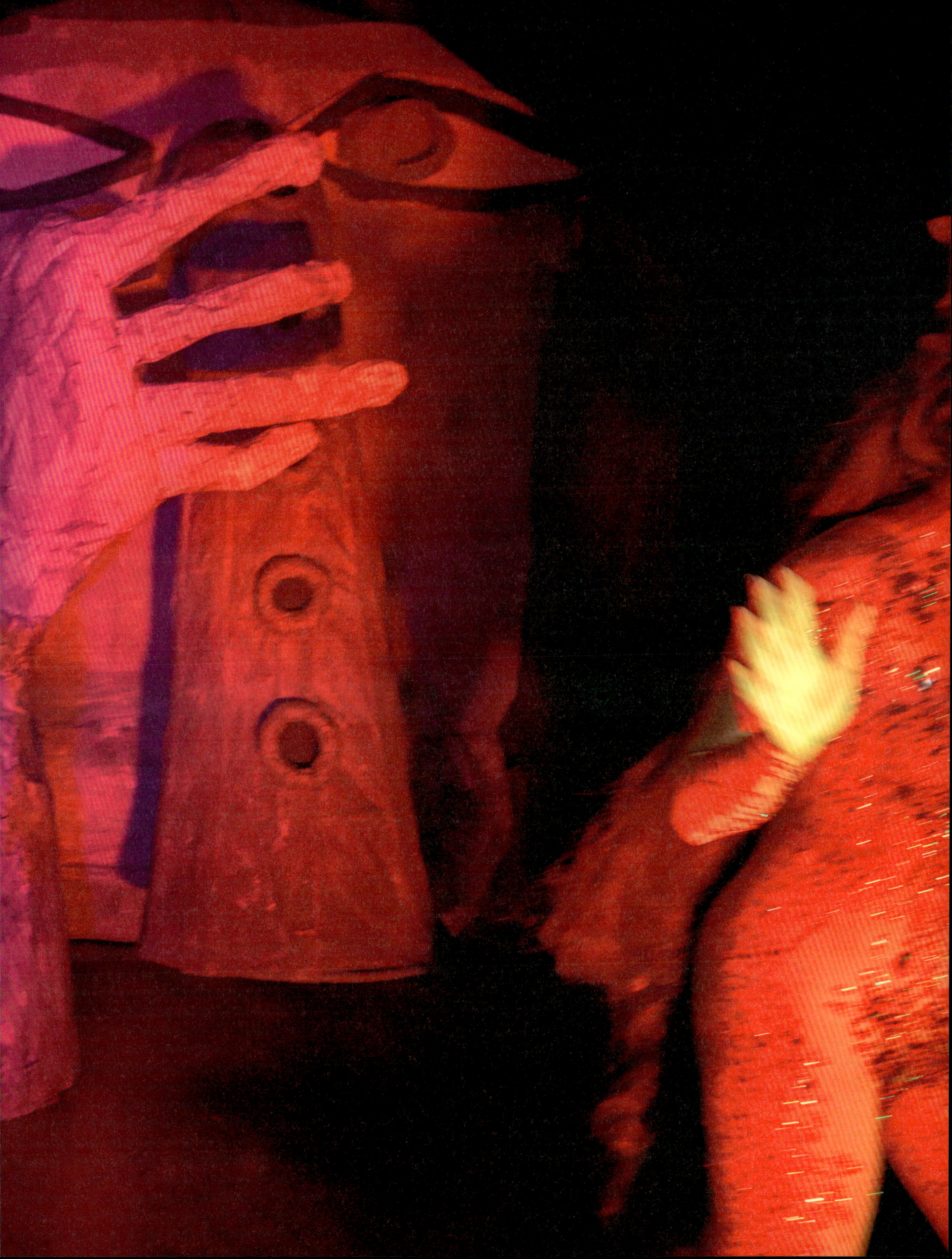

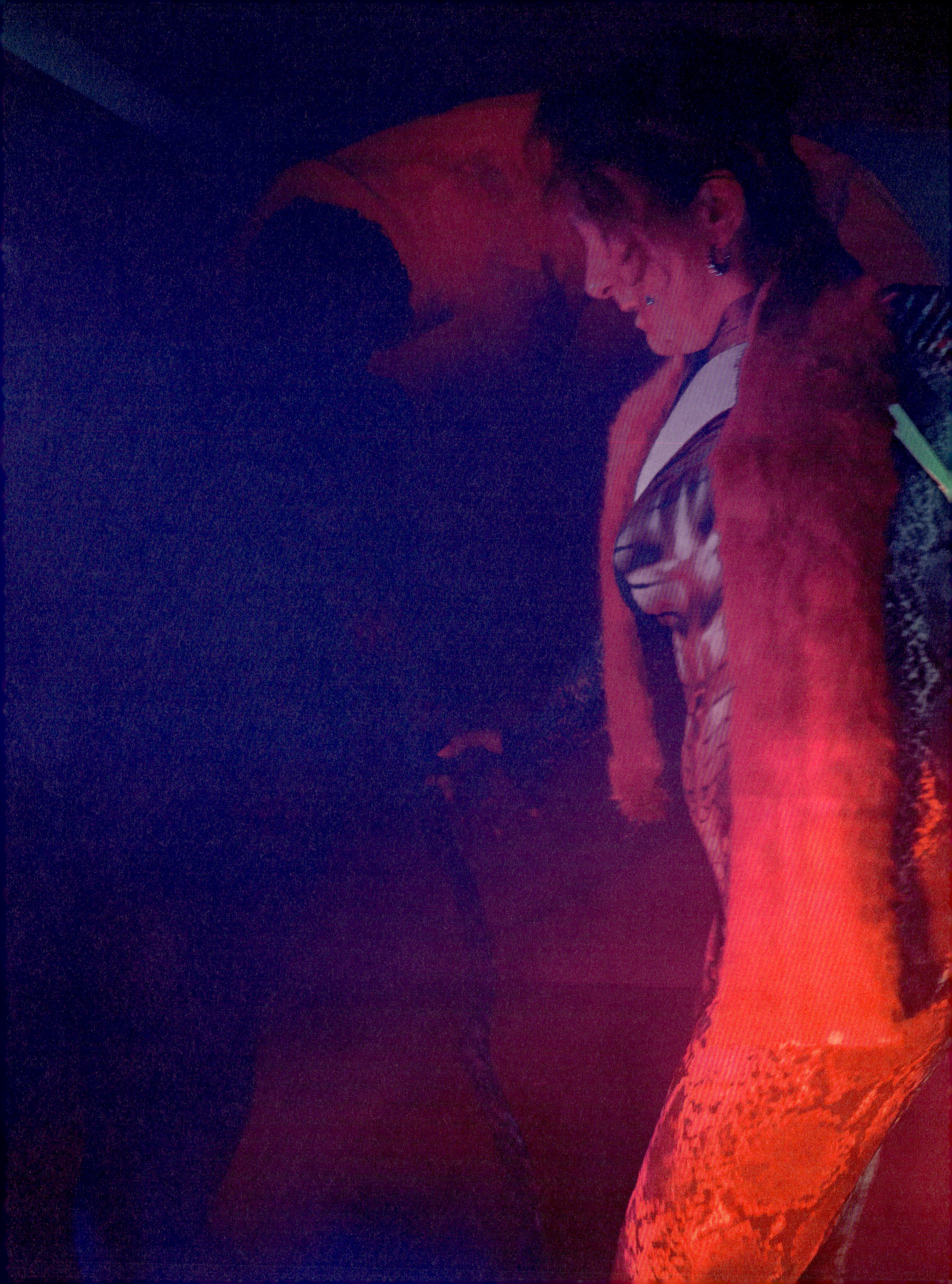

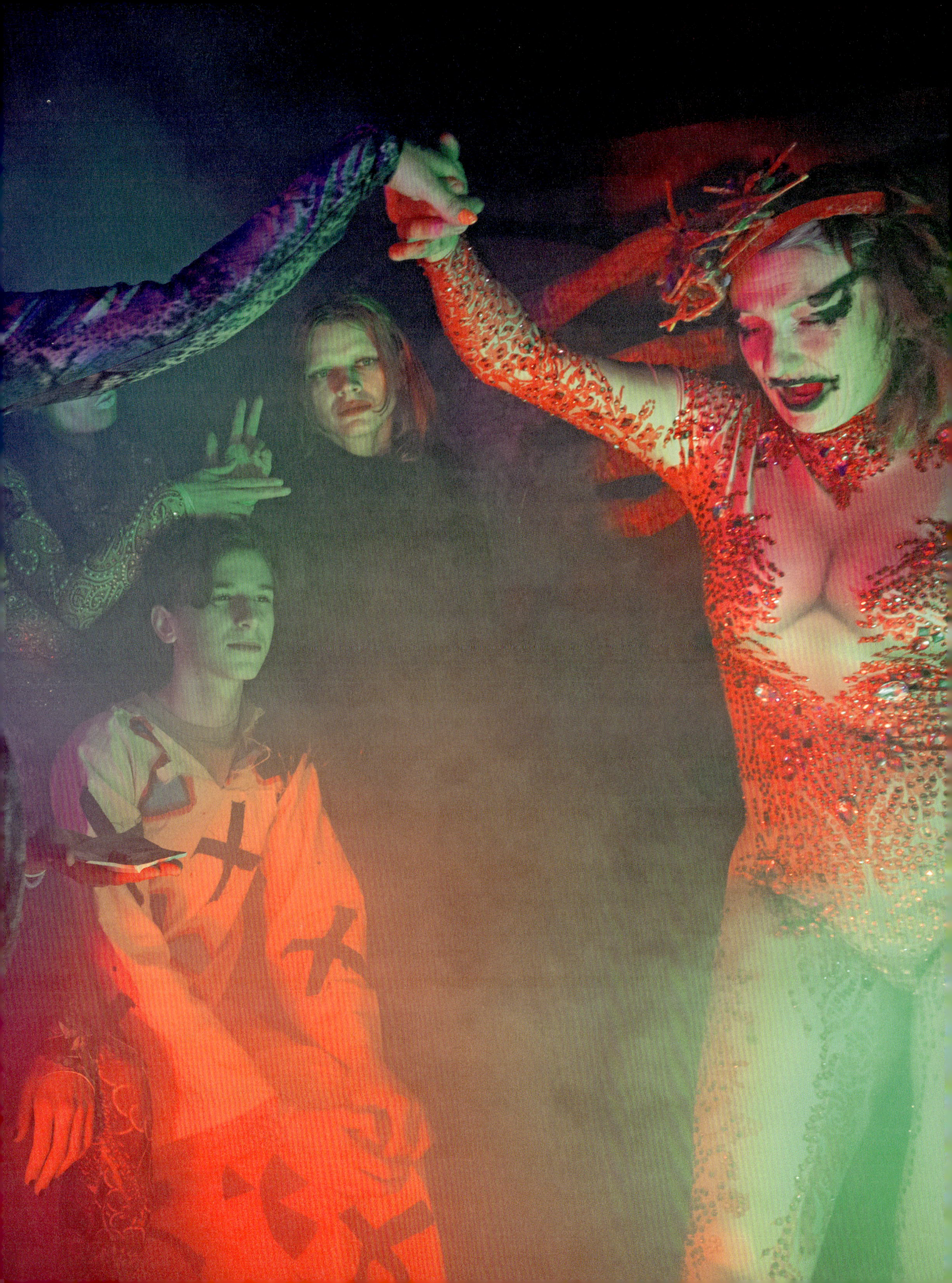

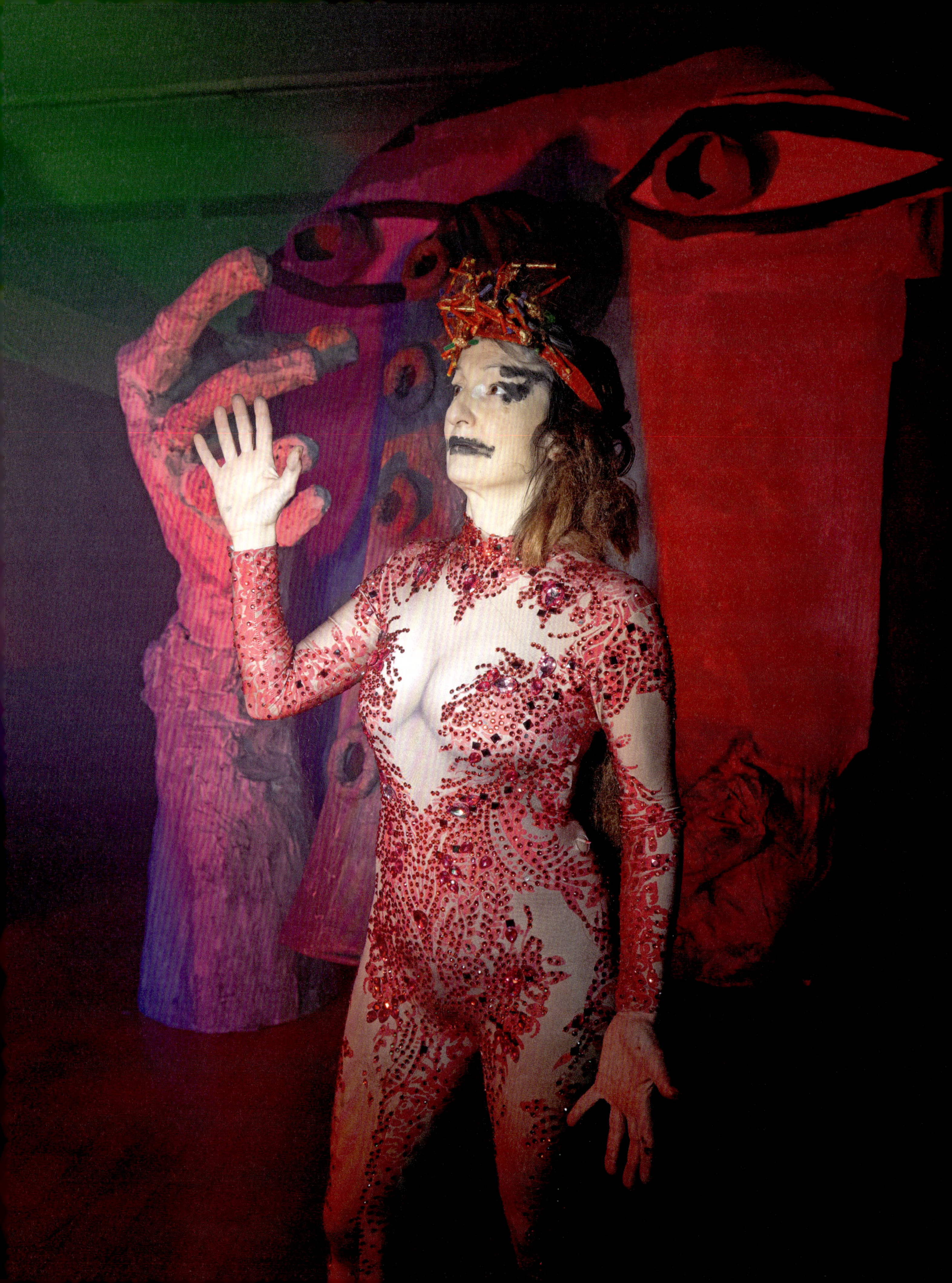

CALLS TO ACTION!

MONSTERN ALS EMANZIPATORISCHE PRAXIS

Emily Pethick

Im Jahr 2002 zog ich mir eine Zombiemaske und ein zerfetztes knappes Kleidchen über und schloss mich Monster Chetwynds Truppe von Performer:innen an für eine dilettantische Aufführung von Michael Jacksons *Thriller* bei einem Event im Ostlondoner Stadtteil Hoxton. Wir wiederholten die Darbietung an einer Hausbesetzerparty spätnachts in Peckham, im Süden der Stadt. Wir bewegten uns in der Liminalität unserer untoten Wesen, wurden zu einer Herde ungezügelter Leichenfledderer, als wir aus Rauchwolken aufstiegen, stolzierend, torkelnd, stolpernd und hämisch lachend in genussvoller Anonymität. Beim Erlernen und Performen des Tanzes (einer vereinfachten Choreografie) ging es gleichermassen um die Gruppendynamik wie um das Ergebnis. Wir schufen eine Art Low-fi-Pastiche, der Popkultur zur Gegenkultur werden liess und die Grenzen des guten Benehmens überschritt, nicht nur durch die Figur des Zombies, sondern auch, indem wir uns als Gruppe von befreundeten Künstler:innen von den zu der Zeit gültigen Normen der Kunstwelt distanzierten. Vor allem aber hatten wir eine Menge Spass, es war wild, und wir waren zusammen kreativ.

Die frühen Performances Monster Chetwynds hatten keine klare Richtung und waren gerade deshalb so aufregend. Sie probierte auf der Bühne verschiedene Persönlichkeiten, Geschichten und kulturelle Klischees aus, hauptsächlich aus der Popkultur und der Literatur. Sie zelebrierten eine eklektische Mischung (gegen)kultureller Figuren und Antihelden, brachten Pop- und Subkultur in die Welt der Kunst, befreiten Personen aus dem Mainstream und gaben ihnen in der Gegenkultur die Möglichkeit zur Emanzipation. Da waren zum Beispiel der Gangster/Spieler Jabba-der-Hutte aus der Science-Fiction-Filmsaga *Star Wars*, der schwer fassbare Cousin Itt von der Addams Family, Hulk aus dem gleichnamigen Film oder der Maler Richard Dadd (1817–1886), dessen ausserordentlich detailreiche, übernatürliche, von Elfen und Feen bewohnte Landschaften direkt seiner psychischen Krankheit zu entstammen schienen. Es gab auch durch ihre emanzipatorischen Handlungen definierte Figuren, wie Conan der Barbar, der der Sklaverei entkommen ist und den Genozid an seinem Volk rächt. Monster änderte später ihren Namen in Spartacus, der auch Sklavenrebell gewesen war. Die Happenings besetzten im Verlauf der Zeit eine Reihe von Kontexten. Die Erkundungen begannen zuhause, an Mottopartys und experimentellen Abendessen, bei denen Monster ihre Thesen des Studiums der Sozialanthropologie testete. Später fanden sie an und in von Künstler:innen kuratierten Events und Räumen statt, in Nachtclubs und noch später in Kulturinstitutionen und Galerien. Sie entwickelten sich von Darstellungen popkultureller Klischees unter Freund:innen und mit einfachen Mitteln zu sorgfältigeren Settings, Aufführungen und Referenzen, und oft loteten sie die Grenzen dessen aus, was mit lose definierten Strukturen und in einem offenen Rahmen, selbst erst durch die Handlung aktiviert und fruchtbar, umfasst werden kann. Immer bezog Monster Freund:innen mit ein, und auch als die Performances grösser und professioneller wurden – mit Kostümen und Sets –, blieben sie sich selbst und ihren Ursprüngen treu.

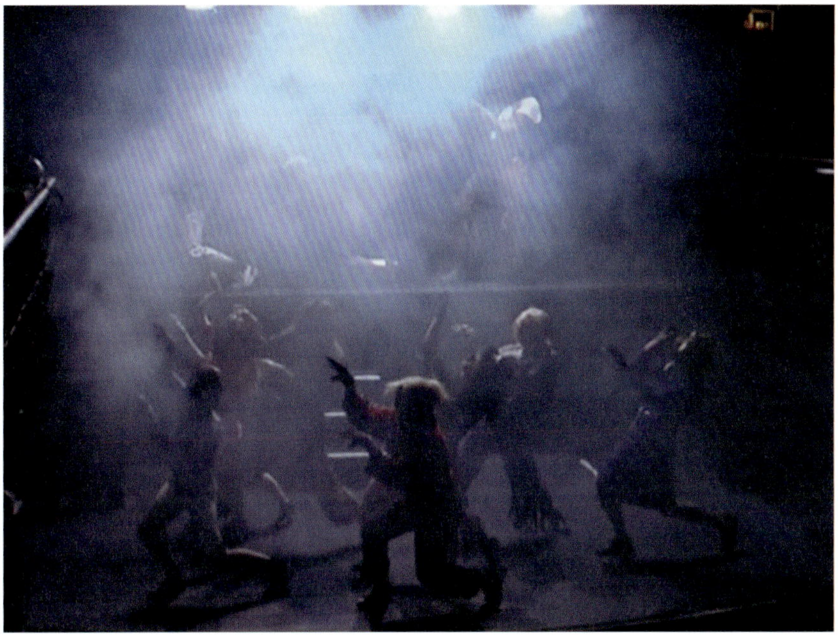

Michael Jackson's Thriller, Hoxton Hall, London, 2002

Das Format der «Truppe» begann als konsistent kollektive, aber nicht festgelegte Einheit. Einige Mitglieder sind langfristig beteiligt, andere kommen und gehen und finden in anderen Konstellationen erneut zusammen. Es waren Familienangehörige dabei, Freund:innen, Künstler:innen und Personen, mit denen Monster in anderen Kreisen verkehrte, wie zwei Schauspieler, deren Namen sie am Anschlagbrett einer Theaterkompanie gefunden hatte, oder Strassenmusikanten aus der Londoner Tube. Solche Beziehungen Monsters fangen oft ungezwungen an und werden fester, je mehr die Partizipierenden an der Arbeit und in der Truppe, der Praxis und der Community, beteiligt sind. Alle Mitglieder haben etwas zu sagen und erschaffen zusammen das Werk. Es sind Beziehungen, die zu langfristigen Kollaborationen werden; Gespräche und gemeinsame Kreativität fliessen in die Praxis mit ein, sind Bestandteil von ihr. Als die Mitglieder der Truppe damals darüber sprachen, wie Freundschaften untereinander gewachsen waren, beschrieb jemand das Ganze als eine Art «Freundschaftsmaschine» und als ein «lebenslängliches Supportsystem».[1] Monster knüpft durch die Truppe weiterhin über einzelne Performances hinausreichende Beziehungen, und die Energie und Verbundenheit zwischen den Leuten ihrerseits nähren ihr Schaffen.

In Aufnahmen von Performances und Proben hat Monster eine eindrucksvolle Präsenz. Sie hat viele Rollen auf einmal – Regie, Schauspiel, Mediation –, die sie zwischen den Performer:innen, der Performance und dem Kontext, wie auch mit dem Publikum ausfüllt. Es wird deutlich, wie sehr die Erklärungen von Monster, meist selbst im Kostüm, an die Performer:innen und an das Publikum Teil der Praxis sind. Die Performances sind nicht im Vornherein festgelegt, den Darsteller:innen werden keine definierten Rollen zugeteilt, und oft gibt es keine klaren Grenzen zwischen dem, was dazugehört und was nicht. Obwohl oft ein Team Monster assistiert, ist alles immer Do-it-yourself, und sie ist mitten drin. So bleibt das Ganze auf menschlicher Ebene und nah bei ihr, wie sie sagt, um die Intimität zu bewahren. Meist beginnen die Arbeiten mit einer Probe, die fliessend in die öffentliche Aufführung übergeht. Es herrscht

1 Aus einem Gespräch zwischen der Autorin und Monster Chetwynd: «Beyond this, members of the troupe have talked about how friendships grew between themselves, one describing it as a kind of ‹friend-making machine›, and through this a ‹support system for life›.» (Dt. Übers. Catherine Berger).

eine gewisse Rohheit, die sich nicht in feste Form giessen lässt; es entsteht eine lose, kontinuierlich sich entwickelnde Situation, auch von einer Performance zur nächsten. Die Arbeiten generieren ihre eigene zwischenmenschliche Dynamik, lassen sich unter Monsters Rahmenbedingungen auf den jeweiligen Kontext ein.

Die Langfristigkeit der Zusammenarbeit der Truppe zeigt sich auch darin, dass die laufende Praxis aus den verschiedenen in sie einfliessenden kulturellen Verweisen ihr eigenes Vokabular bildet. Dieses reicht von literarischen Referenzen über queere Kultur, Camp-Ästhetik, das Karnevaleske, Feminismus, Erotik bis hin zu Politik – Körperpolitik, Identitätspolitik, Wirtschaft, Arbeiterrechte und soziale Bewegungen, alles verflochten mit Popkultur. Der immer weiterwachsende Schatz an Wissen wurde über viele Jahre hinweg angelegt und zeigt sich in einer eklektischen Herangehensweise, die verschiedene Bezugspunkte, Inhalte und Themen miteinander verbindet, ohne klaren Anfang oder absehbares Ende, sondern als kontinuierliche Erkundung. Einflüsse reichen von Bertold Brecht zu den Marx Brothers, von Science-Fiction zu feministischer Literatur, Theorie und Politik mit Figuren wie Silvia Federici, Ursula K. Le Guin und Octavia Butler. Im Zusammenspiel beeinflussen die Referenzpunkte die Arbeit auf verschiedene Weisen, manchmal stehen sie als Subjekte im Vordergrund, manchmal sind sie im Hintergrund Inspiration für die Methodik, wie die Feministinnen, denen Chetwynd sich verbunden fühlt und deren Arbeiten und Werkzeuge sie als Aufforderung zum Aktivismus mobilisiert. Alles zusammen ergibt eine emanzipatorische Praxis und einen spielerischen Lernprozess.

Man könnte die Performances als Formen der Assemblage bezeichnen, sowohl im Sinne des Sammelns als Handlung als auch als Versammlung von Personen und Dingen, bei der verschiedene Quellen miteinander in einen Dialog treten und in verschiedenen Situationen aktiviert werden. So entsteht ein fortlaufendes Archiv, eine immer weiterwachsende Sammlung, die visuell auch umgesetzt wird in zugehörigen Collagen von Bildern und Text. Die Performances selbst werden oft vor kulissenhaften Collagen aus vergrösserten Fotokopien von Referenzmaterial aufgeführt. Immer entsteht das Gefühl einer temporären Zusammenkunft diverser Elemente, eines Raums der Emergenz. Die Performance rüttelt wach, indem sie verschiedene Komponenten zusammenbringt und aus ihnen in einem Akt der Verwandlung Neues entspringen lässt. Mit der Zeit fühlt es sich an, als ob wir in Monsters eigenen Kopf hineinsehen, auf all die Dinge, die sie gelesen, verwertet und performt hat. Für jüngere Ausstellungen hat sie grosse Portale aus Köpfen mit offenen Mündern gebaut, den mittelalterlichen Höllenschlünden nachempfunden; im Kunsthaus Zürich zeigt sie gigantische Monsterköpfe, die ihrerseits einen Teil der Ausstellung beherbergen; sie lassen uns buchstäblich in Monsters Kopf und in ihre Welt eintreten. Andere Werke zeigen Chancen zur Emanzipation auf, wie die zum Mitmachen einladenden und zum Handeln auffordernden Spielstrukturen, die sie in London und Istanbul geschaffen hat, und der riesige, dem Kopf im Science-Fiction-Film *Zardoz* (1974) nachempfundene kuriose Zierbau, den sie speziell für das Kunsthaus Zürich errichtet hat. Er basiert auf dem schwebenden Steinkopf eines gewalttätigen Götzen, welcher die Bevölkerung kontrolliert und schlussendlich aus Rache auf den Boden geworfen und zerstört wird. Solche Gebilde schaffen Raum für weitere Formen des Geschichtenerzählens und Spielens.

2 *The Cockettes*, ein Film von David Weissman und Bill Weber, 2002 (https://www.cockettes.com): «It involved all genders and sexualities without making distinctions: as one of them says, ‹everything was included with no names›, there was ‹nothing to grab onto›; as John Waters described, it was ‹complete sexual anarchy›.» (Dt. Übers. Catherine Berger).

3 Ebd. (Zitate eines Mitglieds von *The Cockettes* sowie von John Waters).

4 Eve Kosofsky Sedgwick, «Queer and Now», in: *Tendencies*, Durham 1993, S. 8: «[T]he open mesh of possibilities, gaps, overlaps, dissonances and resonances, lapses and excesses of meaning.» (Dt. Übers. Catherine Berger).

Monsters improvisierte Situationen reihen sich in die Geschichte der Performance ein, die vom konstruktivistischen und dadaistischen Avantgardetheater der 1920er-Jahre bis hin zu den Happenings, der feministischen Kunst und Body Art reicht. Sie untersucht diese Geschichte anhand ihrer eigenen Performances, etwa mit dem 2002 unternommenen Versuch einer möglichst originalgetreuen Wiedergabe von Yves Kleins *Anthropométrie de l'époque bleue* (1960), wo eine Gruppe von Frauen mit ihrem Körper als Pinsel Abdrücke auf grossen Papierbögen macht, begleitet von einem nur eine einzige Note spielenden Streichquartett. In der Performance *Insanity!* (Bozar, Brüssel, 2017) nahm sie Kleins Beschäftigung mit der Kampfkunst zum Ausgangspunkt für wildes, unbändiges, anarchisches Gruppenyoga, bei dem die sich auf den Matten wälzenden Körper mit der Starrheit des Sports brechen. Über Monsters eigene Referenzen hinaus assoziiere ich ihr Schaffen mit anderen Happenings und Formen der queeren Gegenkultur der 1970er-Jahre, wie zum Beispiel dem queeren Hippie-Punk-Kollektiv The Cockettes aus San Francisco. In einem Film beschreiben frühere Mitglieder, wie sie ihren Lebensstil auf die Bühne brachten und dabei radikal inklusiv vorgingen.[2] Menschen aller Geschlechter und sexuellen Orientierungen waren ohne Unterscheidung beteiligt, wie jemand sagte, «war alles und ohne Namen miteinbezogen», es gab nichts, «um sich daran festzuhalten», und, wie John Waters es formulierte, es herrschte «komplette sexuelle Anarchie».[3] Diese offene Situation verkörpert Eve Kosofsky Sedgwicks Auffassung des Begriffs «queer,» welchen sie als «offenes Netz aus Möglichkeiten, Lücken, Überlappungen, Dissonanzen und Resonanzen, Mangel und Überschuss an Sinn» definiert.[4]

Monsters Performances befreien auch konforme, heterosexuelle Definitionen und Identitäten, sie richten sich radikal an alle, feiern begeistert Genderfluidität, offene Sexualität und Erotik ohne Grenzen. In der psychedelischen Filmtrilogie *Hermitos Children* setzt die Hauptfigur, die telepathische Transdetektivin Joan Shipman, ihre Sinne und Visionen ein, um Sexualverbrechen aufzudecken, wie im Fall eines vergifteten Dildos. Obwohl ein suggestives Narrativ existiert, ist sie schwer zu fassen, wir folgen Joan, einer Figur, die durch ihr Gespür und als eine Art Seherin Verbindungen zwischen den Dingen über verschiedene Szenen hinweg erkennt. Es gibt miteinander verflochtene Fragmente von Performances, Partys und wilden Happenings. Zum Beispiel im Yoyo's, einem lebhaften improvisierten Restaurant in einem Wohnzimmer, das an von Monster früher selbstveranstaltete Abendessen erinnert, oder die extravagante Helmut Newton Ladies Night in der Royal Academy in London mit Performances, in denen die Frauen- und Transbewegungen im weitesten Sinne gefeiert werden. Die Trilogie enthält einen meiner persönlichen Lieblingsmomente, ich kann mich lebhaft erinnern, denn ich war dabei, wie Monster nackt, von einem Gurt gehalten, über dem Raum des Studio Voltaire in London schwang, als eine Art Kriegerin Teil einer Inszenierung des Stiersprungs, eines Opferrituals aus dem antiken Kreta. Diese Episoden werden mit nach Drehbuch gefilmten Performances kombiniert und mit konstruierten Szenen wie jener, in der sich windende nackte Frauenkörper Totenschädel formen. Dazu massenweise Hintern und Vaginen, Darbietungen auf einer Dildo-Wippe – allerlei Arten sexueller Anarchie – sowie Charaktere mit tierischen Attributen, Schnauzen, Spitzohren, alles musikalisch untermalt mit Heavy Metal.

Die darstellerische Form in den Filmen erinnert an das linke experimentelle Kino und Avantgardetheater. Sie ist einerseits auf Antonin Artaud und Pier Paolo Pasolini zurückzuführen, auf eine Ära, in der nicht alles Sinn ergeben musste und Obskurität ohne Erklärungszwang akzeptiert wurde. Andererseits hat Monster einen engen Bezug zur kritischen Bewusstseinsbildung von Bertolt Brecht, zur radikalen Pädagogik und zum kommunalen Theater. Hier denke ich an die

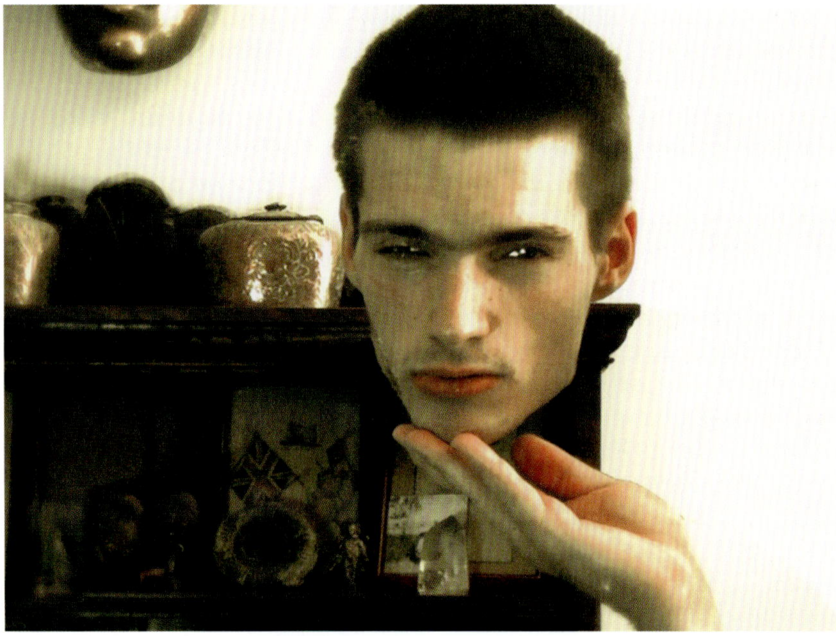

Hermitos Children 2, 2014

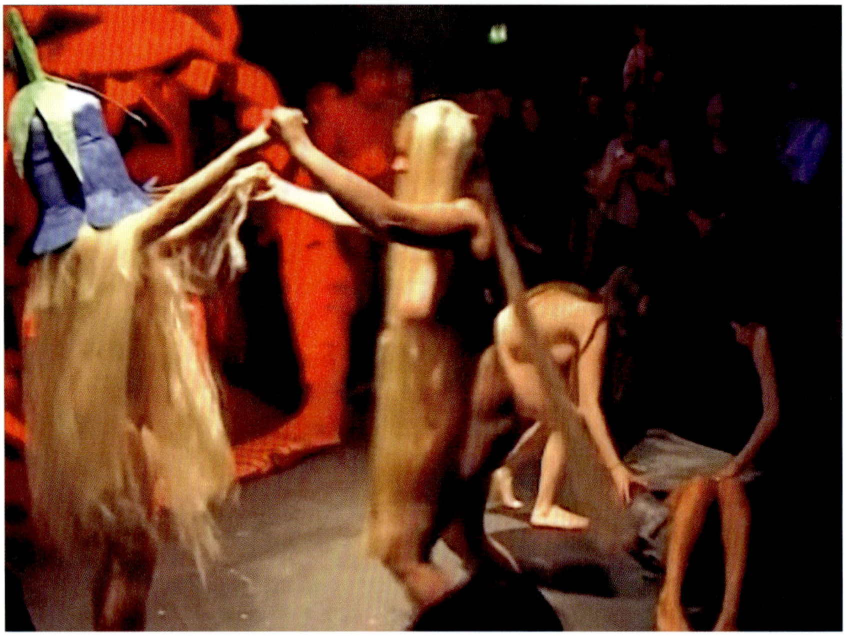

Debt, A Medieval Play, Beck's Future, London, 2005

Pädagogik der Unterdrückten (1970) des brasilianischen Pädagogen Paulo Freire, der Bildung und Lernen als politische Akte an sich versteht und die Kultur des Schweigens kritisiert, die für «dominierte Individuen zum Verlust der Mittel führt, mit denen sie kritisch auf die ihnen von der dominanten Kultur aufgezwungene Kultur reagieren könnten».[5] Wenn wir diese Linie weiterverfolgen und Praktiken miteinbeziehen, die über die Vernunft hinausgehen, erkenne ich in Monsters Werk eine Affinität mit der Theaterkompanie Ueinzz aus Sao Paulo. In einer psychiatrischen Anstalt gegründet, praktiziert Ueinzz «eine andauernde theatralische Probe als eine Form der Fürsorge» und nimmt damit eine durch und durch unstrukturierte und nonkonforme Haltung ein.[6] Peter Pál Pelbart, Philo-

5 Zitiert nach: https://www.wayfinding.net/paulo.htm (aufgerufen am 19. Januar 2015): «[...] the culture of silence that causes ‹dominated individuals [to] lose the means by which to critically respond to the culture that is forced on them by a dominant culture›.» (Dt. Übers. Catherine Berger).

soph und Mitglied der Gruppe, reflektiert deren Arbeit und gibt ihr eine Sprache. Die Gruppe beschreibt, wie sie «sich als eine Art Sozialität versteht: nicht als festen Ort oder Gemeinschaft.»[7] Von radikalen Ansätzen der Care-Politik geprägt, «praktizieren sie diese Sozialität, probieren sie aus, erfinden sie neu – verstärken die Strömungen und Weltanschauungen dessen, was wir ‹Krankheit› nennen, in einem Theater, das dazu fähig ist, die Macht über das Leben in ein Lebenspotenzial zu verwandeln.»[8]

Monster teilt die schrankenlose Experimentierfreude dieser Praktiken und ihren Ursprung im Drang, eine neue, radikal inklusive soziale Sphäre zu realisieren und von der Peripherie aus gesellschaftliche Mitbestimmung durch Solidarität in inhaltlicher wie formaler Hinsicht zu schaffen. Dieser pädagogische Impuls ist eine Form der antikapitalistischen Kritik, die in Struktur und Inhalt ihres Werks von Anfang an präsent war. Zum Beispiel *Debt, A Medieval Play* (ICA, London, 2005), in einem runden Black-Box-Theater inszeniert, war eine von mehreren Performances, die das Thema Schulden und Geldsorgen behandelten und in denen Leute aus dem Publikum Hilfe erhielten – sei es, indem ihr Po gelesen wurde wie in diesem Stück, sei es durch Schuldenberatung oder Wahrsagung. In anderen Arbeiten proklamierte Monster alternative Wirtschafts- und Organisationsformen, wie im ungestümen *A Tax Haven Run by Women* (Frieze Projects, London, 2010). Dabei spielten die Performenden das Katzenfahrzeug aus dem Anime-Film *Mein Nachbar Totoro* (1988) von Studio Ghibli, ihre Arme waren dessen Beine. Es entstand ein kollektiver Körper, der durch die Kunstmesse tobte wie eine Art trojanisches Pferd und mit seiner ostentativen künstlerischen und ökonomischen Andersartigkeit das profitorientierte Umfeld störte.

Der Film *Dogsy Ma Bone*, eine Arbeit bestehend aus Performance und Film, 2016 in Liverpool entwickelt, bezieht sich explizit auf Brecht und seine satirische *Dreigroschenoper* (1928), eine beissende Kritik am Barbarismus der herrschenden Klasse und an der kapitalistischen

6 Ueinzz, Programmbeschrieb, *No Ready Made Men,* 19. April 2015, Tramway, Glasgow, https://arika.org.uk/no-ready-made-men-performance/ (aufgerufen am 18. Januar 2025): «[A]n on-going theatrical rehearsal as a way of caring.» (Dt. Übers. Catherine Berger).

7 Ebd.: «The group describes how they ‹think of it as a kind of sociality: not a fixed place or a community›.» (Dt. Übers. Catherine Berger).

8 Ebd.: «Informed by radical ideas of care, they ‹practice this sociality, trying it out, reinventing it – the flows and worldviews produced in supposed ‹illnesses› amplified into a theatre capable of reversing power over life into the potential of life›.» (Dt. Übers. Catherine Berger).

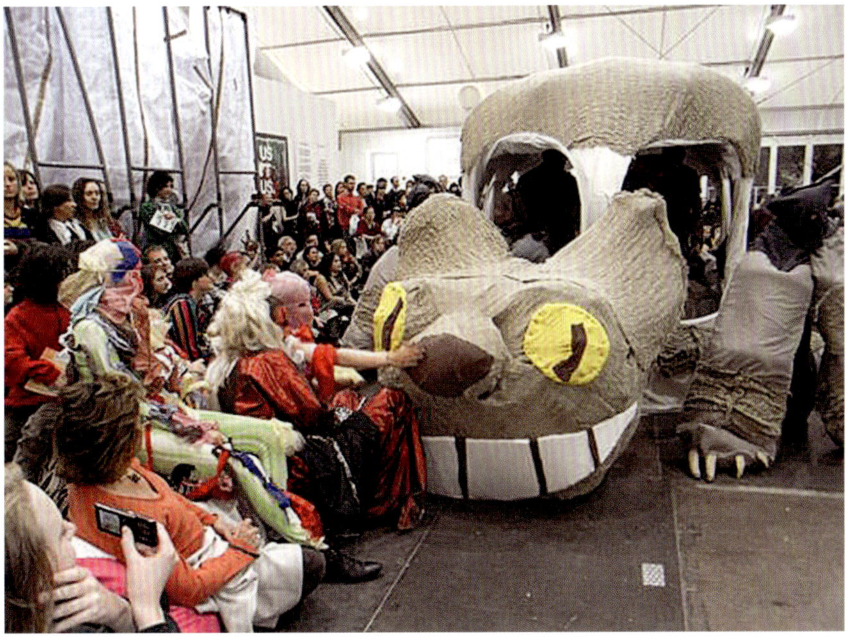

A Tax Haven Run by Women, Frieze Projects, London, 2010

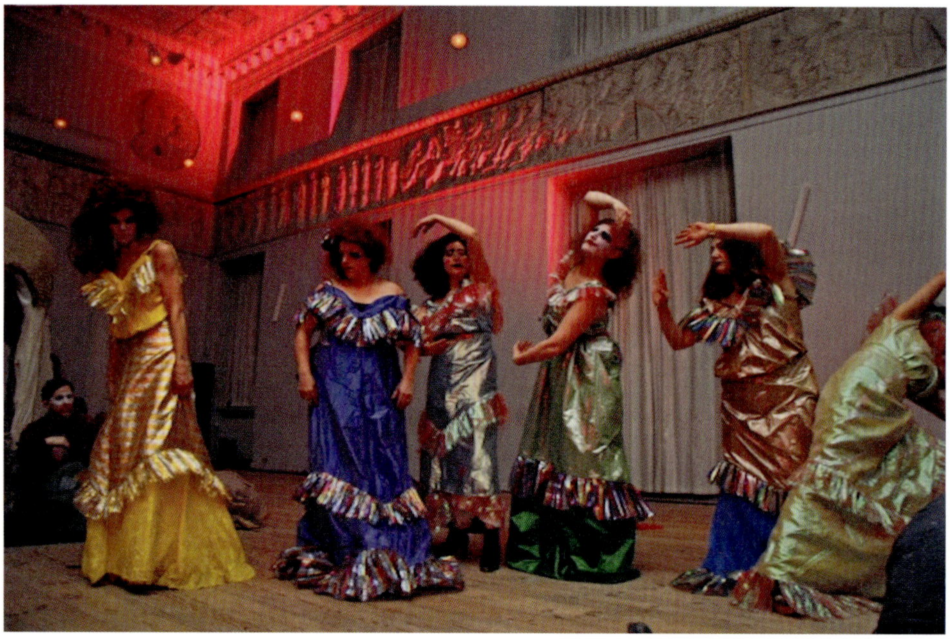

A Tax Haven Run by Women, Art Academy, Copenhagen, 2011

Korruption. Im Anklang an den Gangsterfilm *Bugsy Malone* (1976) bringt die Arbeit 34 Kinder und 44 Teenager zusammen, um in mit comicartigen Hunden und Flamingos verzierten Kostümen über gesellschaftliche Bedingungen zu diskutieren. In Workshops, Live-Performances und nach Drehbuch vor der Kamera dargebotenen Dialogen entsteht aus dem Bildungszusammenhang ein hybrides Kunstwerk. Die Protagonist:innen treten wiederholt aus ihren Rollen heraus, brechen die Inszenierung ab, um den Prozess an sich zu reflektieren, sie beschreiben, wie «alles so konzipiert ist, dass man mitdenkt, kommentiert und sozialkritisch ist», und proklamieren: «Es muss sich etwas ändern und wir müssen damit beginnen. [...] Wir wollen, dass Sie hier mit dem Wunsch nach Veränderung weggehen.»[9] Die jungen Menschen gehen ganz in der Bedeutung dieser Zeilen auf und scheinen sie auf ihre eigene soziale Wirklichkeit anzuwenden, während durch die Aktivierung ihrer Handlungsfähigkeit, durch das Mit-Lernen und Mit-Erschaffen des Kunstwerks der Film selbst ein Potenzial für Veränderung bietet. Durch ihn sehen wir die Intelligenz und das Potenzial der jungen Leute, aber auch den Spass, den sie haben, wenn sie mit Pastiche experimentieren, wenn junge Männer als starke Typen in kitschigen Outfits posieren, die den Slapstickhumor der Oper, auf der alles basiert, noch verstärken.

9 Zitate aus dem Film *Dogsy Ma Bone*, Regie: Monster Chetwynd (2016), von jungen Leuten aufgeführt: «In it, the characters repeatedly step out of their roles to break with the mise-en-scène and reflect on the process, describing how ‹everything is designed to make you think, comment, and be socially critical›, and declare how, ‹things have got to change, and we have to start the process. [...] We want you to leave here wanting to change things›.» (Dt. Übers. Catherine Berger).

Die Katzen, Hunde, Schnecken, Fledermäuse und anderen häufig in Chetwynds Werk auftretenden Monster und Tiere sind absurd und comichaft, aber auch politisch: Als widersprüchliche Figuren verkörpern und formulieren sie Agonismus – eine politische und gesellschaftliche Theorie, welche die potenziell positiven Aspekte von Konflikten hervorhebt. Das Monströse und das Groteske waren seit jeher Markenzeichen der antikapitalistischen Kritik, wie die Figur des Zombies, die, ihrer Funktionsfähigkeit beraubt und den Widerspruch in sich tragend, sowohl tot als auch untot zu sein, wie keine andere den Schwellenzustand der Liminalität verkörpert. Wie Lars Bang Larsen schreibt:

> Der Zombie ist nicht einfach irgendein Monster, sondern eines mit gesellschaftskritischer Herkunft. […] Entfremdung – ein Begriff von Marx, den kaum noch jemand braucht – ist für den Zombie zentral. Für Marx resultiert der Kontrollverlust über unsere Arbeit – eine Art viraler Effekt, der sich im sozialen Raum verbreitet – in der Entfremdung von uns selbst, von anderen Menschen und vom «Gattungswesen» der Menschheit an sich. Dieser Riss zwischen Leben und Handlung hat «ungeheuerliche Effekte». Heute, im Zeitalter der immateriellen Arbeit, die Affekt, Kreativität und Sprache zu marktwirtschaftlichen Angeboten macht, resultiert die Entfremdung von unserer Leistungsfähigkeit in der Entfremdung von diesen Begabungen. […] Die Figur des Monsters ist deshalb nützlich, weil sie unmittelbar als Entfremdung erkennbar ist und als solche eben gerade nicht entfremdend wirkt.[10]

In Monsters *Thriller* bedeutete das Spielen von Zombies als eine Form der Freundschaft an sich, dass wir uns diesem Drang widersetzten, wie auch, dass wir etwas zusammen auf die Beine stellten, indem wir dem Körperlosen einen Körper gaben; die Idee des Halbmenschlichen, Untoten riss die Grenzen nieder, die normalerweise in den eher normativen Formen des Zusammenlebens stecken. Die Art, wie Monster alternative Gesellschaftsmodi erschafft, ist nicht auf kritische Bewusstseinsförderung beschränkt, sondern erstreckt sich auch auf die Transformation und Öffnung von Subjektivität, Sexualität, Gender, ja Wesen und Sein an sich. Gleichwohl gehen ihre Performances, die die normale Bevölkerung, Nicht-Menschen und Tiere miteinbeziehen, einen Schritt weg vom Anthropozentrismus hin zu den Forderungen der Bewegungen für Gerechtigkeit für alle Lebewesen, ob menschlich oder nicht («Multispecies Justice»). Diese Untersuchung verschiedener Arten der Liminalität – zwischen dem Menschlichen und dem Nicht-Menschlichen, verschiedenen Geschlechtern und sexuellen Orientierungen, dem Individuum und dem Kollektiv – erzeugt eine Öffnung gegenüber Existenzweisen, die nicht unbedingt in strikte Kategorien passen oder strikten gesellschaftlichen Erwartungen entsprechen. Dies erstreckt sich auch auf Chetwynds eigene Identität und ihre wiederholte Namensänderung: zuerst in Spartacus, dann Marvin Gaye und zuletzt Monster. Alle Namen waren in Bezug auf Geschlecht uneindeutig, der neueste entzieht sich der Kategorie des Geschlechts gar ganz, und diese Evolution widerspiegelt eine persönliche Transformation, wie sie erklärt: «Der Punkt ist, dass ich meinen Namen jedes Mal geändert habe, um mir auf eine ökonomische Art eine neue Richtung oder ein neues Gebiet zu erschliessen – und das funktioniert immer noch.»[11]

10 Lars Bang Larsen, «Zombies of Immaterial Labor: The Modern Monster and the Death of Death», in: *e-flux journal,* Nr. 15 (April 2010), https://www.e-flux.com/journal/15/61295/zombies-of-immaterial-labor-the-modern-monster-and-the-death-of-death/ (aufgerufen am 19. Januar 2025): «The zombie isn't just any monster, but one with a pedigree of social critique. […] Alienation – a Marxian term that has fallen out of use – is central to the zombie. To Marx the loss of control over one's labour – a kind of viral effect that spreads throughout social space – results in estrangement from oneself, from other people, and from the ‹species being› of humanity as such. This disruption of the connection between life and activity has ‹monstrous effects›. Today, in the era of immaterial labour, whose forms turn affect, creativity, and language into economical offerings, alienation from our productive capacities results in estrangement from these faculties. […] What is useful about the monster is that it is immediately recognizable as estrangement, and in this respect is non-alienating.» (Dt. Übers. Catherine Berger).

11 Siehe das Gespräch zwischen Monster Chetwynd und Raphael Gygax in dieser Publikation, S. 32: «I have changed my name each time as an economical way to gain new direction or territory, and it is still working.» (Dt. Übers. Catherine Berger).

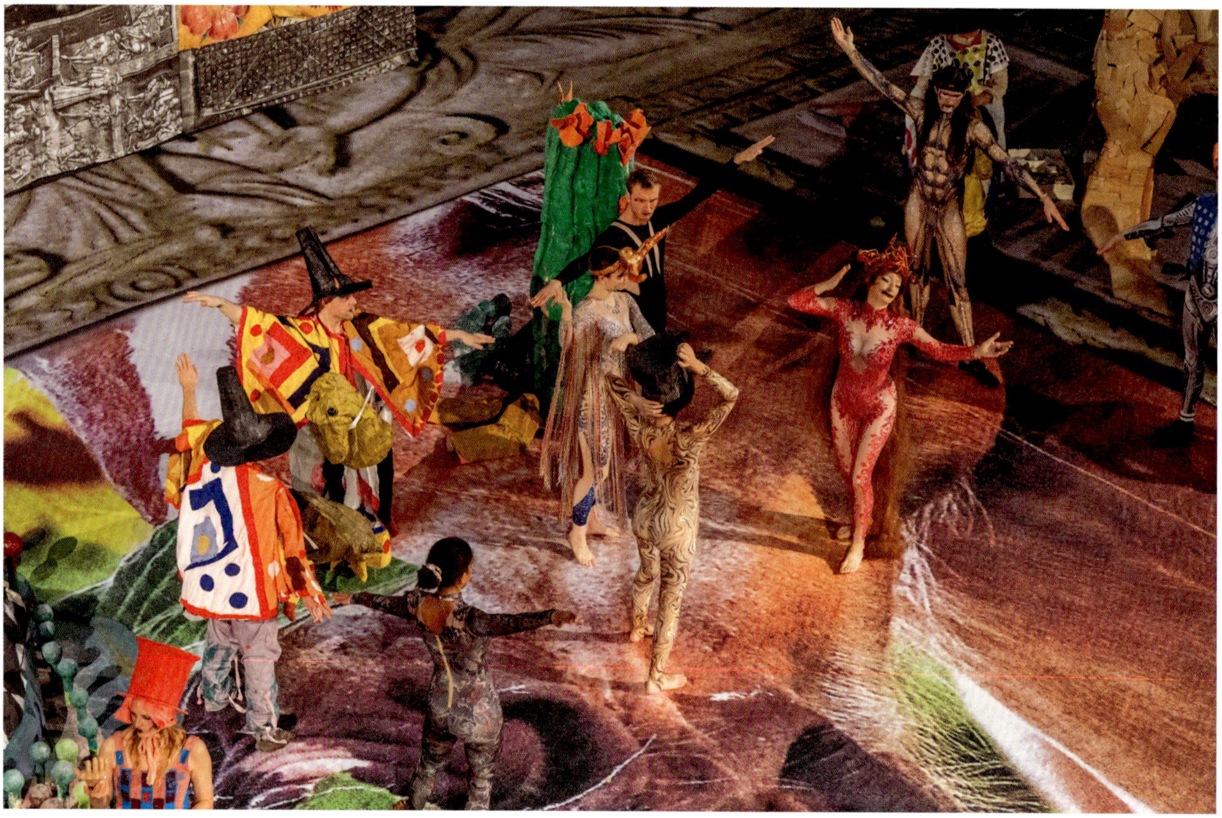

Silk and Beer (Wages for Housework), Belvedere 21, Wien, 2024

Monster spielt mit diesen Ideen der Entfremdung, bedient sich der Monster als Parabeln und als Wesen, deren Charakter man zugleich einnehmen kann und die weitere mögliche gegenkulturelle Positionen aufzeigen, die ermutigend wirken statt entfremdend. So im kürzlich realisierten Werk *Moths, Bats and Velvet Worms! Moths, Bats and Heretics!* (Belvedere 21, Wien, 2024), welches sich all der Spezies und Subjekte annimmt, die, auf welche Art auch immer, dämonisiert und zu Ungeheuern gemacht werden und Angst und Ekel auslösen. In diesem Zusammenhang bezieht sie sich auf das Buch *Caliban und die Hexe* (2004) der einflussreichen feministischen Vordenkerin Silvia Federici, welches das Ende des Feudalismus und das Aufkommen des Kapitalismus analysiert und zeigt, wie diese Entwicklung den Anstieg von Sexismus und Rassismus gefördert hat. Federici untersucht den Umgang mit Frauenkörpern in der Geschichte, speziell bei der Verfolgung von Frauen, die sich der Kirche widersetzt und, als Hexen und Häretikerinnen, eigenen soziale Strukturen etabliert hatten. Im Wiener Ausstellungskatalog schreibt Jessica Ram: «Der Kapitalismus hat die Weiblichkeit nach seinen extraktiven Bedürfnissen umdefiniert und tut dies auch weiterhin. Die Kette von Ursache und Wirkung führt vom Feudalismus direkt zu den Fesseln, die Frauen heute noch auferlegt sind […]. Es ist erschreckend nachzuvollziehen, wie Frauen quer durch die Geschichte zu Sündenböcken gemacht und ihre Solidaritätsnetzwerke systematisch zerstört werden […].»[12] Wie Ram weiter schreibt, gibt es in *Caliban und die Hexe* «aber auch viele Beispiele dafür, wie sich die Entrechteten zusammenschlossen, um den Status quo mit allen ihnen zur Verfügung stehenden Mitteln zu überwinden», und wie Monster angesichts dessen «eine Performance entwickeln kann, die die menschliche Fähigkeit mobilisiert, selbst an den dunkelsten Orten Freude aus dem Leben zu schöpfen».[13]

12 Jessica Ram, «Happy Heretics», in: *Monster Chetwynd: Moths, Bats and Velvet Worms! Moths, Bats and Heretics!*, Ausst.-Kat. Belvedere 21, Wien, hg. von Stella Rollig und Axel Köhne, Köln 2024, S. 59.
13 Ebd., S. 60.

Diese Haltung zeigt sich bei sämtlichen Werken, am lebhaftesten bringt wohl *The Walk to Dover* von 2005 sie auf den Punkt. Monster wanderte zusammen mit zwei Freund:innen in sieben Tagen die 100 Meilen (ca. 160 Kilometer) von London nach Dover – in viktorianischer Kleidung mit zerzausten Zylinderhüten und Westen auf der Spur von Charles Dickens' semi-autobiografischem Roman *David Copperfield* (1849 ⁄ 50). Das Ergebnis ist eine Serie von stillstehenden Bildern, die mit Geschichten aus *Copperfield* beginnt – einem misshandelten Waisenjungen, der zur Arbeit in einer Fabrik für Schuhwichse geschickt wird und weg-läuft, um seine exzentrische Tante Betsy Trotwood zu suchen – und aus Dickens' eigener Erfahrung mit den Geldsorgen und der gesellschaftlichen Unsicherheit seines Vaters, der eine Zeit lang im Schuldgefängnis sass. Im Kontrast zu dieser Szenerie zeigt *The Walk to Dover* eine joviale Gruppe dreier Freund:innen, wie sie losziehen durch urbane Vorstädte und sommerliche Felder, nackt in Flüssen baden und sich unterwegs, Beeren und Blätter naschend, kostenlos aus der Natur ernähren. Durch das Thema der Selbstversorgung, des Lebens ohne finanzielle Mittel (auch wenn in diesem Fall als Experiment und aus freien Stücken), herrscht eine rebellische Stimmung, rebellisch auch deshalb, weil es sich um ein intimes, nicht explizit für ein Publikum aufgeführtes Experiment handelt, um ein den Status als Ware verweigerndes Kunstwerk.
Es entsteht ein Bild der Freiheit, im Sinne der Freiheit, sich selbst oder jemand anderes zu sein. Obschon es als Parabel auf die Prekarität von Kunstschaffenden gelesen werden kann, ist es auch ein heiteres Bild der Freundschaft und Solidarität. Es ist eine Pilgerreise, aber es geht um den Weg, nicht das Ziel, es ist ein buchstäblicher Versuch, sein eigenes Leben zu führen und gleichzeitig eine Alternative zu praktizieren.

Ein Gefühl freudiger Anarchie – eine Kombination aus experimenteller Performativität und Kommunitarismus, Bewusstseinsbildung und Kritik – liegt *The Walk to Dover* zugrunde und zieht sich durch Monsters gesamtes Werk. Es wird auf verschiedene Arten ausgespielt, von den rudimentären Do-it-yourself-Performance-Versuchen im Freundeskreis über die fortlaufende Serie der gemalten *Bat Operas* bis hin zu den sorgfältig ausgeführten karnevalesken Interventionen – inklusive der riesigen Nacktschnecken, die die Fassade der Tate Britain schmückten. Mit ihren opulenten Kostümen und Kulissen, ihrer Absurdität, ihrem Humor, ihrer Verspieltheit und der Bekanntheit ihrer Referenzpunkte entwaffnen und faszinieren Chetwynds Werke und werfen zugleich Fragen auf, etwa jene nach dem Wert: was wir wertschätzen und welchen Wert

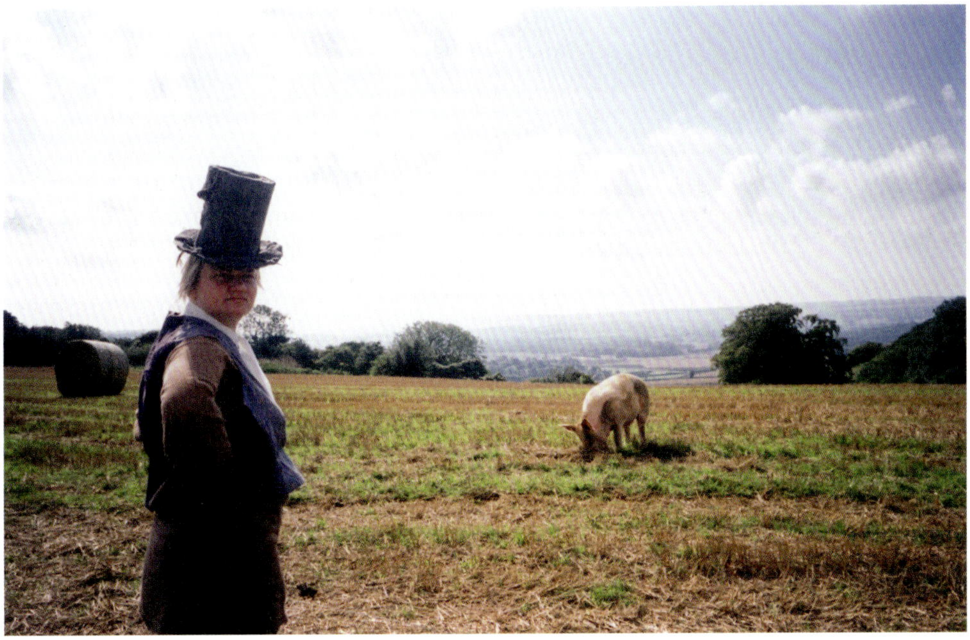

The Walk to Dover, 2005 ⁄ 2007

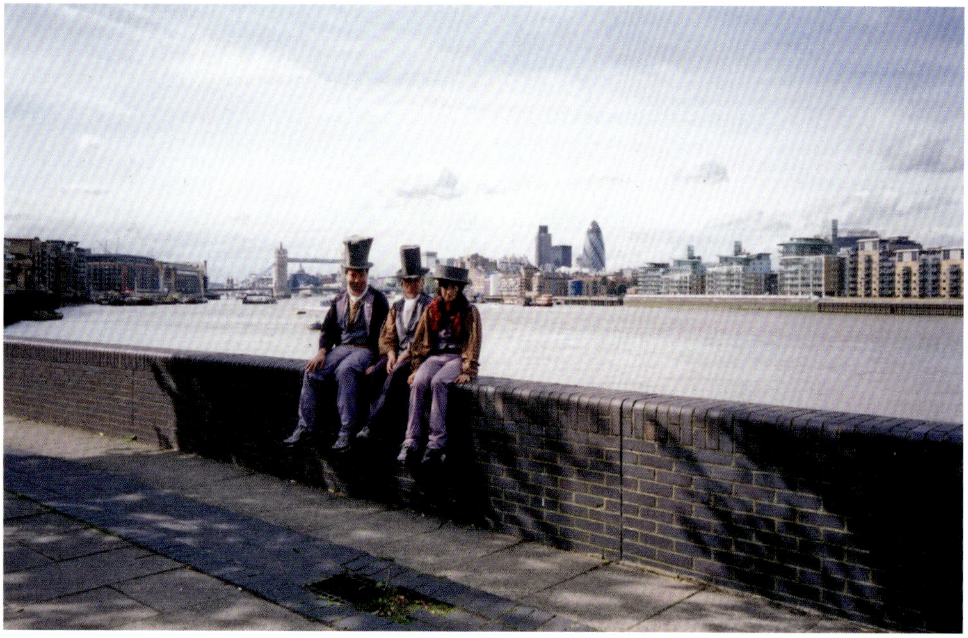

The Walk to Dover, 2005/2007

die Gesellschaft Lebewesen verleiht. Sie nehmen eine Gegenposition ein zu den Folgen des hyperkapitalistischen Regimes, zu Atomisierung, Ausbeutung, Entfremdung, Prekarität und Individualismus.

Freundschaft spielt dabei eine wichtige Rolle, wir denken an Jacques Derridas Buch *Politik der Freundschaft* (1993), in dem er mit Aristoteles sagt, dass es in der Freundschaft wichtiger ist zu lieben, als geliebt zu werden[14], und an bell hooks, die die Liebe als Handlung und Bestandteil einer jeden Bewegung für soziale Gerechtigkeit erklärt.[15] In Monsters Fall spielen Beziehungsformen auf allen Ebenen mit und bewirken eine radikale Inklusion, sie reichen über das Menschliche hinaus und schliessen eine ganze Reihe von Freund:innen und Figuren mit ein, die in ihrem Werk vorkommen, es inspirieren und mit erschaffen: Häretikerinnen, Fledermäuse, Würmer, Schnecken, Monster, Hulks und Barbaren, Zombies, Menschen und Nicht-Menschen, Fakten und Fiktionen – als eine erweiterte und sich stetig erweiternde Gemeinschaft. Sie bildet neue Welten und schafft dadurch verschiedene Freiheiten: sich selbst zu sein, in Beziehung zu anderen zu sein, verschiedene Formen von Gemeinschaft zu erschaffen, Solidarität, alternative Strukturen, Seinsweisen, neue Bilderwelten, und all dies fortwährend weiter zu öffnen für andere als eine freudvolle emanzipatorische Praxis. So denke ich über meine eigene Freundschaft mit Monster nach, eine Freundschaft, die, wie das Schreiben dieses Texts, Leben und Arbeit miteinander verbindet, die in allen Lebenslagen Unterstützung bringt, gemeinsames Denken und Inspiration und, darüber hinaus, so viel zum Lachen und so viel Spass.

14 Jacques Derrida, *Politik der Freundschaft*, aus dem Französischen von Stefan Lorenzer, Frankfurt am Main 2000, S. 25.
15 bell hooks, *Alles über Liebe: Neue Sichtweisen*, Hamburg 2021.

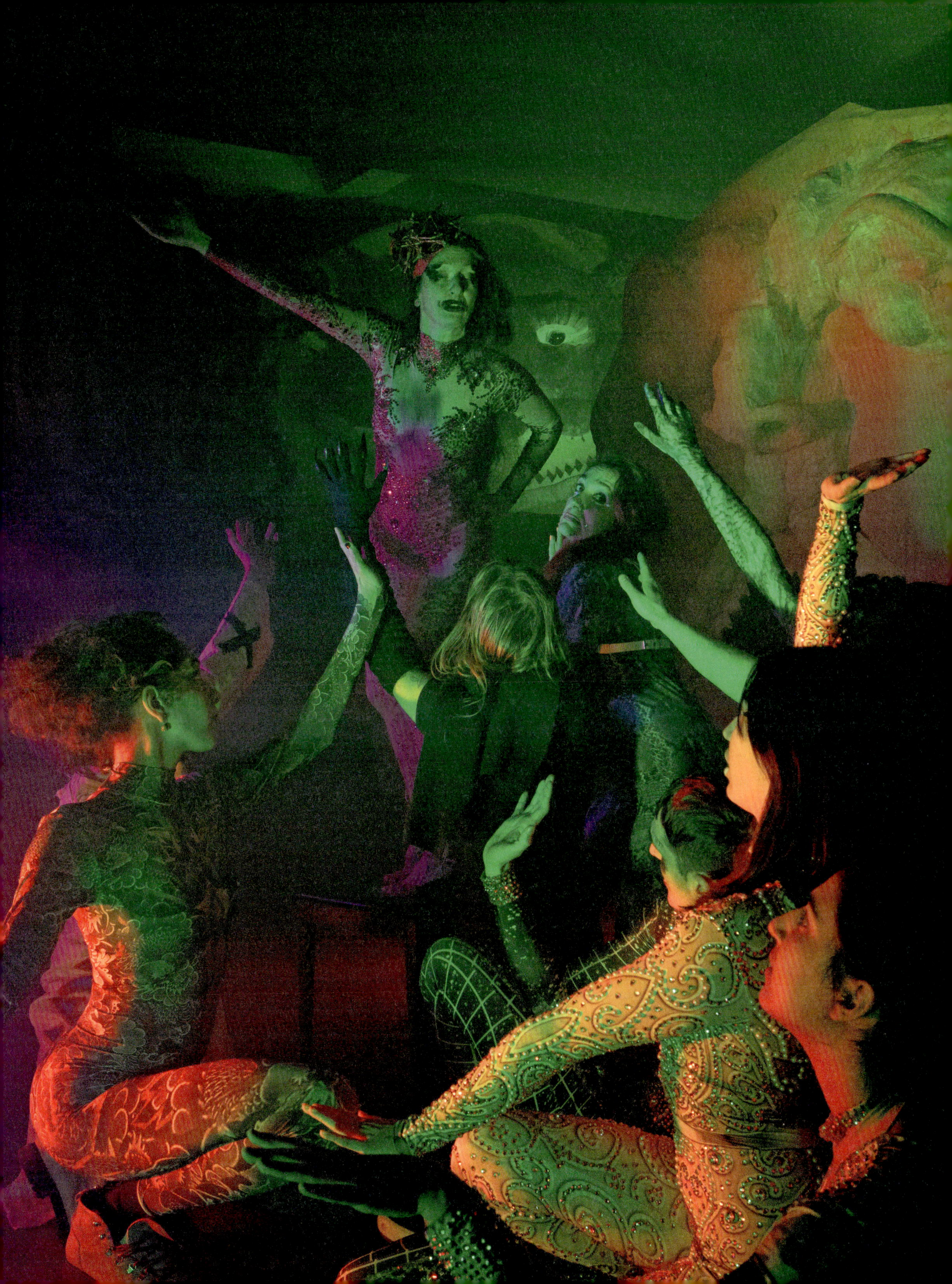

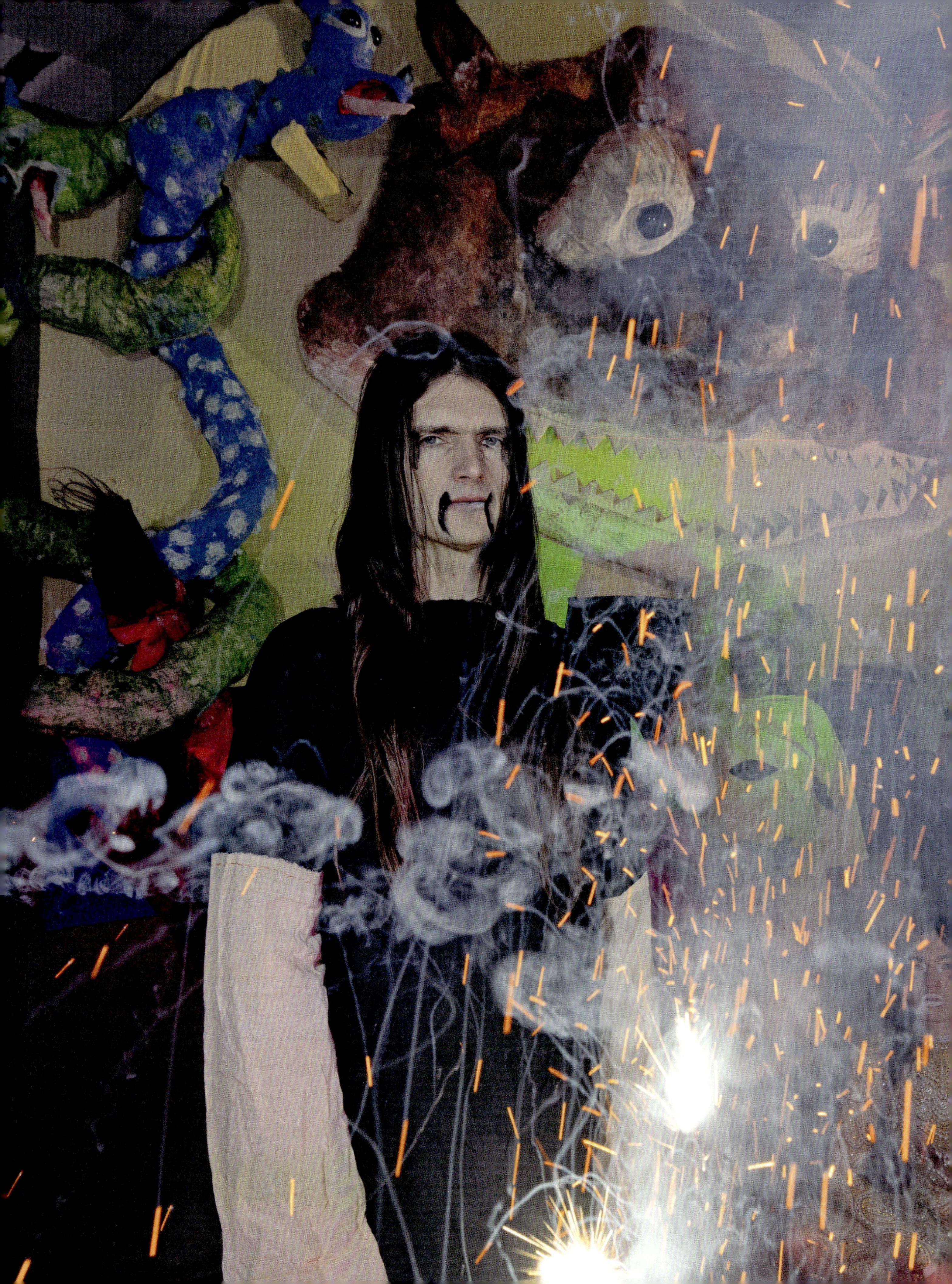

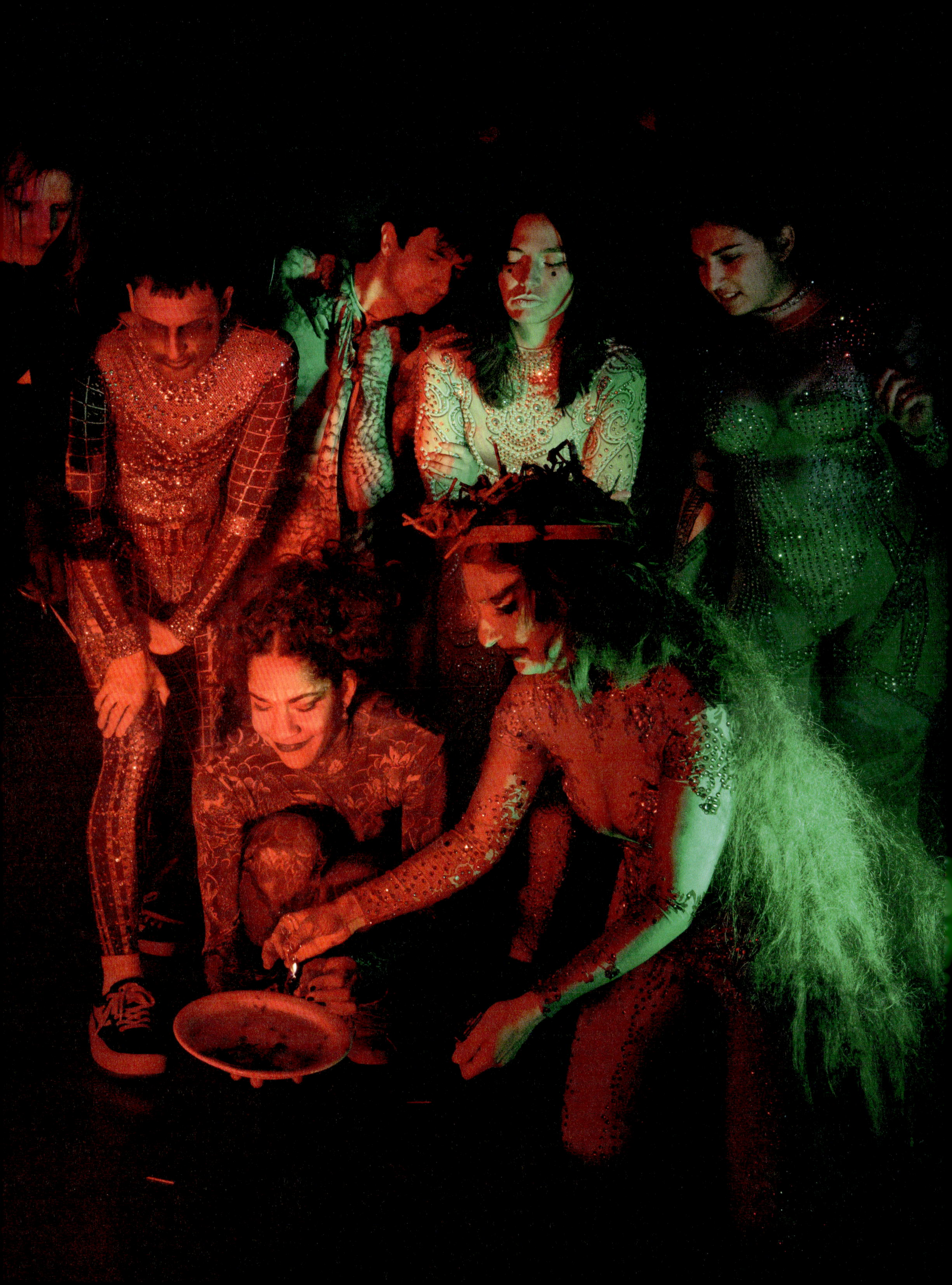

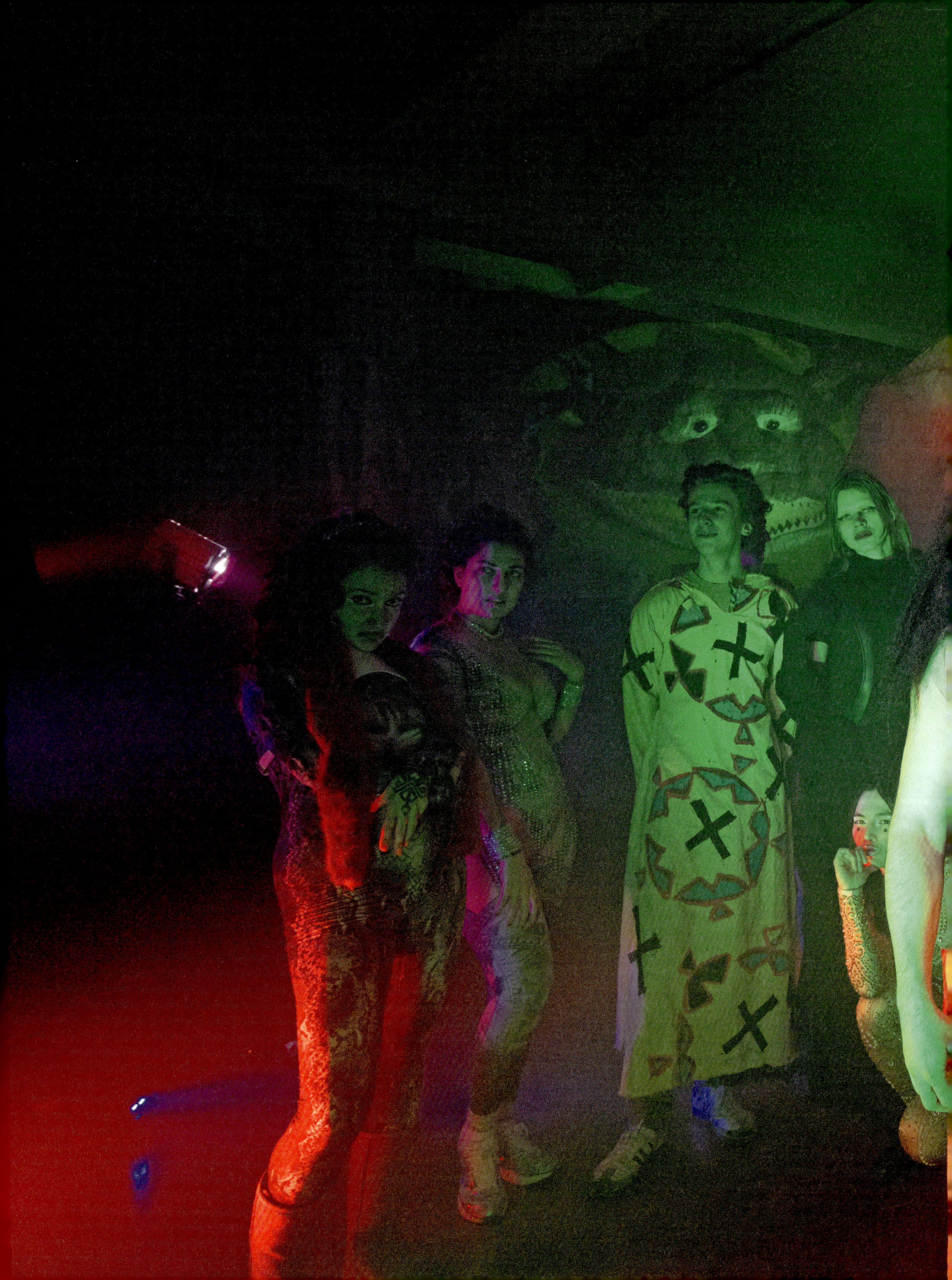

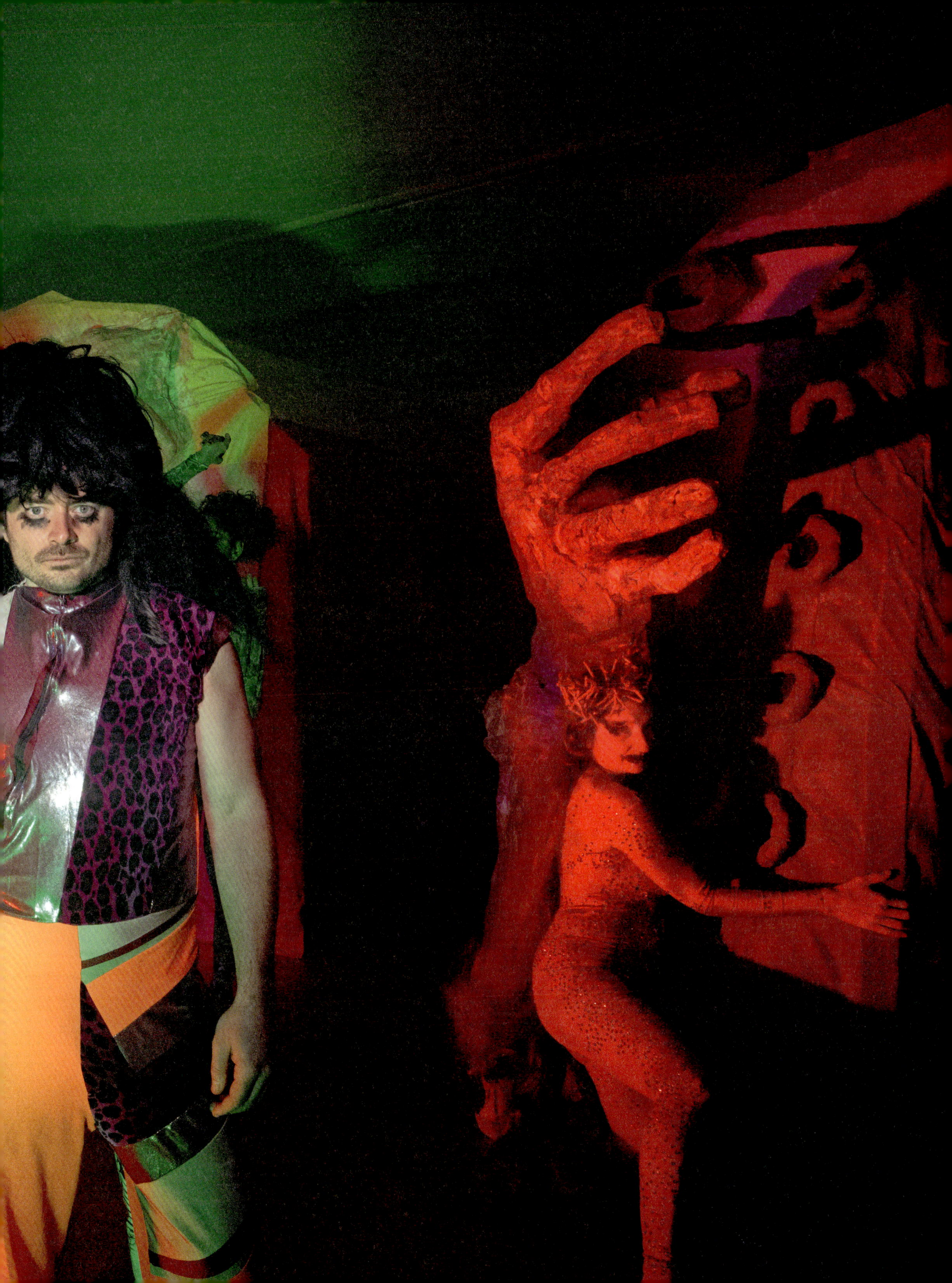

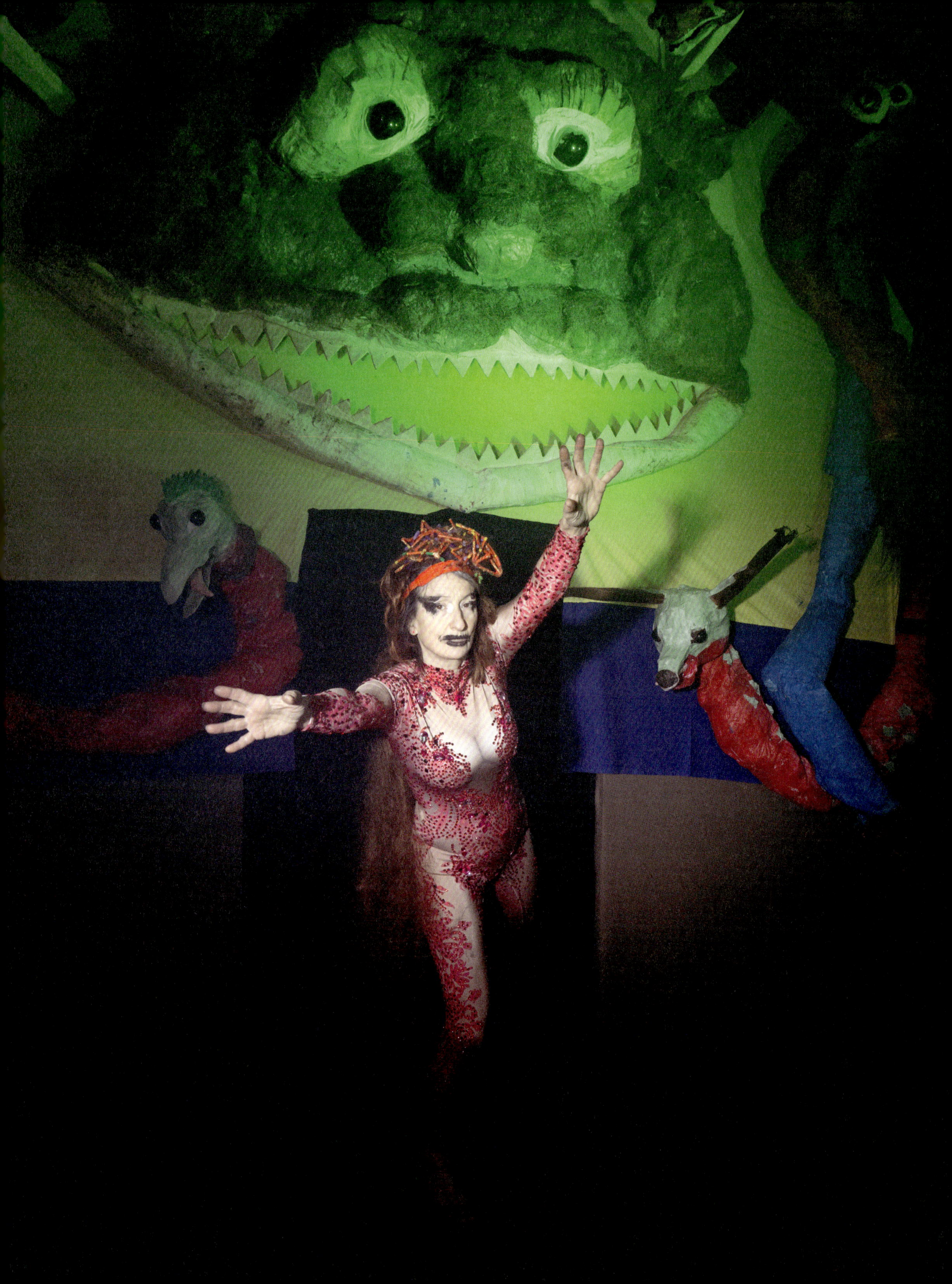

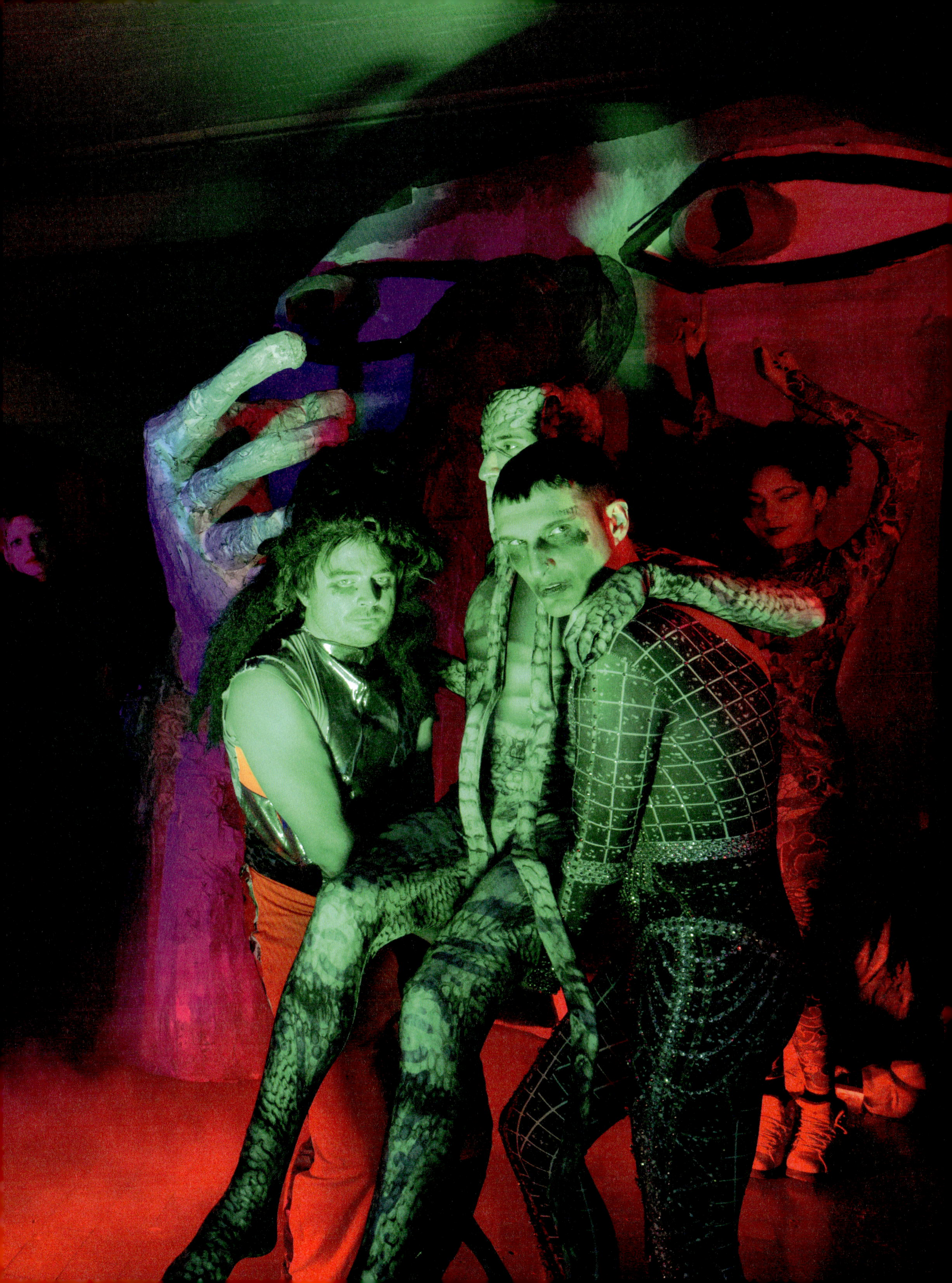

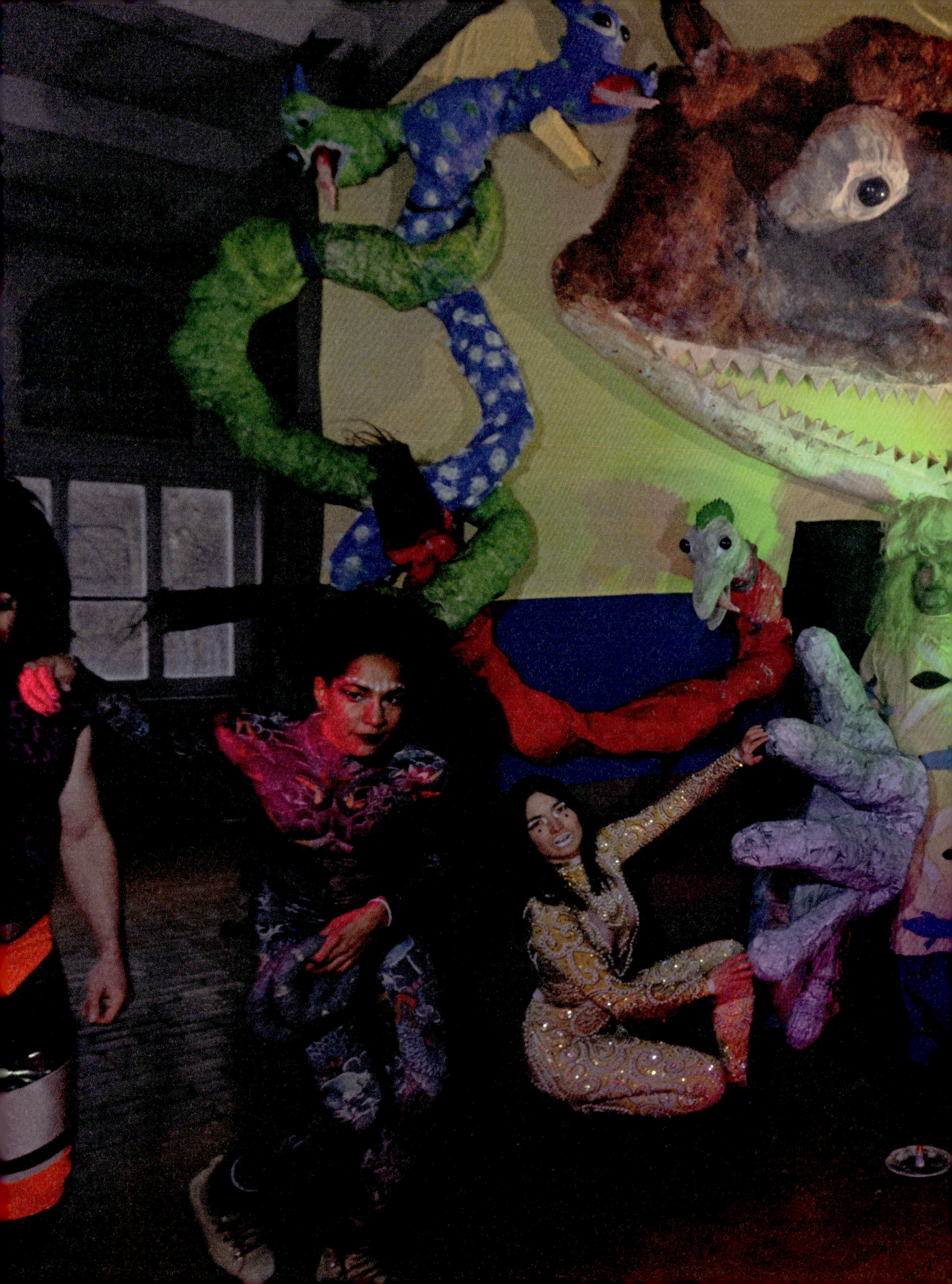

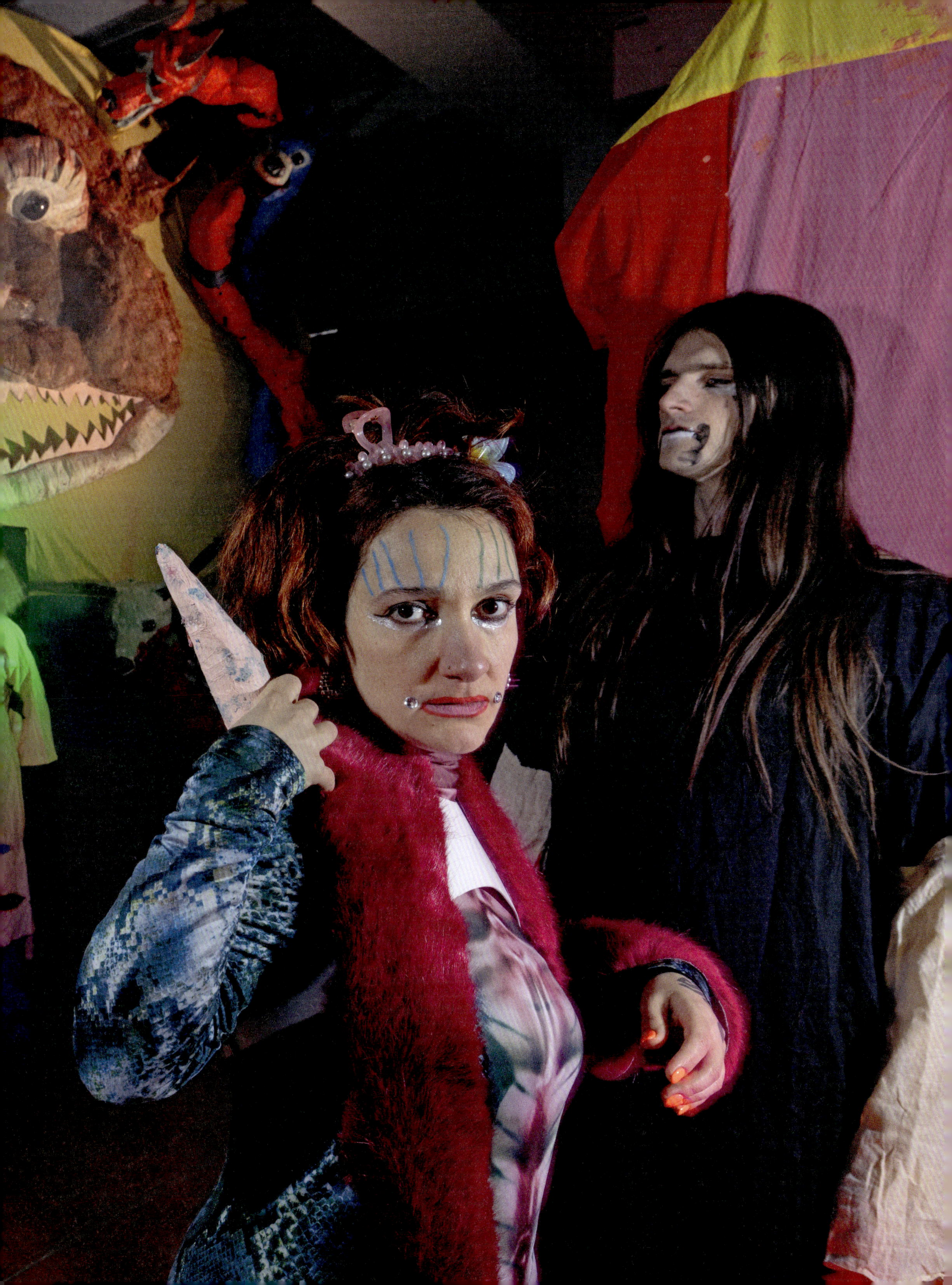

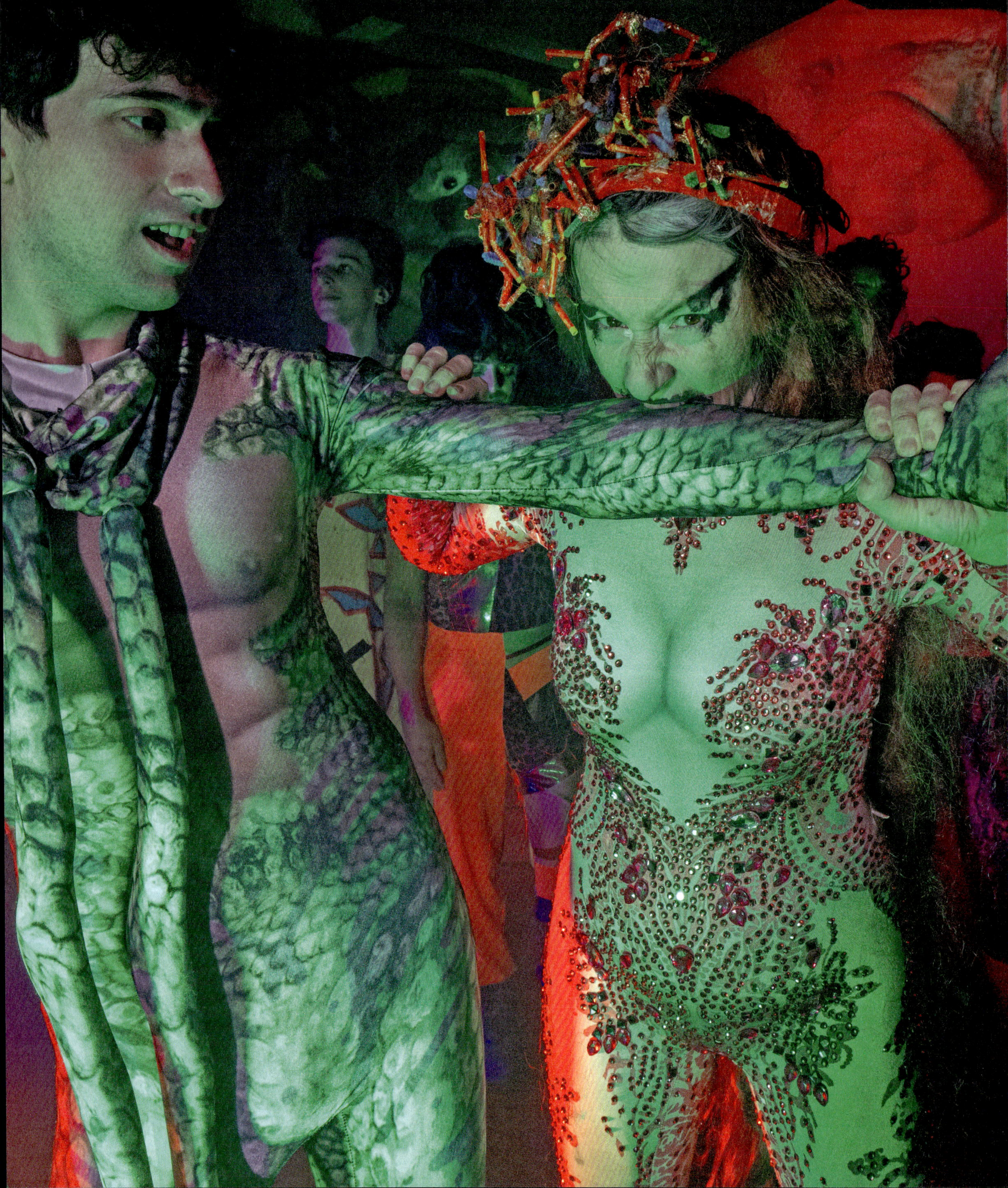

CALLS TO ACTION!

MONSTERING AS AN EMANCIPATORY PRAXIS

Emily Pethick

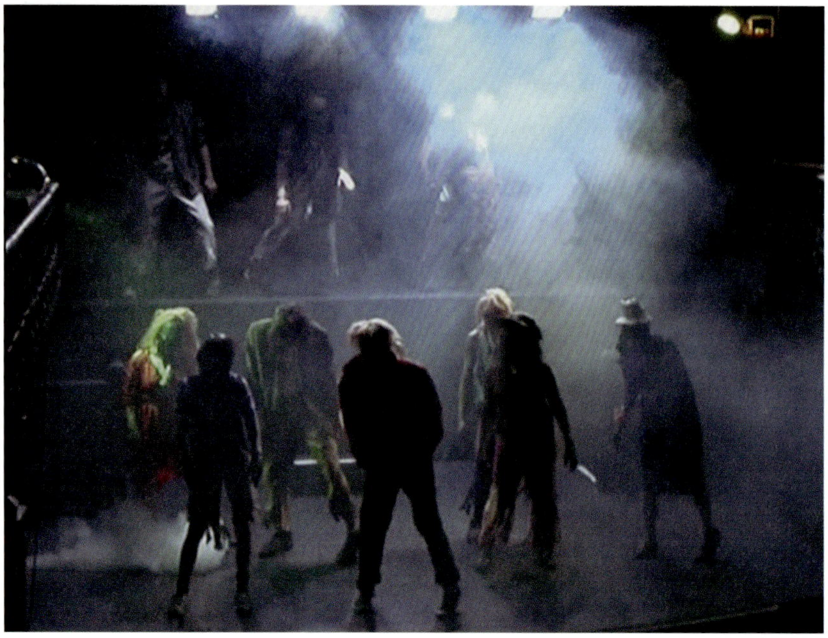

Michael Jackson's Thriller, Hoxton Hall, London, 2002

In 2002, I donned a zombie mask and a distressed slinky dress and joined Monster Chetwynd's troupe of performers to undertake an amateur rendition of Michael Jackson's "Thriller" on-stage at an event in Hoxton Hall, later performed again at a late-night squat party in Peckham, South London. We inhabited the liminality of our undead characters, becoming a herd of rampant ghouls as we rose up through clouds of smoke, swaggered and lurched from side to side, stumbling and cackling in our jubilant anonymity. The learning and performance of the dance routine (a simplified version developed by a choreographer friend), was as much about the group process as the result. It created a form of low-fi pastiche that turned popular culture to counter-culture and transcended conventional ways of being, not only through adopting the figure of the zombie, but also, as a group of artist friends, setting us free from the dominant art-world norms of that time. Most importantly, it was wild and fun, and we did it together.

The early performances did not have a clear direction, and this was what was exciting about them. Monster was testing out the staging of different characters, stories, and cultural tropes, mainly drawn from popular culture and literature. They celebrated an eclectic range of (counter-)cultural figures and anti-heroes, bringing pop and subculture into art, extracting characters from mainstream culture, unleashing and setting them free, and pushing their counter-cultural possibilities as emancipatory figures. This included the gangster/gambler Jabba the Hutt from the sci-fi movie saga *Star Wars*, the elusive Cousin Itt from the *Addams Family*, the Incredible Hulk, and the painter Richard Dadd (1817–1886), whose intensely detailed supernatural landscapes inhabited by elves and fairies stemmed from his mental illness. There were also characters associated with emancipatory acts, such as Conan the Barbarian, who escaped slavery and avenged the genocide of his people. Monster later changed Per[1] name to Spartacus (the first name change), who was also a slave rebel. As happenings, they occupied many kinds of contexts over time. The explorations started in the home, through themed parties and experimental dinners that tested out premises from Per social anthropology studies. They went on to extend out to artist-run events and spaces, nightclubs, and later made their way into institutions and galleries. These evolved from low-fi renditions of pop-cultural tropes with friends to more elaborate settings, stagings, and references, and often tested out the limits or boundaries of any given situation, of what can be contained with loose structures and open frameworks that are activated and generative. In each case, Monster involved friends, and as the performances started to become larger in scale and more elaborate, with costumes and sets, at the same time, they have consistently remained true to their origins.

The format of a "troupe" started to emerge as a consistent collective body that is not fixed, with some members participating long-term, and others who have come in and out at particular moments and convened in different constellations. It has included family members, friends, artists, and others Ze connected to in other settings, such as two actors found on a theatre community notice board and buskers Ze met on the London Underground. These relationships often start in an informal way and grow as the participants get more involved in the work and in the troupe itself, as a practice and as a community. The members have agency, and co-shape the works. They are relationships that play into long-term collaboration; conversation and co-creation feed into the practice, as a constituent part of it. Beyond this, members of the troupe have talked about how friendships grew between themselves, one describing it as a kind of "friend-making machine", and through this a "support system for life."[2] Ze still continues to form relationships through the troupe that often extend beyond the singular performance, and these feed the practice by generating energy and bonds between people.

Looking at documentation of performances and rehearsals, Monster's own presence is striking. Ze performs many roles at the same time – director, performer, and mediator – often between the performers, the performance, and the context, as well as with the public. It is noticeable how much explaining Monster does as part of the practice, to performers, participants, and audiences, often while dressed up in full costume. The performances are never a fixed situation, the performers are not positioned in set roles, and there are often no clear boundaries in terms of what is in or outside of it. While Ze often works with a team of helpers, it is still DIY, and Per hands are fully in it. This means it stays on a human scale, and close to Perself, which Ze talks about to maintain intimacy. Often the works begin with the rehearsal before and segue fluidly into public performance. There is a kind of roughness that does not play into finished form, and a loose situation that builds up and keeps on going, also from one performance to the next. They generate their own momentum between people, engaging with a given context and Monster's framework.

The long-term engagement with the troupe can also be related to the way in which the work, as a practice, is continually building its own vocabulary through the many cultural references that travel into it. These range from literary references, queer culture, camp, the carnivalesque, feminism, and eroticism

1 In this essay, Monster Chetwynd's preferred pronouns Ze and Per are used.
2 From a conversation between the author and Monster Chetwynd.

to politics – of the body, identity, and economy, of labour and social movements – interwoven with popular culture. This on-going knowledge bank has been building up for many years and plays out through an eclectic approach that continually weaves together diverse references, subject matters, and themes, with no clear beginnings and endings, but as a continuous exploration. Influences range from Bertolt Brecht to the Marx Brothers, from science fiction to feminist literature, theory and politics, through figures such as Silvia Federici, Ursula K. Le Guin, and Octavia Butler. The accumulated references inform the work in different ways, sometimes coming into the foreground as subjects, and other times playing out in the background and inspiring methodologies, such as the feminists, who Ze relates to as inspiration, taking on their work as tools and as calls to action, which together form an emancipatory praxis and process of learning through play.

One could describe these as forms of assemblage, both in the sense of collecting and as acts of gathering people and things, bringing together different sources in dialogue, activating them in different situations. This forms a continually building archive, an accumulation that keeps growing, which also visually plays out through associated collages of images and texts. The performances themselves are also often played out against backdrops of blown-up collaged photocopies of reference materials. In each case, there's a sense of a temporary coming together of diverse elements that create a space of becoming. The performance has a galvanising role in bringing this all together to create something new, as a transformative act. Over time, one starts to feel like we are looking into Monster's own mind, of all the things Ze has read, digested, and performed. In recent exhibitions, Ze has built large portals of heads with open mouths, based on medieval Hell mouths; in Kunsthaus Zürich, Ze will include giant monster heads, the interiors of which will house parts of the exhibition. They give the feeling of literally entering Monster's mind and Per world. Others allude to emancipatory possibilities, such as the play structures Ze created in London and Istanbul, which invite participation – as calls to action – and the giant folly quoting the head of the sci-fi film *Zardoz* (1974) constructed at Kunsthaus Zürich. This is based on the floating stone head of an oppressive false god that controls the population and is eventually avenged, brought down to the ground, and destroyed. They give space to on-going forms of storytelling and play.

One can relate Monster's improvised situations within a history of performance that ranges from early 1920s Constructivist and Dada avant-garde theatre to happenings and feminist and body art. Ze explored some of this history with Per own performances, such as a 2002 rendition of Yves Klein's *Anthropométrie de l'époque bleue* (1960), where a group of women made body prints on large sheets of paper, using the body as a brush, accompanied by a string quartet playing one note, as an attempt to faithfully re-enact the original. A further exploration of Klein in the performance *Insanity!* (Bozar, Brussels, 2017) took his martial arts practice as a starting point for some wild pumped-up group yoga anarchy with writhing bodies on mats, breaking the rigidity of the practice. Beyond Monster's own references, I think towards the associations that can be drawn between Per work and other kinds of happenings and modes of queer performative counter-culture, such as that of the 1970s, including the San Francisco queer hippy punk collective The Cockettes. In a film about them, former members de-

3 *The Cockettes,* a film by David Weissman and Bill Weber, 2002 (https://www.cockettes.com).
4 Ibid., a quote from a member of The Cockettes.
5 Ibid., a quote from John Waters.
6 Eve Kosofsky Sedgwick, "Queer and Now", in *Tendencies* (Durham: Duke University Press, 1993), 8.

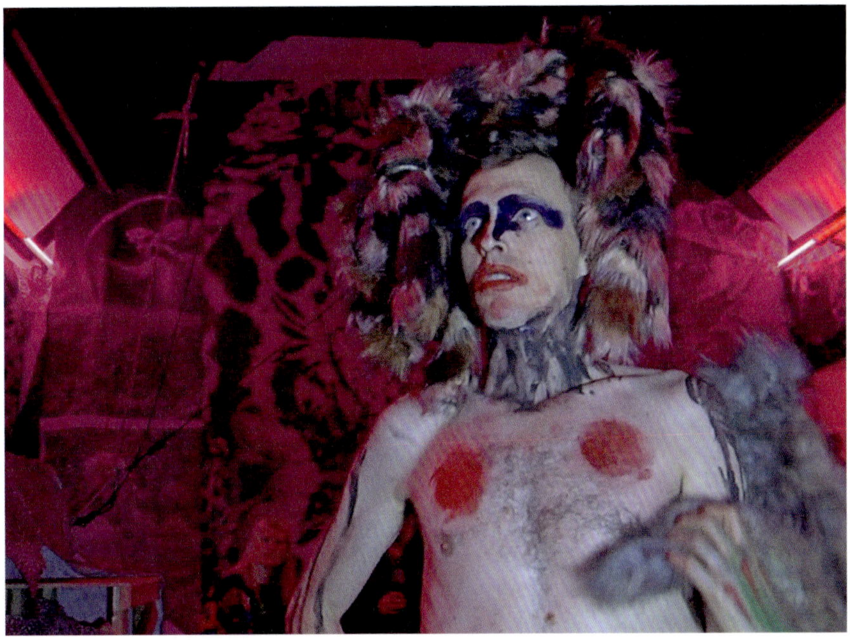

Hermitos Children 2, 2014

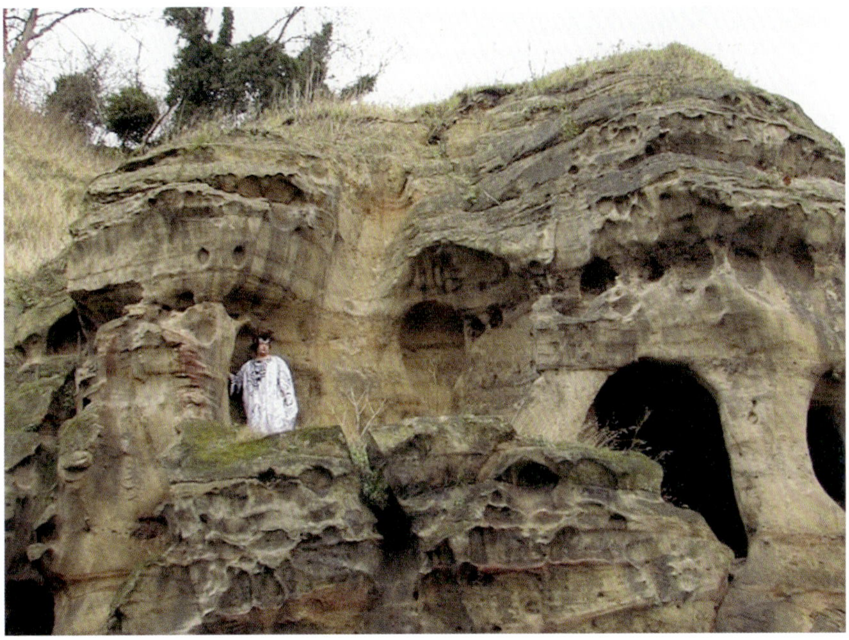

Hermitos Children 2, 2014

scribe how they put their lifestyle on stage and worked in a way that was radically inclusive.[3] It involved all genders and sexualities without making distinctions: as one of them says, "everything was included with no names", there was "nothing to grab onto";[4] as John Waters described, it was "complete sexual anarchy".[5] These open situations embody Eve Kosofsky Sedgwick's notion of "queer", which she described as "the open mesh of possibilities, gaps, overlaps, dissonances and resonances, lapses and excesses of meaning".[6]

Monster's performances similarly free up straight definitions and identities, and create radical inclusivity, embracing gender fluidity, open sexuality, and unbounded eroticism. The psychedelic trilogy of films *Hermitos Children* features the telepathic trans detective Joan Shipman, who uses her senses and visions to investigate sex crimes, including a case of a poisoned dildo. While a narrative is suggested, it's elusive, as we follow Joan through various scenes, a figure who links things together through a practice of sensing, and as a kind of seer. These include fragments of interwoven footage from performances, parties, and wild happenings, including Yoyo's, a bustling temporary restaurant assembled in a living room that is reminiscent of Monster's early dinners, and an extravagant Helmut Newton Ladies Night of performances held at the Royal Academy of Art in London that celebrates female – and trans – liberation in the widest sense. It includes one of my favourite performative moments, which I remember vividly as I was there in person, which was seeing Monster hoisted in a harness swinging naked across the space of Studio Voltaire as a kind of female warrior, part of a staging of Cretan sacrificial bull jumping rituals. These episodes are combined with scripted performances to camera, and constructed scenes, including writhing nude female bodies forming skulls, footage of bottoms and vaginas galore, performances on a dildo see-saw – indeed all kinds of sexual anarchy – as well as characters that have animalistic attributes, such as snouts and pointed ears, all played out against heavy metal musical interludes.

The performative modes in the films can be related to leftist experimental and avant-garde film and theatre, on the one side going back to Antonin Artaud and Pier Paolo Pasolini, an era where not everything had to make full sense, and obscurity was accepted without the need for reason. On the other side, Monster has strong ties to the critical consciousness-raising of Bertolt Brecht and to a lineage of radical pedagogy and community-based theatre. Here I think towards the Brazilian educator Paulo Freire's *Pedagogy of the Oppressed* (1970) that sees education and learning as political acts in themselves and critiques the culture of silence that causes "dominated individuals [to] lose the means by which to critically respond to the culture that is forced on them by a dominant culture".[7] Following this line, as well as the practices that venture beyond reason, I see affinities between Monster's practice and the São Paulo theatre company Ueinzz. Founded in a psychiatric institution, Ueinzz sustains "an on-going theatrical rehearsal as a way of caring"[8] and through this creates a completely unstructured and non-conformist attitude. The philosopher Peter Pál Pelbart, a member of the group, is active in reflecting on and giving a language to their work. The group describes how they "think of it as

7 Citation from https://www.wayfinding.net/paulo.htm (accessed 22 Jan 2025).
8 Ueinzz, program notes, *No Ready Made Men*, 19 Apr 2015, Tramway, Glasgow, https://arika.org.uk/no-ready-made-men-performance/ (accessed 18 Jan 2025).
9 Ibid.
10 Ibid.

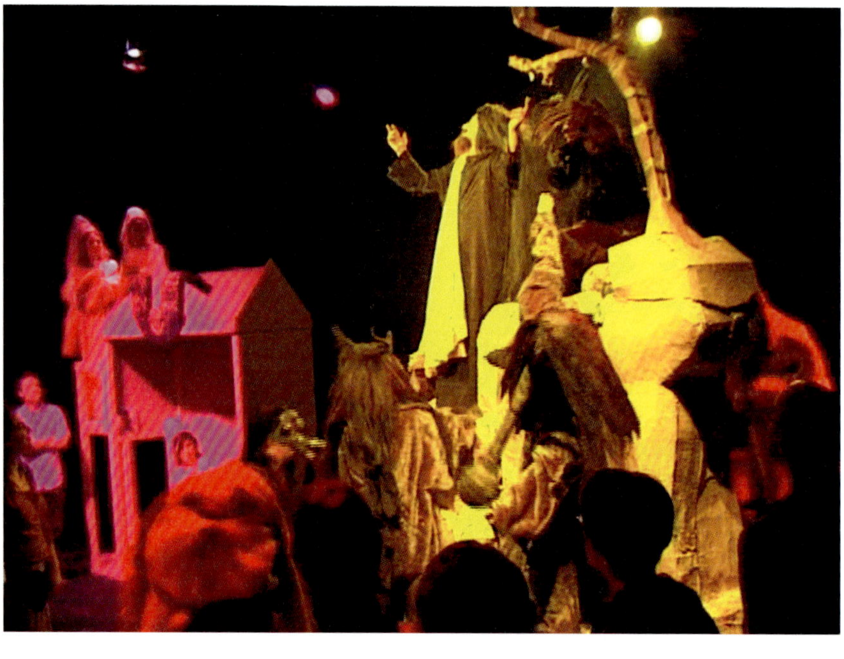

Debt, A Medieval Play, Beck's Future, London, 2005

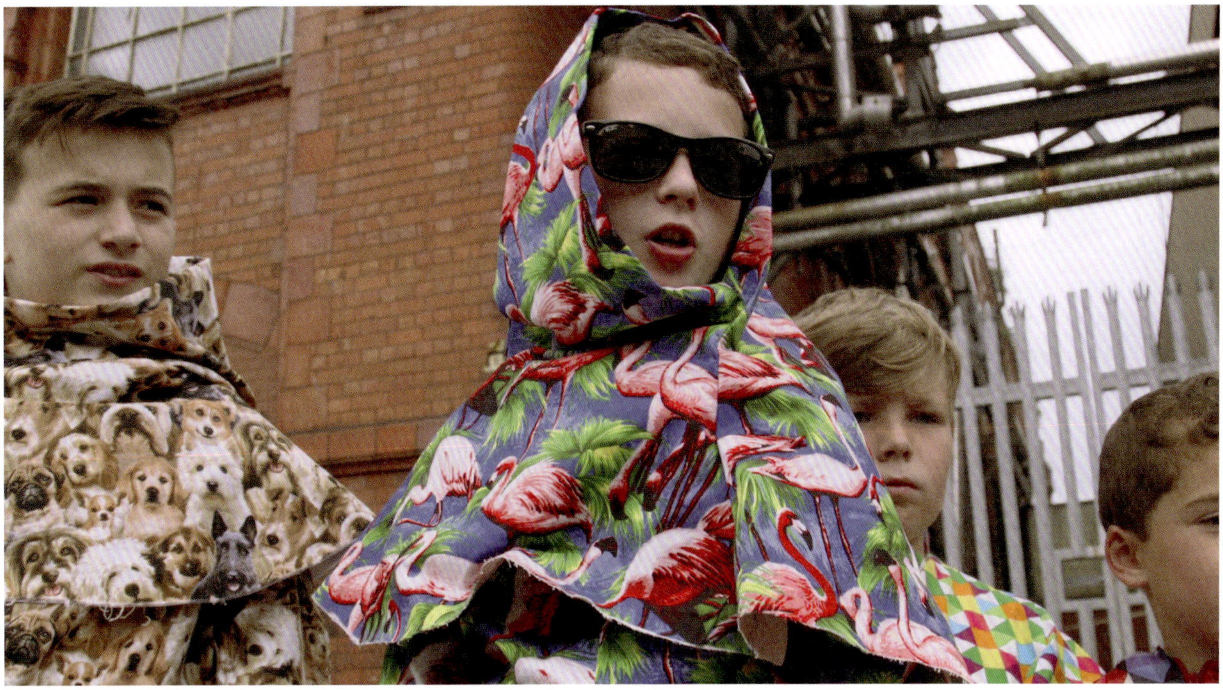

Dogsy Ma Bone, 2016

a kind of sociality: not a fixed place or a community".[9] Informed by radical ideas of care, they "practice this sociality, trying it out, reinventing it – the flows and worldviews produced in supposed 'illnesses' amplified into a theatre capable of reversing power over life into the potential of life".[10]

Monster shares the unbounded experimentality of these practices, stemming from an urge to build a different – and radically inclusive – social sphere and to work from the margins to create social empowerment through solidarity in both subject and form. This pedagogical impulse is a kind of anti-capitalist critique that has been present in the structure and content of Per work since the early days. For example, *Debt, A Medieval Play* (ICA, London, 2005), presented in the round in a black box theatre space, was one of several performances that foregrounded debt and money issues and in which audience members could seek help – whether by having their bums read, as in this piece, or by engaging with a debt councillor or having their futures read. In other works, Ze has proposed alternative economies, and ways of organizing these, such as the raucous *A Tax Haven Run by Women* (Frieze Projects, London, 2010). This took the form of a Catbus, drawn from the Studio Ghibli anime *My Neighbour Totoro* (1988), which comprised a group of performers whose arms were the legs of the feline vehicle. It created a collective body that rampaged through the fair as a kind of Trojan horse, disrupting the commercially oriented environment with a very different kind of practice, artistically and economically.

Brecht is directly referenced in the film *Dogsy Ma Bone,* a performance and film work developed in Liverpool in 2016, based on his satirical musical *The Threepenny Opera* (1928), a scathing critique of ruling-class barbarism and capitalist corruption. With echoes of the gangster plot from *Bugsy Malone* (1976), the work brings together thirty-four children and forty-four teenagers to talk about social conditions – while dressed in gregarious costumes made of fabrics festooned with cartoonish dogs and flamingos. It combines workshops, live performances, and scripted dialogue delivered to the camera, creating a hybrid artwork developed in an educational setting. In it, the characters repeatedly step out of their roles to break with the mise-en-scène and reflect on the process, describing how "everything is designed to make you think, comment, and be socially critical," and declare how, "things have got to change, and we have to start the process. [...] We want you to leave here wanting to change things."[11] The young people take on the spirit of these lines and seem to apply them to their own social realities, while at the same time, the film offers the potential for change through the activation of their agency in the co-learning and co-creation of the work. Through this, one can see their brightness and potential, but also the fun they have as they experiment with pastiche, young guys being tough guys, and camp outfits that create an even more slapstick version of the opera on which it is based.

The cats, dogs, slugs, bats, and other monsters and animals that frequently appear in the work are absurdist and cartoonish but also have a politics to them as characters that can hold contradictions: they embody and express agonism – a political and social theory that emphasises the potentially positive aspects of certain forms of conflict. The monstrous and the grotesque have long been hallmarks of anti-capitalist critique, as is the form of the zombie, the hallowed embodiment of a liminal being that has been stripped of its functional capacity, and holds the contradiction of being both dead and undead. As Lars Bang Larsen writes:

> The zombie isn't just any monster, but one with a pedigree of social critique. [...] Alienation – a Marxian term that has fallen out of use – is central to the zombie. To Marx the loss of control over one's labour – a kind of viral effect that spreads throughout social space – results in estrangement from oneself, from other people, and from the "species being" of humanity as such. This disruption of the connection between life and activity has "monstrous effects". Today, in the era of immaterial labour, whose forms turn affect, creativity, and language into economical offerings, alienation from our productive capacities results in estrangement from these faculties. [...] What is useful about the monster is that it is immediately recognizable as estrangement, and in this respect is non-alienating.[12]

In Monster's *Thriller*, the very act of performing as zombies as a mode of friendship countered this drive, as did the act of doing something together, embodying the disembodied; the idea of a semi-human, undead, took down the boundaries that normally exist in the more normative forms of sociality. Monster's mode of producing alternative modes of sociality is not limited only to critical consciousness-raising, but also impacts ways of transforming and opening subjectivities, sexualities and genders, as well as beings and modes of being. Similarly, the regular population of Per performances and works with non-humans and animals creates a shift away from anthropocentrism and towards alignment with multispecies justice movements that seek equality for all beings. This exploration of different kinds of liminality, between human and non-human, different genders and sexualities, the individual and the collective, forms a kind of openness to embody a mode of being that does not have to fit into stable categories, or to conform to set social expectations. This also relates to how Ze has evolved Per own identity, having changed names multiple times: first to Spartacus, then to Marvin Gaye, and later to Monster. The names created gender ambiguity, even-

11 Quotes from the film *Dogsy Ma Bone*, dir. Monster Chetwynd (2016), performed by young people.

12 Lars Bang Larsen, "Zombies of Immaterial Labor: The Modern Monster and the Death of Death", in *e-flux journal*, no. 15 (April 2010), https://www.e-flux.com/journal/15/61295/zombies-of-immaterial-labor-the-modern-monster-and-the-death-of-death/ (accessed 19 Jan 2025).

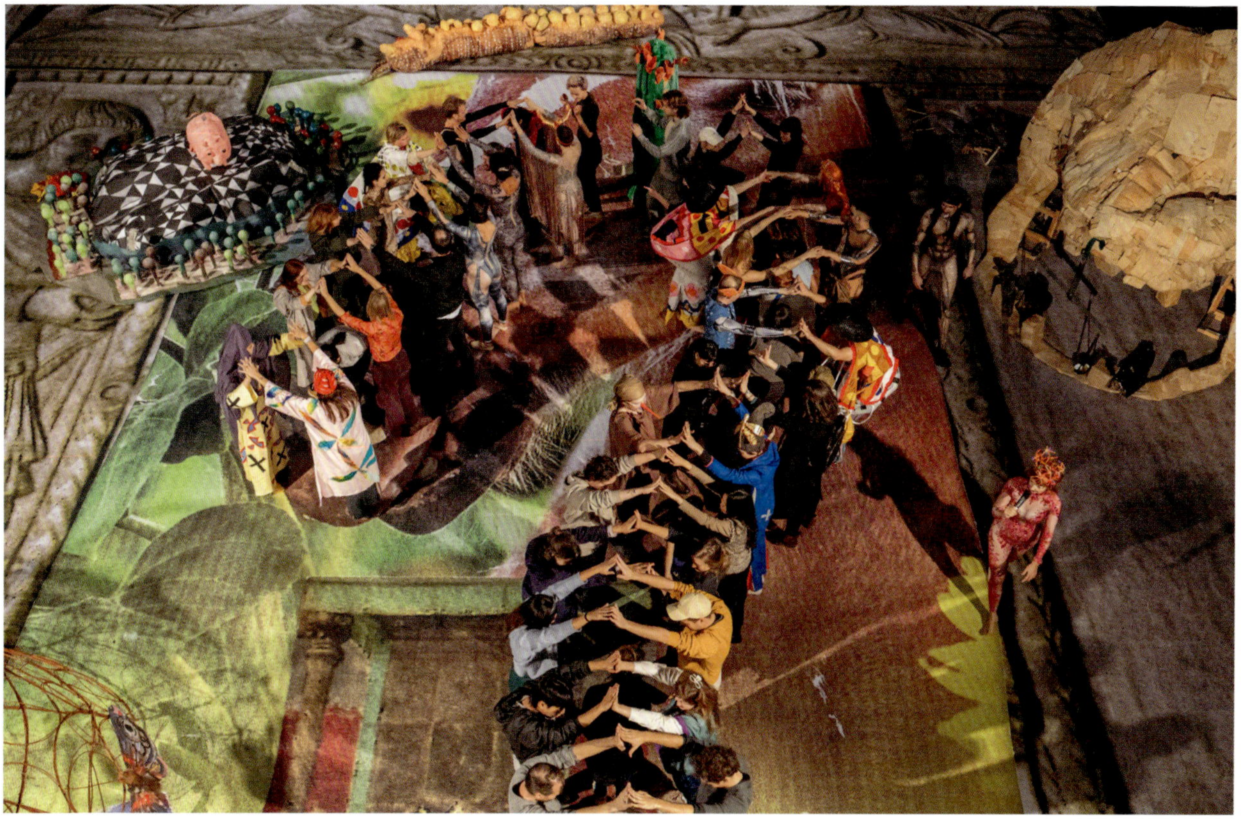

Silk and Beer (Wages for Housework), Belvedere 21, Vienna, 2024

tually to one that is un-gendered, and the changes are linked to personal transformation, as Ze describes: "I have changed my name each time as an economical way to gain new direction or territory, and it is still working."[13]

Monster plays with these notions of estrangement, taking on the monsters as parables, and at the same time, as characters that can be inhabited and turned towards other potentialities, to form counter-cultural positions that are empowering rather than alienating. This lies at the core of the recent body of work *Moths, Bats and Velvet Worms! Moths, Bats and Heretics!* (Belvedere 21, Vienna, 2024), which embraces these species and subjects as those that are, in one way or another, demonised or "monstered" and associated with fear or disgust. In connection with this, Ze draws on key feminist thinker Silvia Federici's book *Caliban and the Witch* (2004), which analyses the end of feudalism and the rise of capitalism and how this relates to the rise of sexism and racism. Federici explores the ways in which women's bodies have been subjugated over the course of history, in particular the persecution of women witches and heretic groups that refused to conform to the Church and instead established their own support structures. Jessica Ram writes in the catalogue for the exhibition: "The capitalist approach has redefined, and continues to redefine, femininity according to its extractive needs. There is a chain of cause and neglect that leads from feudal times directly to shackles that continue to burden women of the present [...] The scapegoating of women and the systematic breaking of female support networks throughout history is horrifying to comprehend."[14] Ram goes on to describe how *Caliban and the Witch* "high-

13 Monster in conversation with Raphael Gygax in this publication.
14 Jessica Ram, "Happy Heretics" in *Monster Chetwynd: Moths, Bats and Velvet Worms! Moths, Bats and Heretics!*, exh. cat. Belvedere 21, Vienna (Cologne: Verlag der Buchhandlung Walther und Franz König, 2024), 37.

lights many examples of the disenfranchised coming together to usurp the status quo using any means at their disposal," and how in the face of this, Monster creates a "performance that mobilises the human capacity to create joy out of life, even in the darkest of places."[15]

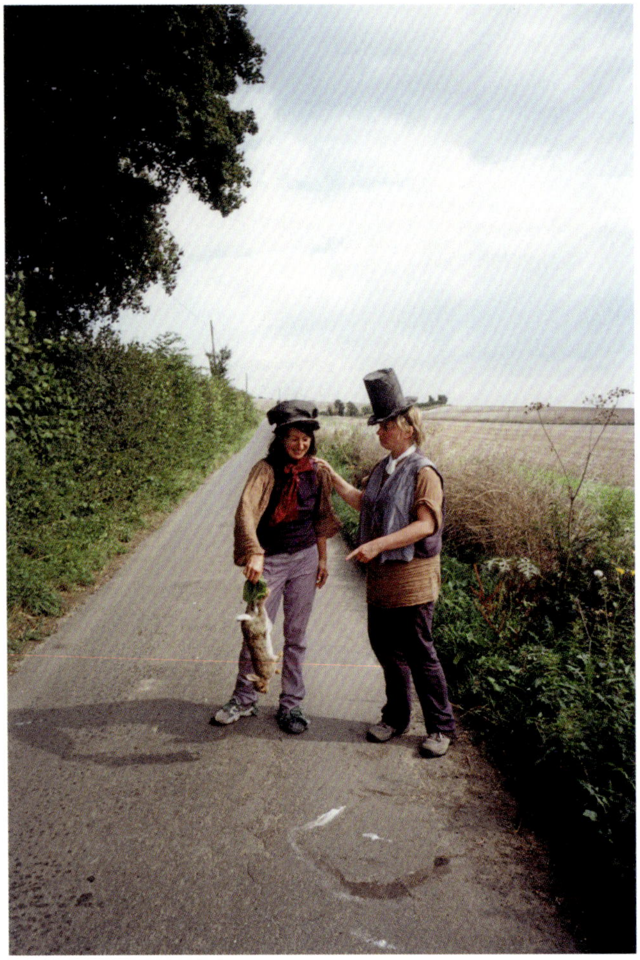

The Walk to Dover, 2005 ⁄ 07

This attitude runs through all the works and is perhaps encapsulated most vividly in Monster's 2005 *The Walk to Dover*. This seven-day expedition of around 100 miles was taken with two friends, dressed up in Victorian attire, with dishevelled top hats and waistcoats, seeking to trace the steps of Charles Dickens's semi-autobiographical novel *David Copperfield* (1849 ⁄ 50) from London to Dover. The resulting work is a series of still images, which begins by setting the scene with the stories of Copperfield – a mistreated orphan, who was put to work in Blacking Warehouse and runs away to find his eccentric aunt, Betsy Trotwood – and Dickens's own experience of witnessing the financial pressures and social insecurity of his father, who spent a period in a debtors' prison. In contrast to the scene set, *The Walk to Dover* shows a jovial group of three friends setting off and foraging along the way, through urban suburbs, summer fields, skinny dipping in rivers and foraging for food, nibbling on berries and leaves, and living off the land for free. There's an air of rebelliousness, of going off the grid, living without means, in this case as an experiment and through choice and in the way that it remains intimate, staged without a direct audience and uncommodifiable as an artwork. It forms a picture of freedom, in the sense of the freedom to be oneself, as well as someone else. While it can be read as a parable of artistic precarity, it is also a joyful image of friendship and solidarity. It's a pilgrimage, but one that is not the destination, but the process itself, an experiment in quite literally living one's practice and at the same time practising a different way of life.

A sense of jubilant anarchy – a combination of experimental performativity and communitarianism, consciousness-raising and critique – lies at the heart of *The Walk to Dover,* and runs through Monster's practice. It plays out on different scales, from the rudimentary DIY performative experiments amongst friends, to the on-going series of painted *Bat Operas,* to the most elaborate and carnivalesque interventions – including the giant slugs that festooned the façade of Tate Britain. In these, the opulence of the costumes and sets, the absurdity, humour, and sense of play, and the familiarity of some of the references create a disarming quality that draws people into the work, while

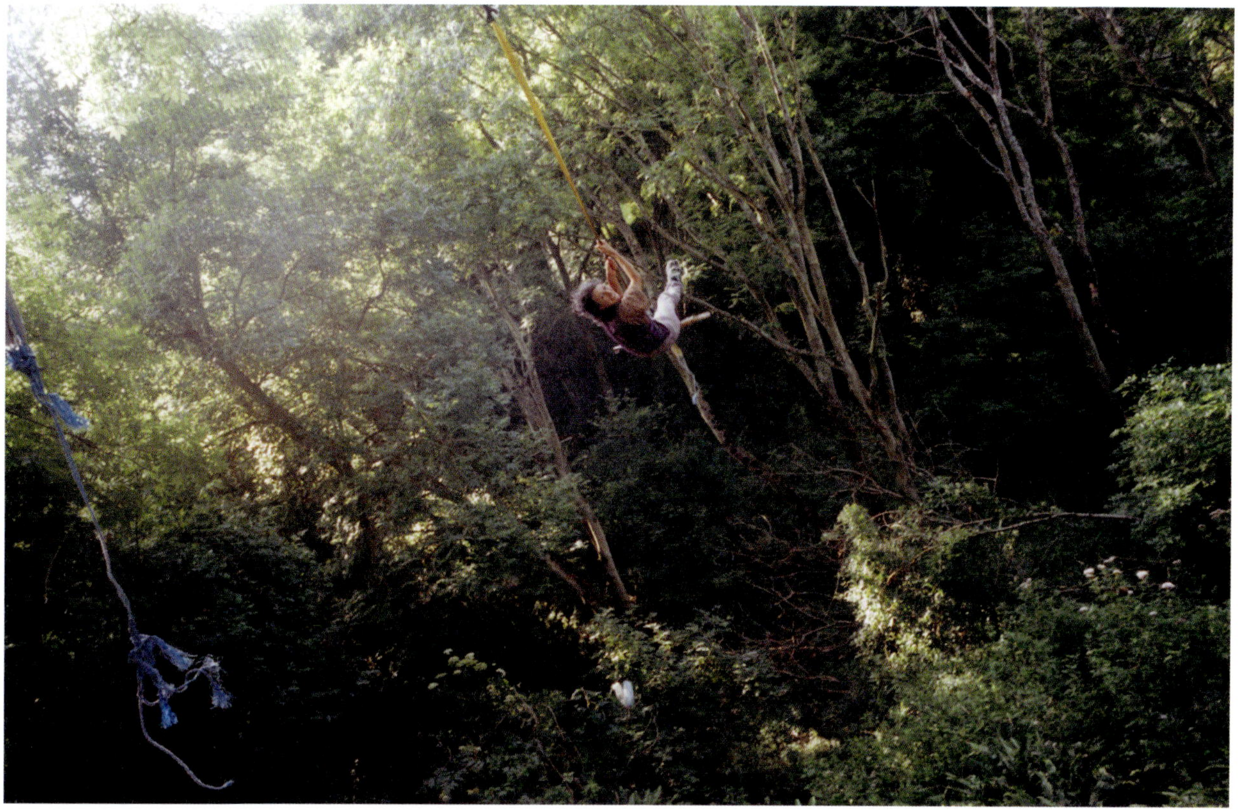

The Walk to Dover, 2005/07

confronting them with questions, such as about value: what we value, and what is the value that society gives to beings. They create a counter-position to the products of a hyper-capitalist regime, to atomisation, exploitation, alienation, precarity, and individualism.

Friendship is central to this, and here one can look to Jacques Derrida's "The Politics of Friendship" (1993), where he cites Aristotle to declare "in friendship it is more appropriate to love than be loved",[16] and to bell hooks, who declares love as an action and part of any movement for social justice.[17] In Monster's case, forms of relationality play out on all levels and create radical inclusivity that extends beyond the human to a whole lineage of friends and characters that are featured in, inspire, and co-create the work – the heretics, bats, worms, slugs, monsters, hulks and barbarians, the zombie itself, humans and non-humans, facts and fictions – as an extended and ever-extending community. Ze builds new worlds, and through this, creates different freedoms: to be oneself, to be in relation with others, to build different forms of community, solidarity, alternative structures, modes of being, new imaginaries, and to keep opening this up to others as a joyful emancipatory praxis. It leads me to reflect on my own friendship with Monster, and, in writing this text, of a friendship that weaves between life and work, which combines vital support, shared thinking and inspiration, and beyond all this, so much laughter and so much fun.

15 Ibid, 37-38.
16 Jacques Derrida, "The Politics of Friendship", in *American Imago 50,* no. 3 (Fall 1993), 354.
17 bell hooks, *All About Love* (New York: William Morrow, 2000).

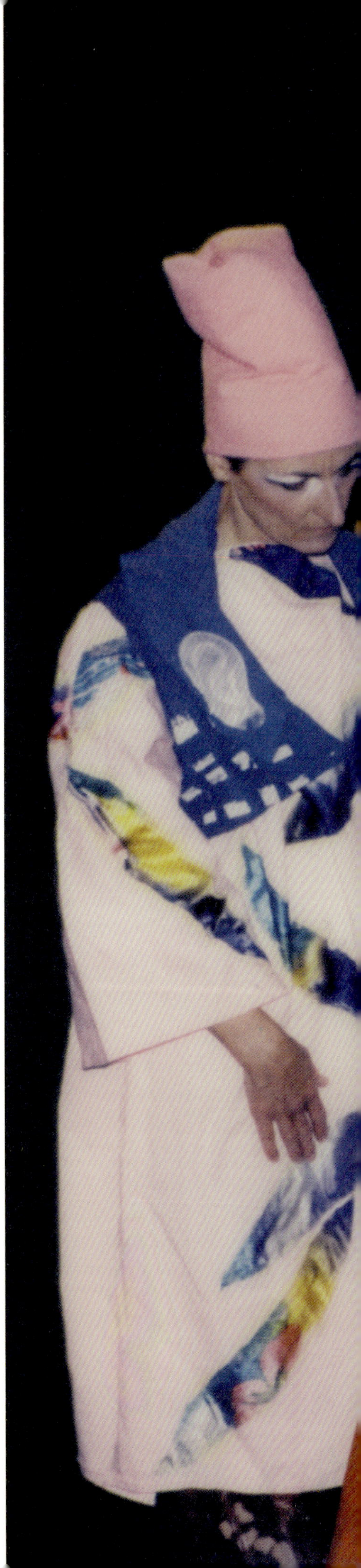

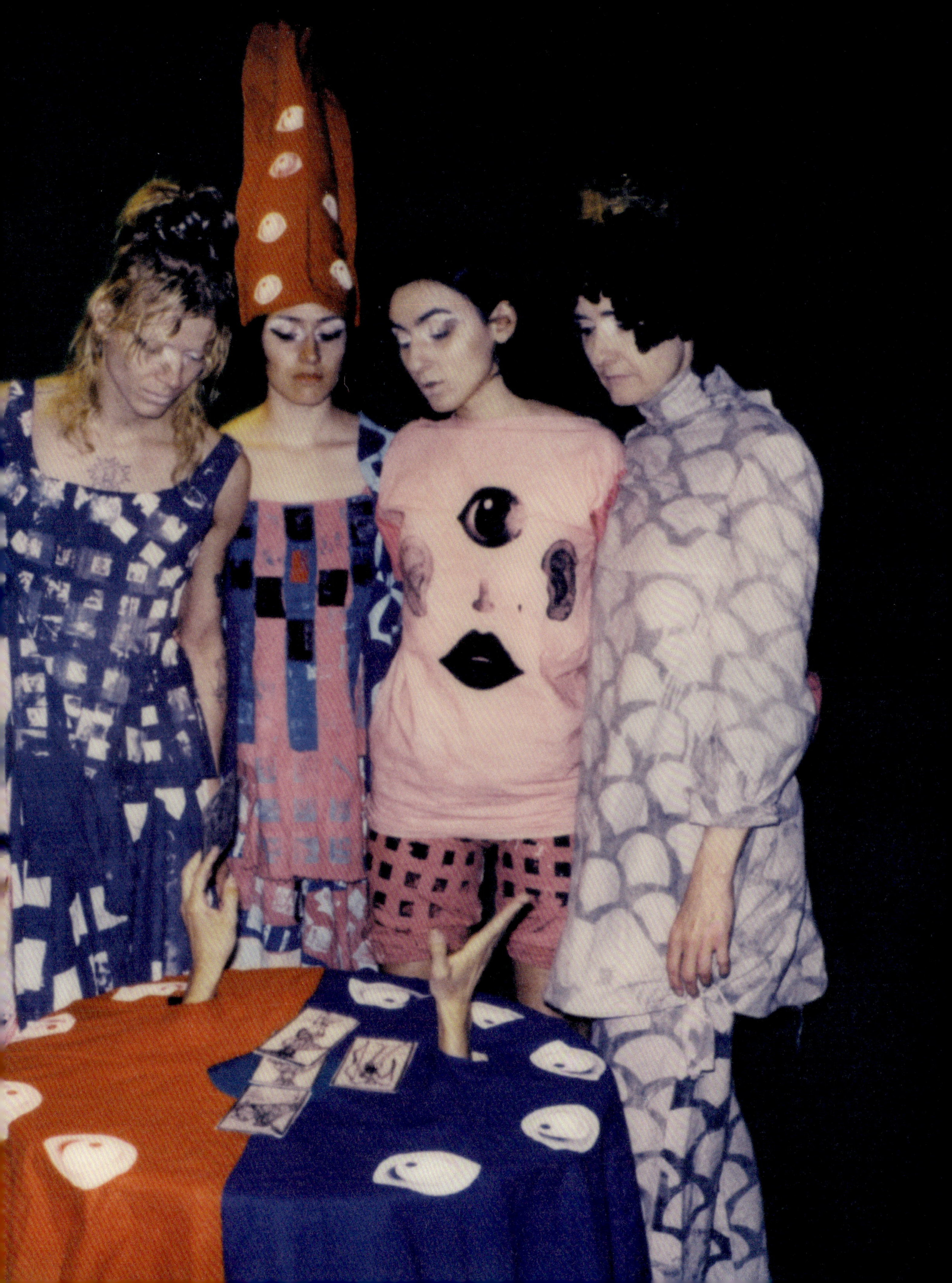

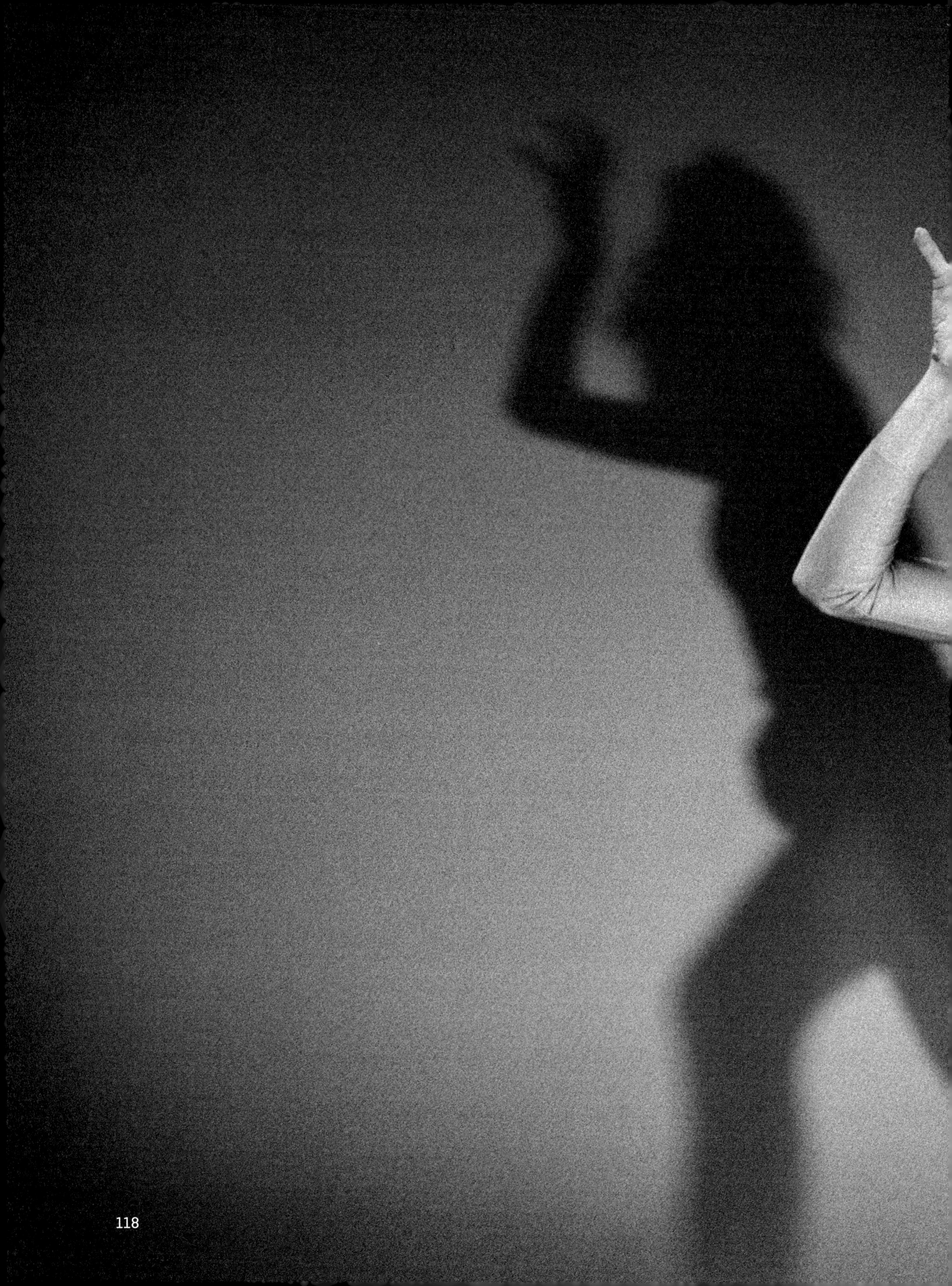

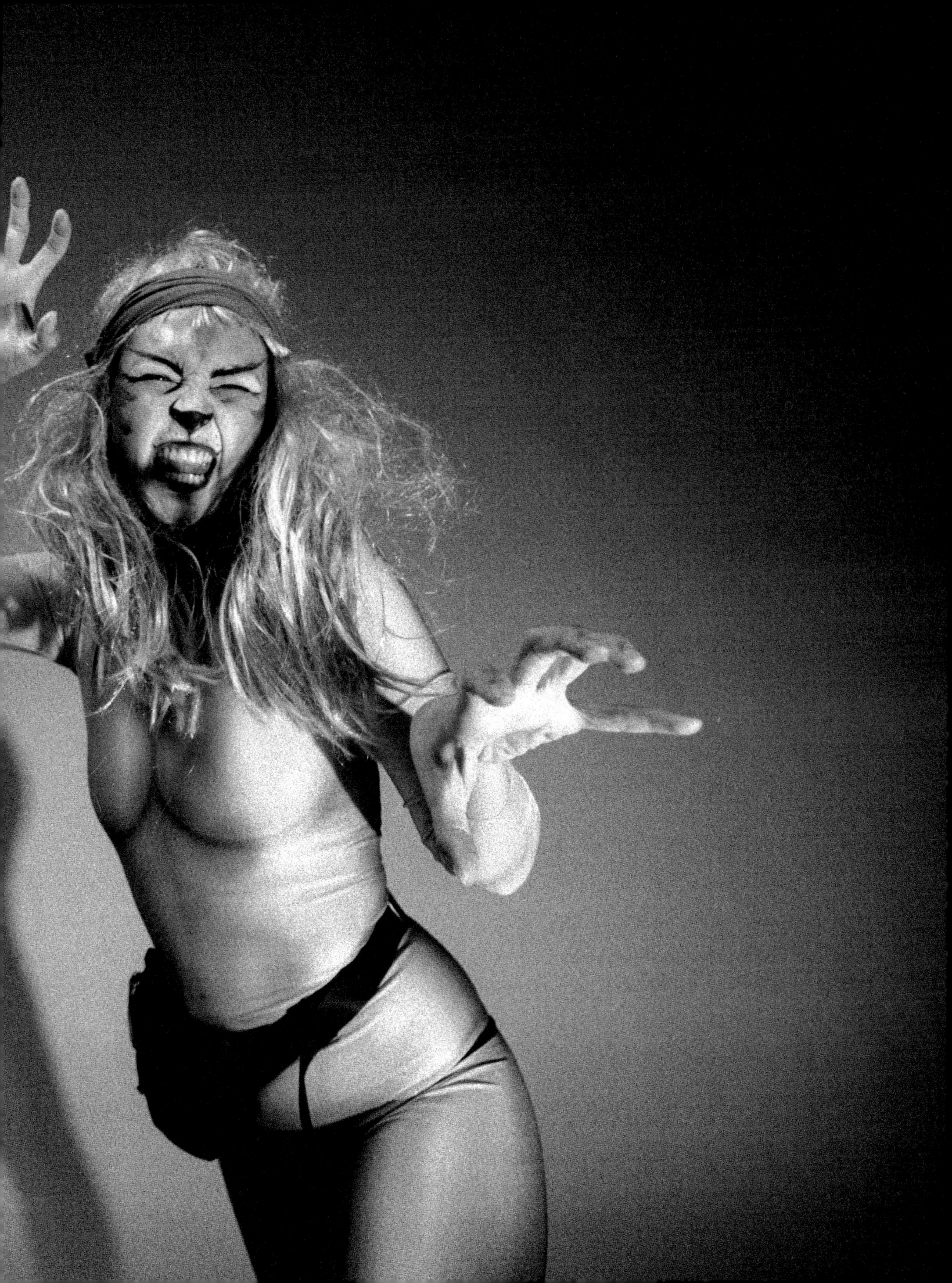

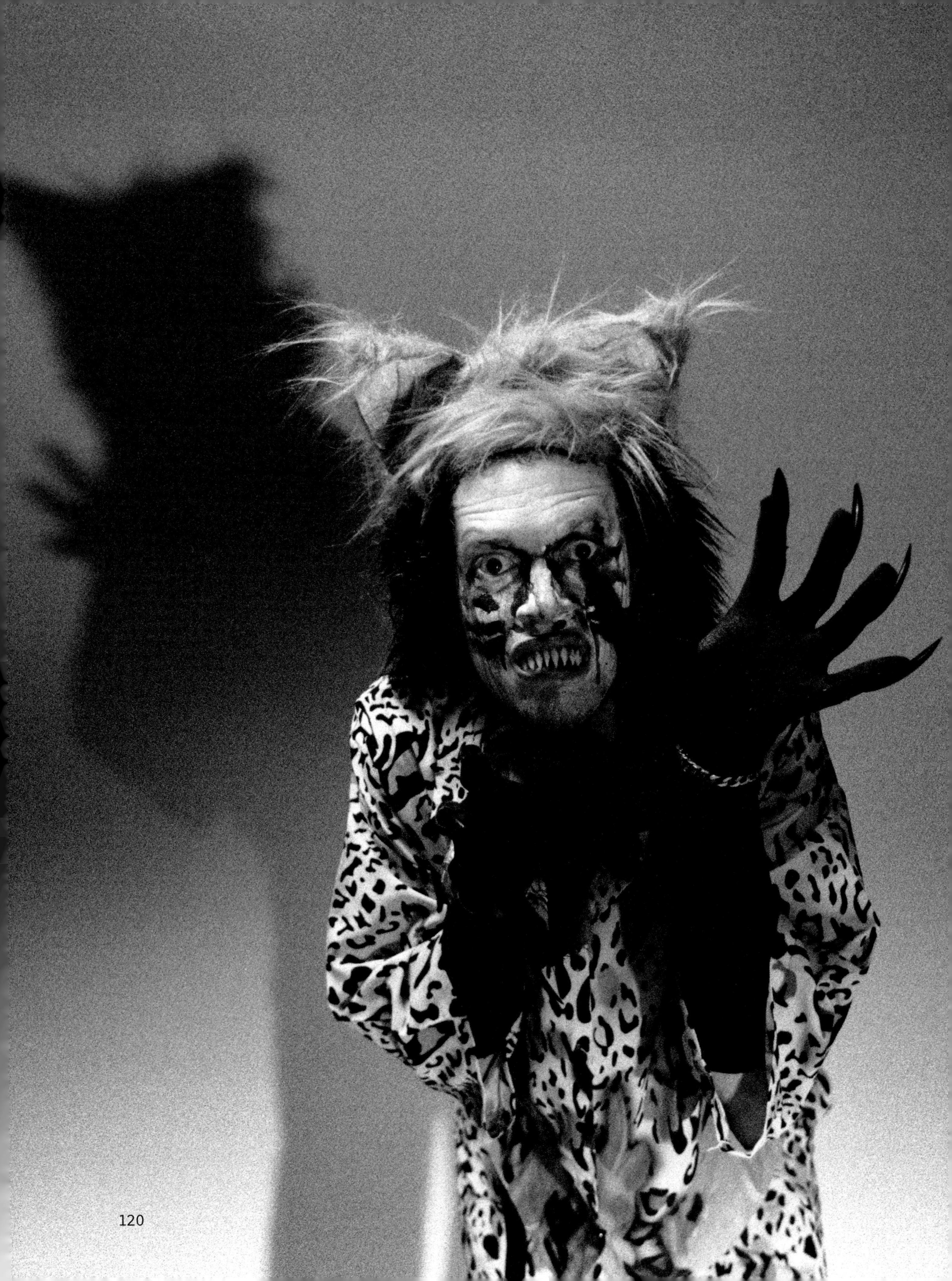

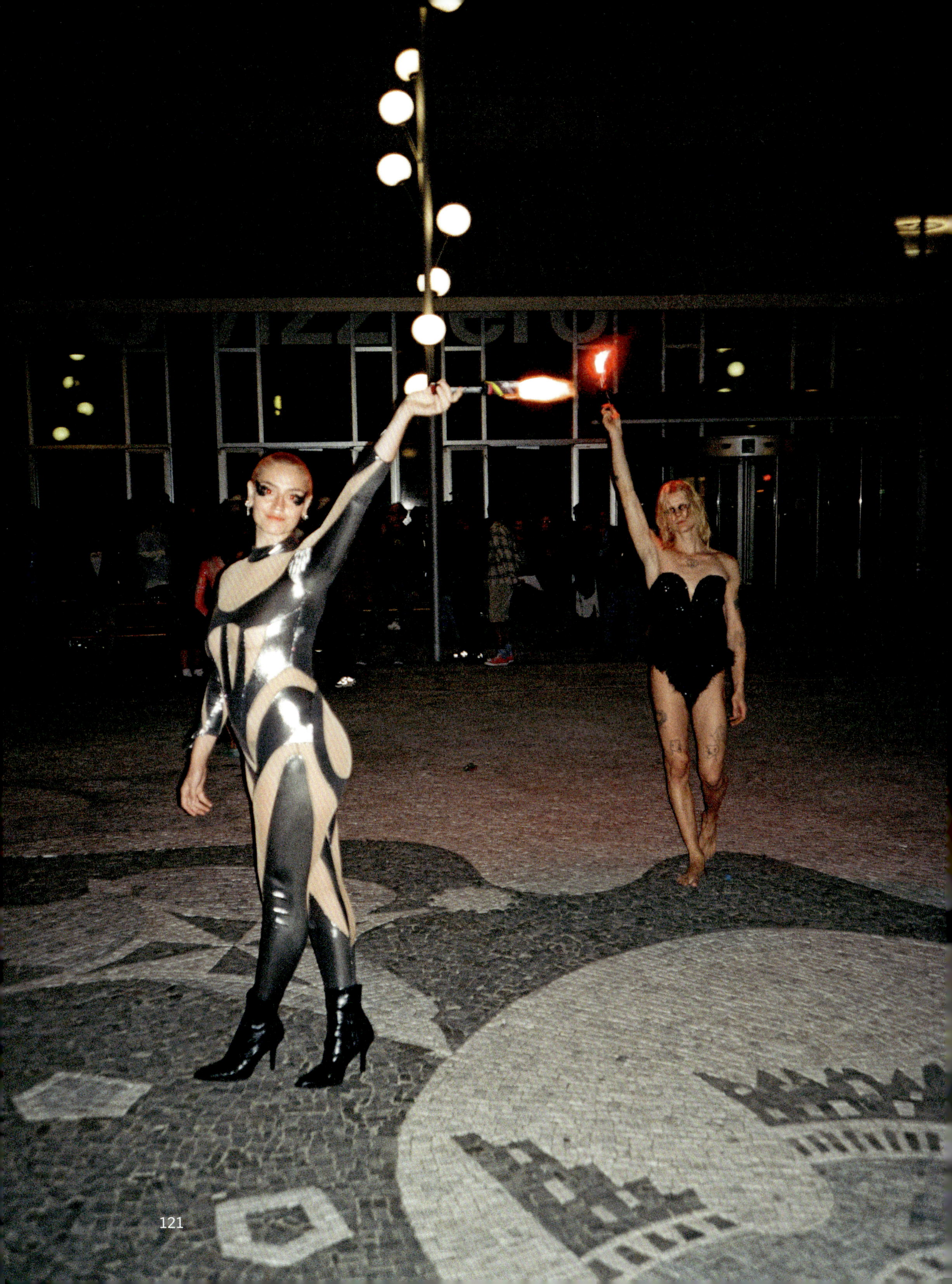

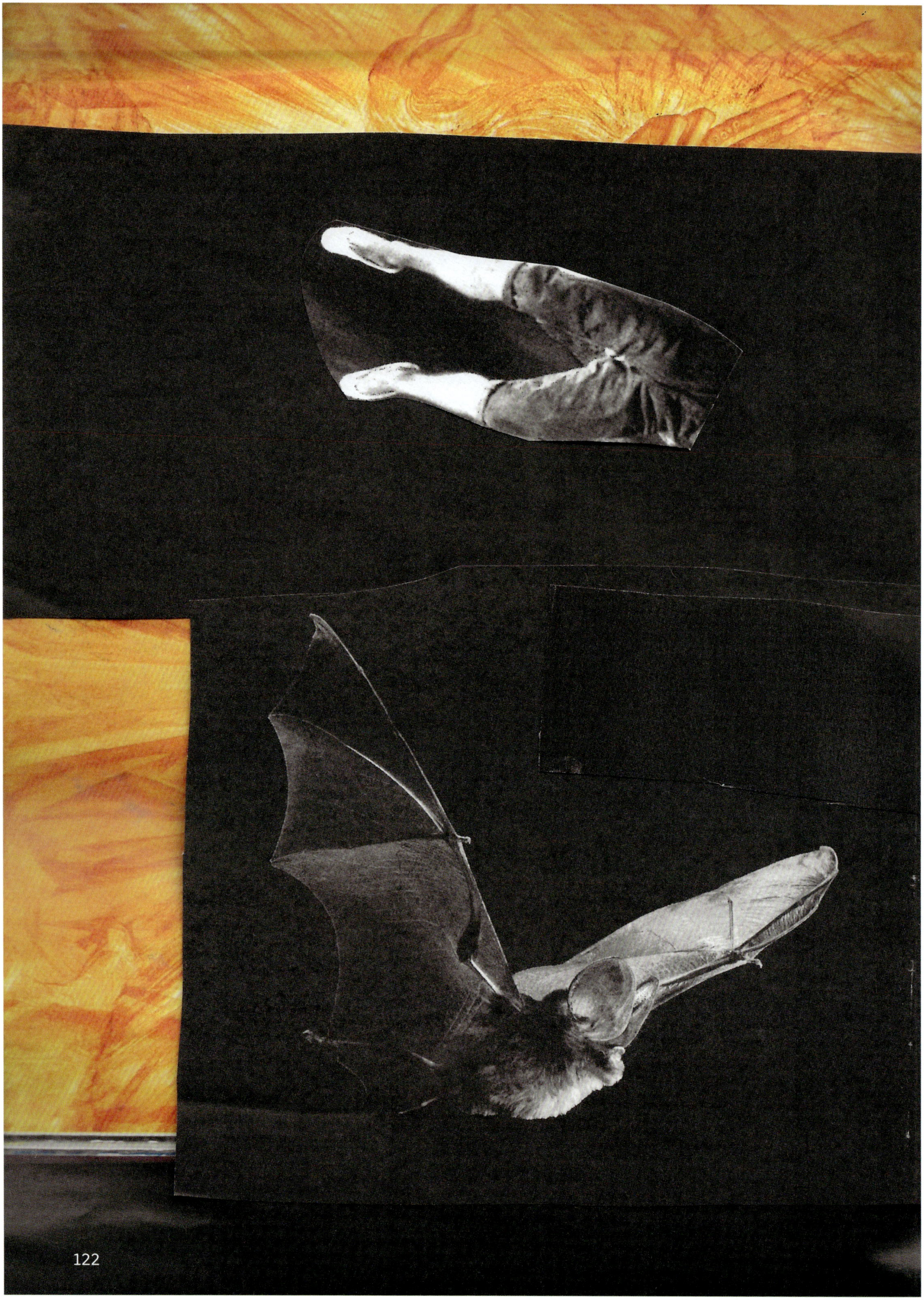

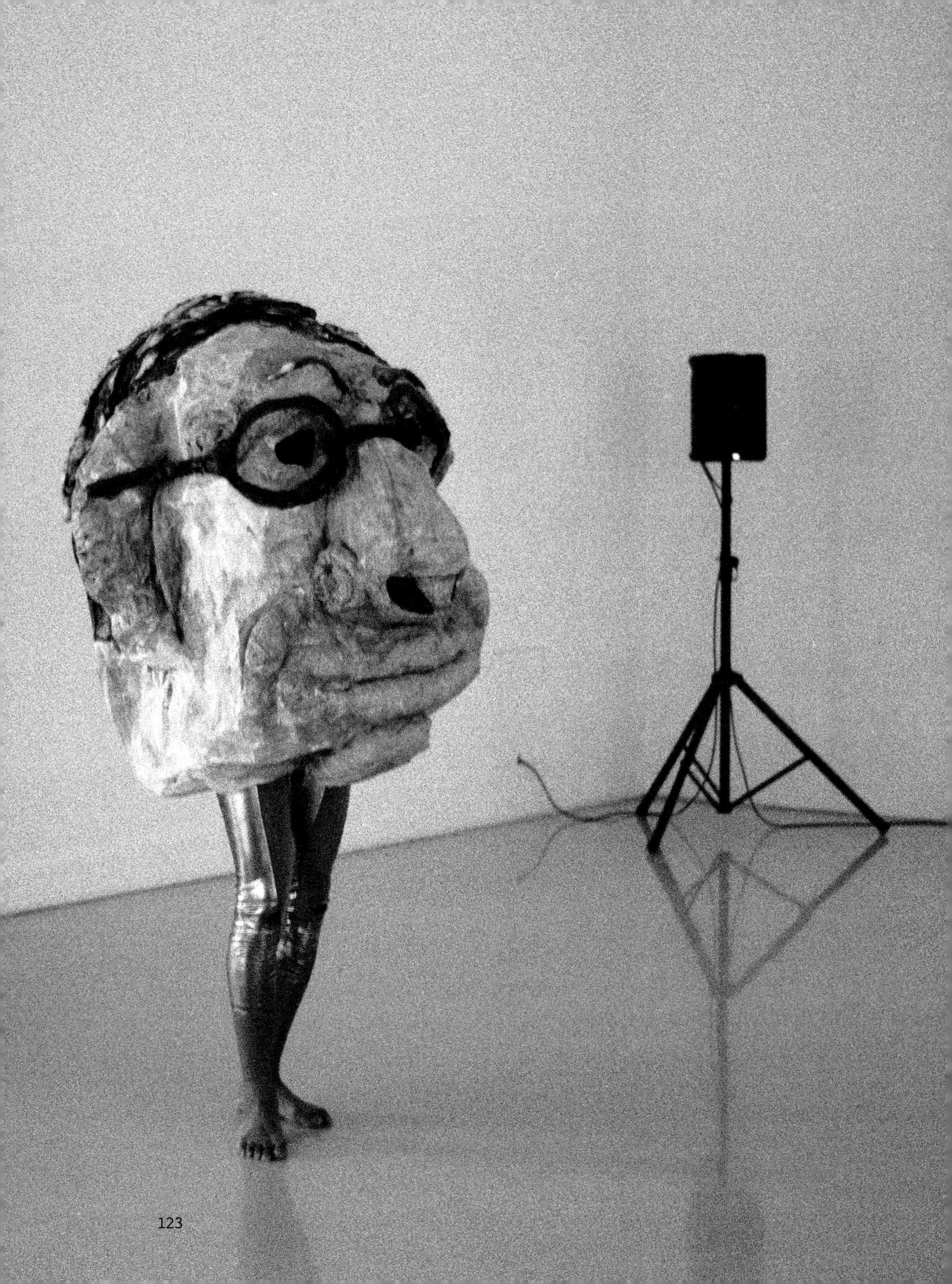

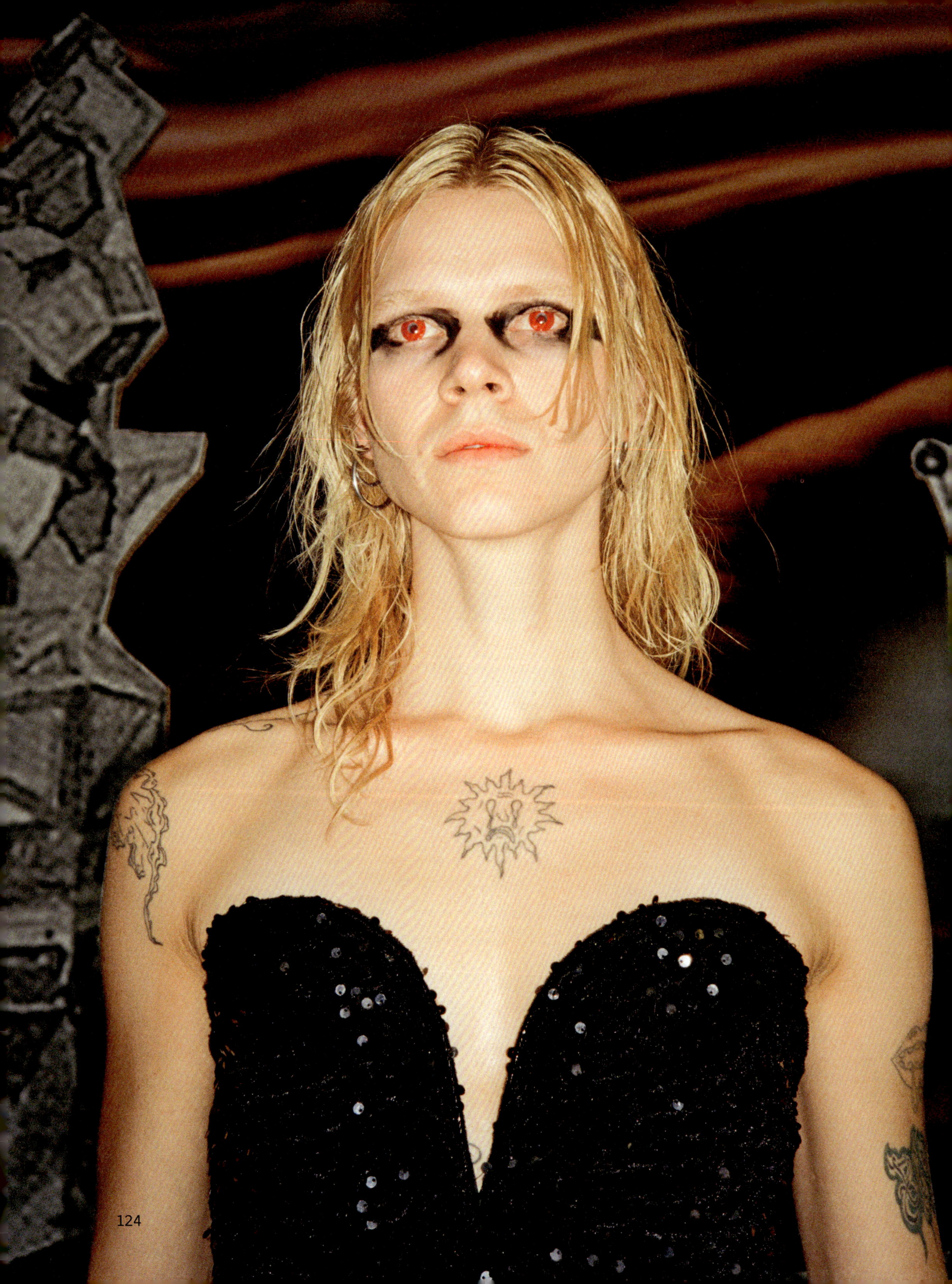

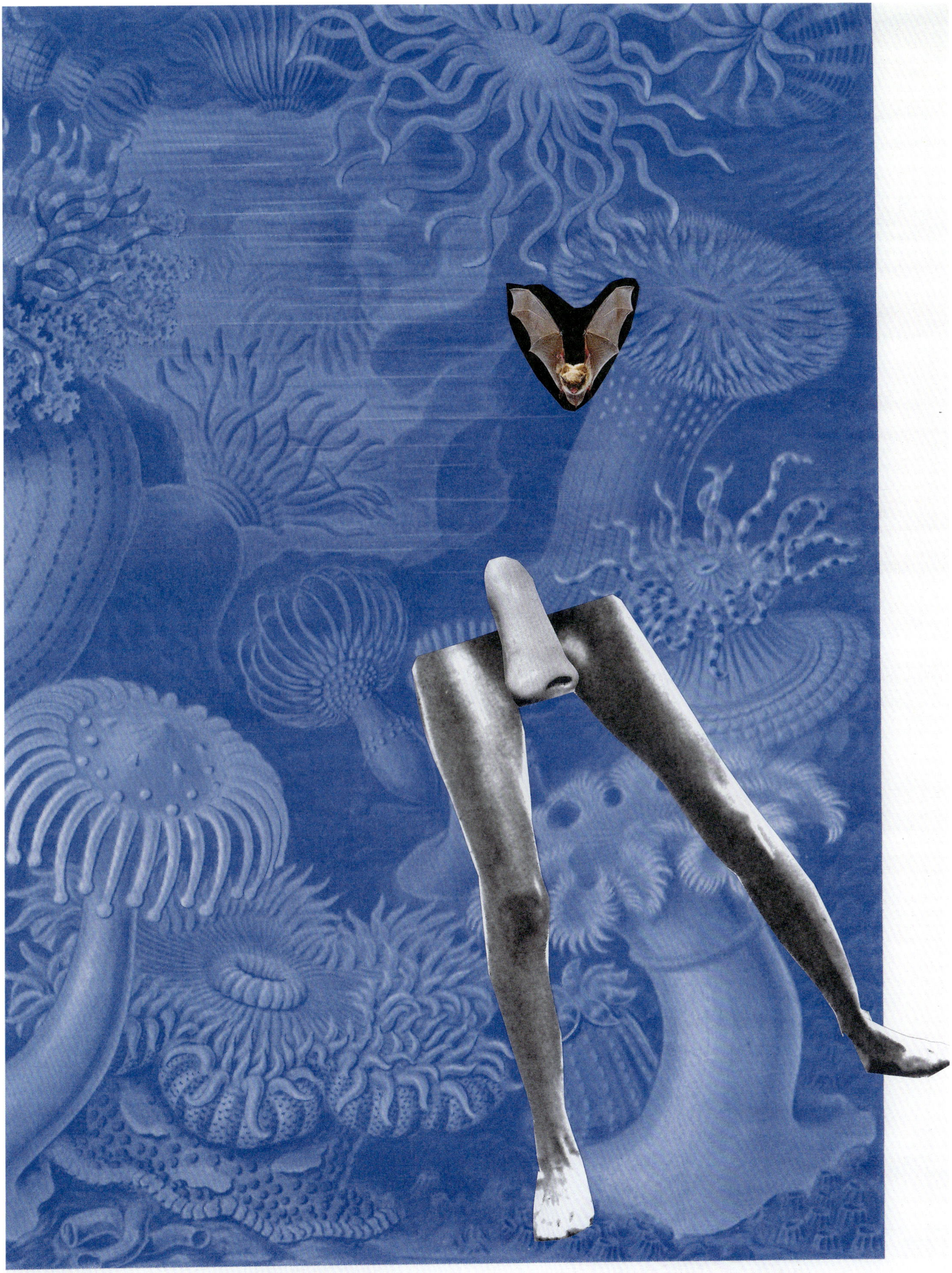

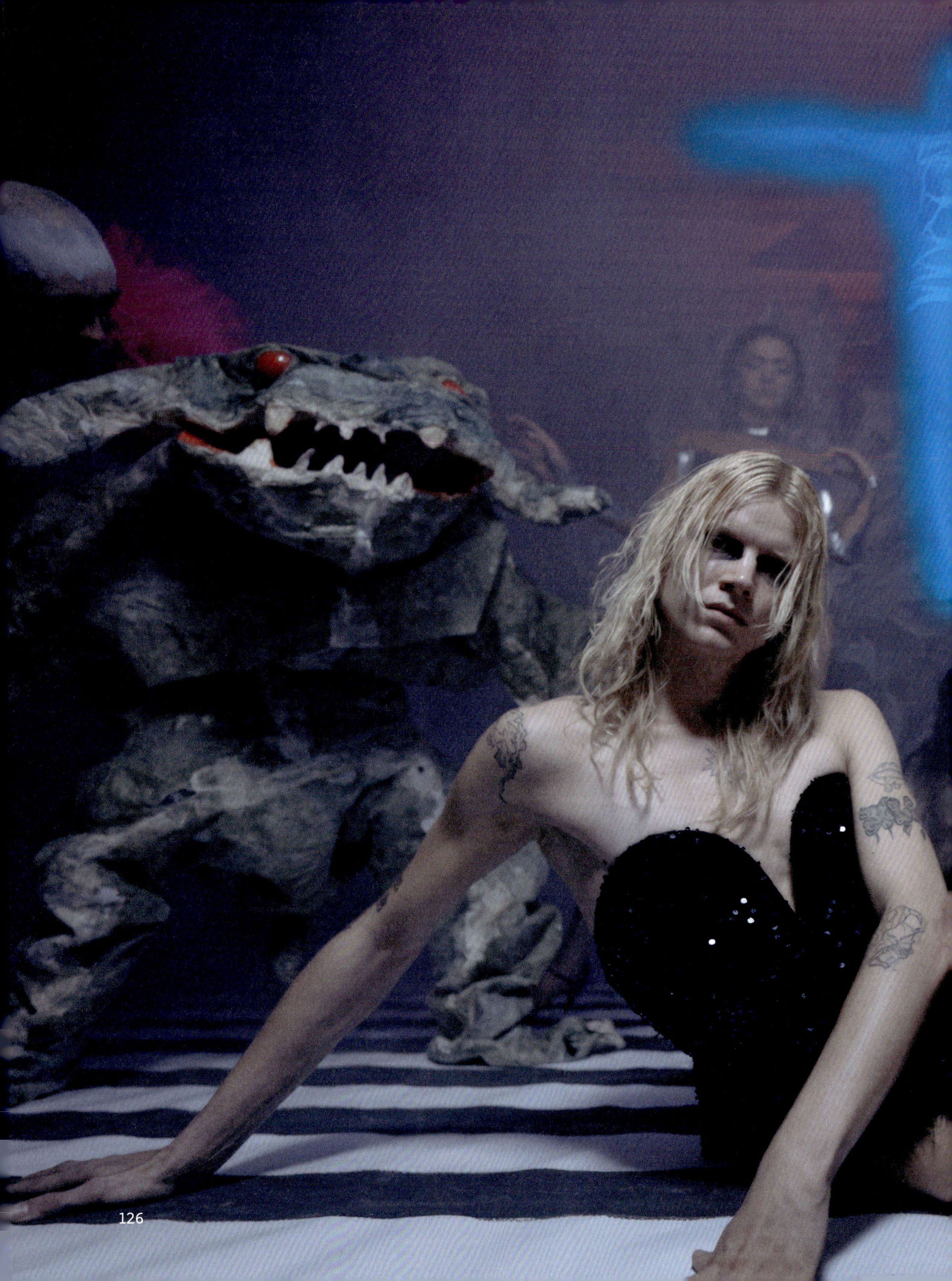

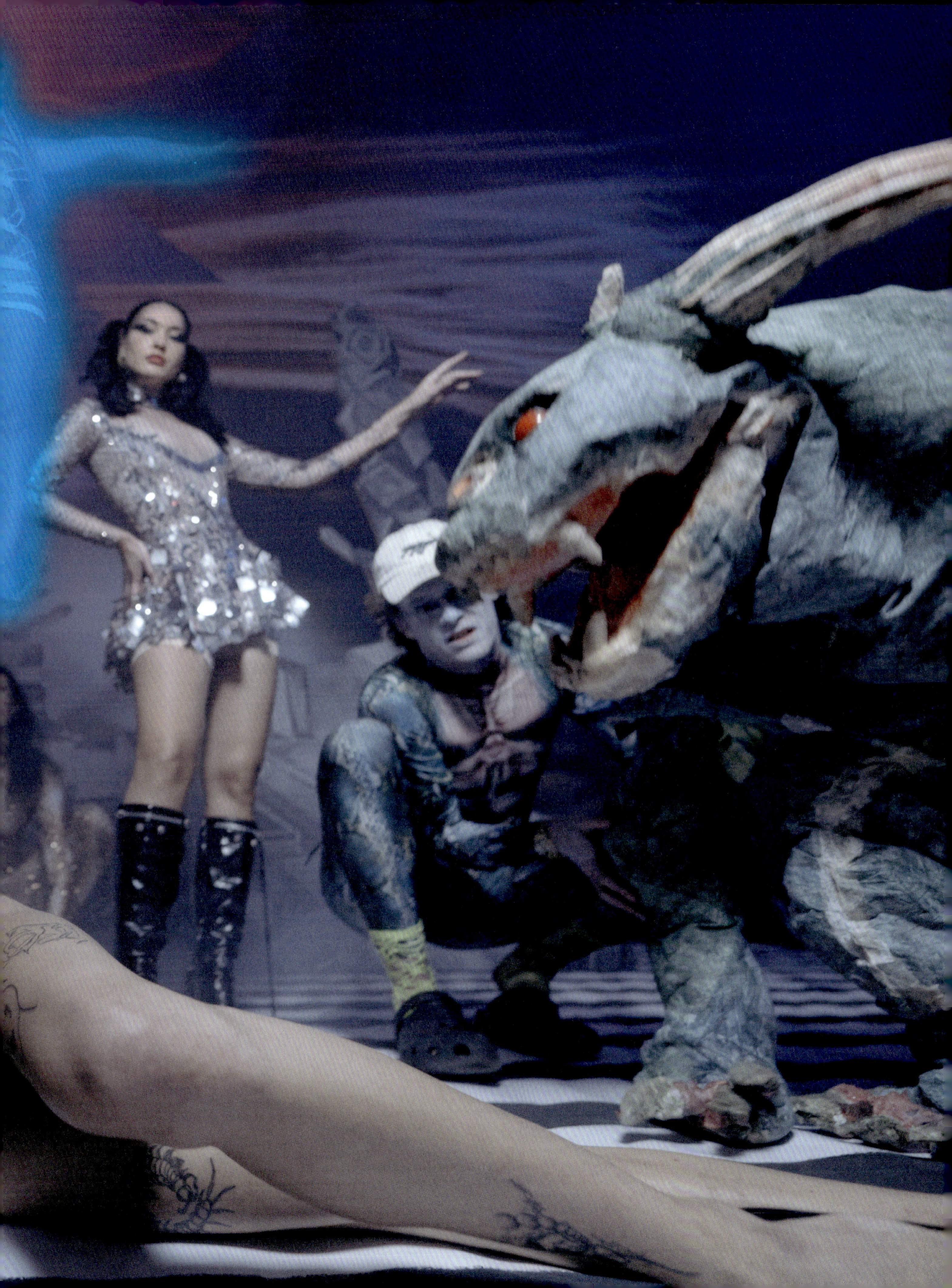

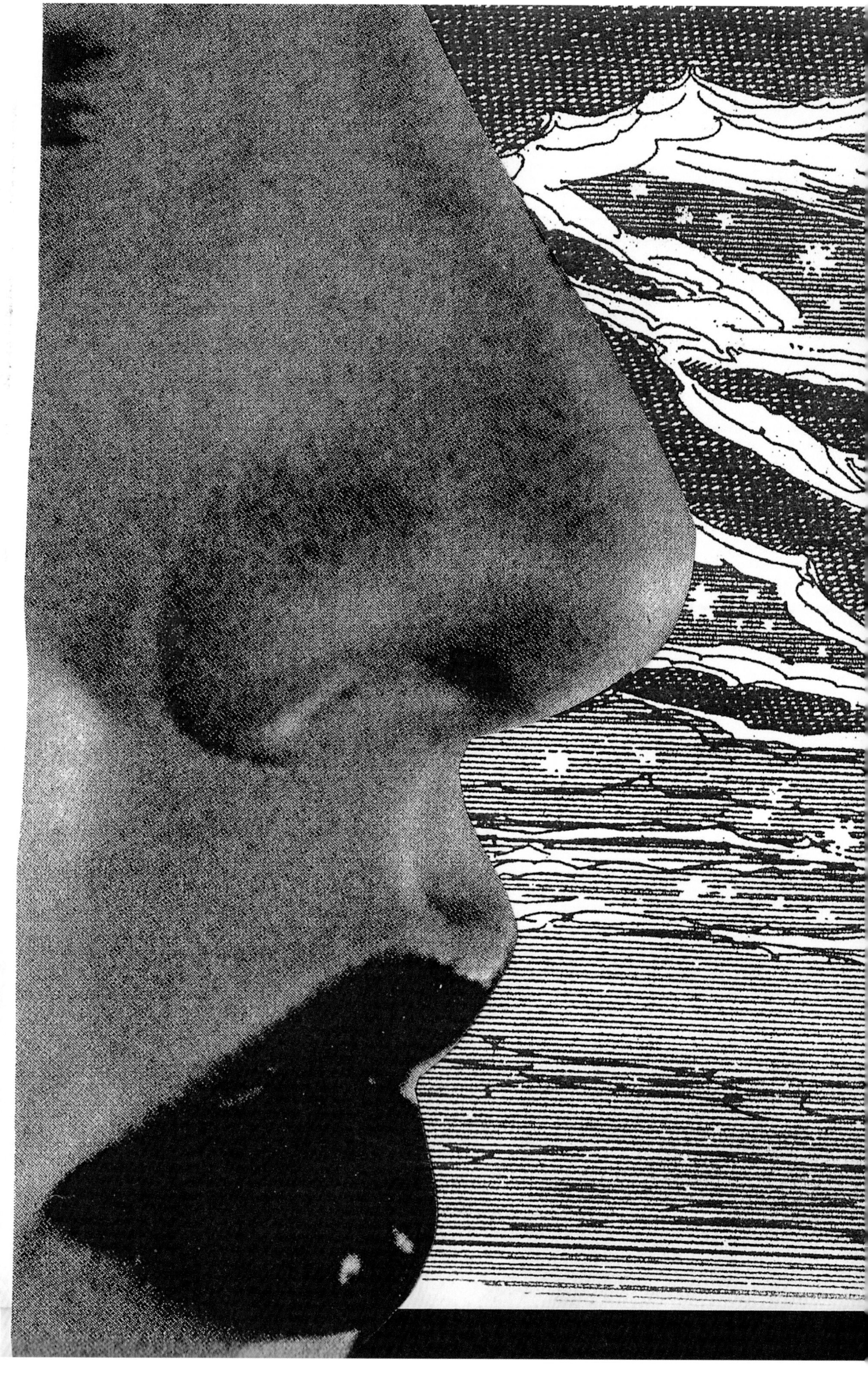

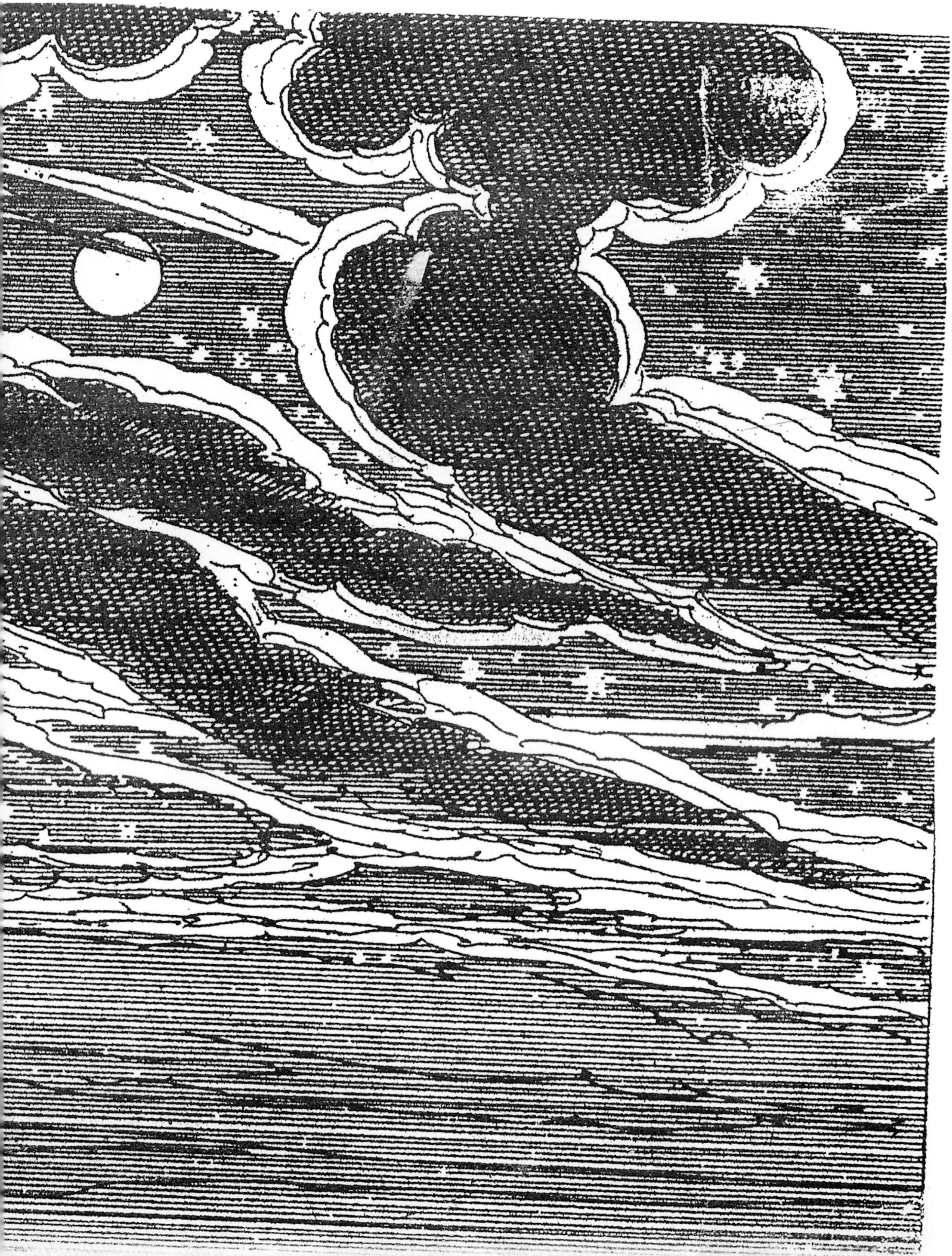

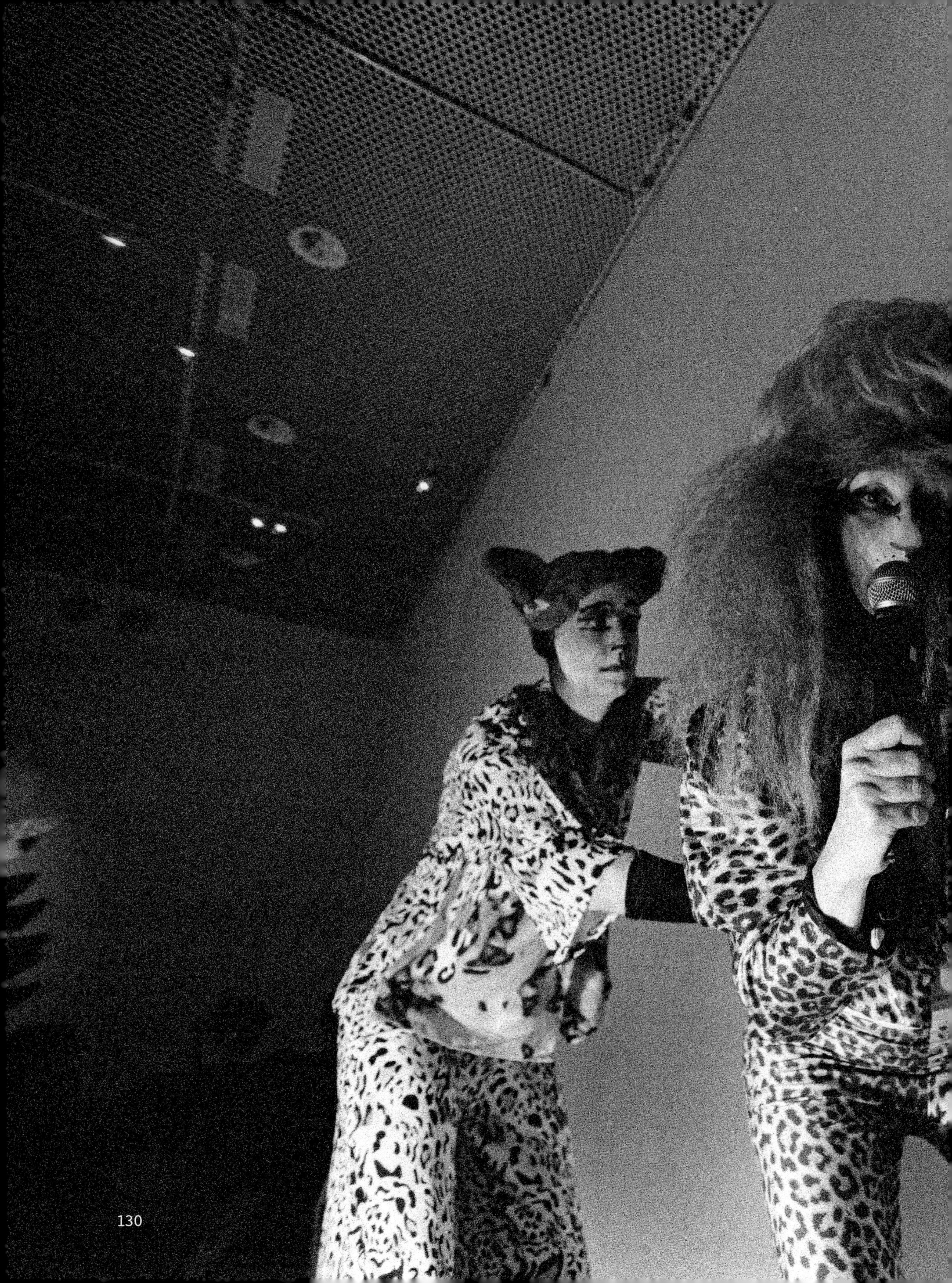

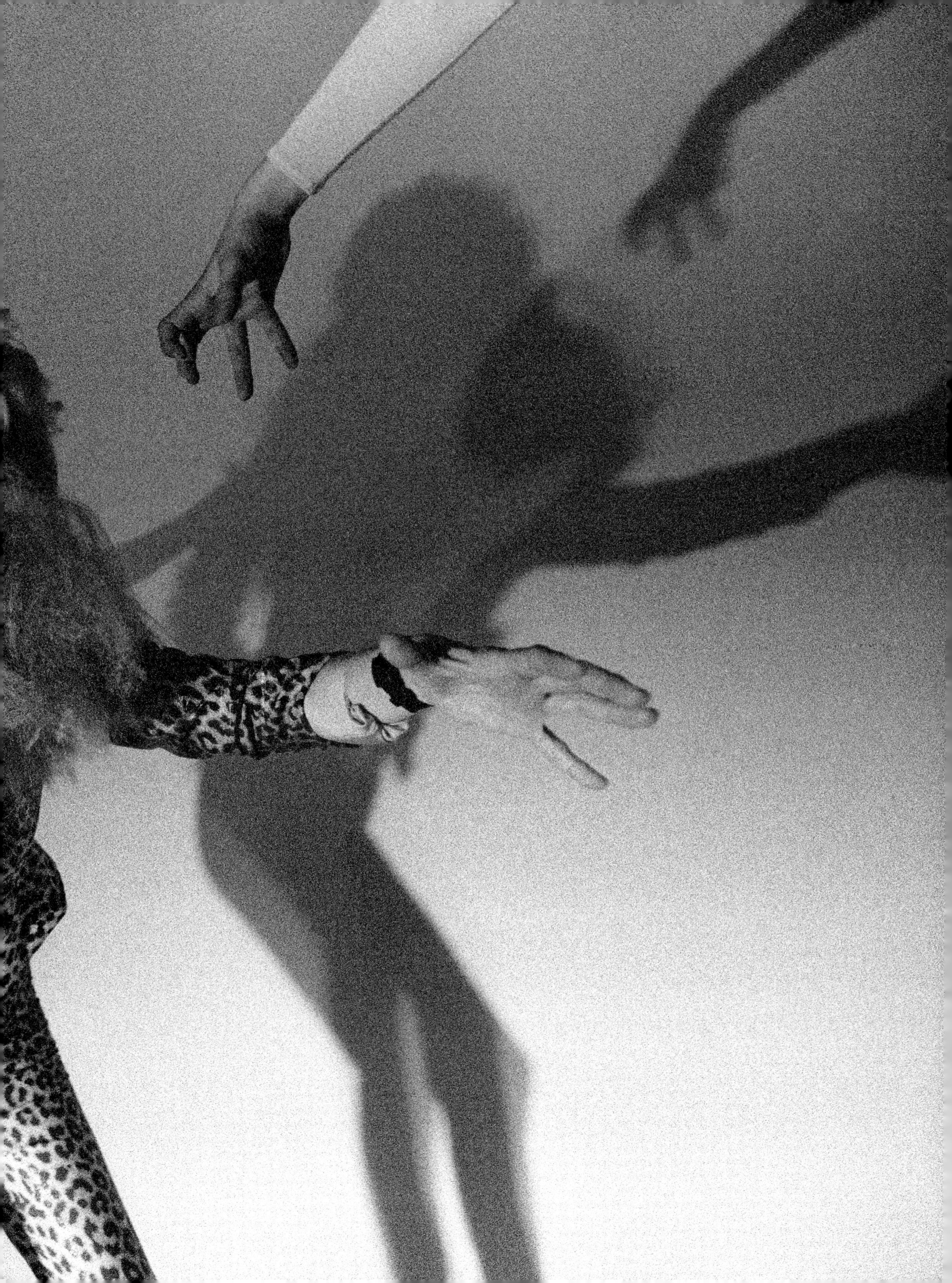

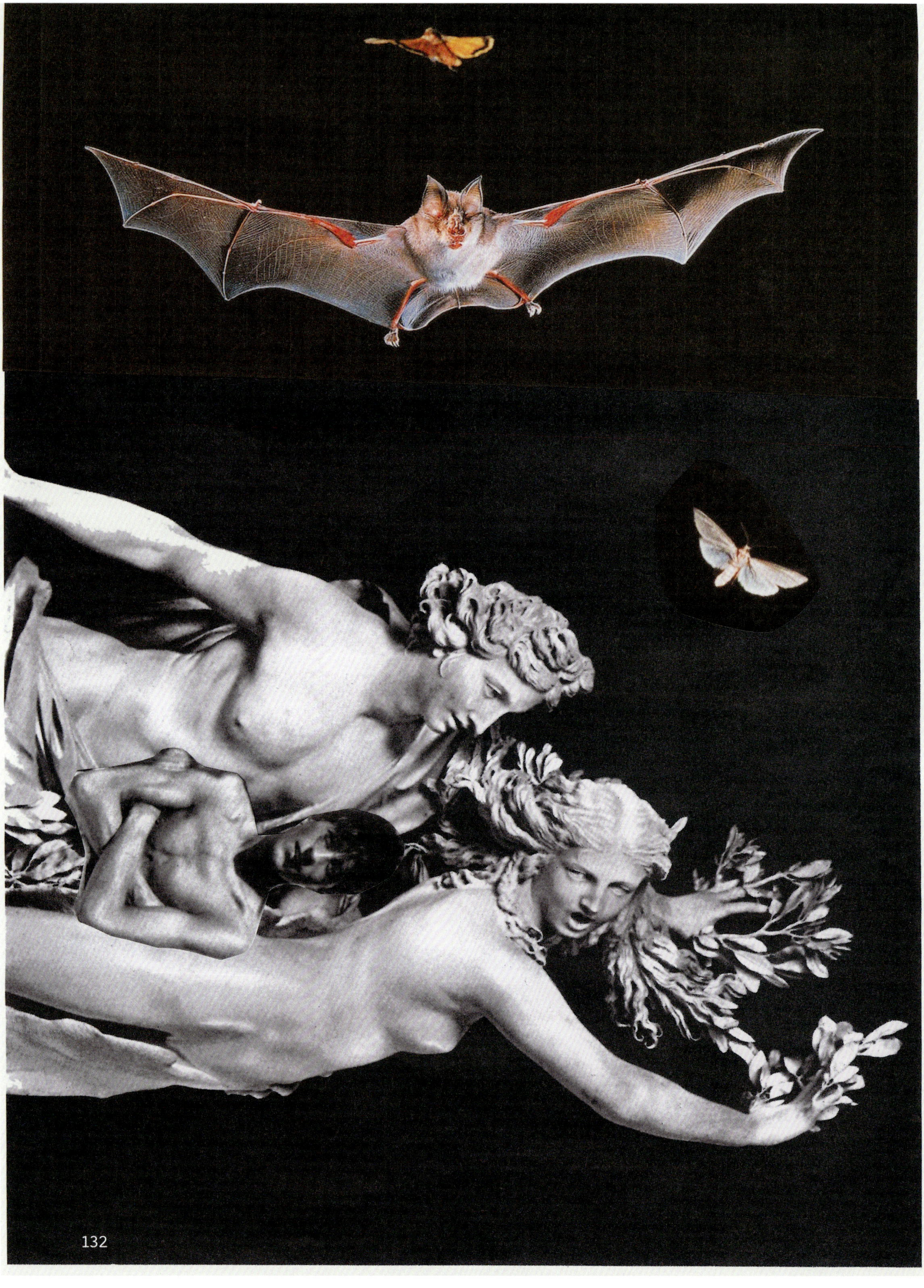

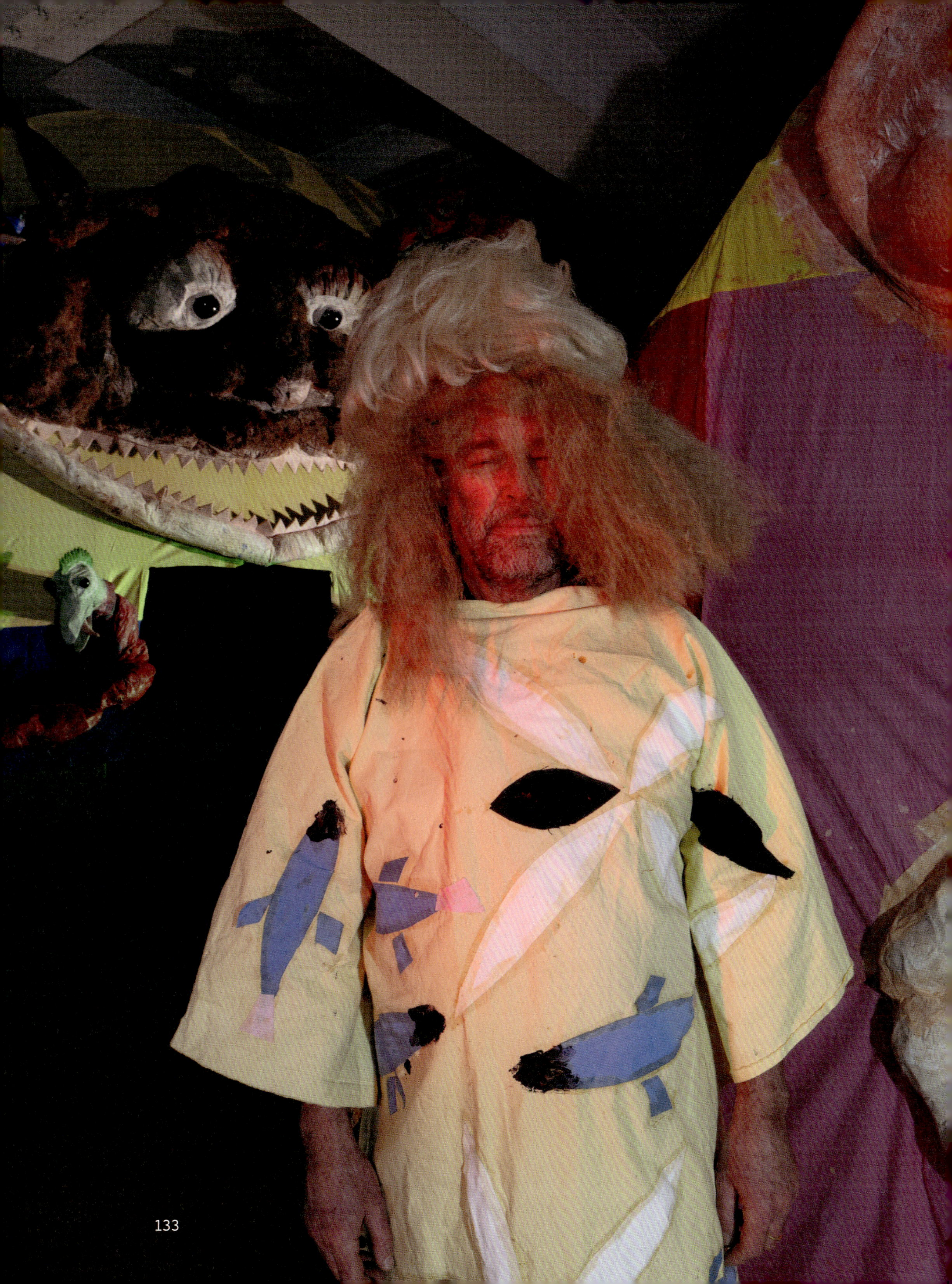

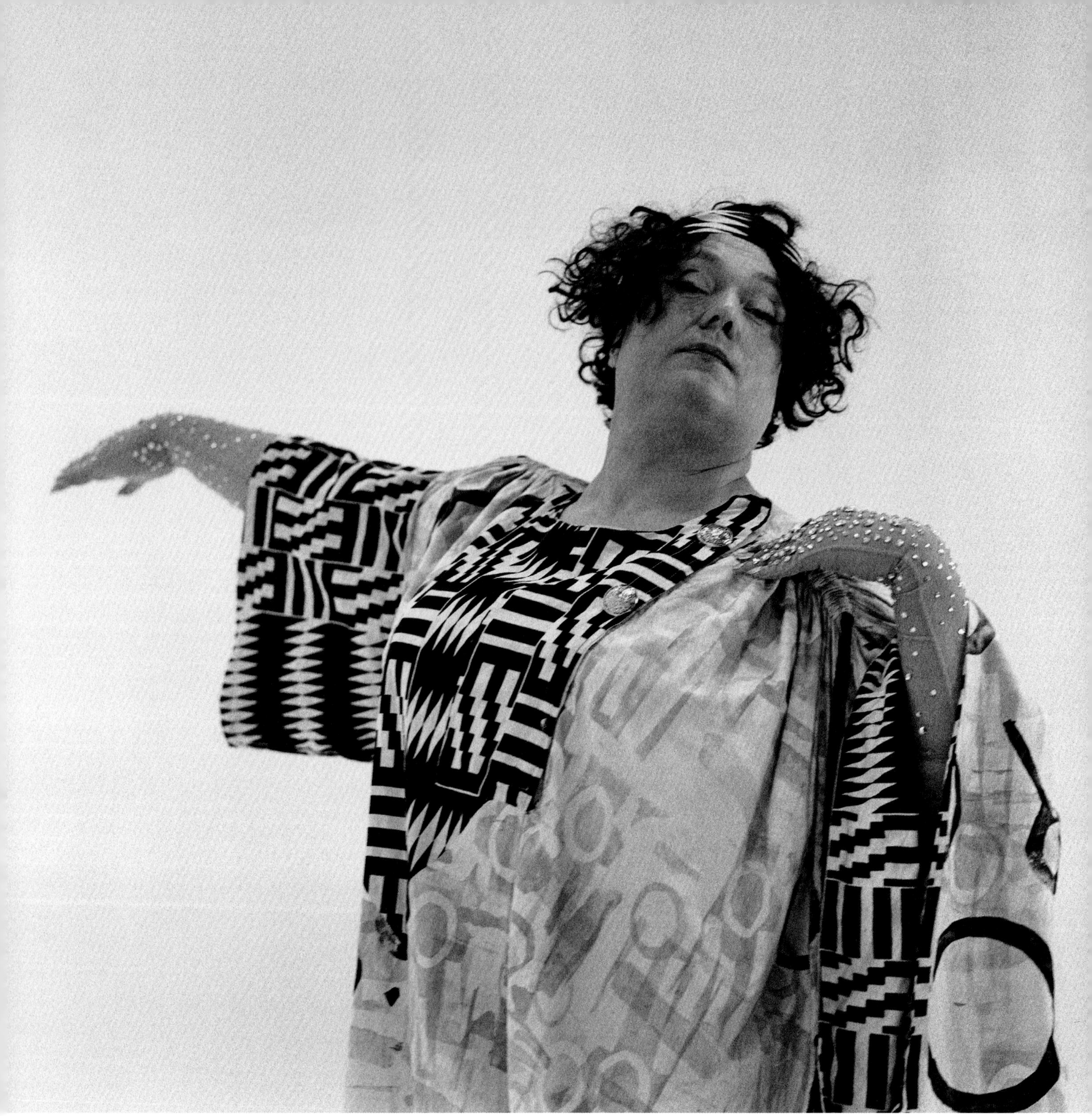

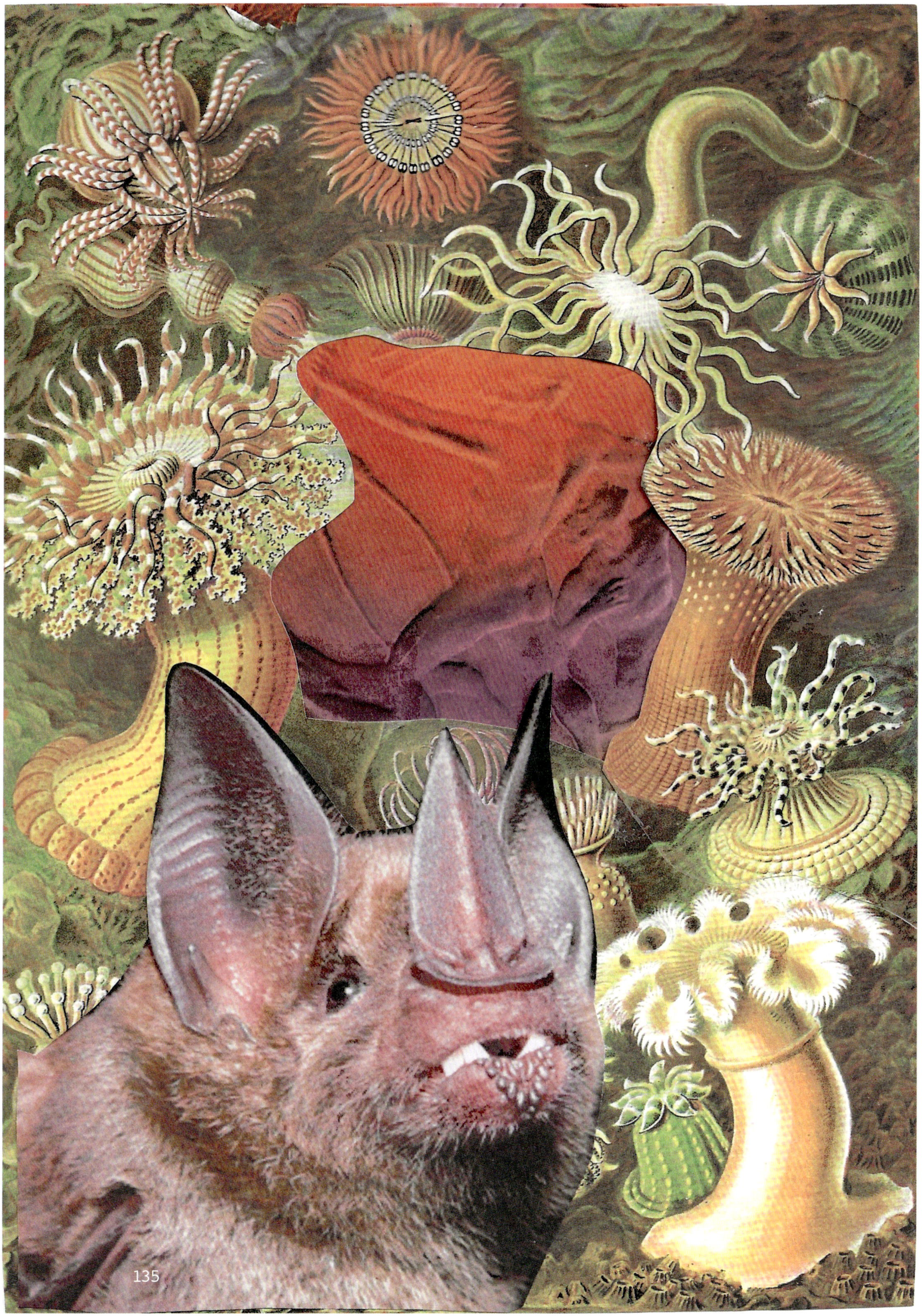

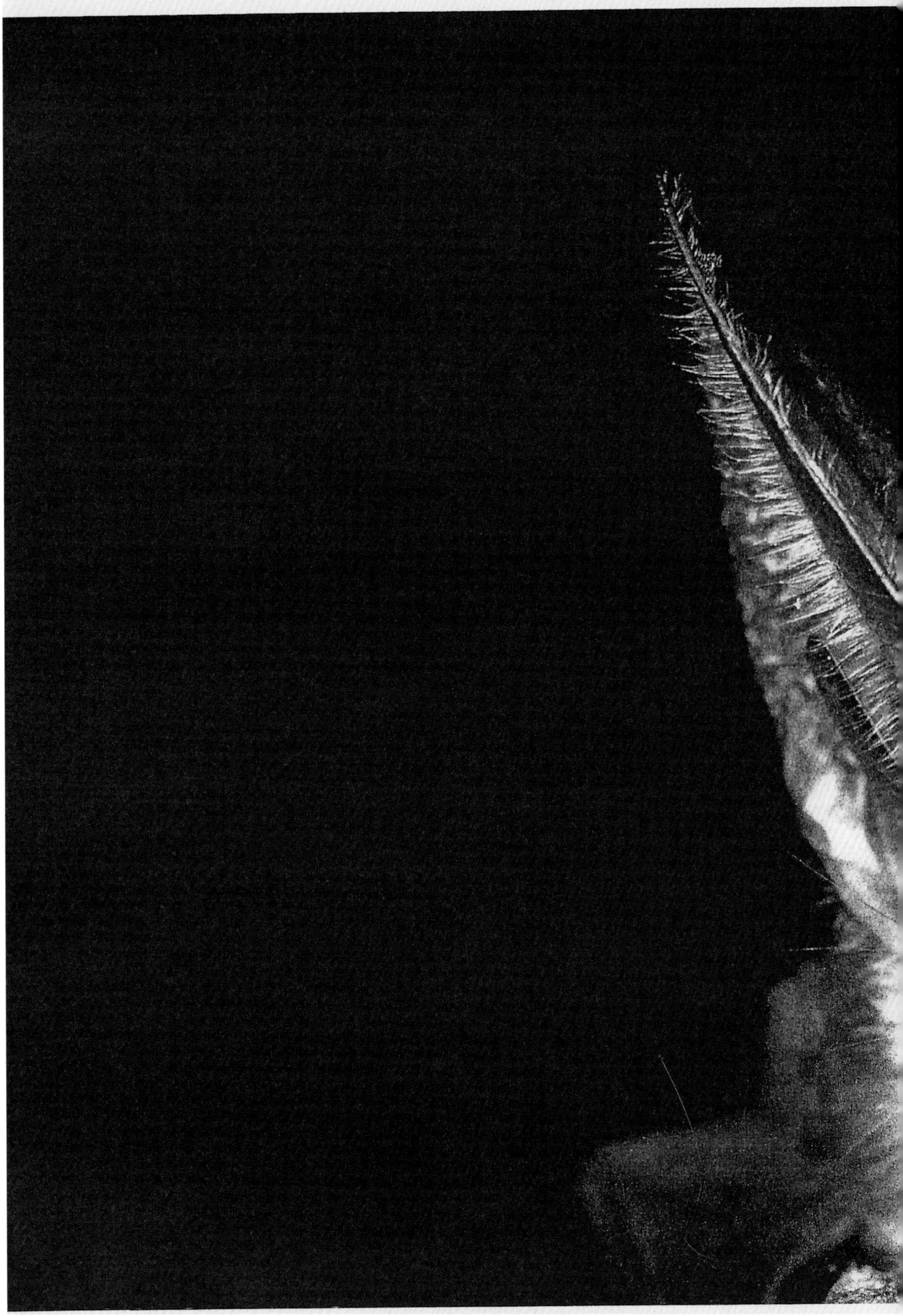

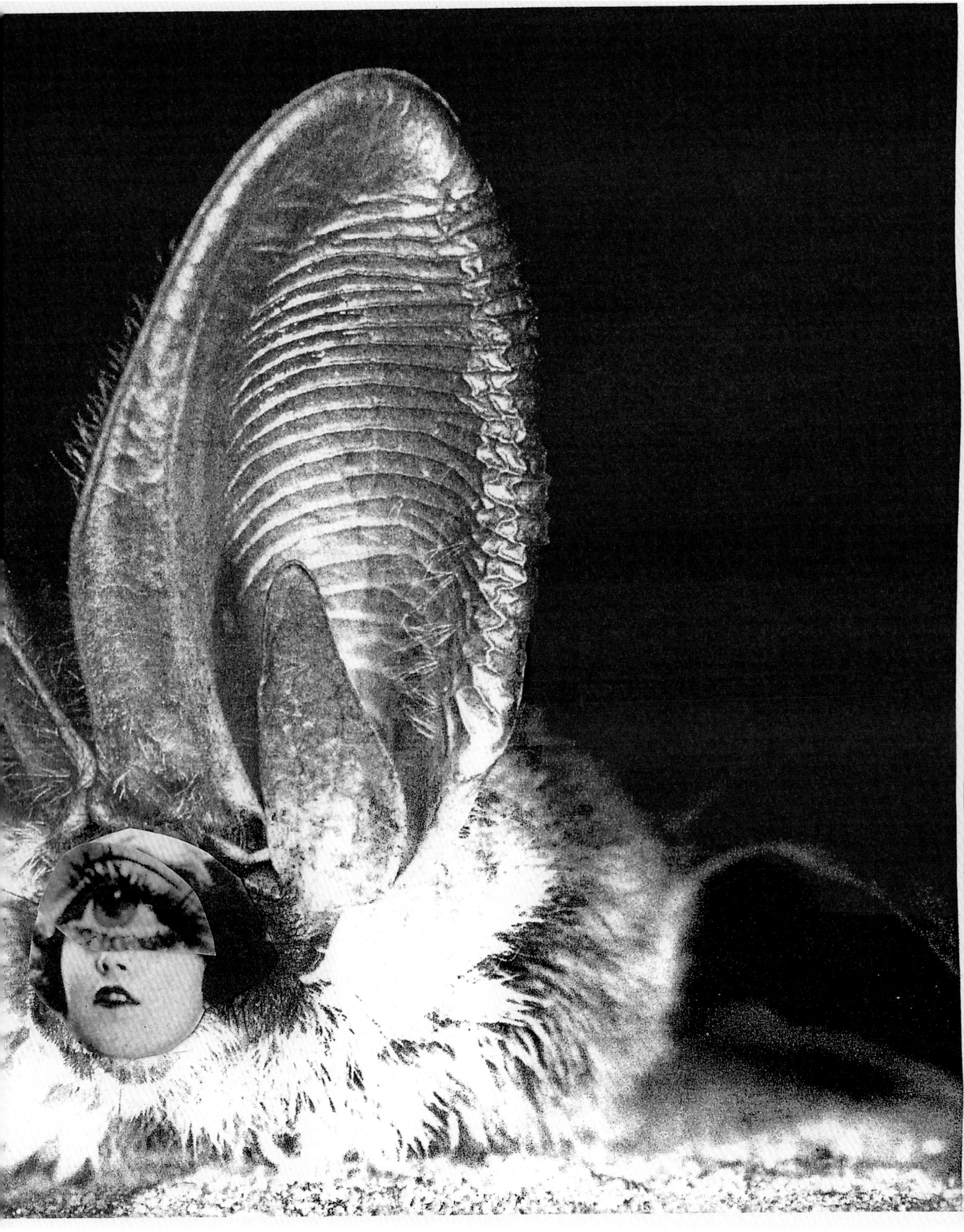

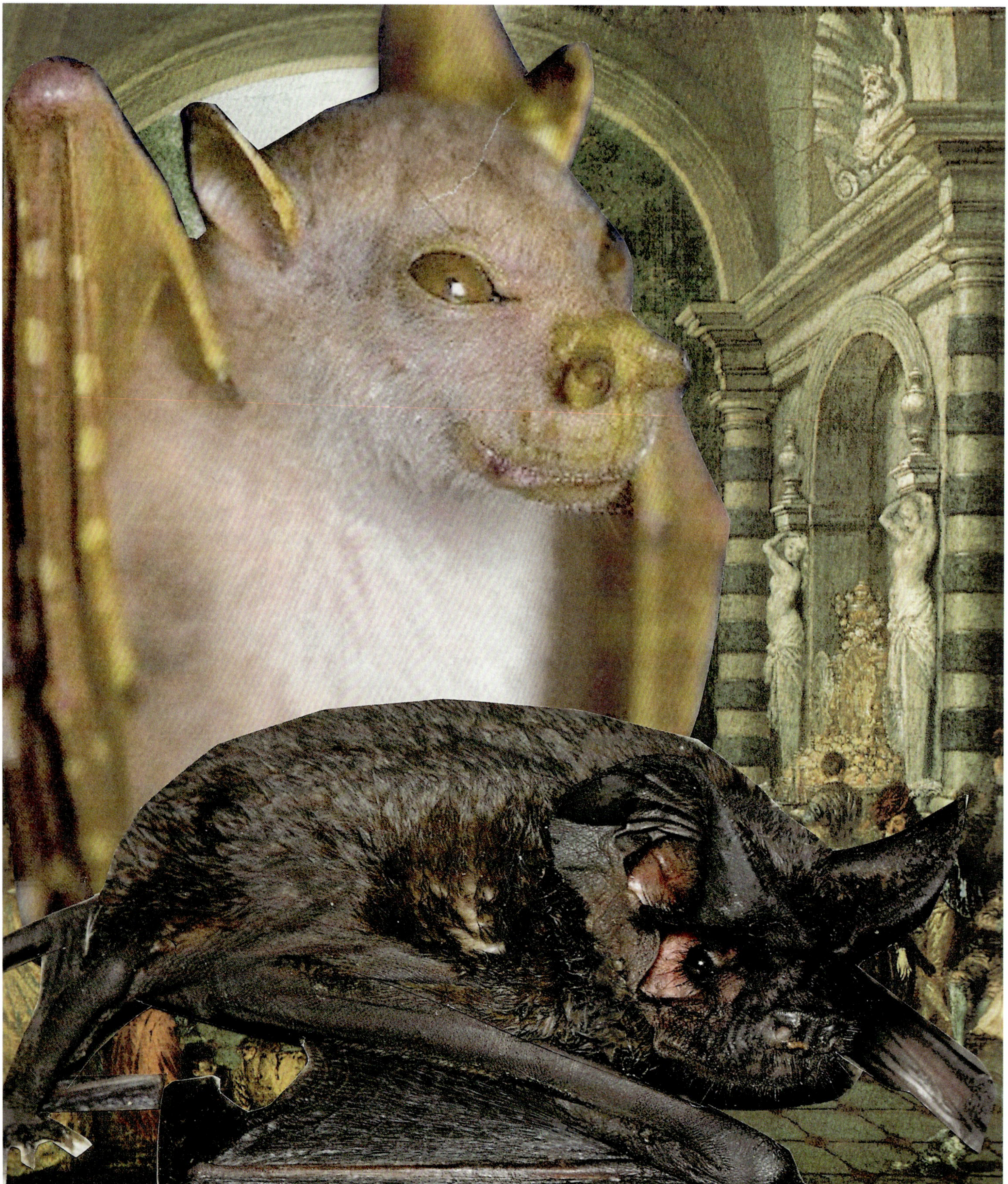

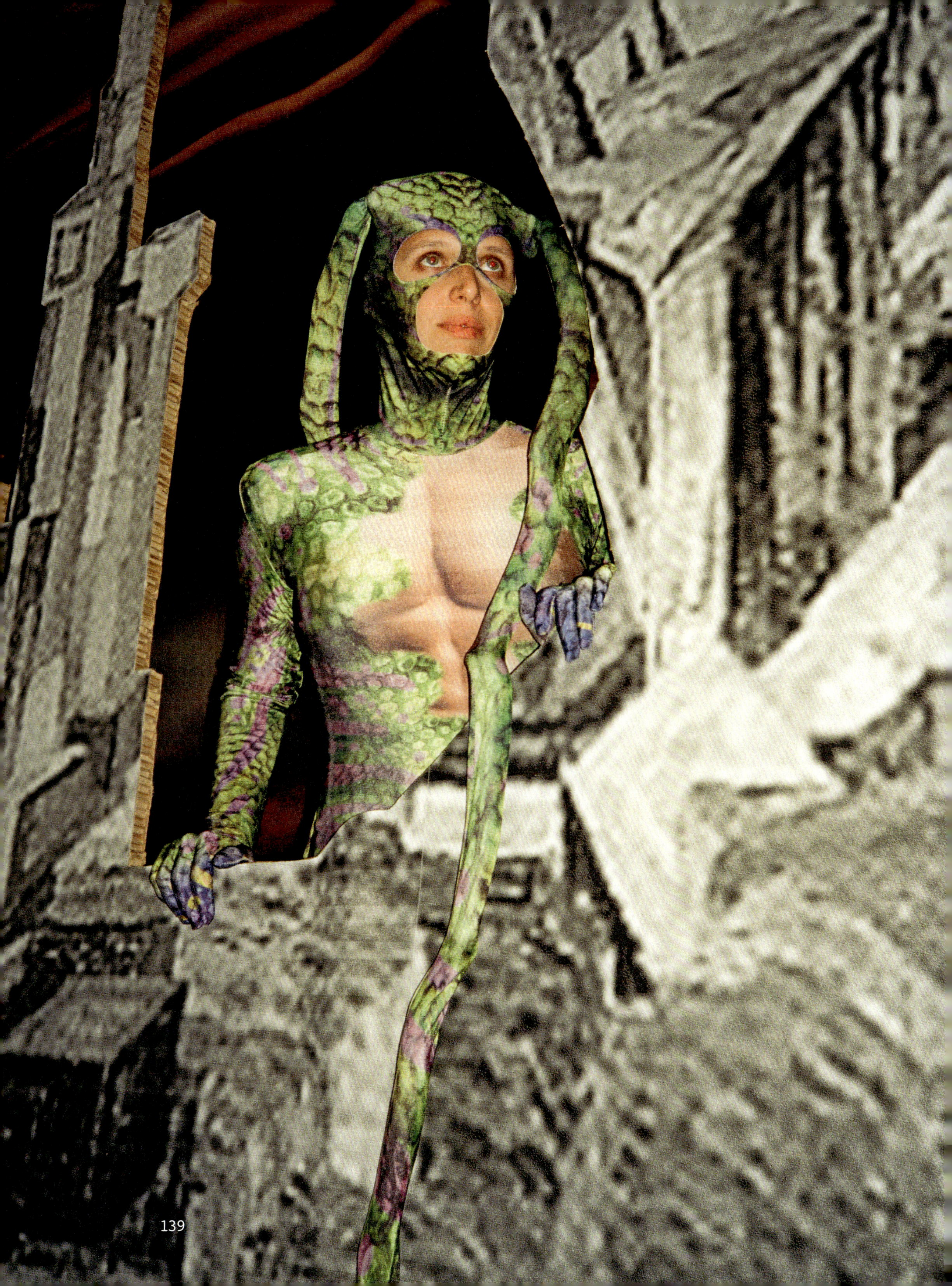

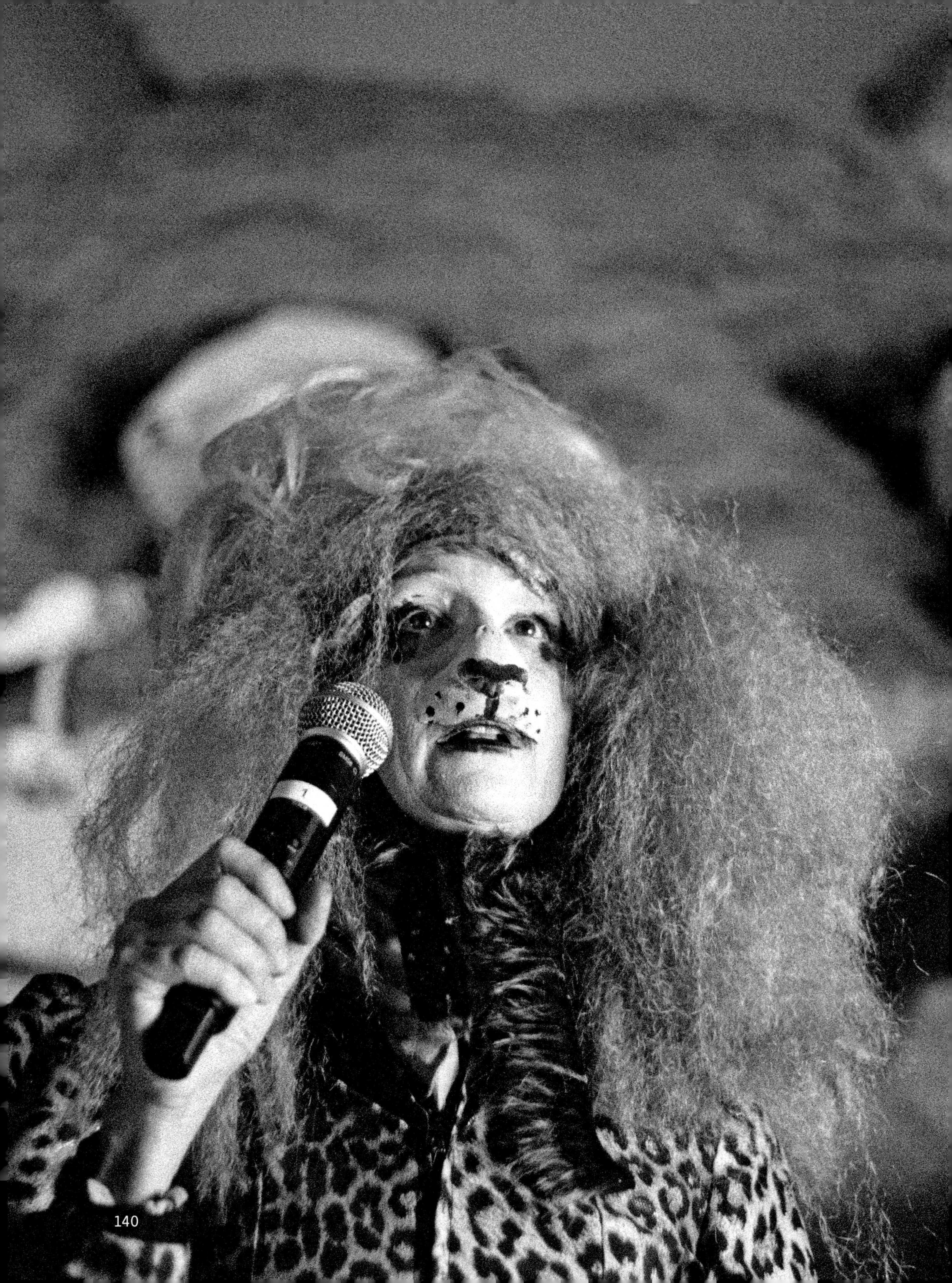

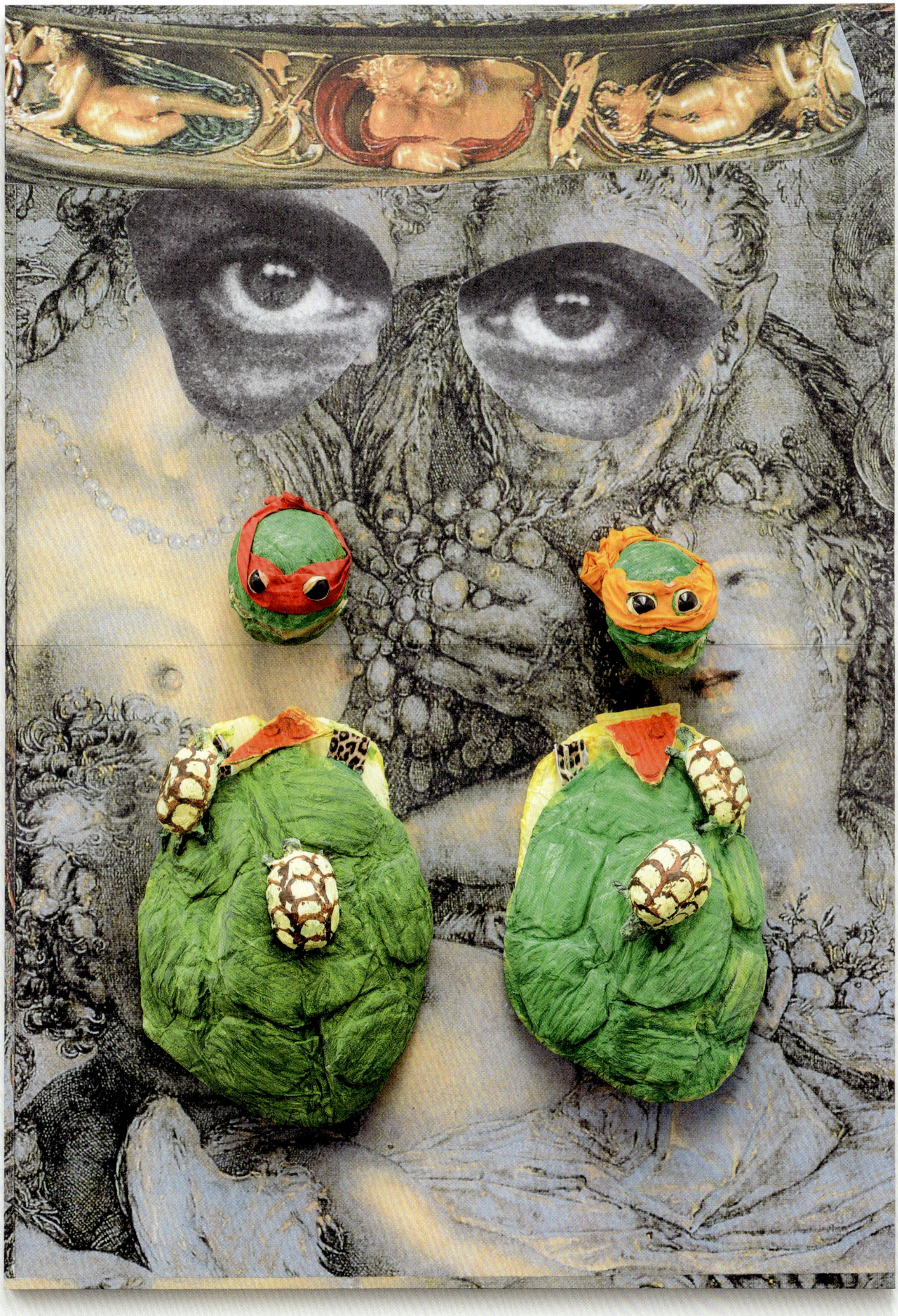

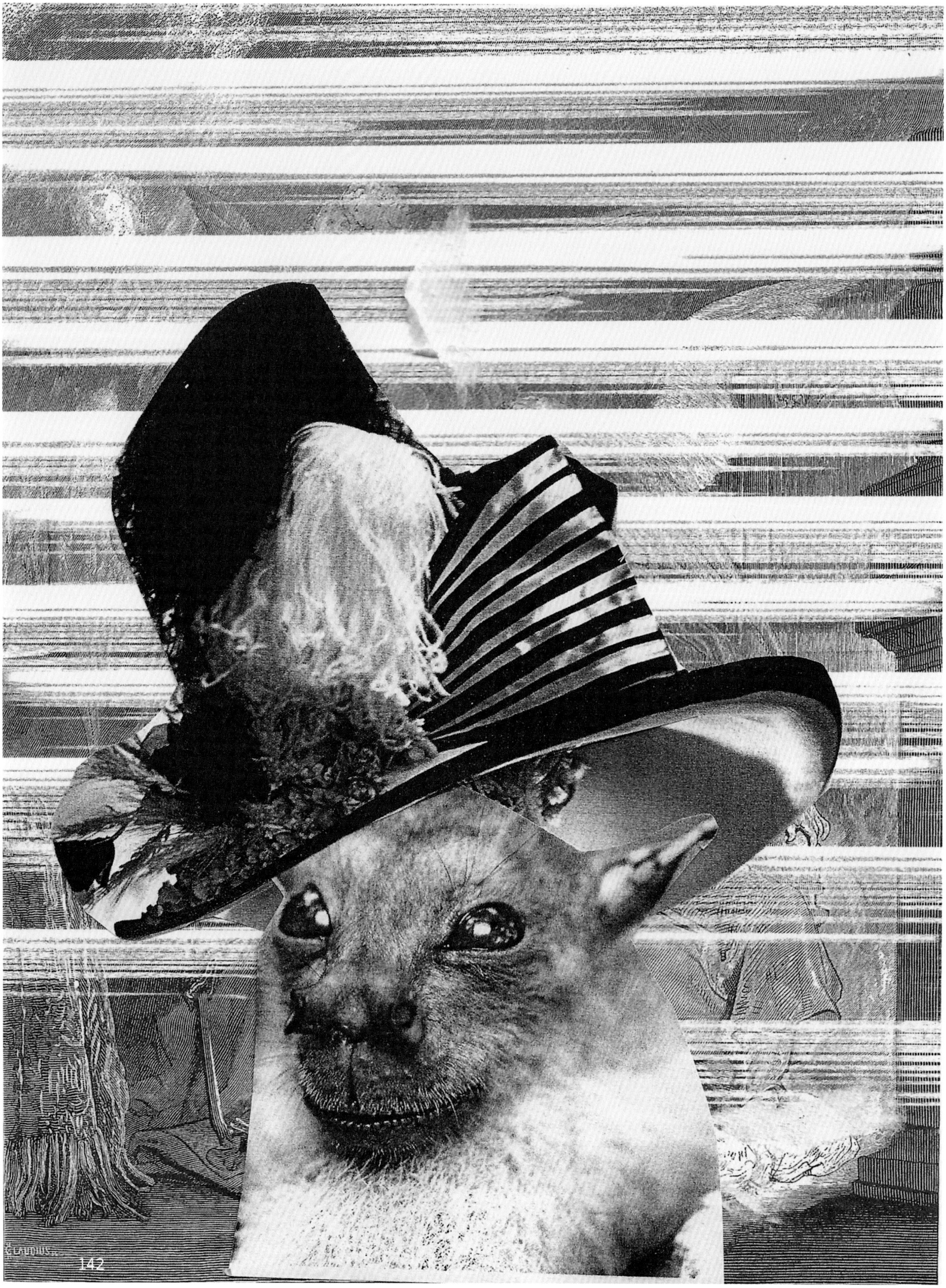

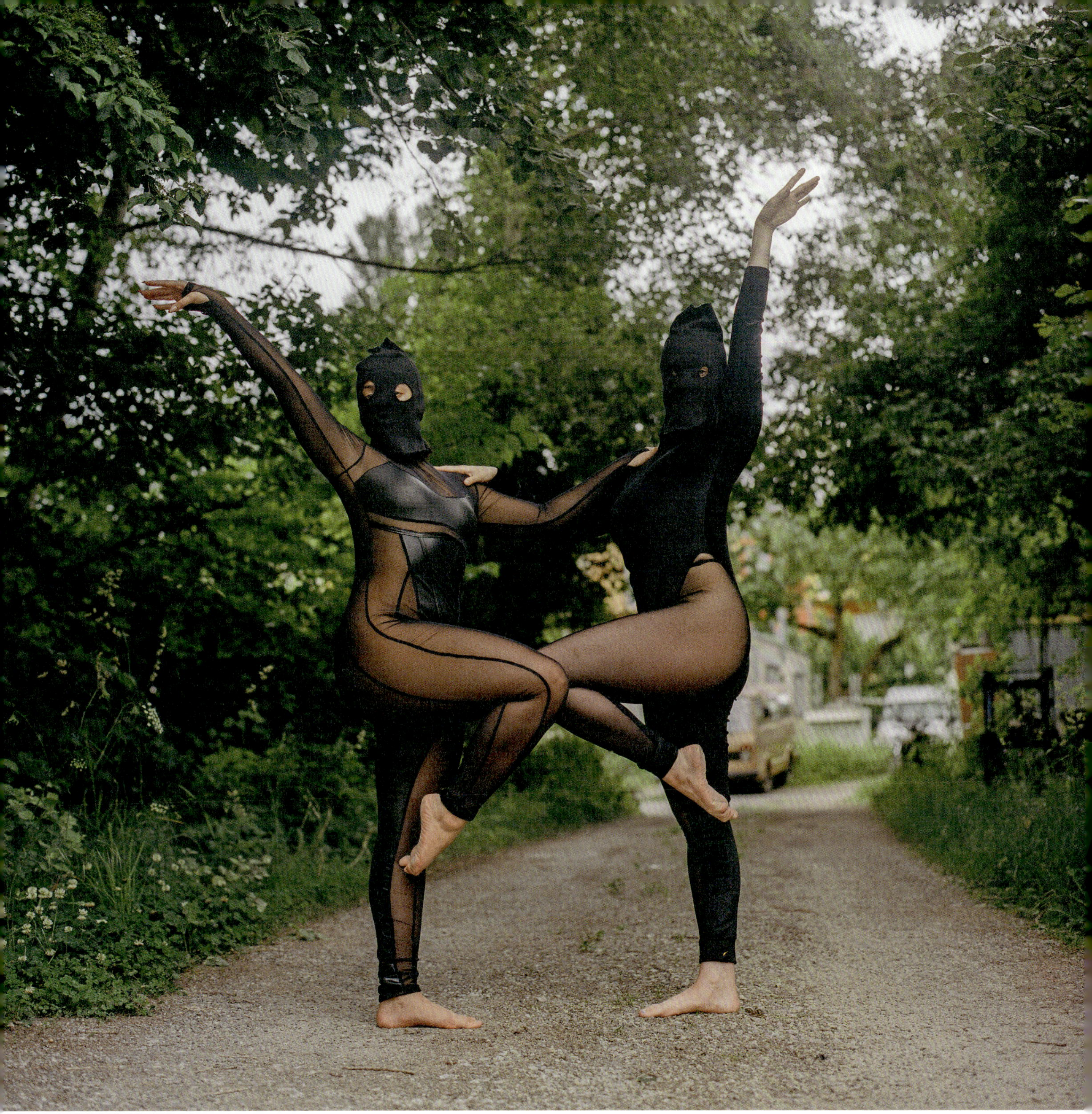

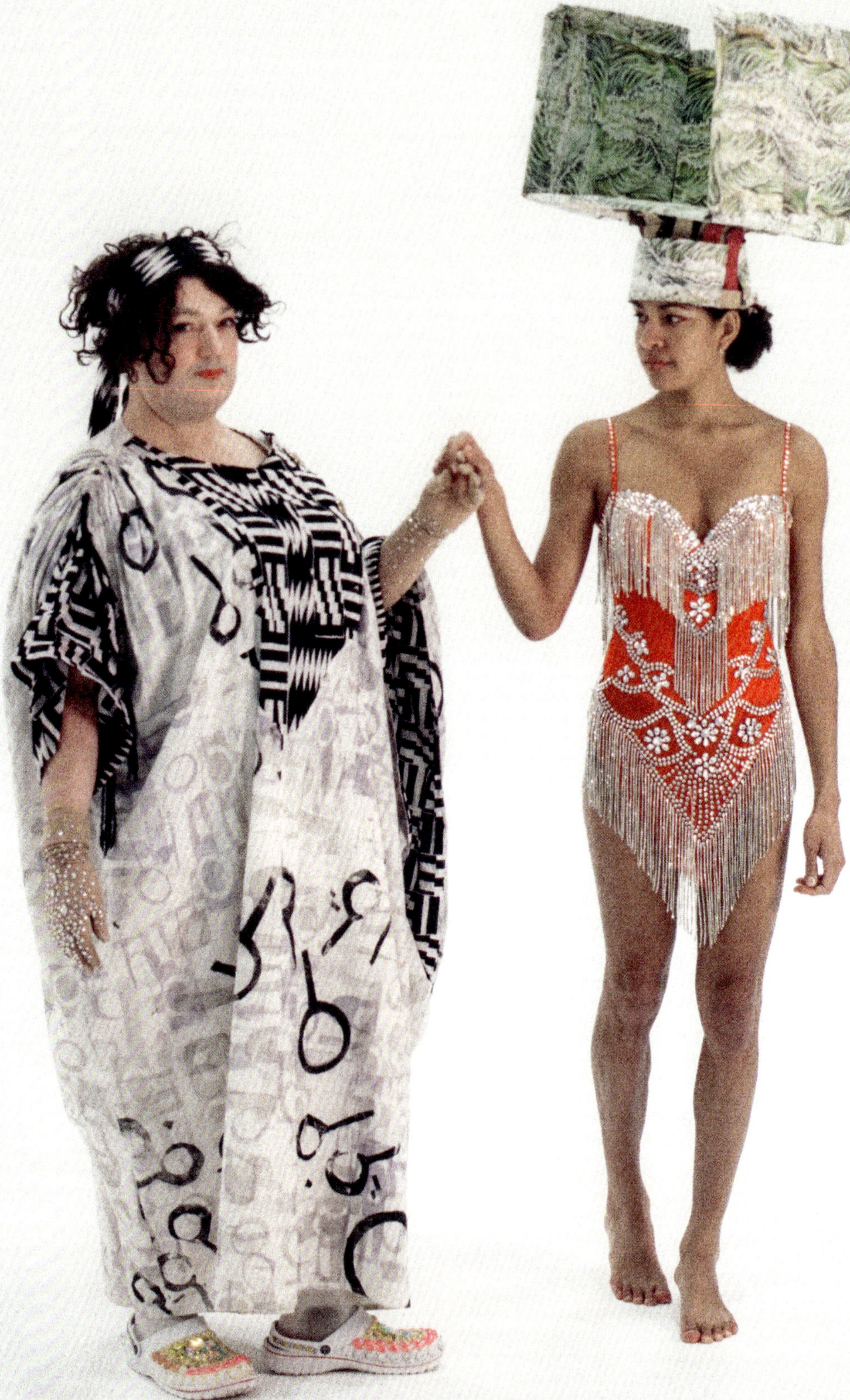

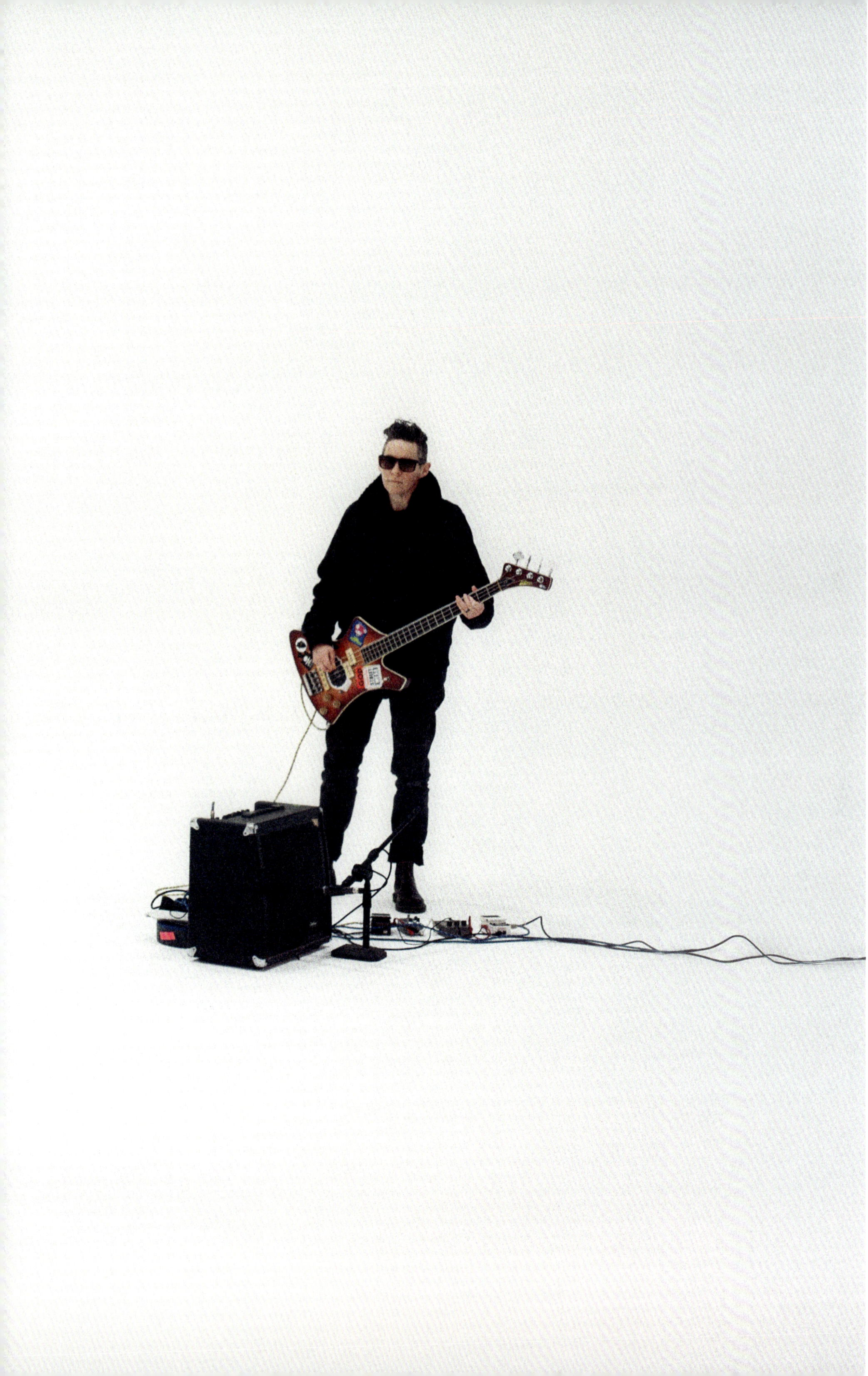

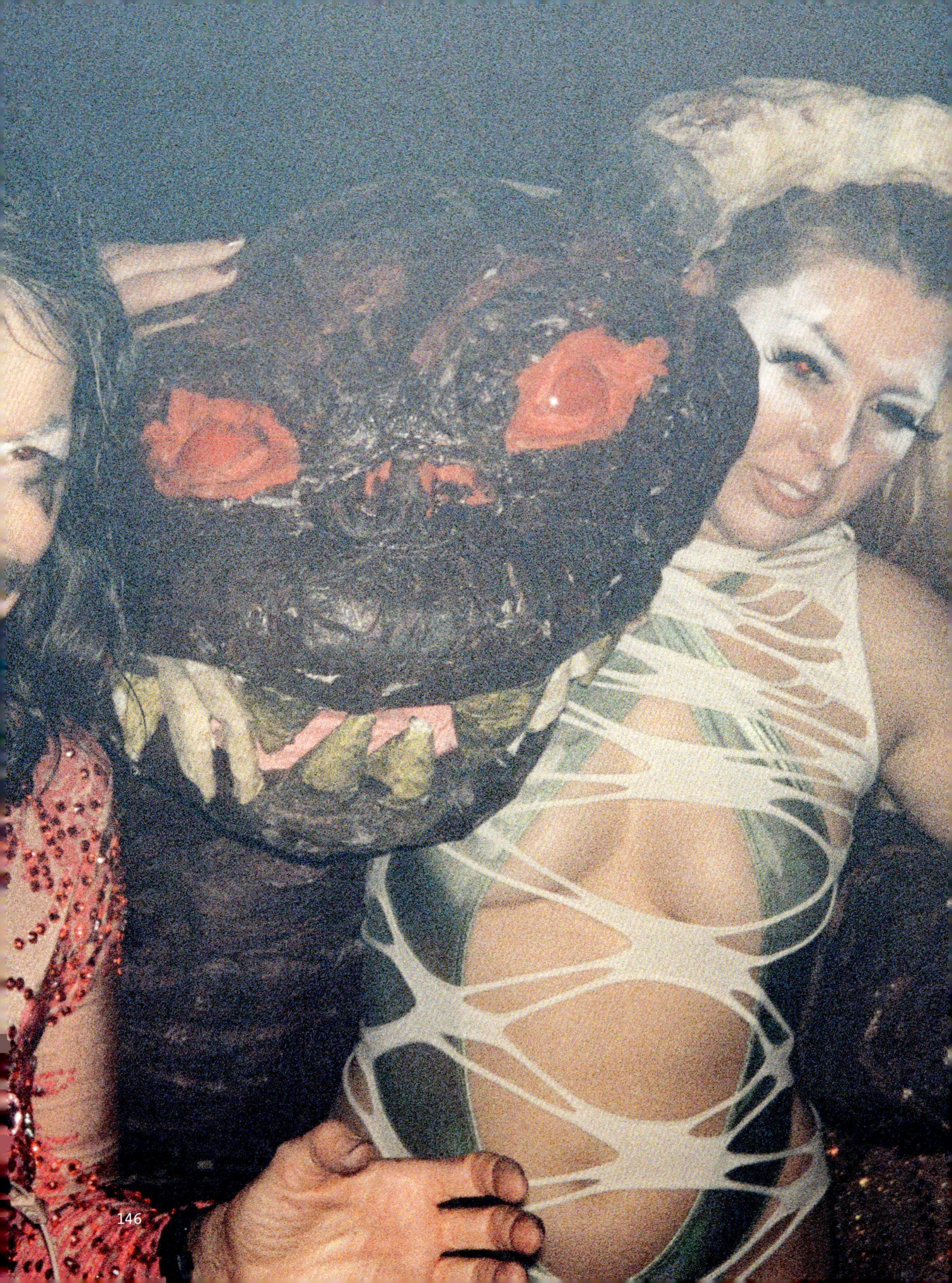

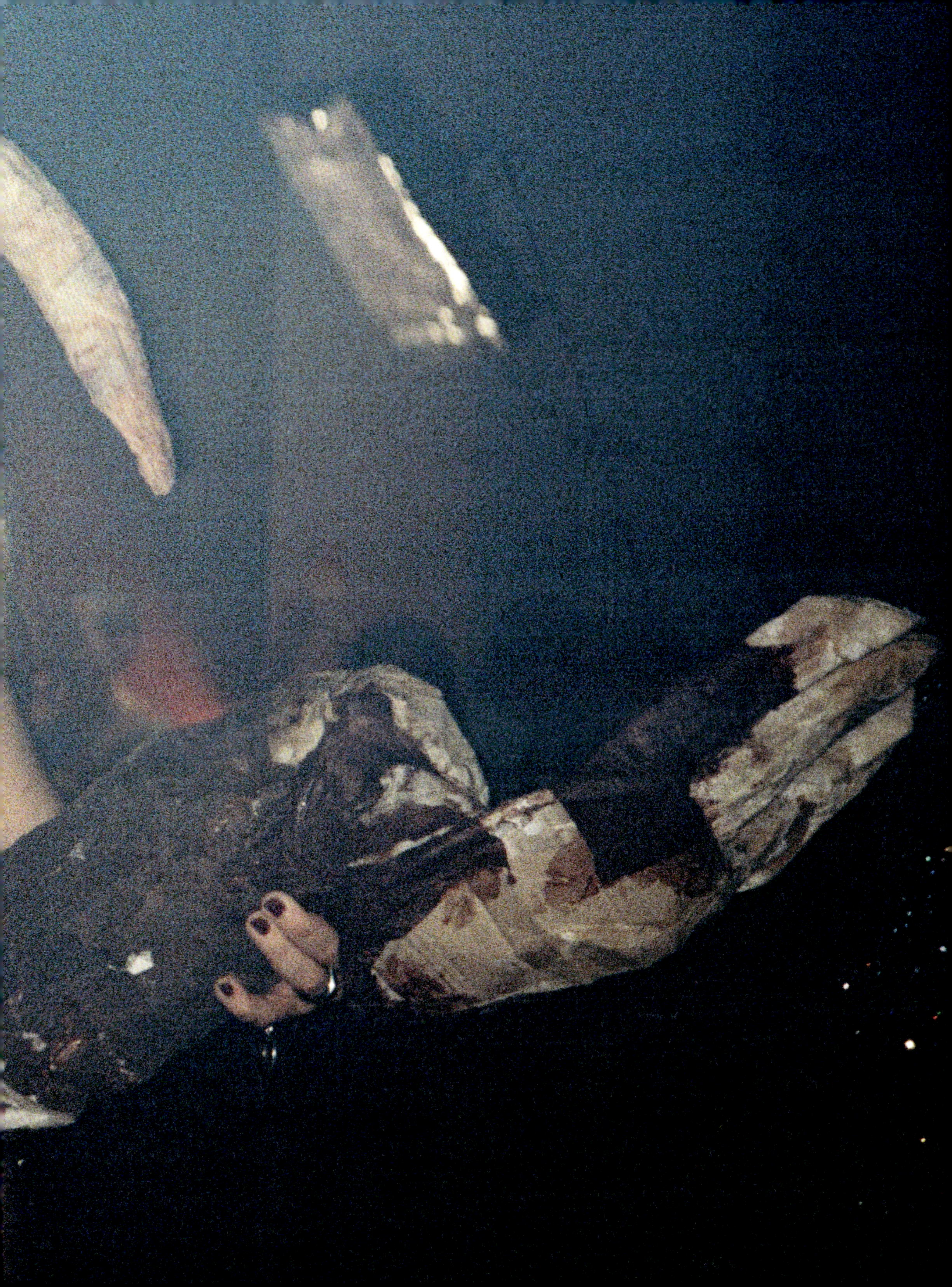

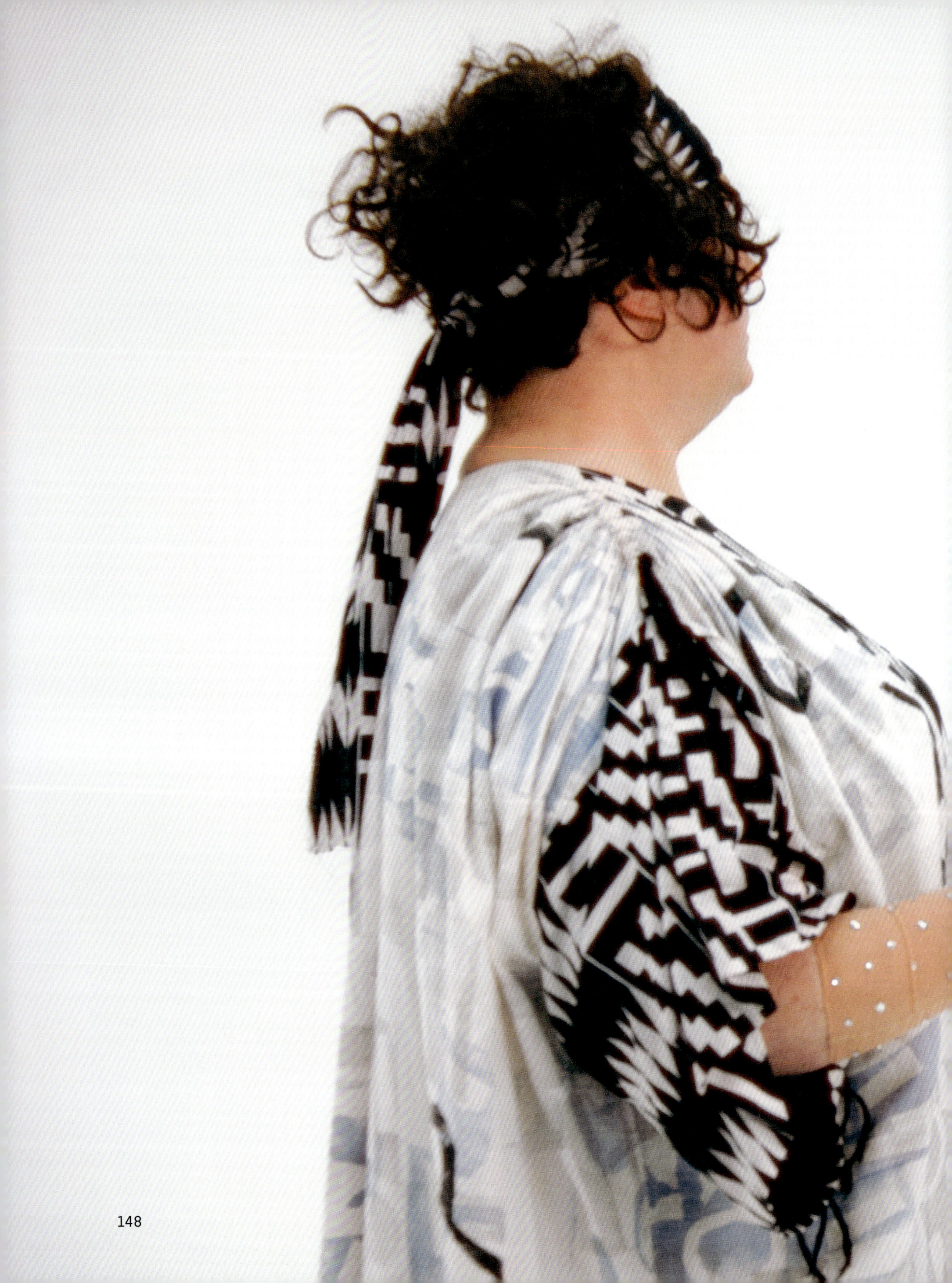

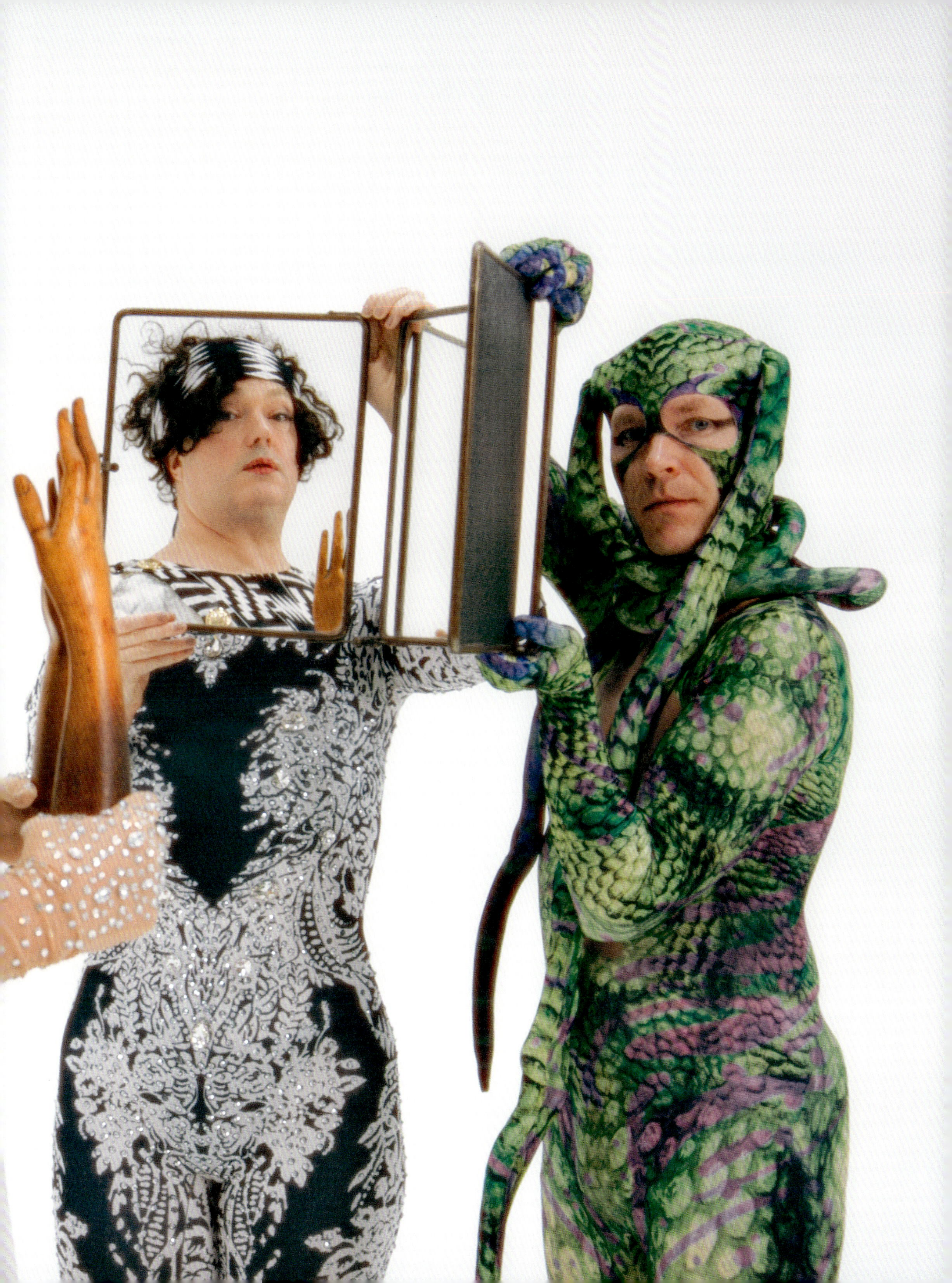

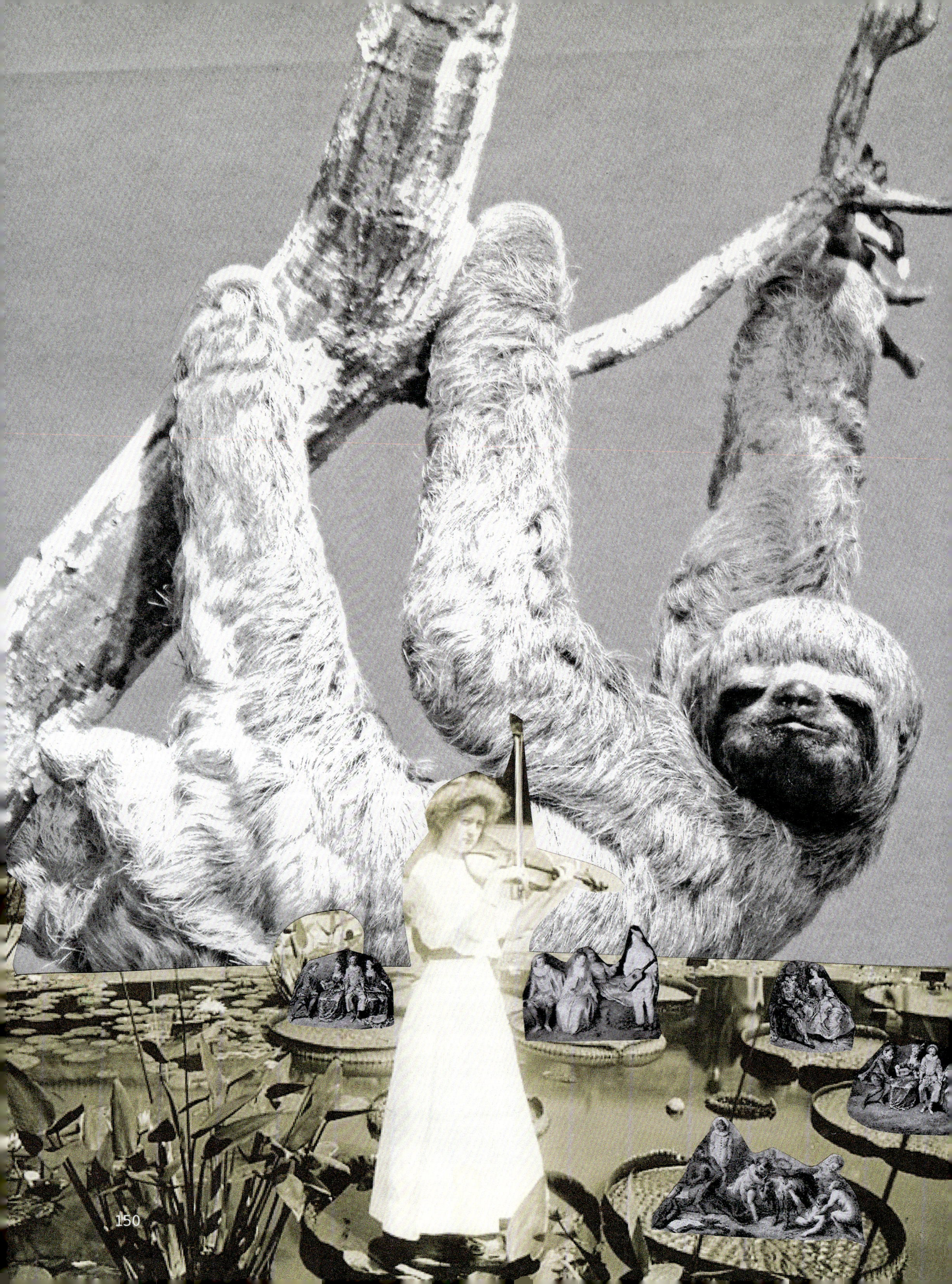

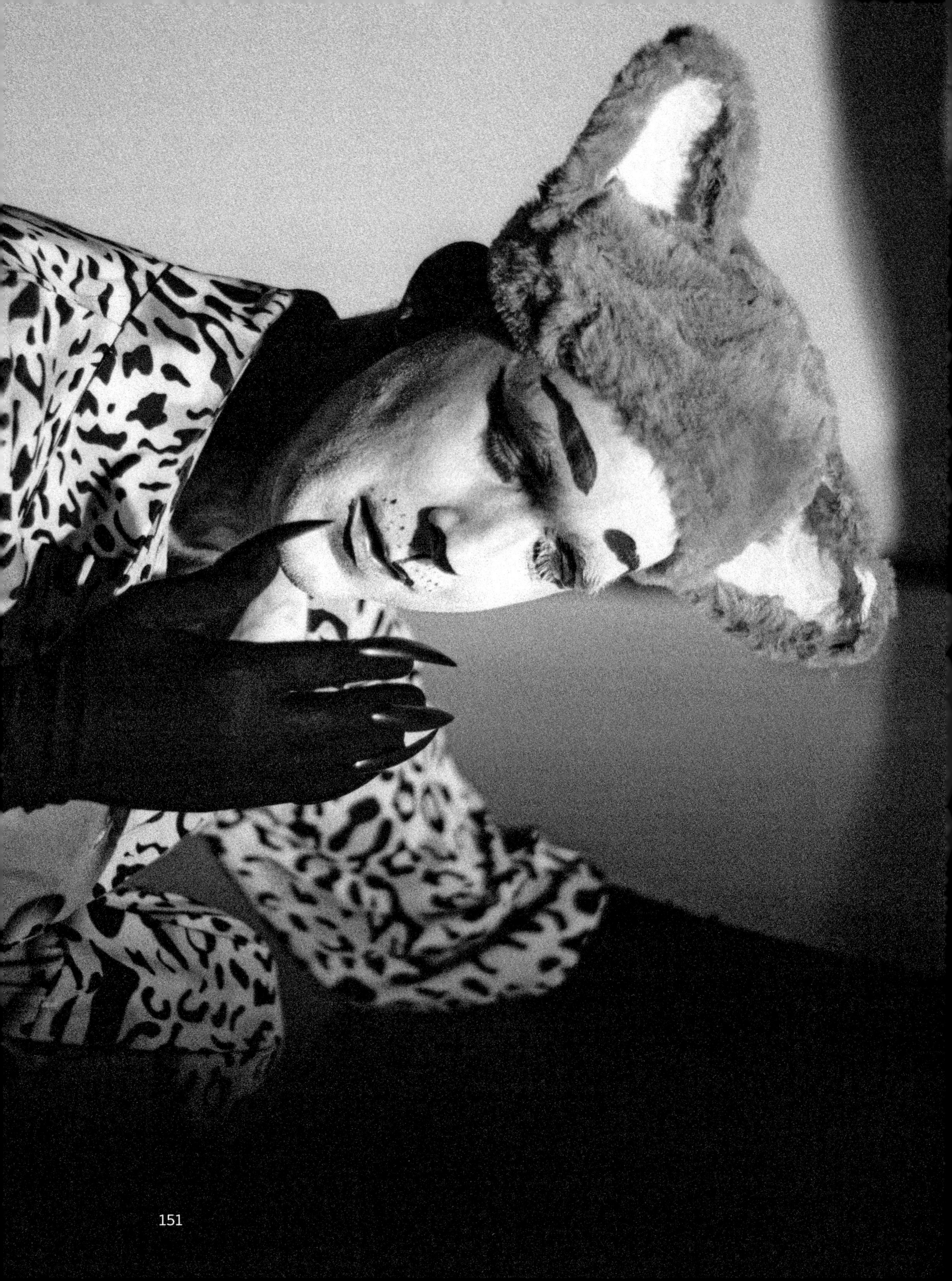

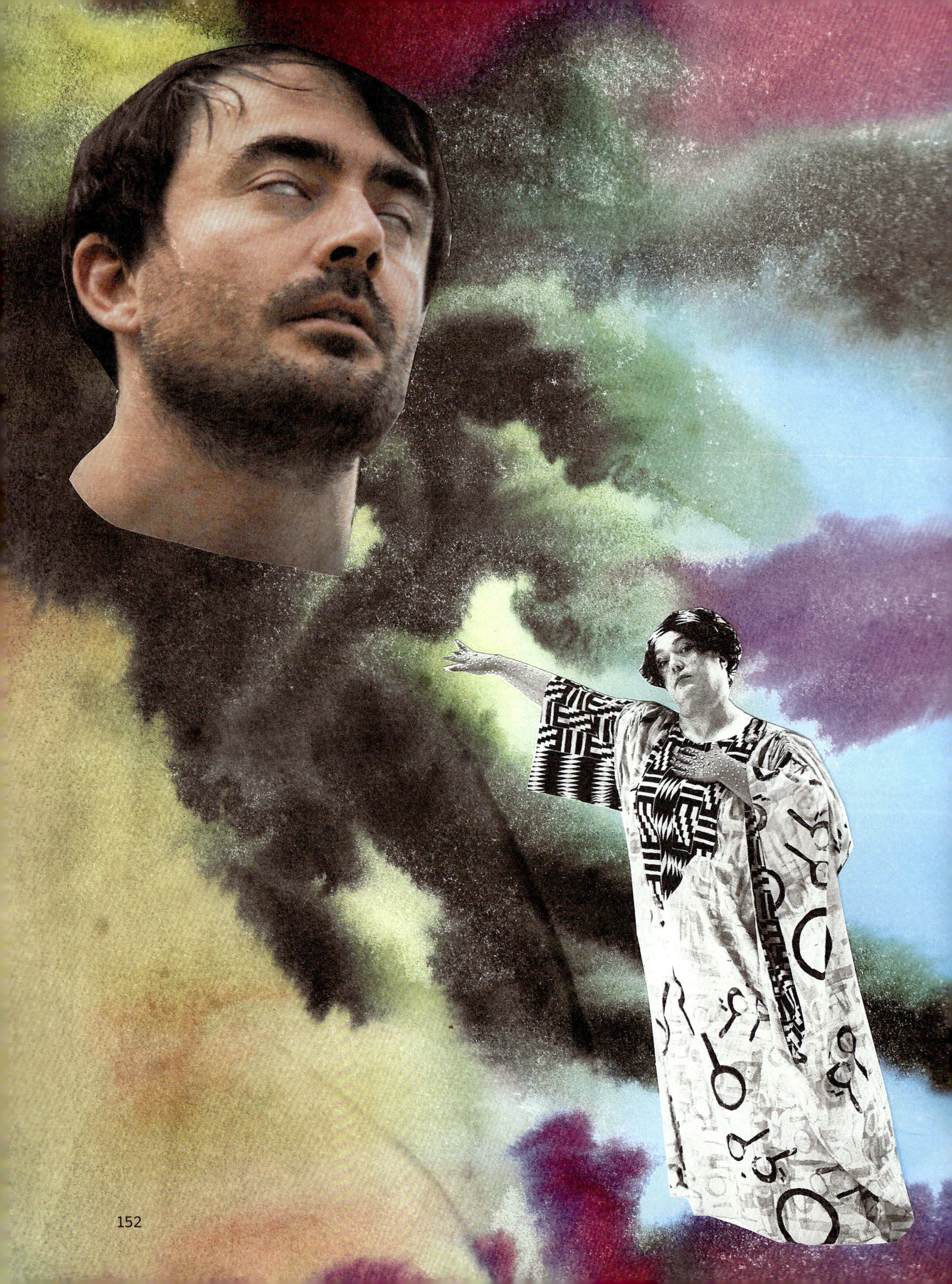

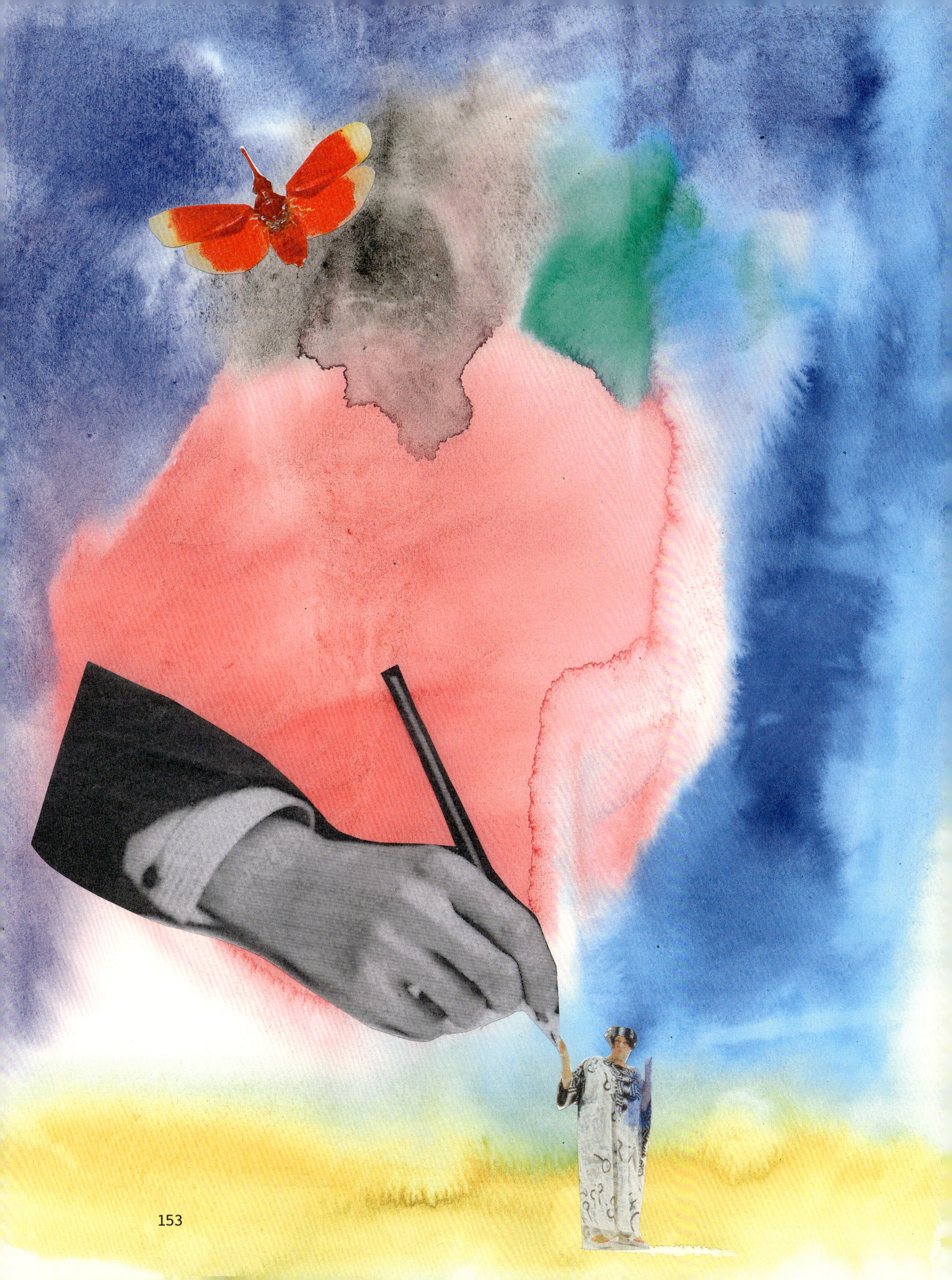

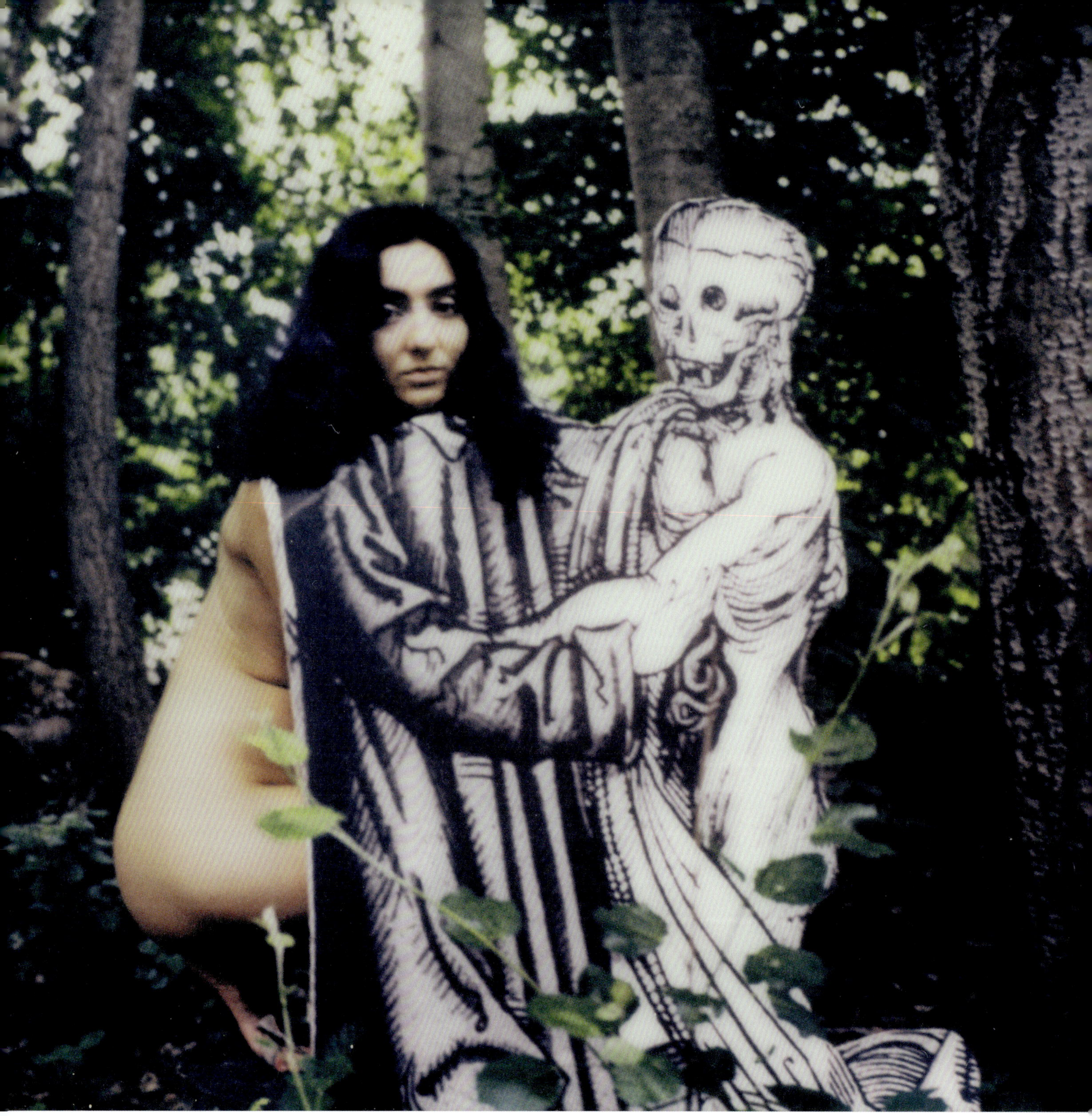

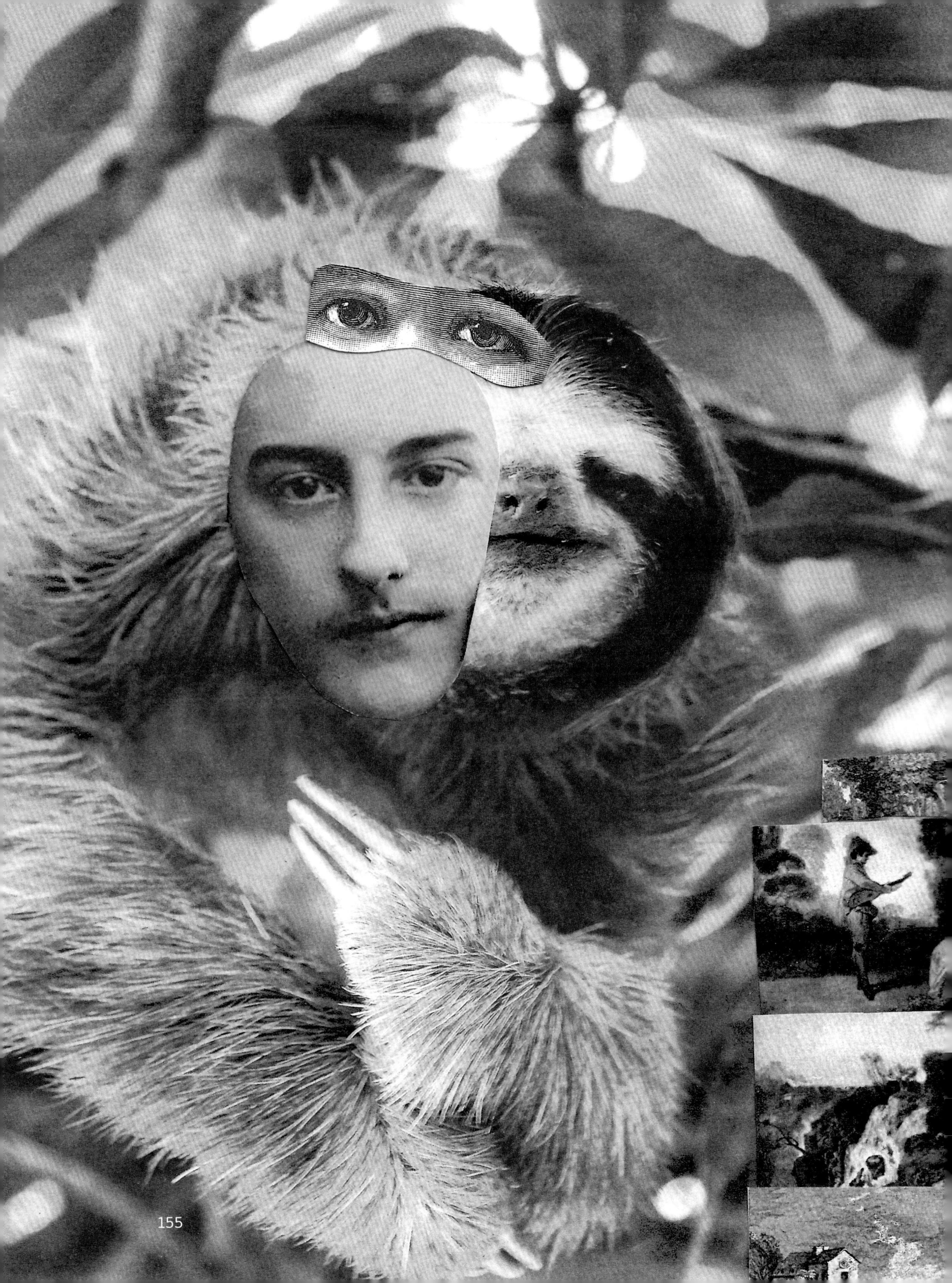

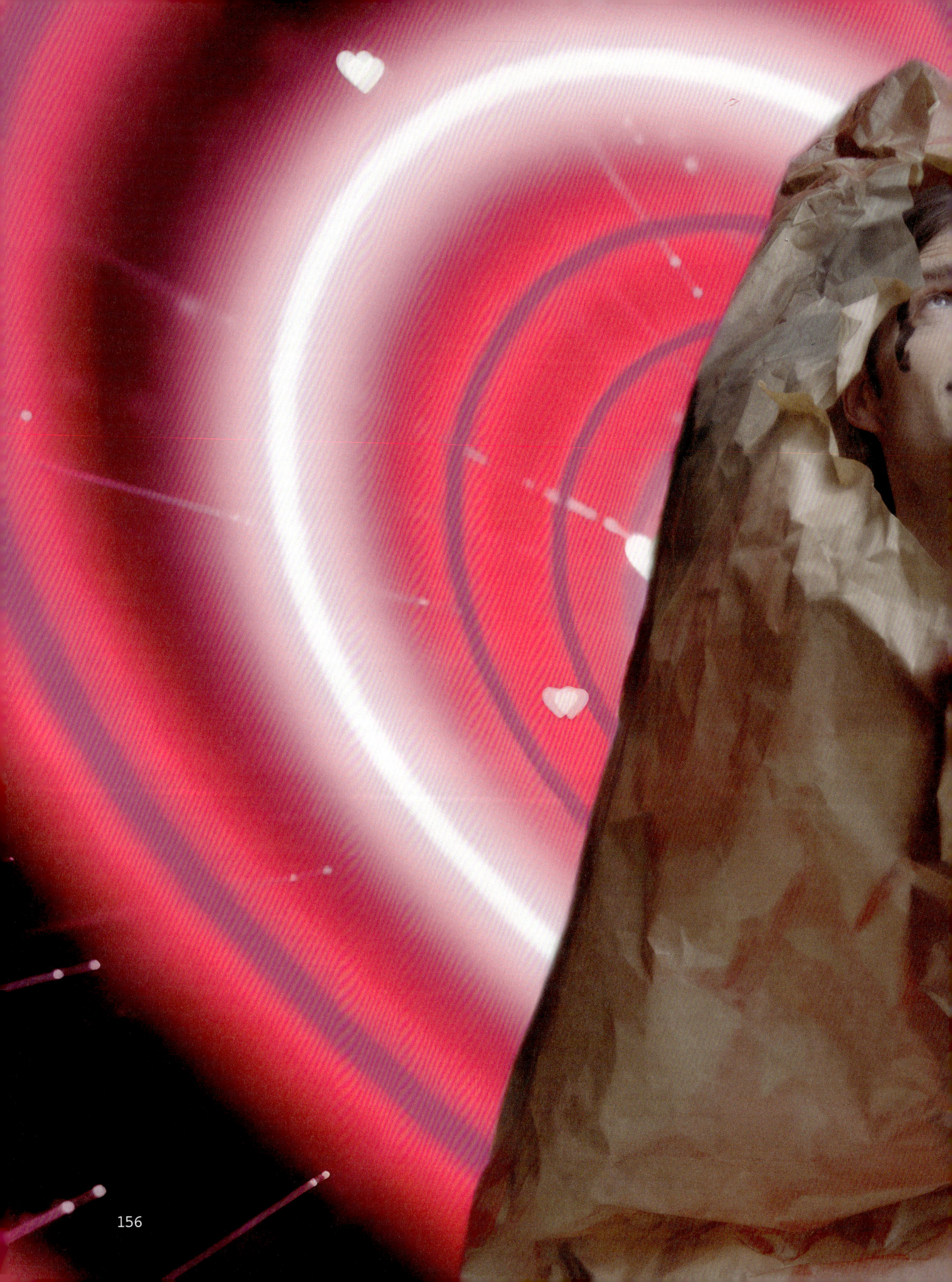

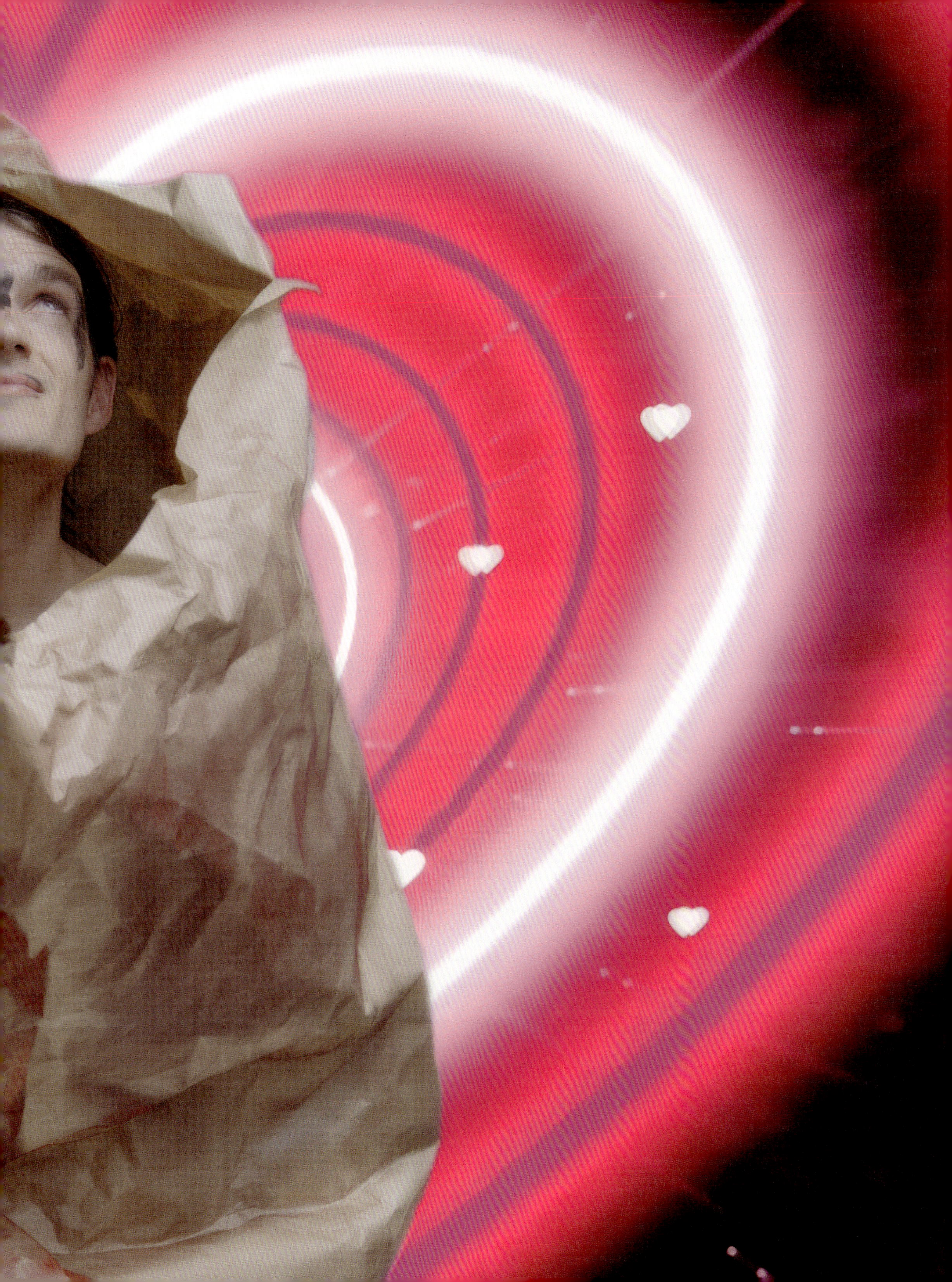

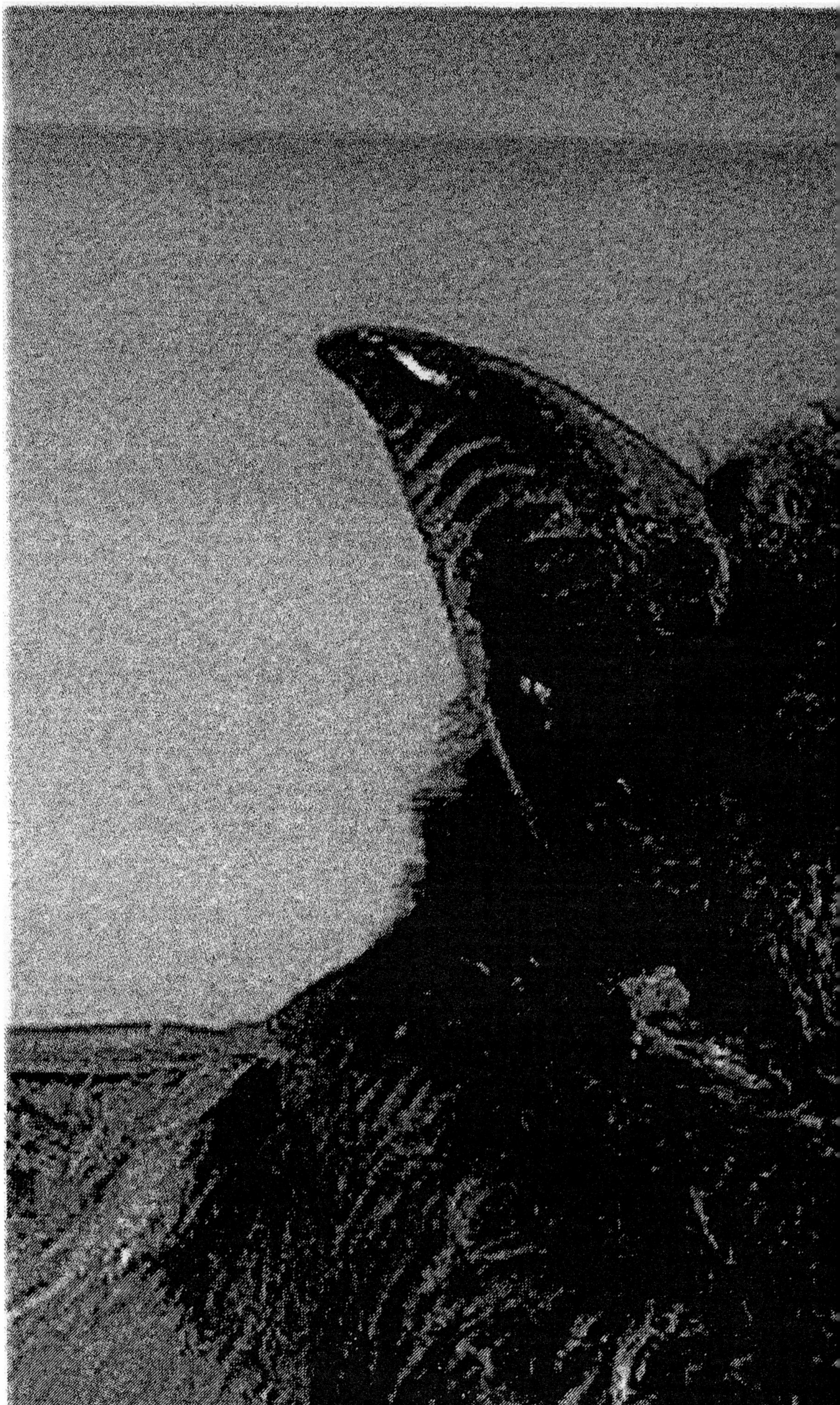

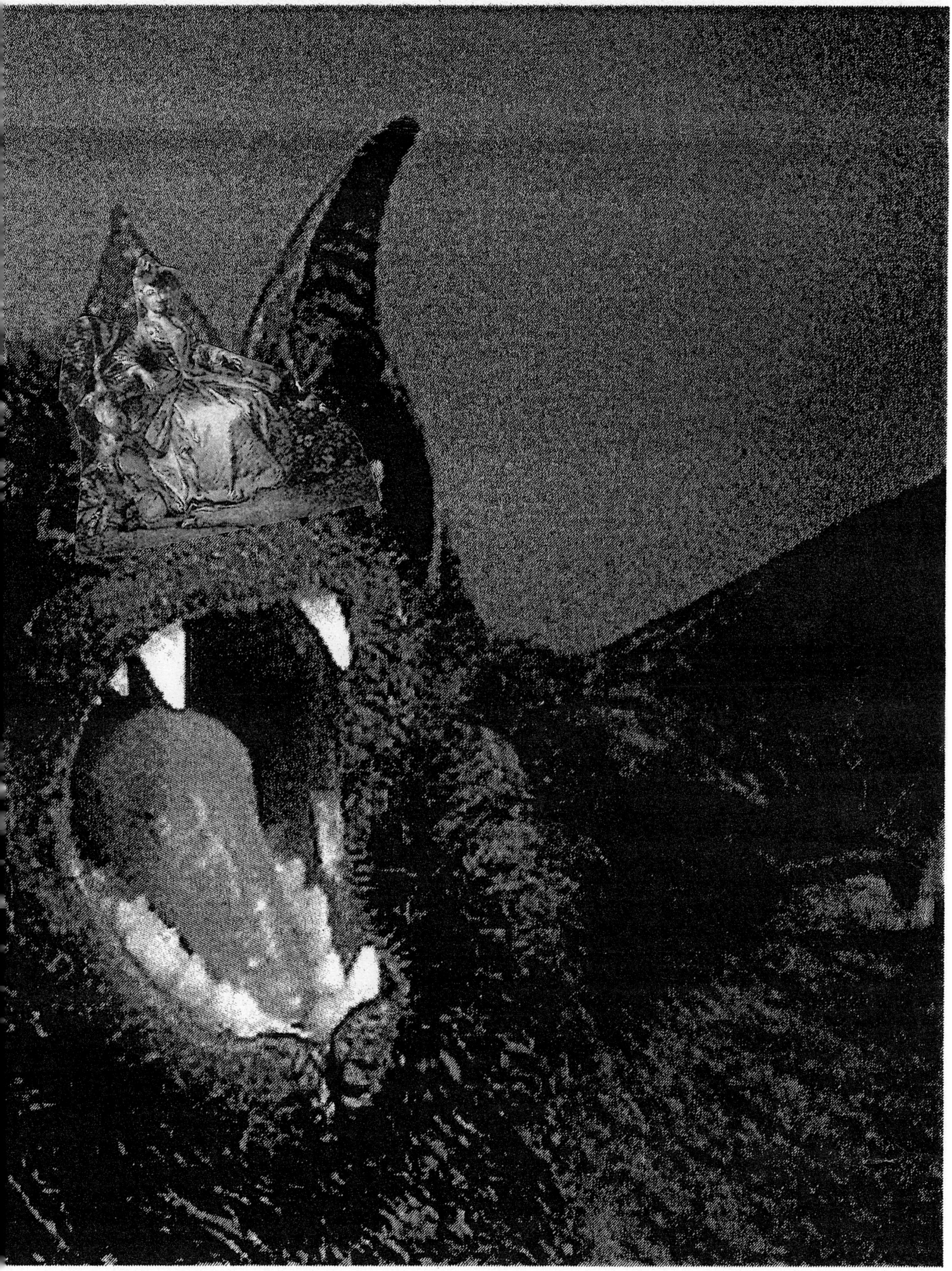

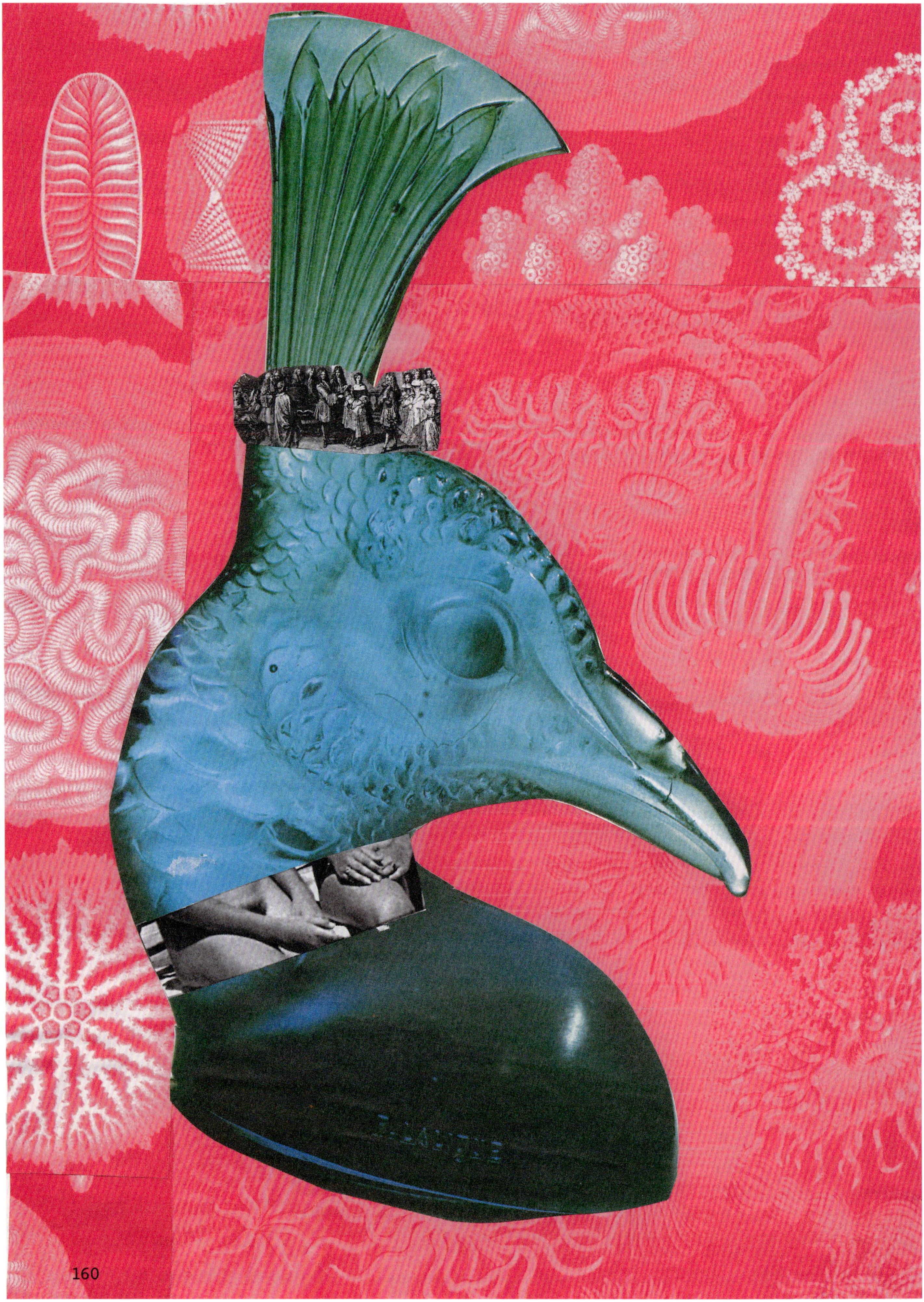

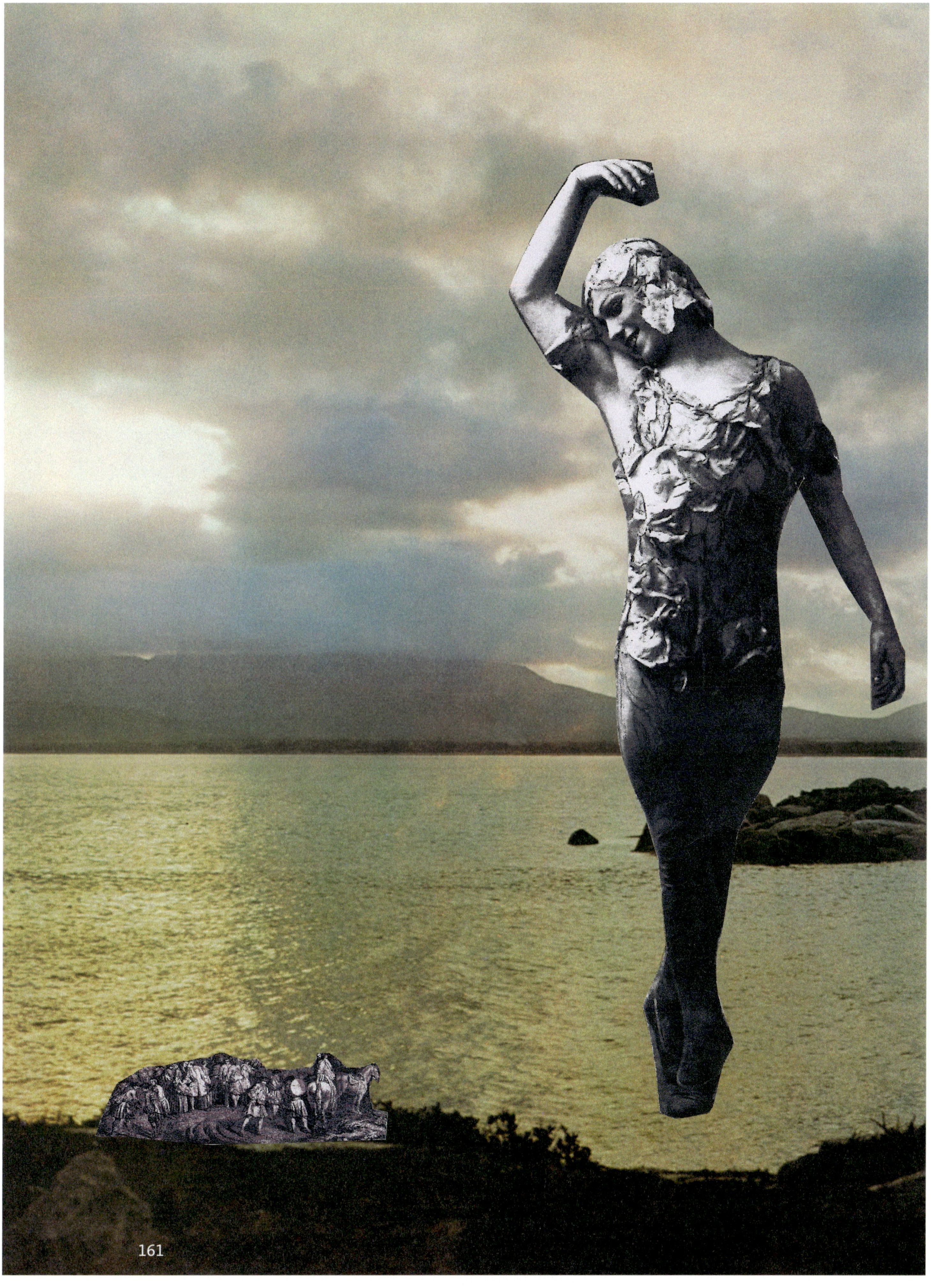

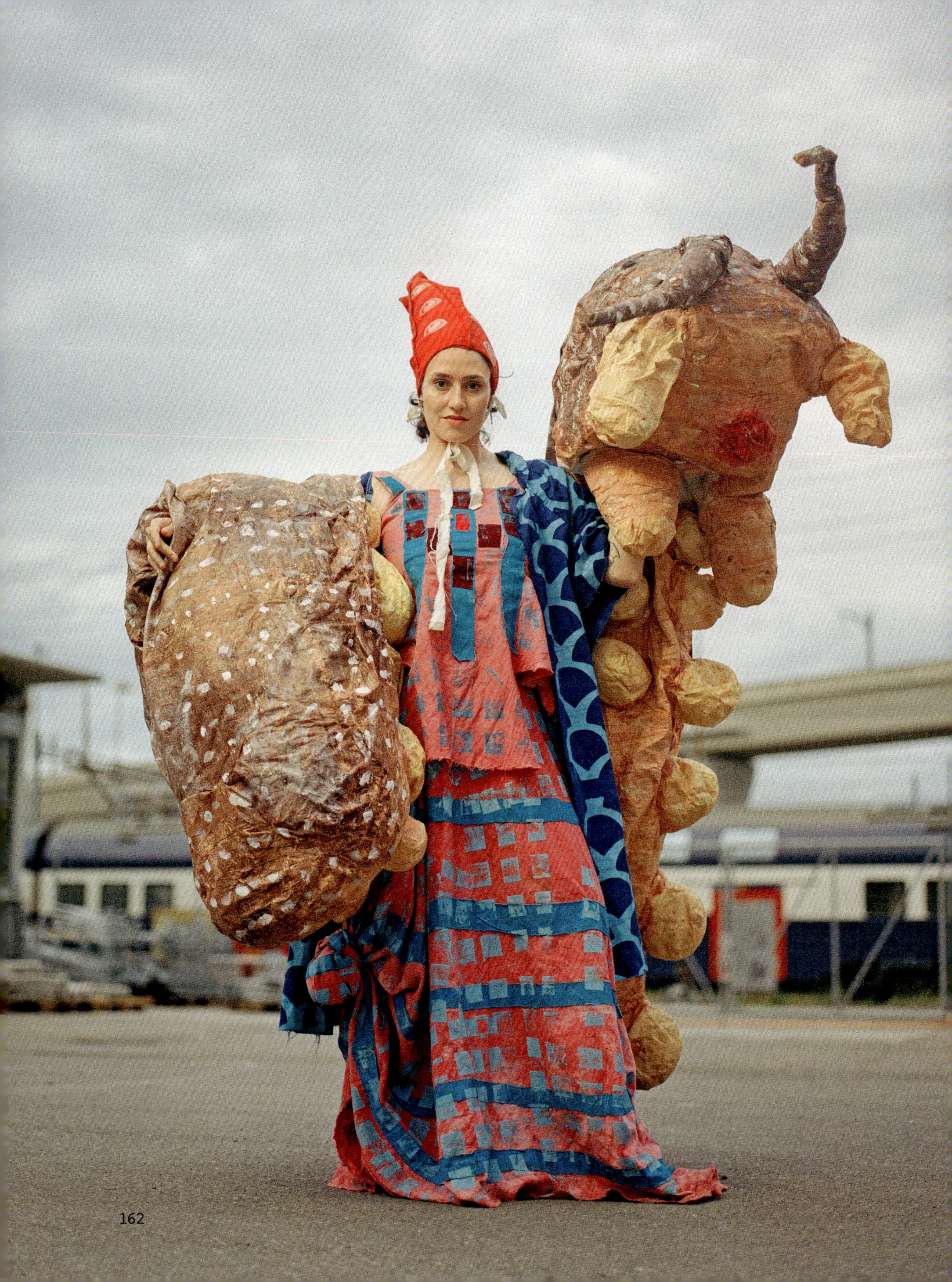

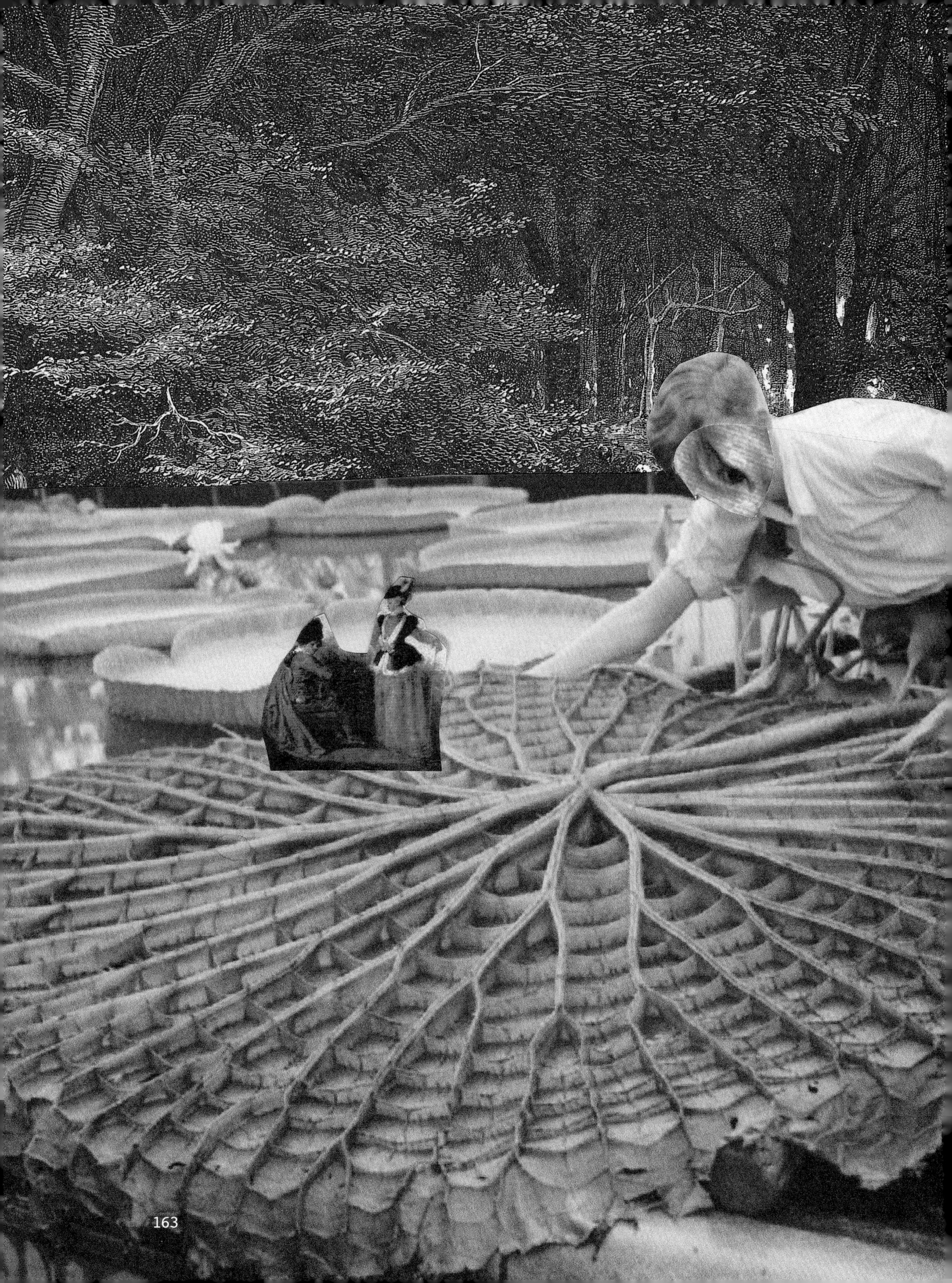

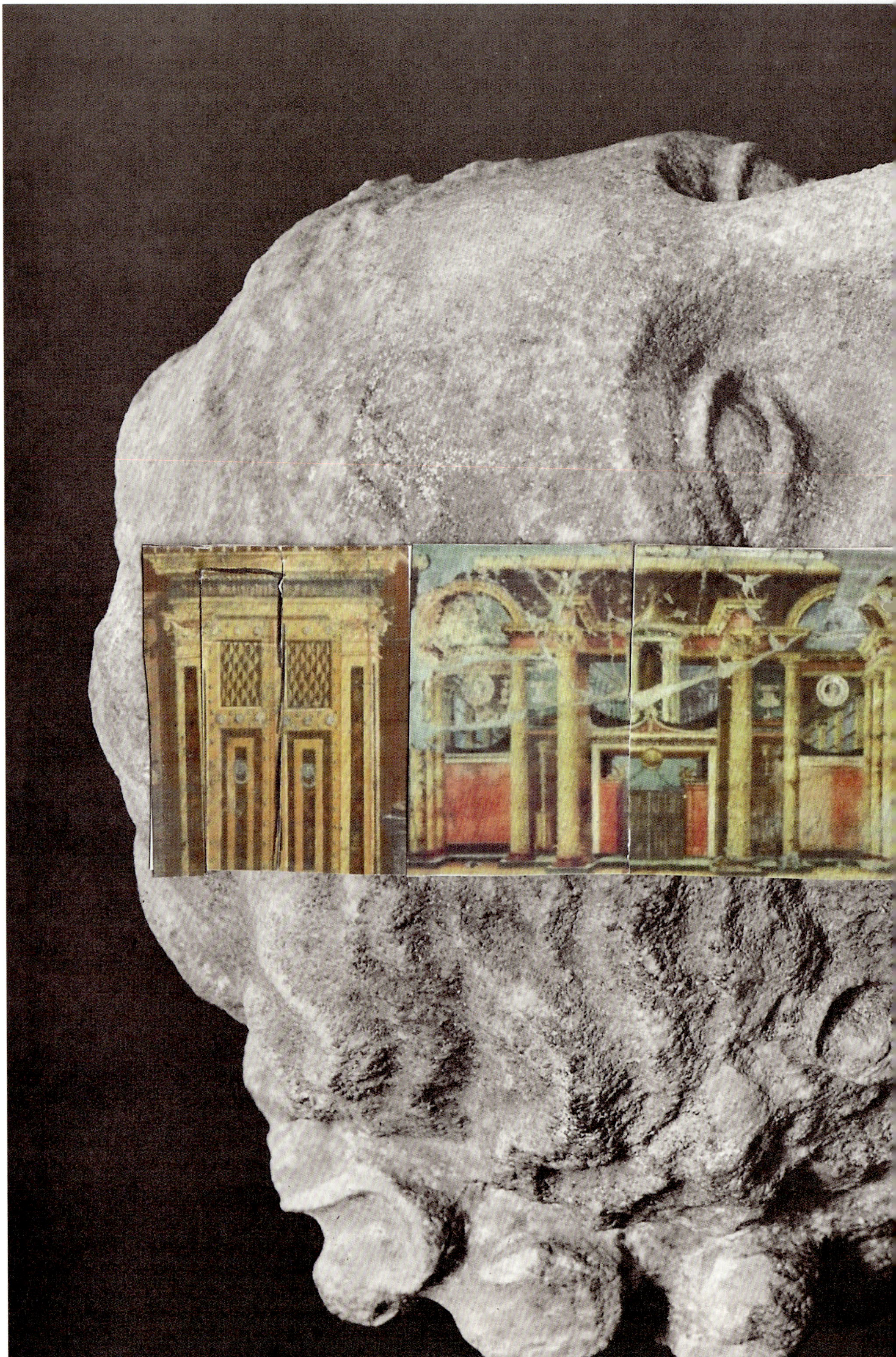

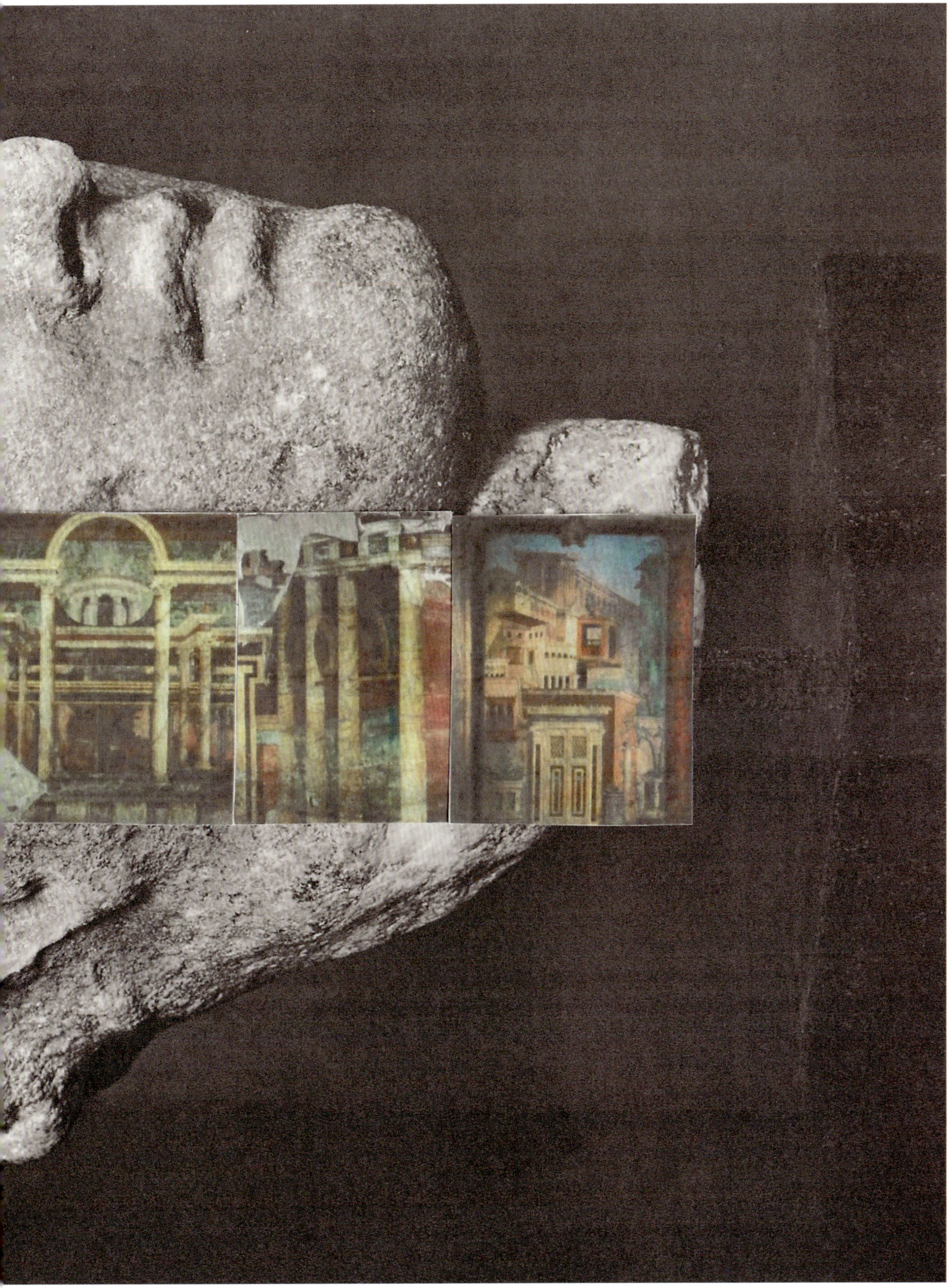

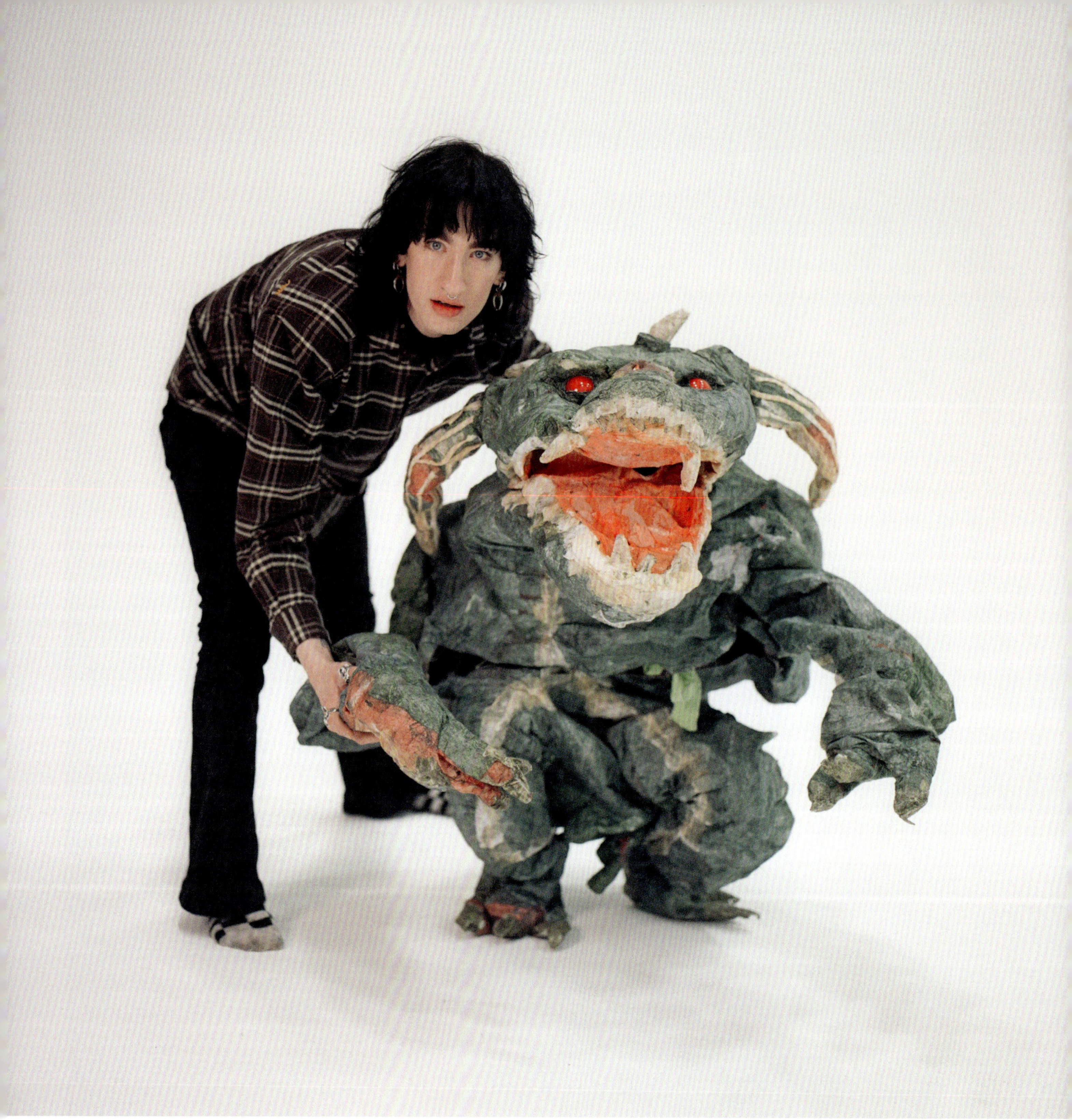

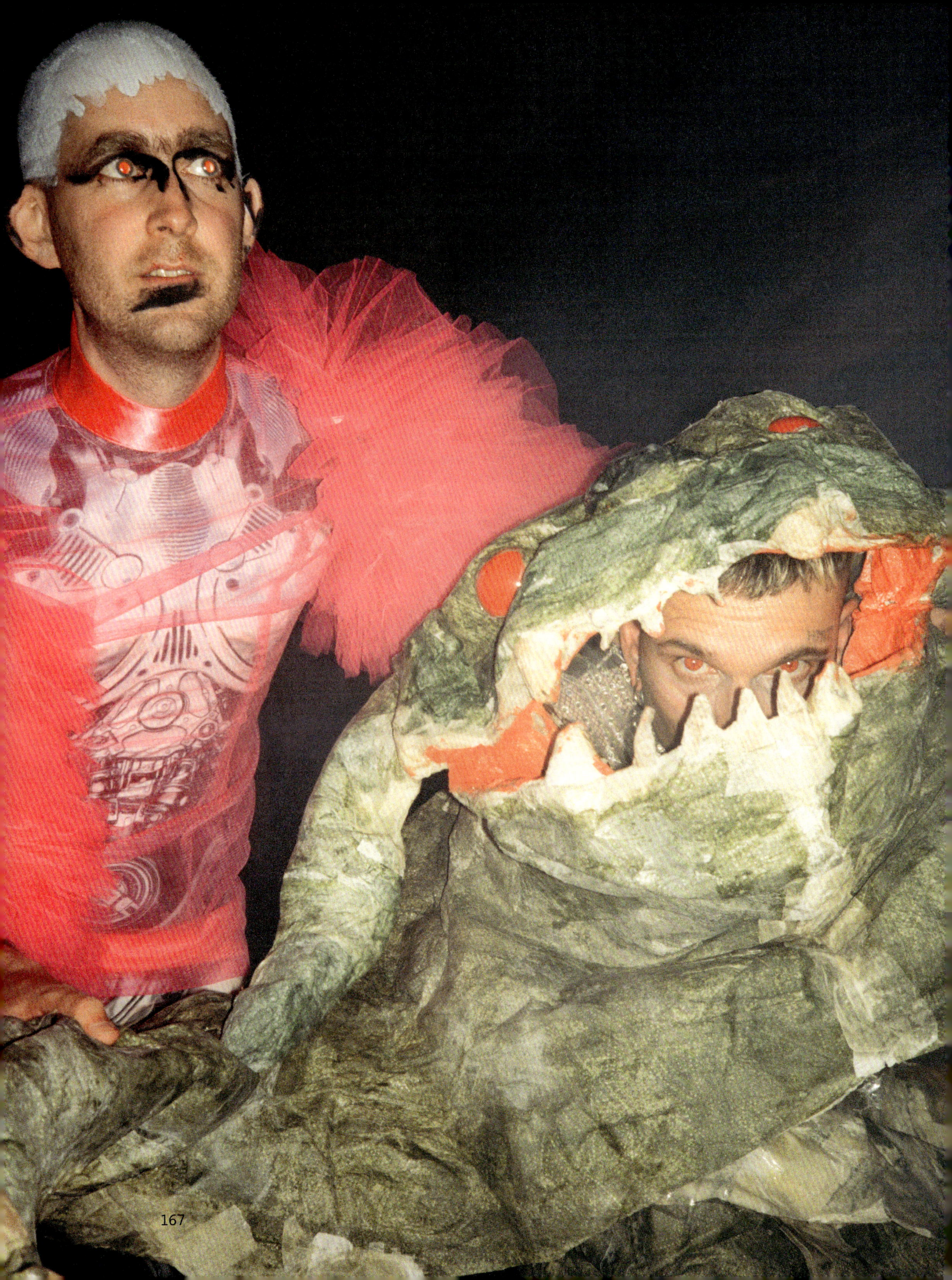

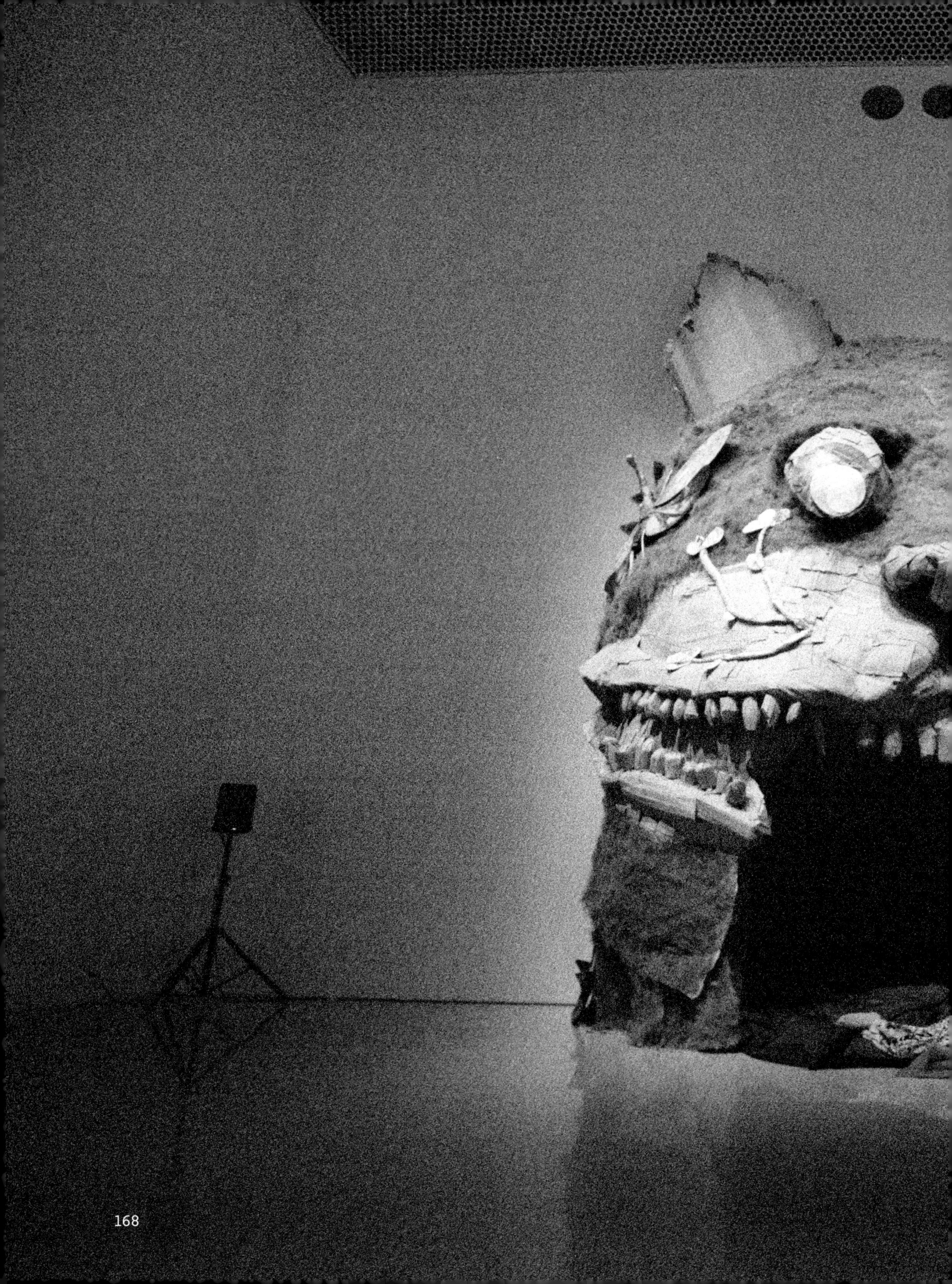

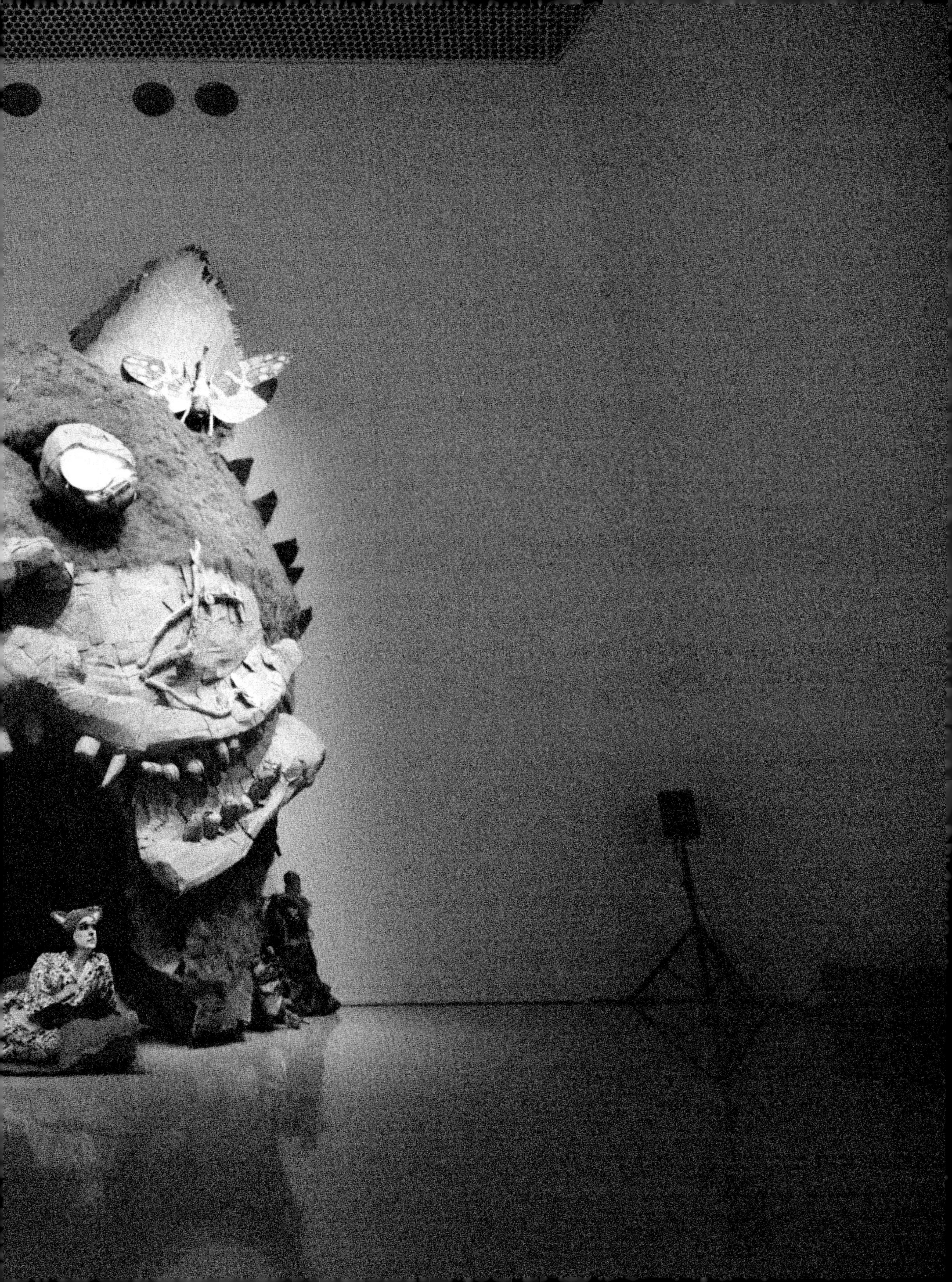

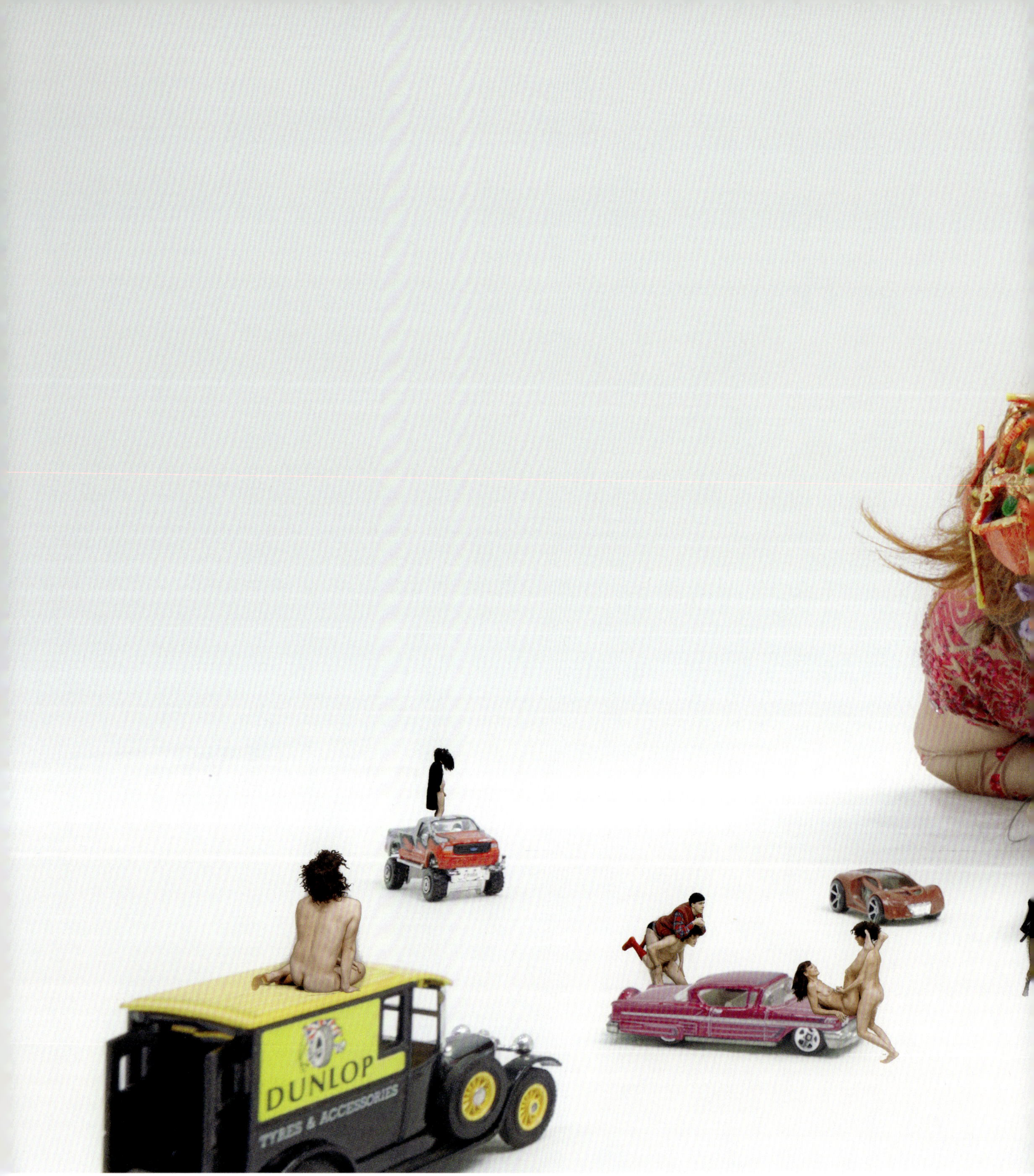
DUNLOP
TYRES & ACCESSORIES

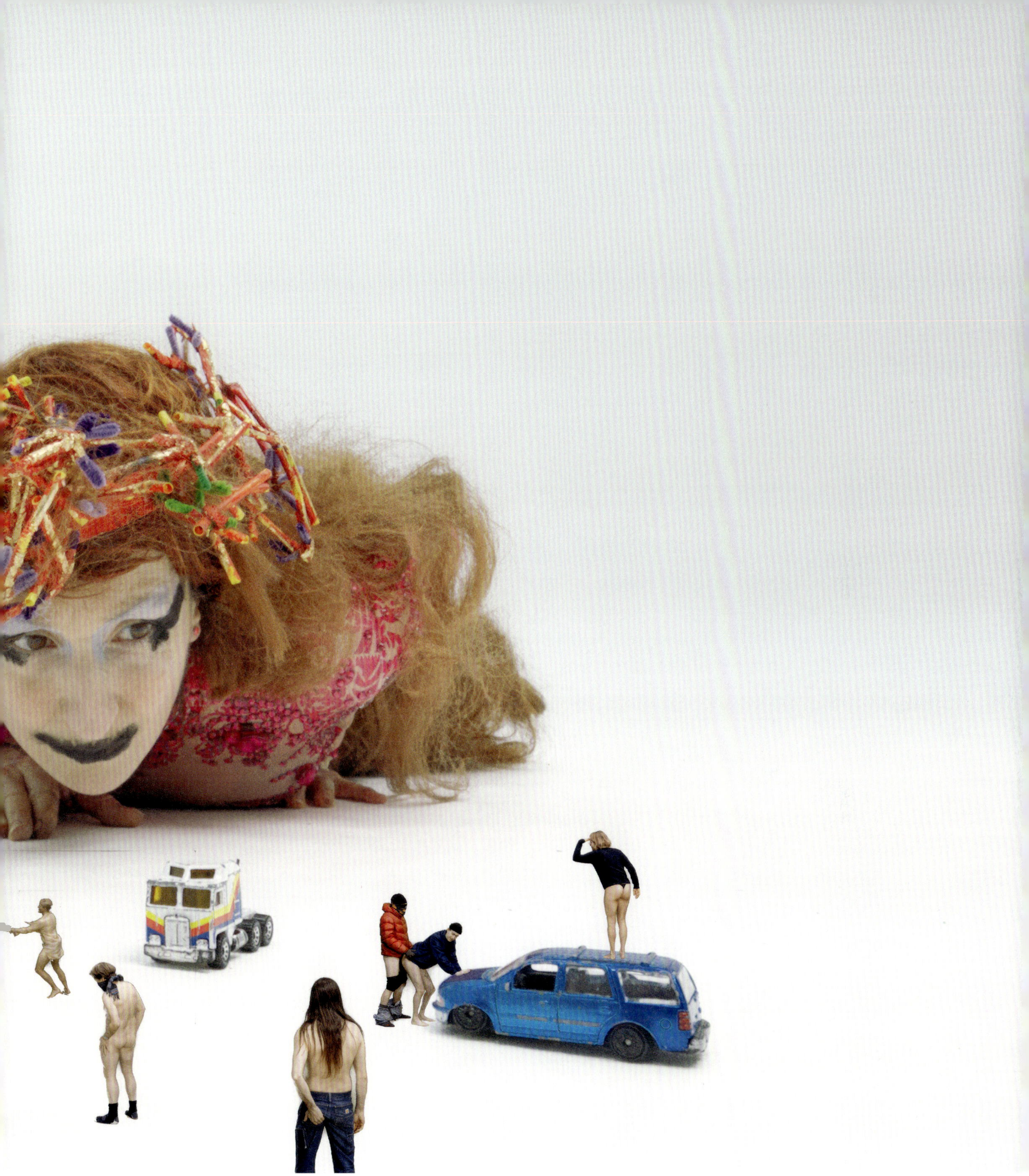

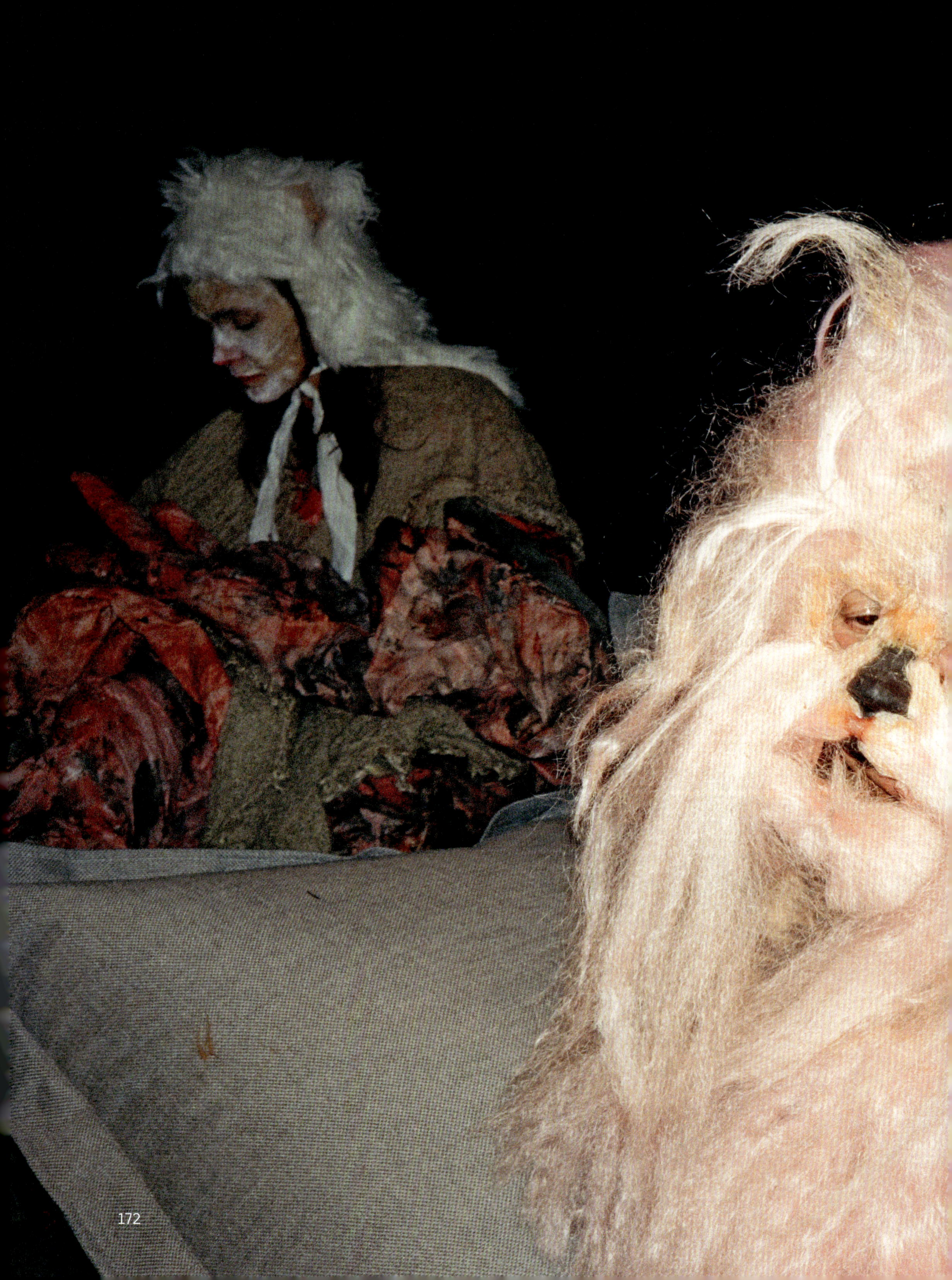

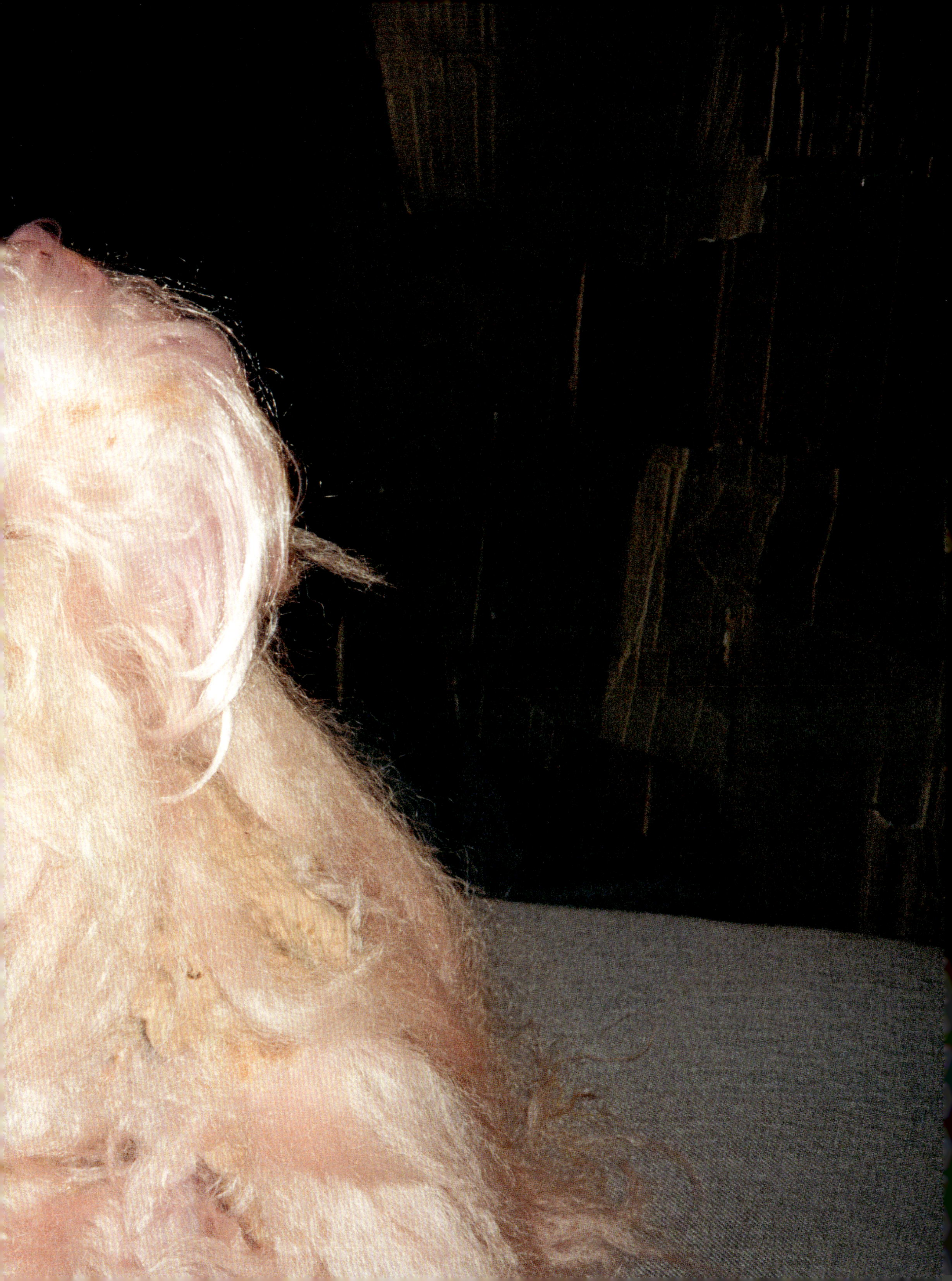

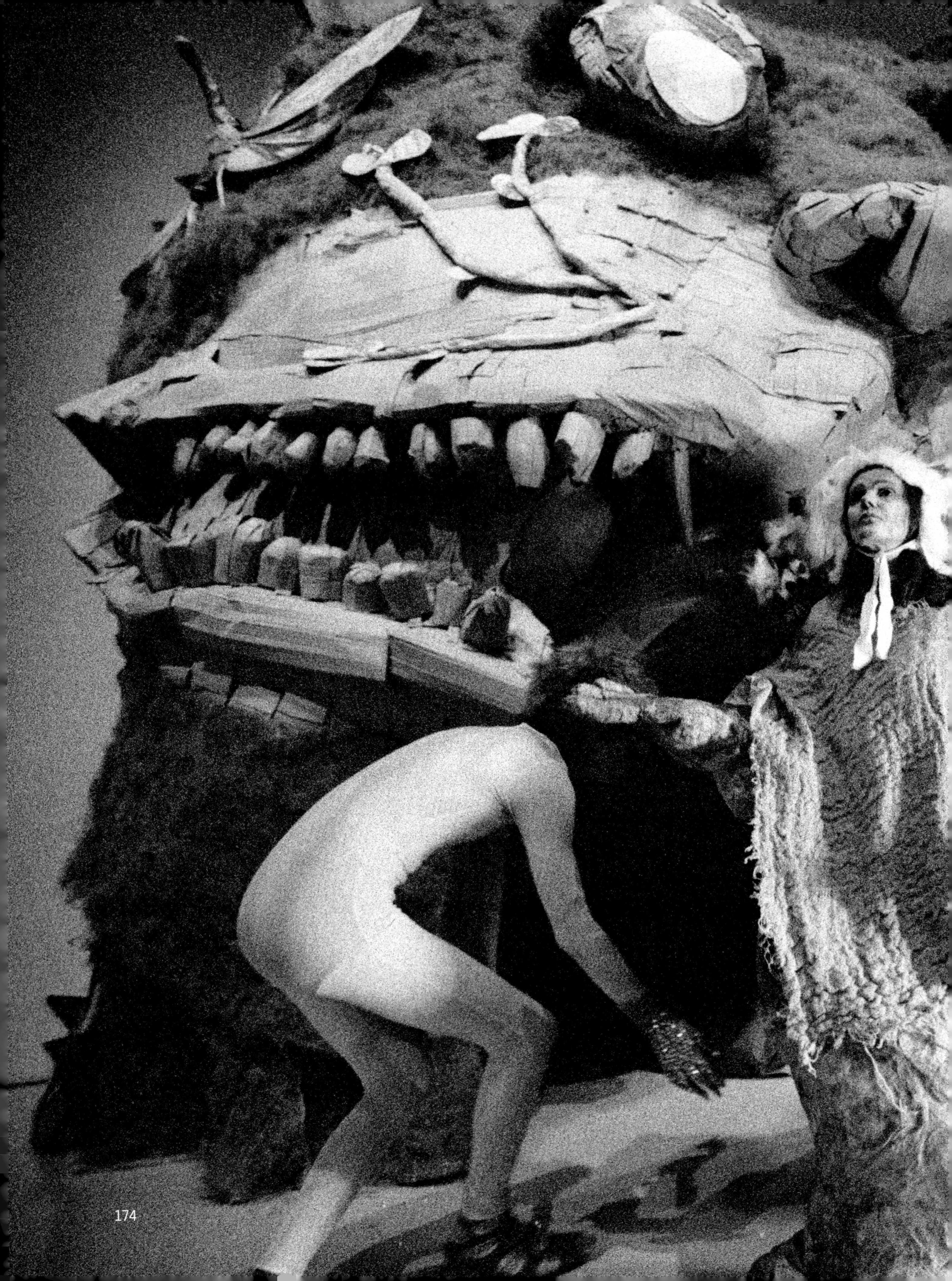

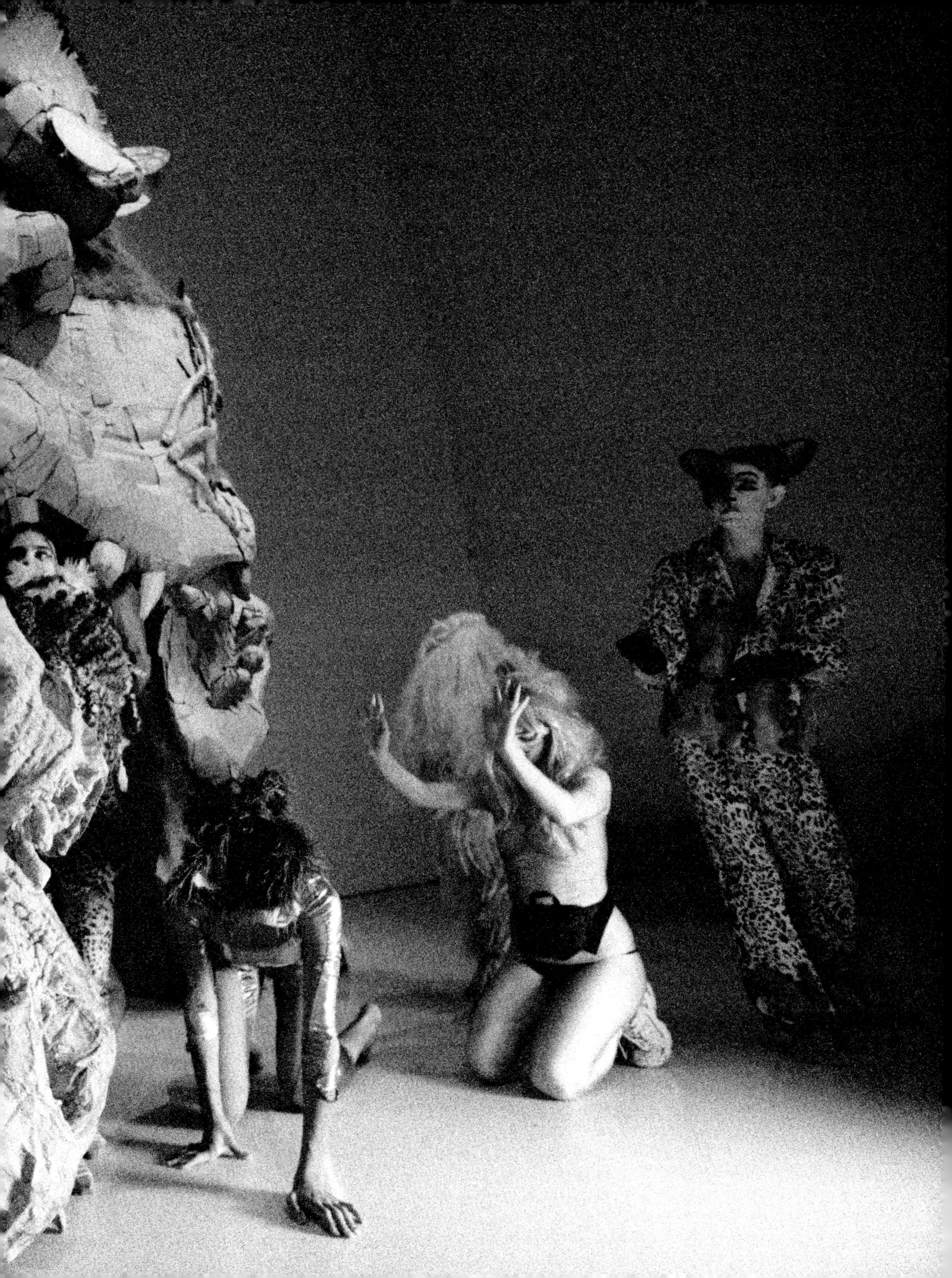

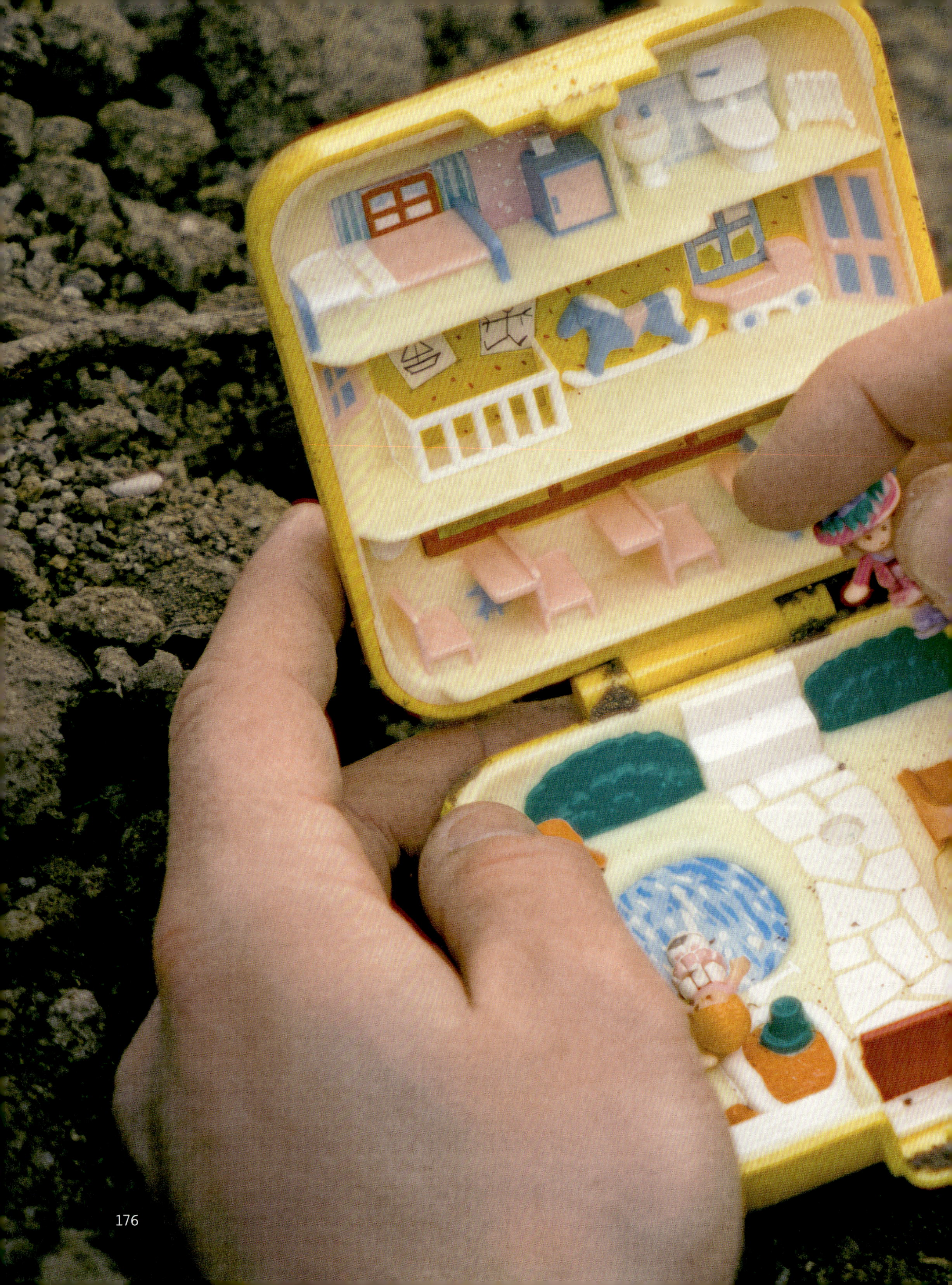

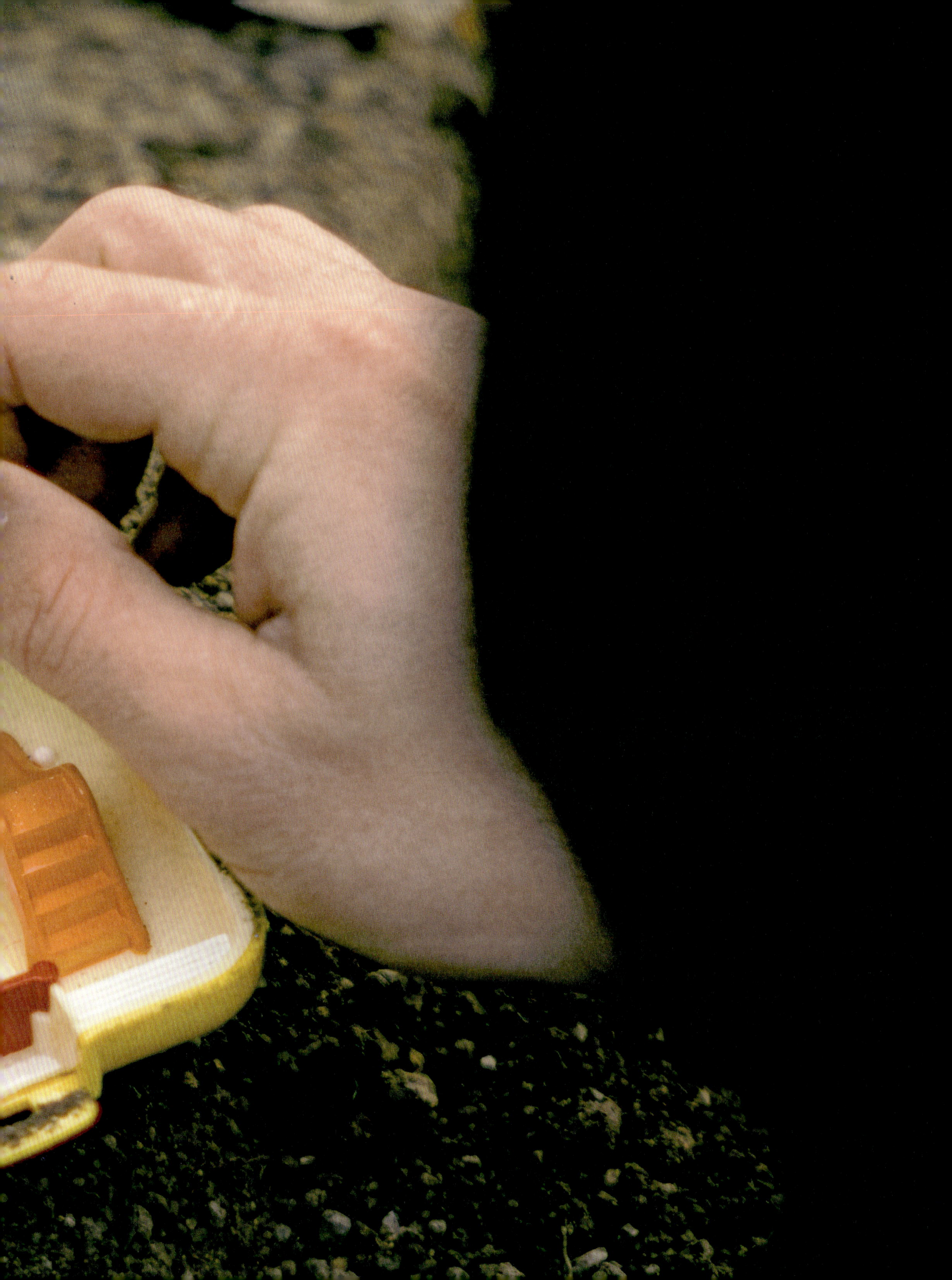

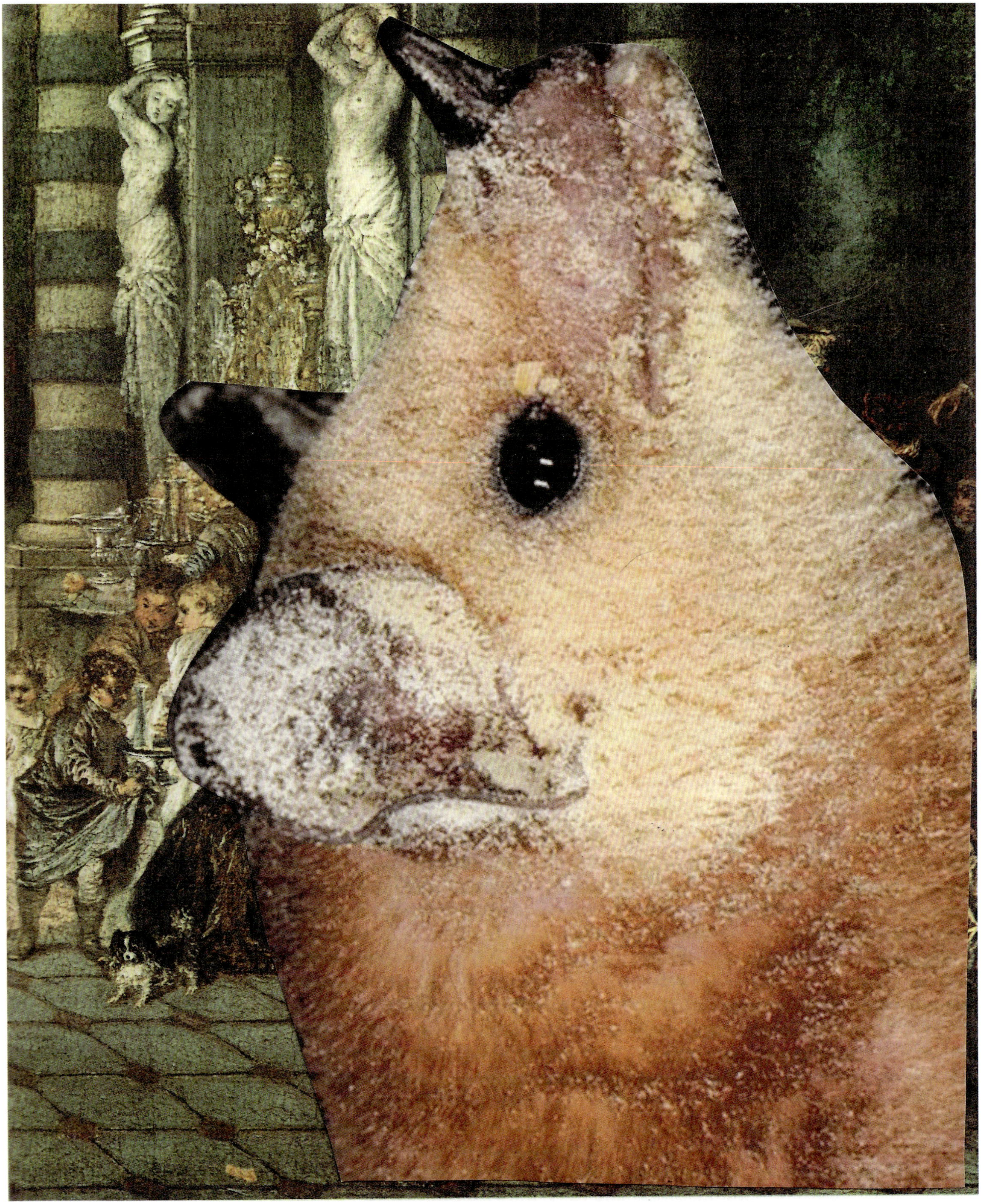

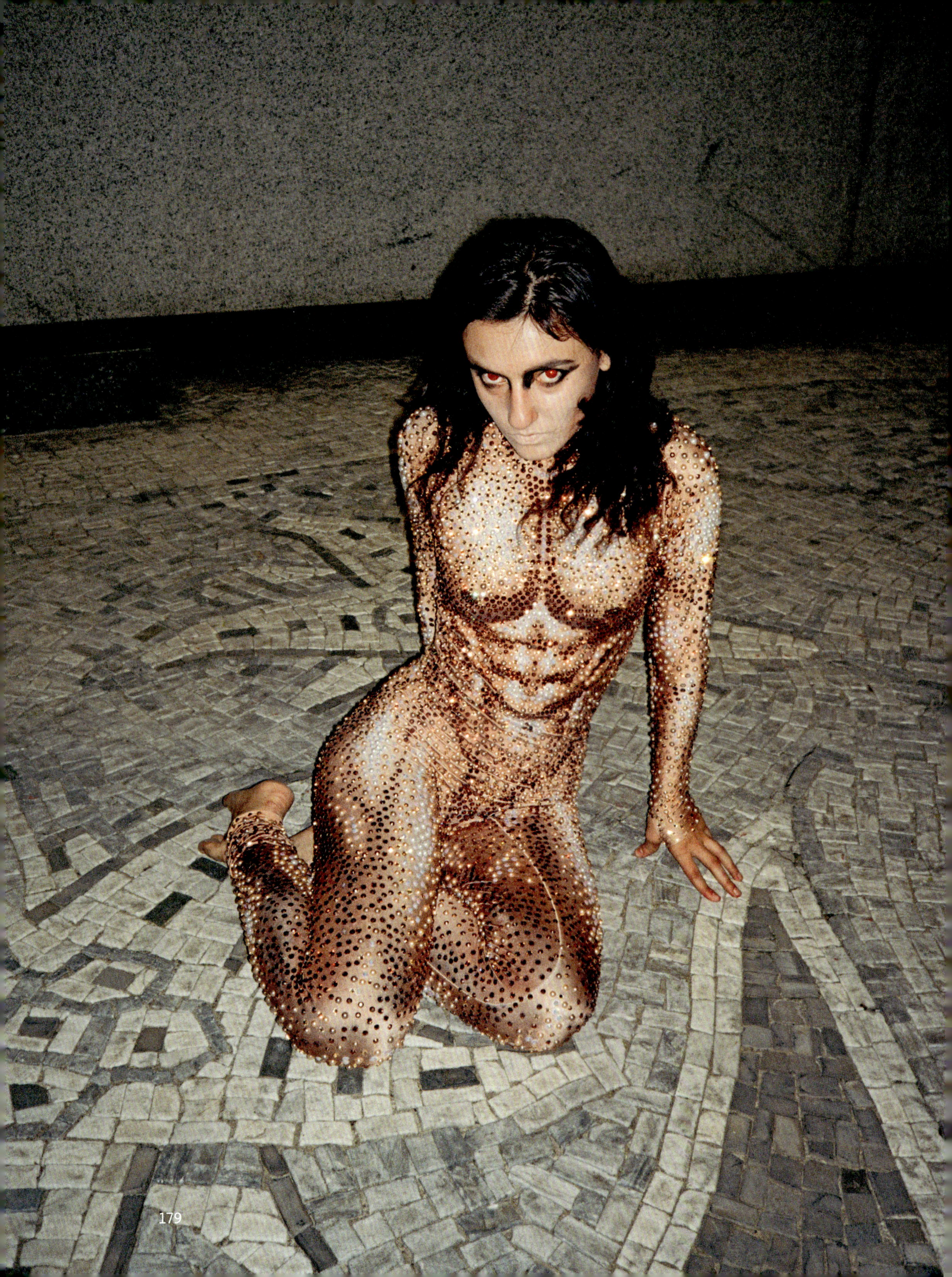

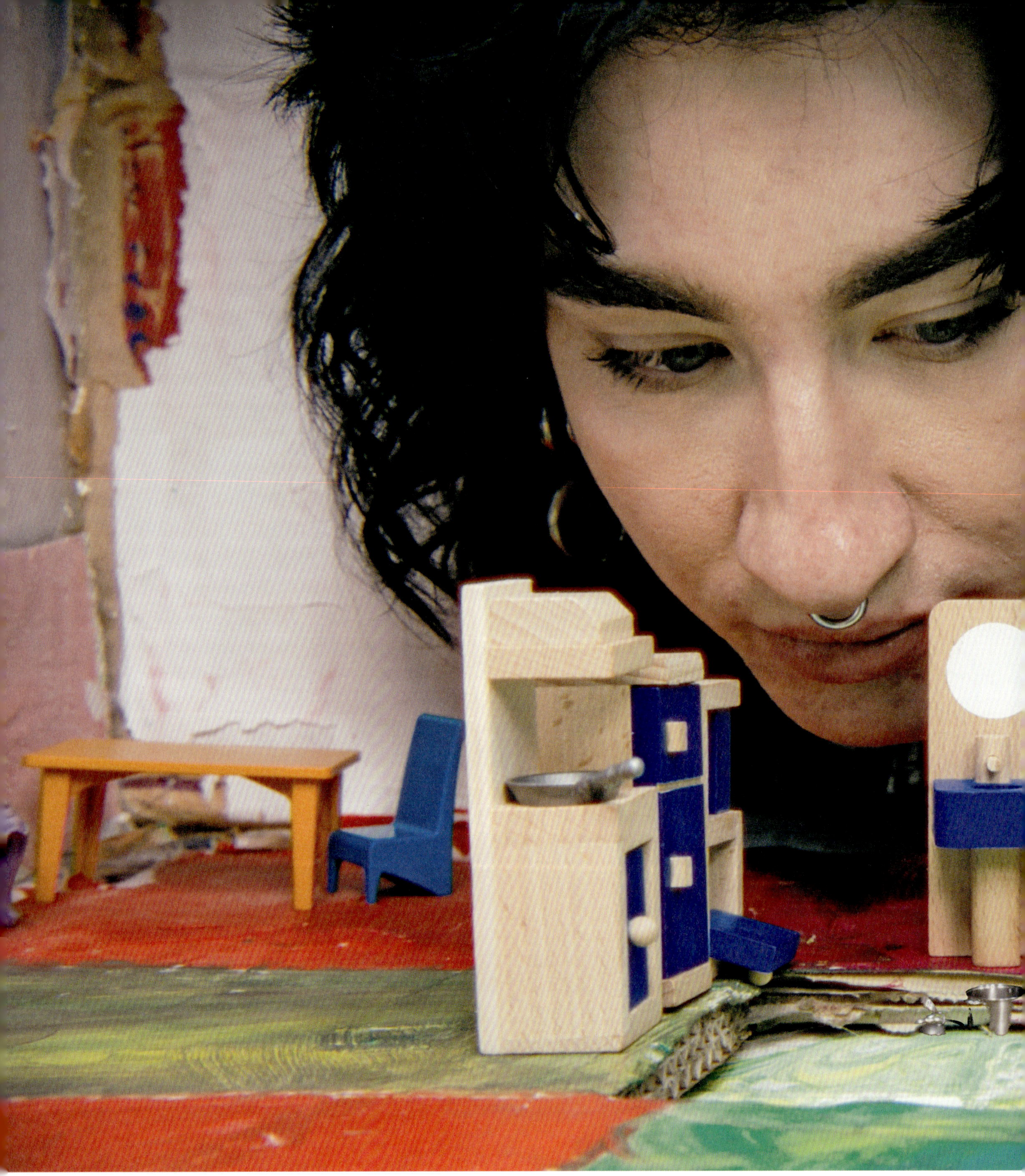

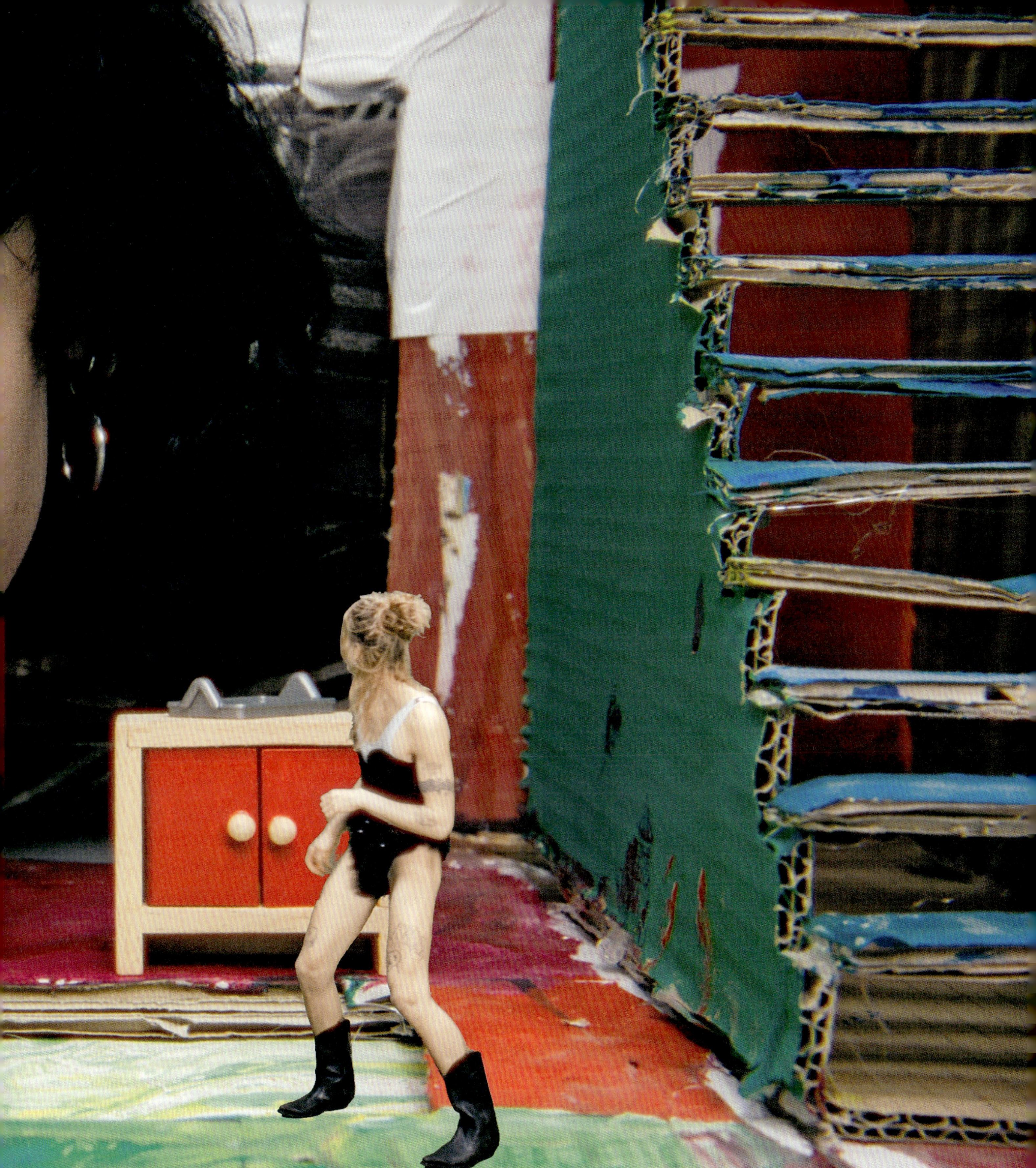

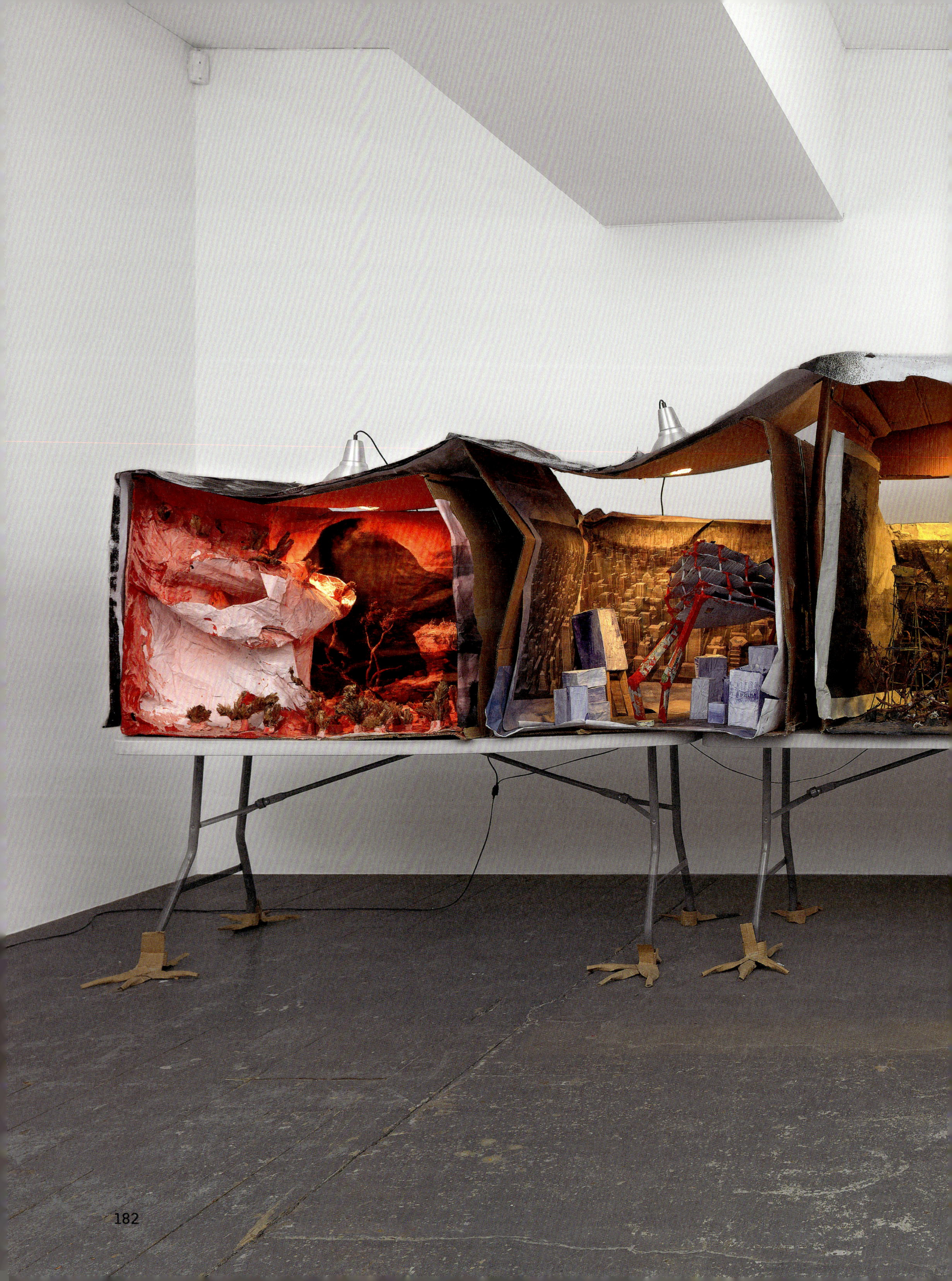

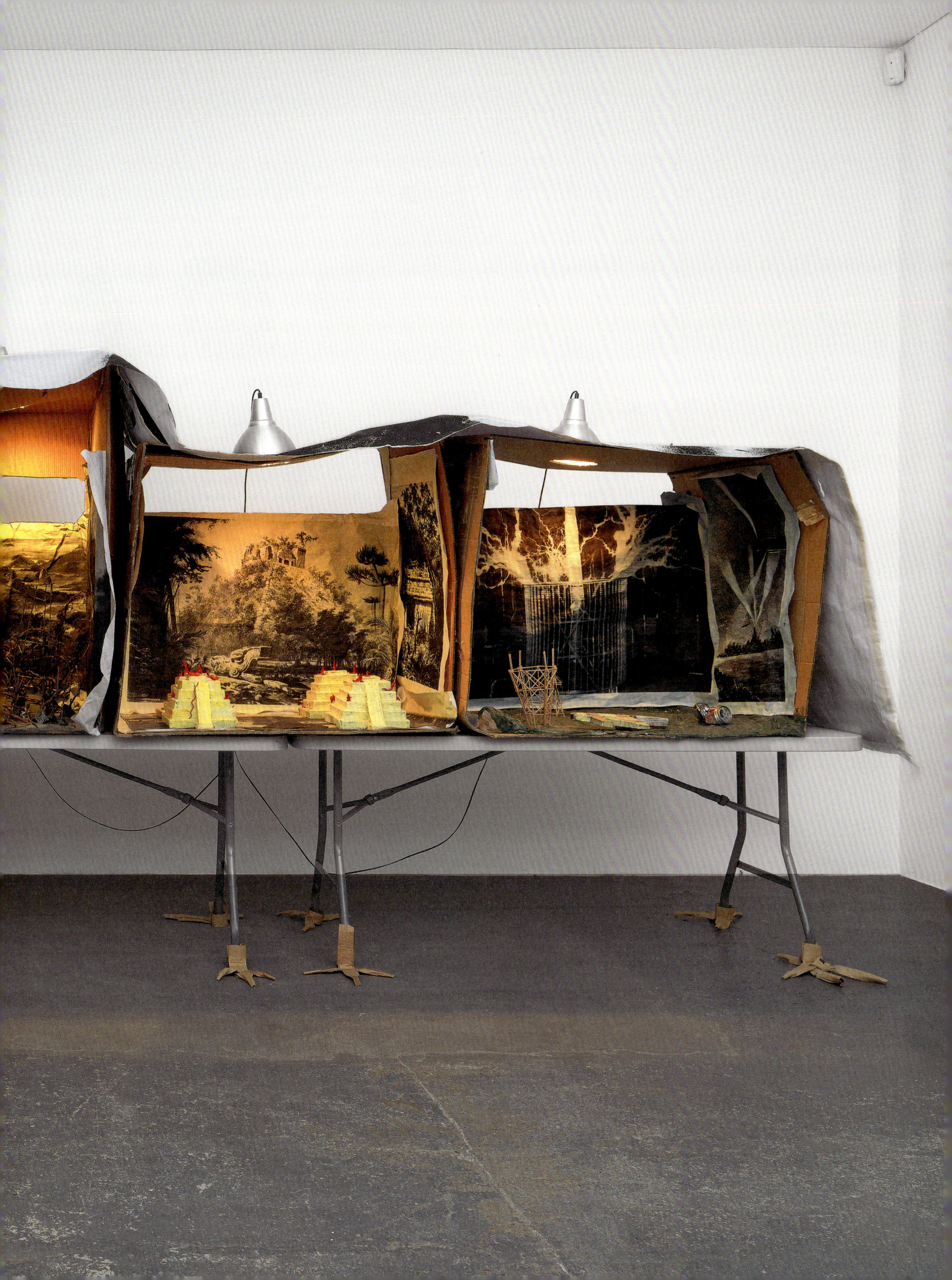

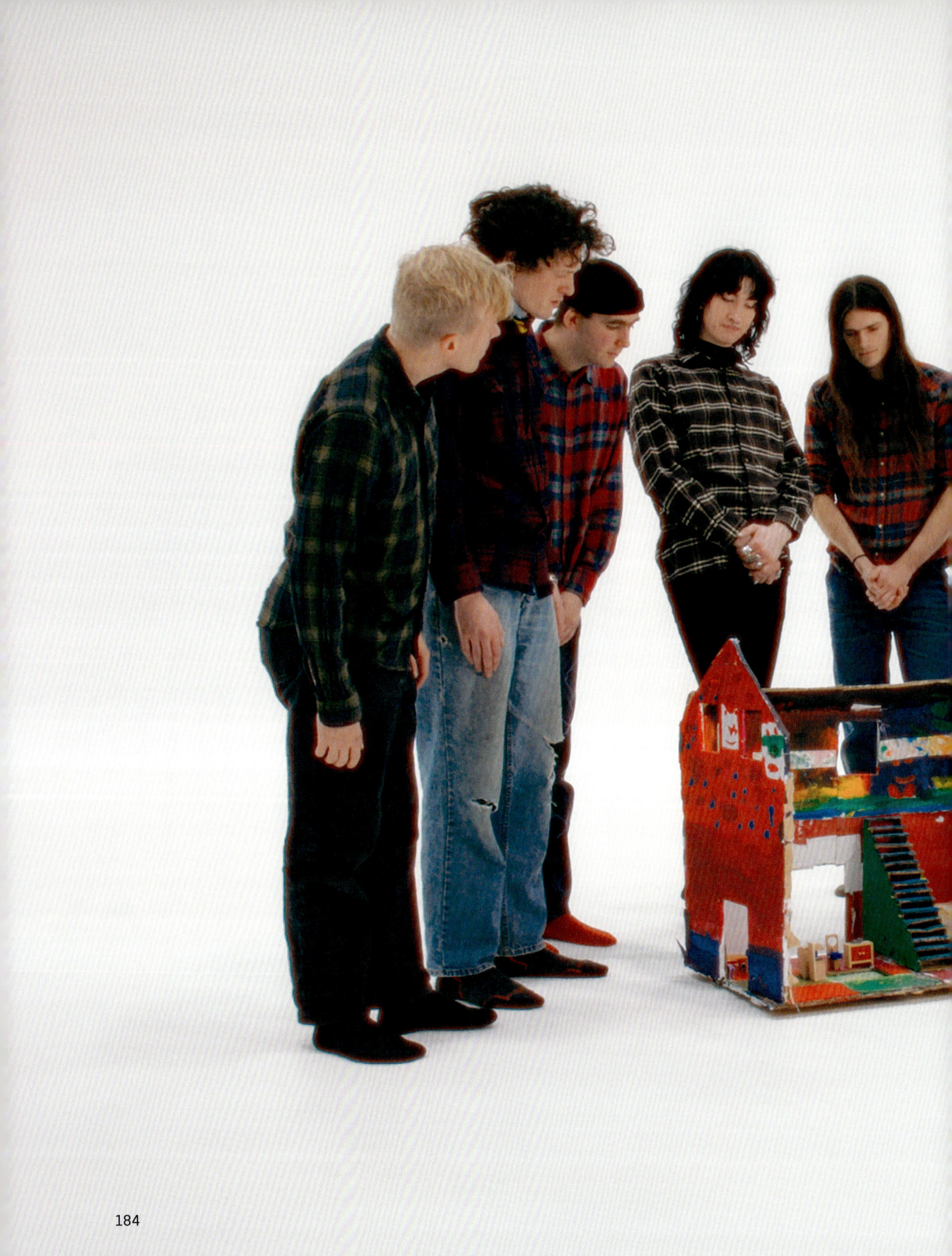

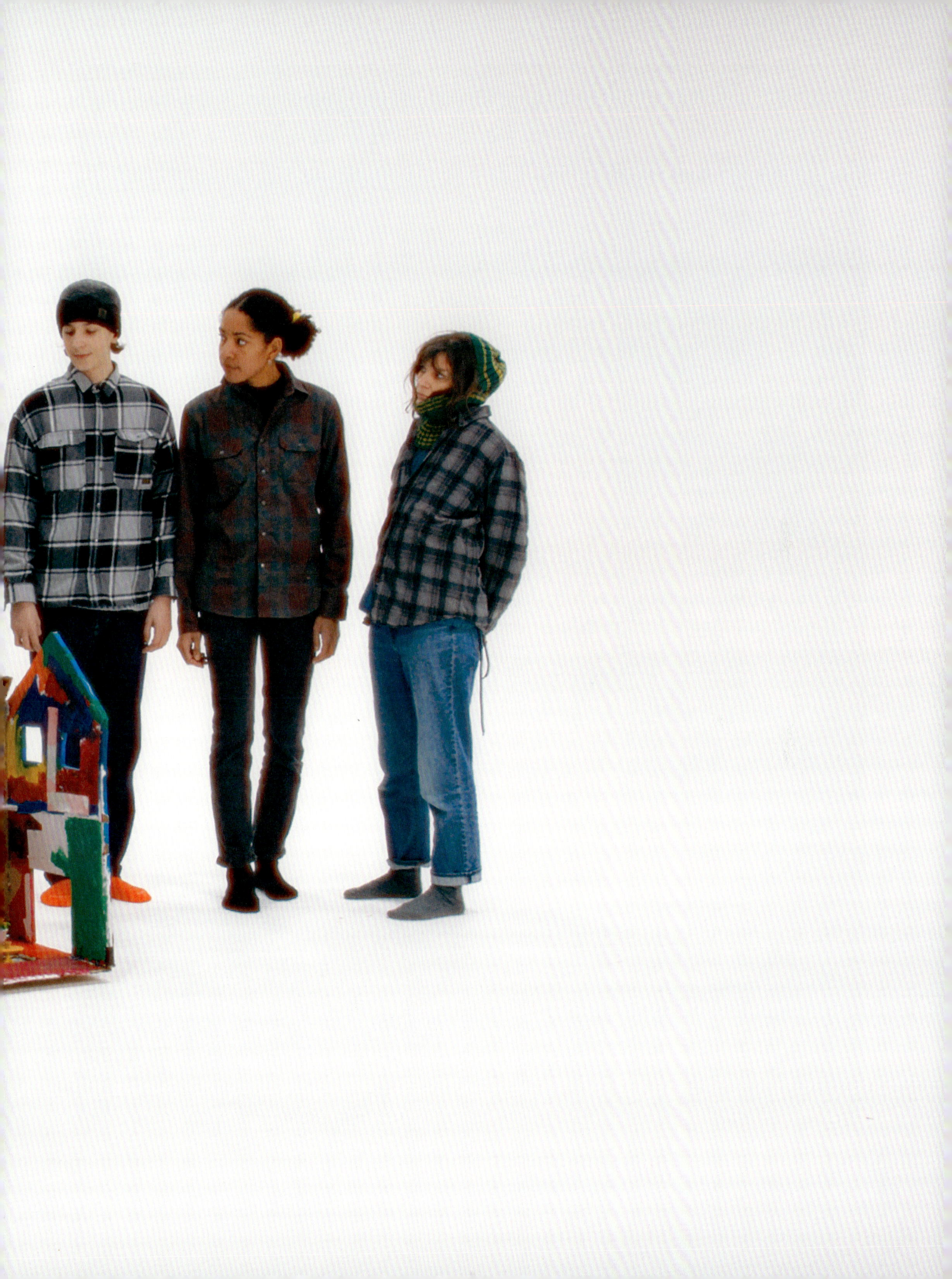

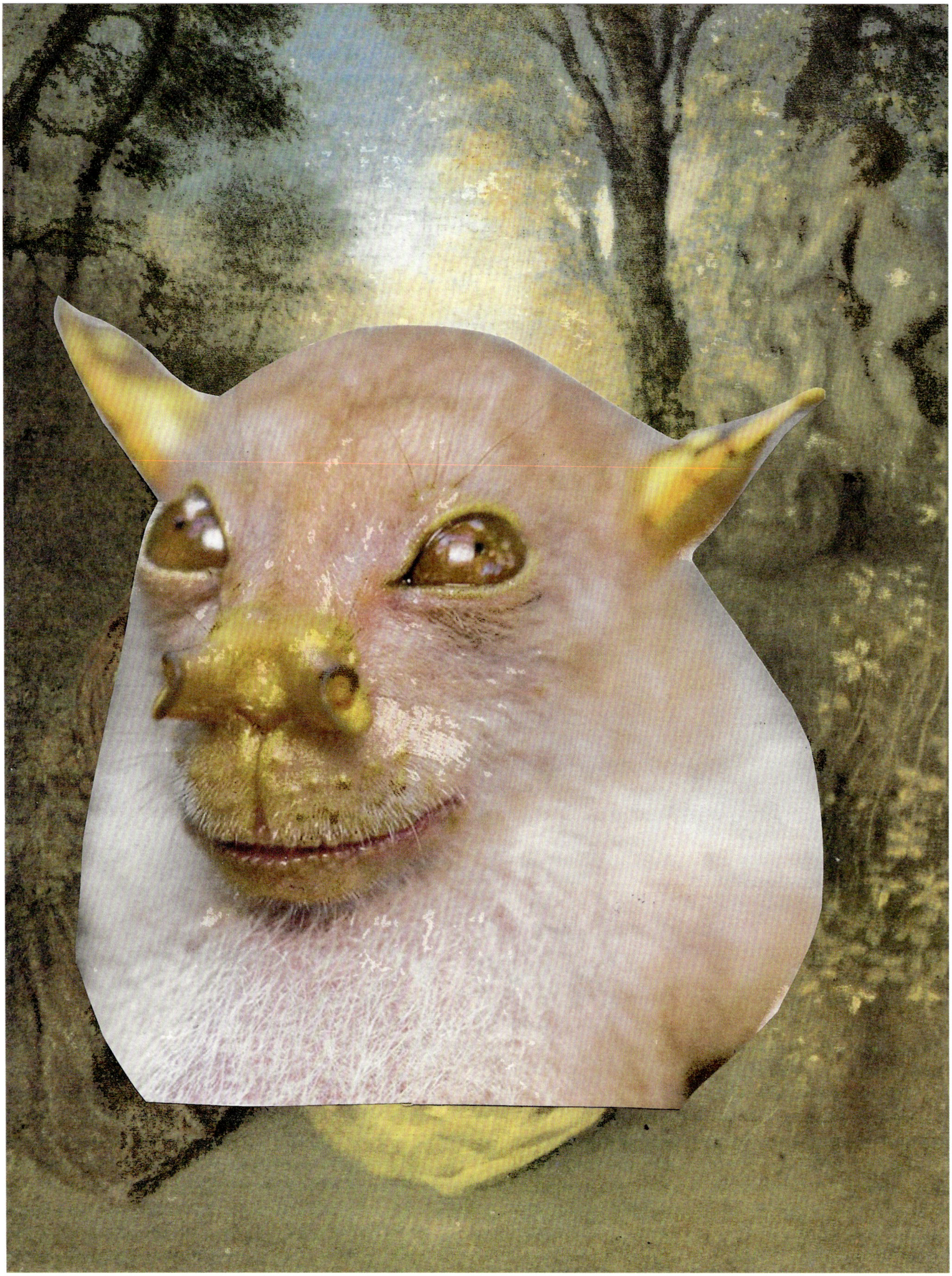

ABBILDUNGSVERZEICHNIS UND BILDNACHWEISE / LIST OF ILLUSTRATIONS AND IMAGE CREDITS

1–16 Monster Chetwynd und Raphael Gygax

Abb. 1
Buchcover für Arnold van Genneps *The Rites of Passage,* hg. von Routledge and Kegan Paul, London 1965.

Abb. 2
Buchcover für Diana Wynne Jones' *Howl's Moving Castle,* hg. von Methuen Children's Books, London 1986.

Abb. 3; 4
Szenen aus dem Film *Les maîtres fous* (1955, Frankreich) von Jean Rouch.

Abb. 5
Buchcover für Claude Lévi-Strauss' *La pensée sauvage,* hg. von Plon, Paris 1962.

Abb. 6
Der Katzenbus in Monster Chetwynds Performance *A Tax Haven Run by Women,* Frieze Projects, London, 2010. Foto: Linda Nylind.

Abb. 7
Mae West als Ruby Carter im Film *Belle of the Nineties* (1934, USA) von Leo McCarey. Bild: Allstar Picture Library Ltd / Alamy Stock Foto.

Abb. 8
Szene aus dem Film *Mein Nachbar Totoro* (1988, Japan) von Studio Ghibli. © Studio Ghibli.

Abb. 9
Buchcover für Michail Bulgakows *Der Meister und Margarita,* hg. von Luchterhand, München 1968.

Abb. 10
Buchcover für Greil Marcus' *Lipstick Traces,* hg. von Gallimard, Paris 2021.

Abb. 11
Pieter Bruegel d. Ä., *Kampf zwischen Fasching und Fasten,* 1559, Öl auf Eichenholz, 118 × 163,7 cm, Kunsthistorisches Museum Wien, Gemäldegalerie.

Abb. 12
Illustration von Gustave Doré für François Rabelais' *Gargantua und Pantagruel,* 1854. Bild: imageBROKER / Alamy Stock Foto.

Abb. 13
Buchcover für Michail Bachtins *Rabelais und seine Welt,* hg. von Suhrkamp, Berlin 1995.

Abb. 14
Monster Chetwynd, *Silk and Beer (Wages for Housework),* 2024. Foto: Torennviol Jashari.

Abb. 15
Illustration (reproduziert in Ausgaben von Silvia Federicis *Caliban und die Hexe*) aus Christine de Pizans *Das Buch von der Stadt der Frauen,* Frankreich, 1404 / 05, British Library, London.

Abb. 16
Buchcover für Silvia Federicis *Caliban and the Witch,* hg. von Penguin Books Ltd., London 2021.

Abb. 17
Doppelseite aus Thomas Morus' *Libellus de … insula Utopia,* Belgien, 1516, Königliche Bibliothek Belgiens, Brüssel.

Abb. 18
Handpuppen in Monster Chetwynds Performance *Silk and Beer (Wages for Housework),* Belvedere 21, Wien, 2024. Courtesy the artist and Joseph Campbell.

Abb. 19
Der etruskische Friedhof Banditaccia bei der italienischen Stadt Cerveteri in der Nähe von Rom. Bild: blickwinkel / Alamy Stock Foto.

Abb. 20
Illustration aus dem Stundenbuch der Katharina von Kleve, Niederlande, ca. 1440, Pierpont Morgan Library, New York City. Reproduktion: Faksimile Verlag Luzern.

Abb. 21
Monster Chetwynd, Ausstellungsansicht von *A Cat is Not a Dog,* Schirn Kunsthalle Frankfurt, 3. März–29. Mai 2023. © Schirn Kunsthalle Frankfurt 2023, Foto: Norbert Miguletz.

Abb. 22
Szene aus dem Film *Satyricon* (1969) von Federico Fellini.

Abb. 23
Amerikanisches Filmplakat für *Satyricon* (1969) von Federico Fellini.

Abb. 24
Monster Chetwynd, *Hermitos Children, the pilot episode,* 2008, Sitzsack, 8 Kopfhörer und Video, 32 Flachbildschirme, Farbe und Ton, Tate, London, Presented by Tate Members 2010. Foto: Tate.

Abb. 25
Szene aus dem Film *Hermitos Children 1* (2008, HD Video, 29′ 46″) von Monster Chetwynd. Courtesy the artist and Sadie Coles HQ, London.

Abb. 26
Lisa Marie als Vampira im Film *Ed Wood* (1994, USA) von Tim Burton. © Touchstone Pictures.

Abb. 27
Szene aus dem Film *A Night at the Opera* (1935, USA) von Sam Wood mit den Marx Brothers. Bild: MGM, Album / Alamy Stock Foto.

Abb. 28
Szene aus dem Film *Faustrecht der Freiheit* (1975, Bundesrepublik Deutschland) von Rainer Werner Fassbinder.

Abb. 29
Amerikanisches Filmplakat für *The Canterbury Tales* (1972, Italien) von Pier Paolo Pasolini.

Abb. 30
Szene aus dem Film *The Canterbury Tales* (1972, Italien) von Pier Paolo Pasolini.

Abb. 31
Zitat aus Hyto Steyerl, «Zur Verteidigung des ärmlichen Bildes», aus dem Englischen von Aurel Sieber, in: *Cinemabuch*, Nr. 64 (2019), S. 30.

Abb. 32
Szene aus dem Film *Hermitos Children 2* (2014, HD-Video, 32′ 38″) von Monster Chetwynd. Courtesy the artist and Sadie Coles HQ, London.

Abb. 33
Szene aus dem Film *Idioten* (1998, Dänemark) von Lars von Trier. Bild: Moviestore Collection Ltd. ⁄ Alamy Stock Foto.

Abb. 34
Skulptur des Proteus Glaucus im Garten von Bomarzo, Italien. Bild: funkyfood London – Paul Williams ⁄ Alamy Stock Foto.

Abb. 35
Szene aus dem Film *Scanners* (1981, Kanada) von David Cronenberg.

Abb. 36
Monster Chetwynd, Performance-Ansicht von *Jabba the Hutts Reading Group*, Vilma Gold, London, 2008. Courtesy the artist.

Abb. 37
Monster Chetwynd, Performance-Ansicht von *An Evening with Jabba the Hutt,* Inaugural, Herald St, London, 2005. Courtesy the artist.

Abb. 38
Monster Chetwynd, Performance-Ansicht von *The Fall of Man,* Tate Triennal, Tate Britain, London, 2006. Courtesy the artist and Tate Britain.

Abb. 39
Römisches Mosaik, das Sklavenarbeit abbildet, Datierung unbekannt.

Abb. 40
Albumcover (1982) für Marvin Gayes *Midnight Love*. © CBS Inc.

Abb. 41
Porträt von Monster Chetwynd. Courtesy the artist.

17–32 Monster Chetwynd and Raphael Gygax

Fig. 42
Book cover for Arnold van Gennep's *The Rites of Passage* (Chicago: The University of Chicago Press, 2019).

Fig. 43
Book cover for Diana Wynne Jones' *Howl's Moving Castle* (New York: Greenwillow Books, 1986).

figs. 44; 45
Scenes from the film *Les maîtres fous* (1955, France) by Jean Rouch.

Fig. 46
Book cover for Claude Lévi-Strauss' *The Savage Mind* (Chicago: The Chicago University Press, 1966).

Fig. 47
The Catbus-Model for Monster Chetwynd's peformance *A Tax Haven Run by Women*, Frieze Projects, London, 2010. Photo: Raphael Gygax.

Fig. 48
Mae West, 1933.

Fig. 49
Scene from *My Neighbour Totoro* (1988, Japan) by Studio Ghibli. © Studio Ghibli.

Fig. 50
Book cover for Mikhail Bulgakov's *The Master and Margarita* (Ingram Publishers Services, 1994).

Fig. 51
Book cover for Greil Marcus' *Lipstick Traces* (London: Secker & Warburg, 1989).

Fig. 52
Peeter Baltens, *A Flemish Kermis with a Performance of the Farce* Een cluyte van Plaeyerwater (detail), ca. 1570, oil on panel, 112 × 157 cm, Rijksmuseum, Amsterdam.

Fig. 53
Illustration by Gustave Doré for François Rabelais' *Gargantua and Pantagruel*, 1854. Image: blickwinkel ⁄ Alamy Stock Foto.

Fig. 54
Book cover for Mikhail Bakhtin's *Rabelais and His World* (Bloomington: Indiana University Press, 1984).

Fig. 55
Monster Chetwynd, *Silk and Beer (Wages for Housework),* 2024. Photo: Torvioll Jashari.

Fig. 56
Illustration (reproduced in editions of Silvia Federici's *Caliban and the Witch*) from *Tacuinum sanitatis in medicina,* Italy, 1380–1399, Österreichische Nationalbibliothek, Vienna.

Fig. 57
Glove puppets of Catherine Breillat and Joanna Hogg in Monster Chetwynd's performance *Silk and Beer (Wages for Housework),* Belvedere 21, Vienna, 2024. Courtesy the artist and Joseph Campbell.

Fig. 58
The Etruscan cemetery Banditaccia in Cerveteri near Rome, Italy. Image: imageBROKER.com ⁄ Alamy Stock Foto.

Fig. 59
Collage by Monster Chetwynd with illustrations of medieval Hell mouths for her research on the garden project for Kunsthaus Zürich, 2024. Courtesy the artist.

Fig. 60
Monster Chetwynd, exhibition view of *A Cat is Not a Dog*, Schirn Kunsthalle Frankfurt, 3 March–29 May 2023. © Schirn Kunsthalle Frankfurt 2023, photo: Norbert Miguletz.

Fig. 61
Magali Noël as Fortunata in the film *Satyricon* (1969, Italy, France) by Federico Fellini. Image: Foto 12 ⁄ Alamy Stock Foto.

Fig. 62
Monster Chetwynd, *Hermitos Children, the pilot episode,* 2008, Beanbag, 8 headphones and video, 32 flat screens, colour and sound, Tate, London, Presented by Tate Members 2010. Photo: Tate.

Fig. 63
Scene from the film *Hermitos Children 1* (2008, HD Video, 29′ 46″) by Monster Chetwynd. Courtesy the artist and Sadie Coles HQ, London.

Fig. 64
Scene from the film *Glen or Glenda* (1953, USA) by Ed Wood.

Fig. 65
Scene from the film *At the Circus* (1939, USA) with the Marx Brothers by Edward Buzzell. Image: Moviestore Collection Ltd ⁄ Alamy Stock Foto.

Fig. 66
German poster for the film *Satansbraten* (1976, West Germany) by Rainer Werner Fassbinder.
Fig. 67
Scene from the film *Mamma Roma* (1962, Italy) by Pier Paolo Pasolini. Image: Allstar-Bildbibliothek Limited ⁄ Alamy Stock Foto.
Fig. 68
Citation from Hyto Steyerl, "In Defense of the Poor Image", in e-flux journal, no. 10 (November 2009), https:⁄⁄www.e-flux.com⁄journal⁄10⁄61362⁄in-defense-of-the-poor-image⁄ (accessed 26 Feb 2025).
Fig. 69
Scene from the film *Hermitos Children 2* (2014, HD-Video, 32′ 38″) by Monster Chetwynd. Courtesy the artist and Sadie Coles HQ, London.
Fig. 70
Scene from the film *The Idiots* (1998, Denmark) by Lars von Trier. Image: Moviestore Collection Ltd ⁄ Alamy Stock Foto.
Fig. 71
Sculpture of Orcus in the Garden of Bomarzo, Italy. Image: ImageBROKER ⁄ Alamy Stock Foto.
Fig. 72
Scene from the film *Scanners* (1981) by David Cronenberg.
Fig. 73
Monster Chetwynd, performance view of *Jabba, I'm Back! Come Back Tour, Book Now!*, Bergen Kunsthall, 2016. Courtesy the artist.
Fig. 74
Monster Chetwynd, exhibition view of *Jabba, I'm Back! Come Back Tour, Book Now!*, Bergen Kunsthall, 29. October–18 December 2016. Courtesy the artist.
Fig. 75
Monster Chetwynd, performance view of *The Fall of Man*, Tate Triennal, Tate Britain, London, 2006. Courtesy the artist and Tate Britain.
Fig. 76
Roman mosaic. Image: GRANGER ⁄ Alamy Stock Foto.
Fig. 77
Album cover (1971) for Marvin Gaye's *What's going on*. © Motown Record Corporation.
Fig. 78
Monster Chetwynd, *Silk and Beer (Wages for Housework)*, 2024. Photo: Torvioll Jashari.

Alle abgebildeten Werke folgender Abschnitte sind von Monster Chetwynd. ⁄ All pictured works in the following sections are by Monster Chetwynd.

Alle Werke sind aus der Serie *Bat Opera* ⁄ All works are from the series *Bat Opera:* Öl auf Leinwand ⁄ Oil on canvas, 15.5 × 20.5 cm.

Abb. ⁄ Fig. A
Bat Opera 12, 2005. Courtesy the artist and Sadie Coles HQ, London.
Abb. ⁄ Fig. B
Bat Opera, 2023, Privatsammlung, Locarno ⁄ Private collection, Locarno. Courtesy the artist and Galerie Gregor Staiger, Zurich ⁄ Milan.
Abb. ⁄ Fig. C
Bat Opera, 2023. Courtesy the artist and Galerie Gregor Staiger, Zurich ⁄ Milan.
Abb. ⁄ Fig. D
Bat Opera 5, 2004. Courtesy the artist and Sadie Coles HQ, London.
Abb. ⁄ Fig. E
Bat Opera 113, 2006. Courtesy the artist and Sadie Coles HQ, London.
Abb. ⁄ Fig. F
Bat Opera, 2018, Privatsammlung, Frankreich ⁄ Private collection, France. Courtesy the artist and Galerie Gregor Staiger, Zurich ⁄ Milan.
Abb. ⁄ Fig. G
Bat Opera 18, 2005. Courtesy the artist and Sadie Coles HQ, London.
Abb. ⁄ Fig. H
Bat Opera, 2016, Privatsammlung, Zürich ⁄ Private collection, Zurich. Courtesy the artist and Galerie Gregor Staiger, Zurich ⁄ Milan.
Abb. ⁄ Fig. I–1; 2
Bat Opera (473, 474), 2017, Privatsammlung ⁄ Private collection. Courtesy the artist and Galerie Gregor Staiger, Zurich ⁄ Milan.
Abb. ⁄ Fig. J
Bat Opera, 2018. Courtesy the artist.
Abb. ⁄ Fig. K
Bat Opera 16, 2005. Courtesy the artist and Sadie Coles HQ, London.
Abb. ⁄ Fig. L
Bat Opera 115, *116*, 2006. Courtesy the artist and Sadie Coles HQ, London.
Abb. ⁄ Fig. M
Bat Opera 162, 163, 2007. Courtesy the artist and Sadie Coles HQ, London.
Abb. ⁄ Fig. N
Bat Opera 249, 2009. Privatsammlung, Locarno ⁄ Private collection, Locarno. Courtesy the artist.
Abb. ⁄ Fig. O
Bat Opera 25, 2005. Courtesy the artist and Sadie Coles HQ, London.
Abb. ⁄ Fig. P
Bat Opera, 2023. Courtesy the artist and Galerie Gregor Staiger, Zurich ⁄ Milan.
Abb. ⁄ Fig. Q
Bat Opera, 2023, Privatsammlung, Zürich ⁄ Private collection, Zurich. Courtesy the artist and Galerie Gregor Staiger, Zurich ⁄ Milan.
Abb. ⁄ Fig. R
Bat Opera, 2023. Courtesy the artist and Galerie Gregor Staiger, Zurich ⁄ Milan.
Abb. ⁄ Fig. S
Lantern Fly (Pastoral), 2021, Tintenstrahldruck auf Holz, Pappmaché, Farbe, Stoff ⁄ Inkjet print mounted on wood, papier-mâché, paint, fabric, ca. 190 × 201 × 43 cm. Courtesy the artist and Galerie Gregor Staiger, Zurich ⁄ Milan.

Abb. / Fig. T
Lantern Fly (Mars&Venusl), 2021, Tintenstrahldruck auf Holz, Pappmaché, Farbe, Stoff / Inkjet print mounted on wood, papier-mâché, paint, fabric, ca. 190 × 156 × 43 cm. Courtesy the artist and Galerie Gregor Staiger, Zurich / Milan.

S. / p. 62
Bat Opera XXII, 2020, Privatsammlung, Zürich / Private collection, Zurich. Courtesy the artist and Galerie Gregor Staiger, Zurich / Milan.

S. / p. 63
Bat Opera XXIII, 2020, Privatsammlung, Zürich / Private collection, Zurich. Courtesy the artist and Galerie Gregor Staiger, Zurich / Milan.

S. / p. 64
Bat Opera (485, 486), 2017, Privatsammlung, Zürich / Private collection, Zurich. Courtesy the artist and Galerie Gregor Staiger, Zurich / Milan

S. / p. 65
Bat Opera, 2023, Privatsammlung, Zürich / Private collection, Zurich. Courtesy the artist and Galerie Gregor Staiger, Zurich / Milan.

S. / p. 66
Bat Opera 33, 2005. Courtesy the artist and Sadie Coles HQ, London.

S. / p. 67
Bat Opera, 2018, Privatsammlung / Private collection. Courtesy the artist and Galerie Gregor Staiger, Zurich / Milan

S. / p. 68
Bat Opera, 2005. Courtesy the artist and Sadie Coles HQ, London.

S. / p. 69
Bat Opera 478, 2017, Privatsammlung, Zürich / Private collection, Zurich. Courtesy the artist and Galerie Gregor Staiger, Zurich / Milan.

S. / p. 70
Bat Opera (482), 2017, Privatsammlung / Private collection. Courtesy the artist and Galerie Gregor Staiger, Zurich / Milan.

S. / p. 71
Bat Opera (470), 2017. Courtesy the artist and Galerie Gregor Staiger, Zurich / Milan.

S. / p. 72
Bat Opera, 2005. Courtesy the artist and Sadie Coles HQ, London.

83–94; 105–115 Emily Pethick

S. / pp. 85; 106
Performance-Ansichten von / Performance views of *Michael Jackson's Thriller,* Hoxton Hall, London, 2002. Courtesy the artist and Sadie Coles HQ, London.

S. / pp. 88; 109
Hermitos Children 2, 2014, HD-Video, 32′ 38″. Courtesy the artist and Sadie Coles HQ, London.

S. / pp. 88; 110
Debt – A Medieval Play, 2005, HD-Video, 22′ 19″. Courtesy the artist and Sadie Coles HQ, London.

S. / p. 89
Performance-Ansicht von / Performance view of *A Tax Haven Run by Women*, Frieze Projects, London, 2010. Foto / Photo: Marie Lusa.

S. / p. 90
A Tax Haven Run by Women, 2011, HD-Video, 17′ 2″. Courtesy the artist and Sadie Coles HQ, London.

S. / pp. 92; 113
Performance-Ansicht von / Performance view of *Silk and Beer (Wages for Housework),* Belvedere 21, Wien, 2024. Foto / Photo: Johannes Stoll / Belvedere, Wien.

S. / pp. 93 / 94; 114 / 15
A Walk to Dover, 2005, HD-Video, 11′ 32″. Courtesy the artist and Sadie Coles HQ, London.

S. / p. 111
Dogsy Ma Bone, 2016, HD-Video, 35′ 27″. Courtesy the artist and Sadie Coles HQ, London.

Bildteil / Image section

Cover vorne und hinten / Cover front and back;
S. / pp. 118–120; 123; 130 / 31; 140; 151; 168 / 69; 172–75
The Evolution of Cat People, Moderna Museet Malmö, 2024. Foto / Photo: Joseph Campbell.

S. / pp. 73–82; 95–104; 133; 158
The Trompe l'oeil Cleavage, Lichtensteig, 2025. Courtesy the artist.

S. / pp. 116 / 17; 134; 143–45; 148 / 49; 154; 162; 166; 184 / 85
Hermitos Children 3, 2025. Foto / Photo: Joseph Campbell.

S. / pp. 121; 124; 139; 146 / 47; 167; 179
An Evening with Gozer The Destroyer, Istituto Svizzero, Milano, 2024. Foto / Photo: Joseph Campbell.

S. / pp. 122; 125; 128 / 29; 132; 135–38; 142; 150; 155; 158 / 59; 160 / 61; 163–65; 178; 186
Collages, 2025. Courtesy the artist.

S. / pp. 126 / 27; 156 / 57; 170 / 71; 176 / 77; 180 / 81
Szenen aus / Scenes from *Hermitos Children 3,* 2025. Coproduziert von / Co-produced by Kunsthaus Zürich. Images: Joseph Campbell.

S. / p. 141
Ninja Turtles, 2019, Fotokopie, Holz, Farbe, Latex, Stoff, Metallbeschläge / Photocopy, wood, paint, latex, fabric, metal fittings, 280 × 193 × 37 cm. Courtesy the artist and Galerie Gregor Staiger, Zurich / Milan.

S. / pp. 152 / 53
Collagen für / Collages for *Hermitos Children 3,* 2025. Courtesy the artist.

S. / pp. 182 / 83
Diorama, 2011, Papier, Karton, Farbe, Tische, Lampen, Bürostuhl / Paper, cardboard, paint, tables, lamps, office chair, 193.9 × 586.9 × 122.2 cm. Courtesy the artist and Sadie Coles HQ, London.

Schutzumschlag Vorderseite / Dustjacket front
Details aus / from *The Evolution of Cat People,* Moderna Museet Malmö, 2024. Foto / Photo: Joseph Campbell; *Collage,* 2025. Courtesy the artist; *The Trompe l'oeil Cleavage,* Lichtensteig, 2025. Courtesy the artist; *An Evening with Gozer the Destroyer,* Istituto Svizzero, Milano, 2024. Foto / Photo: Joseph Campbell.

Schutzumschlag Rückseite / Dustjacket back
Crazy Bat Lady, 2018, Fotokopien, Karton / Photocopies, cardboard, 292 × 168 × 1 cm. Courtesy the artist and Sadie Coles HQ, London, Foto / Photo: Robert Glowacki.

DANK /
ACKNOWLEDGEMENTS

Ein besonderer Dank für ihre Leihgaben und Rat und Tat geht an / Special thanks for their loans and advice and support go to
Gregor Staiger, Marie Lusa und / and Anna Polesello, Galerie Gregor Staiger, Zurich/Milan
Sadie Coles, Laura Lord und / and Pauline Daly, Sadie Coles HQ, London
Massimo de Carlo und / and Gaia Mauri, Massimodecarlo, Milan / Paris / London / Hong Kong / Seoul

Ein grosser Dank geht auch an die privaten Leihgeber:innen, die nicht genannt werden möchten. / Many thanks also go to the private lenders who do not wish to be named.

Ausserdem möchten wir für ihre Mitarbeit am Skulpturprojekt im Garten der Kunst ganz herzlich danken / We would also like to express our sincere thanks for their work on the sculpture project in the Garden of Art to
Andrei Jipa und / and Angela Yoo, contouro
Lian Liana Stähelin, squadra
Patric Fischli-Boson und / and Peter Kobel, Büeler-Fischli Bauingenieure
Theo Bürgin, Bürgin Creations
Urs Wiskemann, motorsänger
Paul Bernard, Kunsthaus Biel / Centre d'Art Bienne
Exposition suisse de sculpture Bienne 2027 / Schweizerische Plastikausstellung Biel 2027

Monster Chetwynd dankt / Monster Chetwynd thanks
Raphael Gygax, Niké Shenton, Delohine Bertrand, Lucca Cora Süss, Lian Liana Stähelin, Lukas Ryffel, Mimi Uzor, Arttu Palmio, Azur, Thomas A Berger, Giuliana Dridi, Mathis Altmann, David Meliksetian, L-D Chetwynd, Lucy Soni, Jack Brennan, Mamon Hawkins, Paul Kindersley, Cristina, Anita and Lukas, Denise and Peter, Sandra and Daniel, Antonie Picon, Angela Yoo, Andrei Jipa, Dimitrij Stockhammer, Aina Rea Aliota, Vanessa Nadja Benz, Raquel Arias, Ladina Whitehead, Vuvyan Stewardson, Chiara Salmini, Blanket+Margarita, Genossenschaft Stadtufer, Luke Caulfield, Marta Bakst, Ellen Spence, Oscar Oldershaw, Joe Campbell, Joe Scotland, Saoirse Brown, Emma Sullivan

IMPRESSUM

Diese Publikation erscheint anlässlich der Ausstellung / This book is published in conjunction with the exhibition

Monster Chetwynd – The Trompe l'oeil Cleavage
Kunsthaus Zürich, 16. 5.–31. 8. 2025

Die Abbildungen in dieser Publikation entsprechen nicht den in der Ausstellung gezeigten Arbeiten. / The illustrations in this book do not correspond to the works shown in the exhibition.

Katalog / Catalogue
Herausgeber / Editor: Zürcher Kunstgesellschaft / Kunsthaus Zürich
Inhaltliches Konzept / Editorial concept: Raphael Gygax
Gestalterisches Konzept / Design concept: Franziska Burkhardt, Lena Huber
Grafische Gestaltung und Satz / Graphic design and typesetting: Franziska Burkhardt
Redaktion / Editorial office: Raphael Gygax, Rhiannon Ash
Lektorat Englisch / Copy-editing English: Anne O'Connor
Lektorat Deutsch / Copy-editing German: Hans-Jörg Huhn, Franziska Lentzsch
Übersetzungen / Translations English / German: Catherine Berger
Korrektorat Deutsch und Englisch / Proofreading German and English: Hans-Jörg Huhn, Rhiannon Ash

Gesamtherstellung / Production: Snoeck Verlagsgesellschaft mbH
Dürener Str. 245, 50931 Köln
www.snoeck.de
@snoeck_verlagsgesellschaft
Printed in Germany
ISBN 978-3-86442-462-5

Ausstellung / Exhibition
Direktorin / Director: Ann Demeester
Kurator / Curator: Raphael Gygax
Koordination / Coordination: Franziska Lentzsch
Projektassistenz und Organisation / Project assistance and organisation: Rhiannon Ash
Versicherung und Transporte / Insurance and transports: Nora Gassner
Marketing und Kommunikation / Marketing and communication: Priska Amstutz und / and Team
Partnerschaften und Philanthropie / Partnerships and philanthropy: Elke Wiebalck, Cornelia Roos
Restauratorische Betreuung / Conservation: Kerstin Mürer, Eléonore Bernard und / and Team
Ausstellungsbau und Technik / Exhibition construction and technical services: Robert Sulzer, Monika Schori und / and Team
Audio und / and Video: Michael Etzensperger, Daniele Kaehr
Licht / Light: Michael Omlin
Schreinerei / Carpentry: Tina Stadelmann, Mark Weibel
Ausstellungsgrafik / Exhibition typography (Handout): Lena Huber
Vermittlung und Public Programme / Art education and public programme: Sibyl Kraft, Pia Lädrach und / and Team

Supported by
Swiss Re
Partner for contemporary art

MONSTER CHETWYND (*1973, London) lebt und arbeitet in Zürich. Sie schloss ihr Studium am Royal College of Art mit einem MA in Malerei ab (2004); zuvor erhielt sie einen BA in Bildender Kunst von der Slade School of Art (2000) und einen BA in Sozialanthropologie und Geschichte vom UCL (1995). Zusätzlich zu ihrer künstlerischen Praxis unterrichtet Chetwynd im Bachelor-Studiengang Fine Arts an der Zürcher Hochschule der Künste (ZHdK). Im Jahr 2012 wurde sie für den Turner Prize nominiert.

Zu ihren Einzelausstellungen gehören *Zuul,* Istituto Svizzero, Mailand (2024); *Monster & The Nocturnal Pollinators,* BMCA Beiqiu Museum of Contemporary Art, Nanjing (2024); *Moths, Bats and Velvet Worms! Nachtfalter, Fledermäuse und Ketzer!* Belvedere Museum, Wien (2024); *Head-Less-Ness,* Cabaret Voltaire, Zürich (2023); *A Cat Is Not a Dog,* Schirn Kunsthalle Frankfurt, Frankfurt am Main (2023); *The Cat's Whiskers,* Sadie Coles HQ, Bury Street, London (2022); *Free Energy (The Life of Nikola Tesla),* Studio Voltaire, London (2021); *Monster Loves Bats,* Konsthall C, Stockholm (2021); *Toxic Pillows,* De Pont Museum, Tilburg (2019); *Monster Rebellion,* Villa Arson, Nizza, (2019); *Either this coat's inhabited or I'm inhibited,* Galerie Gregor Staiger, Zürich (2019); *The Owl with the Laser Eyes,* Fondazione Sandretto Re Rebaudengo, Turin (2018); *Ze & Per,* Sadie Coles HQ, Kingly Street, London (2018); *The Stagnant Pool,* Galerie Gregor Staiger, Zürich (2017); *Dogsy Ma Bone,* Tate Exchange, Liverpool Biennial Tour, London (2017); Migros Museum für Gegenwartskunst (2007).

MONSTER CHETWYND (b. 1973, London) lives and works in Zurich. She graduated from the Royal College of Art with an MA in painting (2004), and holds a BA in Fine Art from Slade School of Art (2000) and a BA in Social Anthropology and History from UCL (1995). In addition to her artistic practice, Chetwynd teaches in the BA Fine Arts program at the Zurich University of the Arts (ZHdK). In 2012 she was nominated for the Turner Prize.

Selected solo exhibitions include *Zuul,* Istituto Svizzero, Milan (2024); *Monster & The Nocturnal Pollinators,* BMCA Beiqiu Museum of Contemporary Art, Nanjing (2024); *Moths, Bats and Velvet Worms! Moths, Bats and Heretics!,* Belvedere Museum, Vienna (2024); *Head-Less-Ness,* Cabaret Voltaire, Zurich (2023); *A Cat Is Not a Dog,* Schirn Kunsthalle Frankfurt, Frankfurt ∕ Main (2023); *The Cat's Whiskers,* Sadie Coles HQ, Bury Street, London (2022); *Free Energy (The Life of Nikola Tesla),* Studio Voltaire, London (2021); *Monster Loves Bats,* Konsthall C, Stockholm (2021); *Toxic Pillows,* De Pont Museum, Tilburg (2019); *Monster Rebellion,* Villa Arson, Nice, (2019); *Either this coat's inhabited or I'm inhibited,* Galerie Gregor Staiger, Zurich (2019); *The Owl with the Laser Eyes,* Fondazione Sandretto Re Rebaudengo, Turin (2018); *Ze & Per,* Sadie Coles HQ, Kingly Street, London (2018); *The Stagnant Pool,* Galerie Gregor Staiger, Zurich (2017); *Dogsy Ma Bone,* Tate Exchange, Liverpool Biennial Tour, London (2017); Migros Museum für Gegenwartskunst (2007).

ELISABETH BRONFEN (*1958, München) ist Autorin zahlreicher Monografien, wissenschaftlicher Aufsätze und journalistischer Arbeiten in den Bereichen Visuelle Kultur, Kulturanalyse und Literaturwissenschaft. Sie ist bekannt für ihre Arbeiten über Repräsentationen von Weiblichkeit, Tod und Ästhetik, über Hysterie, über die Kulturgeschichte der Nacht, über das Hollywood-Kino und über Serialität und TV-Drama. Ihre neueste Publikation befasst sich mit Serialität in Shakespeares Werk. Sie nennt ihren hermeneutischen Prozess «crossmapping». Sie hat auch für zahlreiche Ausstellungskataloge geschrieben und mehrere Ausstellungen kuratiert, darunter eine Schau über Künstlerinnen im Aargauer Kunsthaus und eine zu Virginia Woolf und ihrem Roman *Mrs Dalloway* im Strauhof, Zürich. Sie ist Emerita der Universität Zürich und Global Distinguished Professor an der New York University. *www.bronfen.info*

RAPHAEL GYGAX (*1980, Bern) ist Kurator, Kunsthistoriker und Autor und lebt in Locarno. Er studierte Kunstgeschichte, Film- und Theaterwissenschaften an den Universitäten Bern und Zürich. In seiner Dissertation beschäftigte er sich mit dem Einsatz von instrumentalisierten Körpern in der zeitgenössischen Kunst (*Extra Bodies – The Use of the «Other Body» in Contemporary Art*). 2003–2019 war er Kurator und Leiter der Publikationen am Migros Museum für Gegenwartskunst in Zürich, wo er zahlreiche Ausstellungen kuratierte. Er kuratierte auch Ausstellungen in Paris, London, Locarno und New York, um nur einige Orte zu nennen. 2019–2023 war er stellvertretender Direktor des Departements Fine Arts / Leiter des Bachelor Fine Arts an der Zürcher Hochschule der Künste. Seit dem Jahr 2023 ist er als freier Kurator und Curator-at-Large am Kunsthaus Zürich tätig. *www.raphaelgygax.com*

EMILY PETHICK (*1975, London) ist seit 2018 Direktorin der Rijksakademie van beeldende kunsten in Amsterdam. Zuvor war sie Direktorin von The Showroom, London (2008–2018), von Casco, Utrecht (2005–2008), und Kuratorin bei Cubitt, London (2003–2004). Sie hat an zahlreichen Publikationen mitgewirkt und war Mitherausgeberin zahlreicher Bücher, darunter Monografien von Wendelien van Oldenborgh, Ricardo Basbaum, Dave Hullfish Bailey und The Otolith Group, sowie die Publikationen *Artistic Ecologies: New Compasses and Tools* (2022), *Cluster: Dialectionary* (2014), *Circular Facts* (2011), *Casco Issues X* und *XI* (alle Sternberg Press). Sie hat in zahlreichen Jurys für Künstlerpreise mitgewirkt, unter anderem beim Turner Prize 2017.

ELISABETH BRONFEN (b. 1958, Munich) is an author of many monographs, scholarly essays, and journalism in the field of visual culture, cultural analysis, and literary studies. She is known for her work on representations of femininity, death and the aesthetic, on hysteria, on a cultural history of the night, on Hollywood cinema, and on seriality and TV drama. Her newest publication engages with seriality in Shakespeare's oeuvre. She calls her hermeneutic process "crossmapping". She has also written for many exhibition catalogues and has curated several exhibitions herself, including a show on women artists at the Aargauer Kunsthaus and a celebration of Virginia Woolf and her novel *Mrs Dalloway* at the Strauhof, Zurich. She is an emerita from the University of Zurich and a Global Distinguished Professor at New York University. *www.bronfen.info*

RAPHAEL GYGAX (b. 1980, Bern) is a curator, art historian, and author based in Locarno. He studied art history, film, and drama studies at the Universities of Bern and Zurich. The topic of his PhD was on the use of instrumentalised bodies in contemporary art (*Extra Bodies – The Use of the 'Other Body' in Contemporary Art*). From 2003–19, he was curator and head of publications at the Migros Museum für Gegenwartskunst in Zurich, where he curated numerous exhibitions. He also curated exhibitions in Paris, London, Locarno, and New York, among others. From 2019–23, he was the deputy director of the Department of Fine Arts / director of the Bachelor Fine Arts at the Zurich University of the Arts. Since 2023, he has been an independent curator and curator-at-large at Kunsthaus Zürich. *www.raphaelgygax.com*

EMILY PETHICK (b. 1975, London) has been the director of the Rijksakademie van beeldende kunsten in Amsterdam since 2018. She was previously the director of The Showroom, London (2008–18), of Casco, Utrecht (2005–08), and curator at Cubitt, London (2003–04). She has contributed to publications and co-edited numerous books, including mongraphs by Wendelien van Oldenborgh, Ricardo Basbaum, Dave Hullfish Bailey, and The Otolith Group, and readers *Artistic Ecologies: New Compasses and Tools* (2022), *Cluster: Dialectionary* (2014), *Circular Facts* (2011), *Casco Issues X* and *XI* (all Sternberg Press). She has participated in numerous juries for artist awards, including the 2017 Turner Prize.

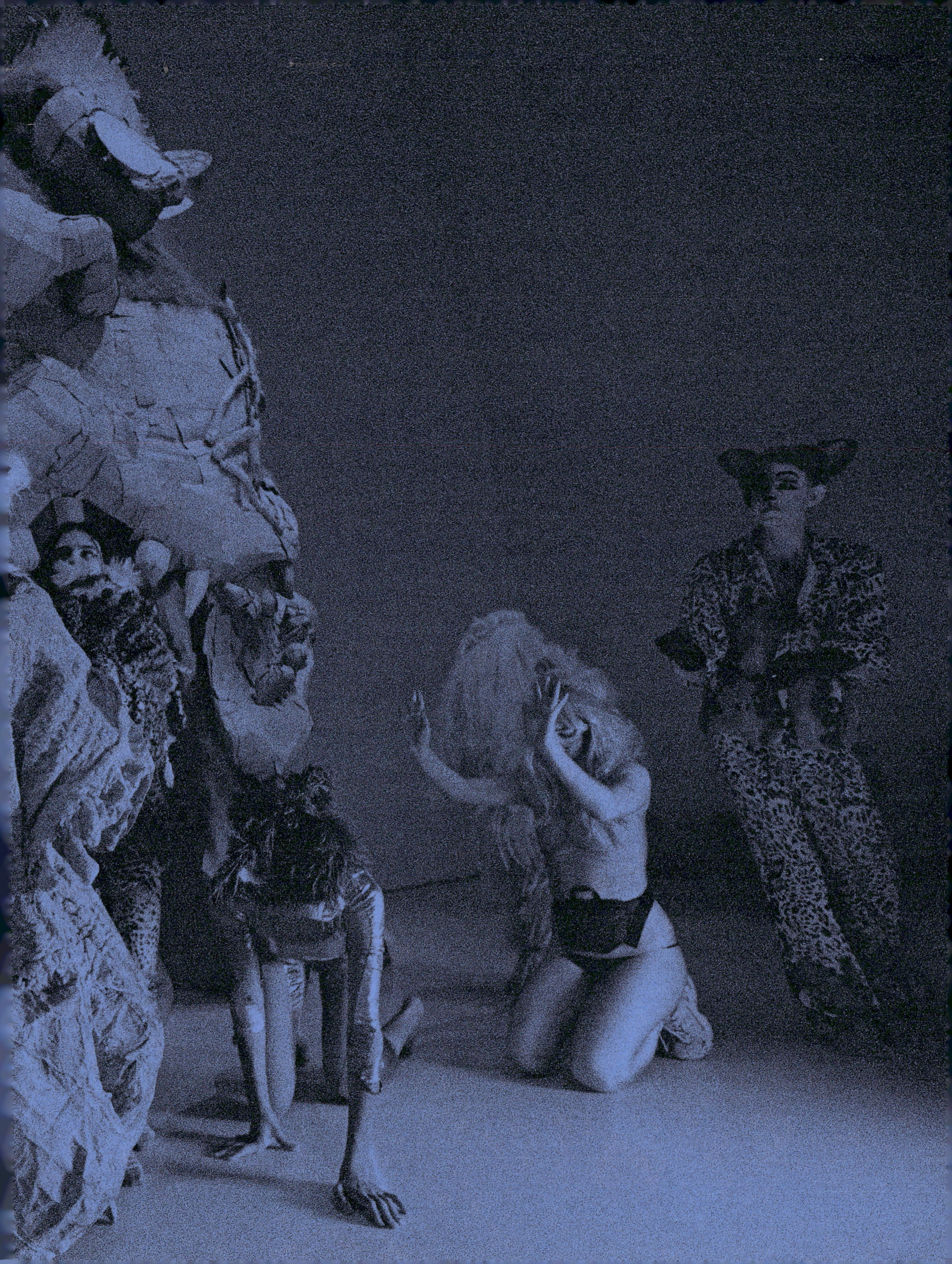